普通高等教育规划教材

Yunshu Jishu Jingjixue

运输技术经济学

【第四版】

隽志才　主编

人民交通出版社

内 容 提 要

本书是“十五”国家级教材规划《运输技术经济学》（第三版）的修订本，修订时注意吸取本学科最新研究成果，密切结合交通运输领域工程实践，主要内容包括：经济效益理论、方案比较理论与方法、资金时间价值、技术经济效果的评价指标与方法；运输项目的财务分析、运输项目的经济分析、不确定性分析、综合评价与决策方法、价值工程、运输技术经济预测；运输基础设施、运输设备更新的技术经济论证与评价等。书中各章均附有习题和思考题，以便于自学。

本书主要供交通运输类、土木工程（道桥）和物流工程本科生教学使用，也可作为其他理工科工程硕士及高年级本科学生的教学参考书；同时也可作为交通运输工程和经济管理人员的培训教材和学习参考用书。

图书在版编目（CIP）数据

运输技术经济学 / 隽志才主编 .—4 版 . -- 北京 ：人民交通出版社，2007.10

ISBN 978-7-114-06876-8

Ⅰ. 运… Ⅱ. 隽… Ⅲ. 运输经济学：技术经济学 Ⅳ.F50

中国版本图书馆 CIP 数据核字（2007）第 160869 号

书　　名：运输技术经济学（第四版）
著 作 者：隽志才
责任编辑：智景安
出版发行：人民交通出版社
地　　址：（100011）北京市朝阳区安定门外外馆斜街3号
网　　址：http：//www.ccpress.com.cn
销售电话：（010）59757969，59757973
总 经 销：人民交通出版社发行部
经　　销：各地新华书店
印　　刷：北京交通印务实业公司
开　　本：787×1092　1/16
印　　张：20.5
字　　数：520千
版　　次：1989年5月　第1版
　　　　　1998年6月　第2版
　　　　　2003年8月　第3版
　　　　　2007年10月　第4版
印　　次：2012年7月　第6次印刷
书　　号：ISBN 978-7-114-06876-8
定　　价：38.00元

前 言

Qianyan

运输技术经济学是应用经济学的一个分支,是技术经济学原理和方法在交通运输领域的应用,是一门与工程实践联系非常紧密,研究交通运输领域工程实践中经济问题和经济规律以及项目评价理论和方法的科学。《运输技术经济学》原名《公路运输技术经济学》,1989 年出版第一版,1998 年出版第二版,是国内最早密切结合交通运输领域工程实践编写的教材;2003 年第三版是按照普通高等教育“十五”国家级教材规划选题的要求完成修订的。本次修订列入了人民交通出版社“十一五”重点教材。

运输技术经济学是交通运输工程类本科学生的一门必修学科基础课程。本门课程的教学目标是向学生传授技术经济分析的基本原理和方法,技术经济学应用于交通运输工程项目评价的基本知识和技能,使其树立经济观点,建立经济意识,具有对交通运输工程项目技术方案进行技术经济论证、预测、分析、评价和决策的能力。

本次修订,总结了前三版使用中的教学经验和问题,调整了各个章节的内容和次序。由于我国交通运输事业的快速发展和本门学科的最新进展,第三版教材中的一些内容已经不适应交通运输工程实践和交通运输专业的教学的需要,有必要进行修订。本次修订的主要内容包括:(1)根据本学科的最新进展,选择新的例题和案例,更新书后习题和思考题,适当考虑通用性,增加内容深度,注意学习国内外同类教材好的体例和习题,使得非交通运输类专业也可以选用本教材。(2)本次修订把第四章中的第一节扩为一章,作为第三章;增加“折旧与企业所得税”内容,细化“投资、成本、收益的估算”内容,增加例题和案例;原第三章改为第十二章。(3)依据国家发展改革委、建设部 2006 年新编出版的《建设项目经济评价方法与参数》(第三版)调整各章节的内容。(4)各章节根据需要,增加 Microsoft Office Excel 软件在项目评价中应用技能训练的内容。通过上述修订,新版教材能够适应当前交通运输工程实践的需要和交通运输类人才培养的要求。

修订教材体现了如下特色:注意吸取本学科最新研究成果,编写过程中大量收集、分析、研究了国内外理论成果,博采众长,结合我国交通运输工程应用和教学实践的具体材料,在理论上反映工程经济分析的前沿;努力做到理论与方法的统一,在论述技术经济学理论、思想的同时,详细介绍了与之相关的评价方法体系;力求做到理论论述与具体案例分析的结合。技术经济学是从工程项目经济评价的实践中发展起来的,反过来又推动工程项目评价的实践,对技术经济学理论、方法的论述,不能不结合工程项目评价实践的考察来进行。这样既有利于学生认识相应的理论与思想,又有利于通过国内外工程项目评价的实践学习技术经济评价方法;整合描述性分析和规范性分析;除了在文字上论述理论、方法外,尽可能运用流程图、示意图、例表以及必要的模型和数据加以规范,以保证理论方法分析的科学性和可理解性。总之,力图做到提高和增强教材的系统性、理论性和应用性。

全书由上海交通大学安泰经济与管理学院隽志才主编。具体编写分工为:第一章、第四章由隽志才编写;第三章、第八章由吉林大学交通学院赵淑芝编写;第二章、第九章由重庆交通大学沈其明编写;第六章、第七章由重庆交通大学李红镝编写;第十一章由长安大学陈引社编写;第五章、第十章由长安大学贾文娟编写;第十二章由长安大学任科社编写。

由于编写人员水平有限,书中难免有些疏漏不妥之处,恳请广大读者提出宝贵意见。

编　者

2007年8月

目录

Mulu

第一章　绪　　论

交通运输是国民经济的基础产业，是社会扩大再生产和商品经济发展的先决条件。交通运输业的适度发展对促进国民经济的快速增长和社会进步具有重要作用。交通运输完成经济活动中人与物的空间位移，反映着人类克服自然阻力的能力。这种能力的增长离不开技术进步的推动力。在不断提高人与物位移能力的过程中，交通运输联系着、同时也代表着未来的各种新技术、新能源、新材料。应用超导技术开发建设高速低耗的轨道运输系统，发展航天技术以实现星际间人与物的位移等，都说明现代高新技术成果会很快地应用到交通运输领域。先进路面材料的应用、高速公路的建设、智能运输系统的开发反映了我国交通运输技术水平的不断提高。

交通运输的发展是以工程技术的应用为基本内容的。从本质上说，任何工程技术的应用都以经济发展为目的，都必然会涉及资源的有效利用问题。运输技术经济学正是为解决技术应用中的经济问题而发展起来的一个应用经济学的分支。

第一节　运输技术经济学的研究对象

运输技术经济学是应用经济学的一个分支，是技术经济学原理和方法在运输这一特定领域中的应用。它是一门研究运输技术领域经济问题和经济规律，研究运输技术进步与经济增长之间相互关系的科学。它的研究对象有以下 3 个方面：

一、研究交通运输工程实践活动的经济效果，寻求提高经济效益途径和方法

通常，国内外许多学者称技术经济学为工程经济学，也称为技术经济效果学。工程是指人们综合应用科学的理论和技术的手段去改造客观世界的具体实践活动，以及它所取得的实际成果。在长期的生产和生活实践中人们根据数学、物理学、化学、生物学等自然科学和经济地理等社会科学的理论，并应用各种技术手段，去研究、开发、设计、制造产品或解决工艺和使用等方面的问题，逐渐形成了门类繁多的专业工程，如交通运输工程、物流工程、机械工程、建筑工程、水利工程、航天工程等。

本章所讲的技术是广义的，是指人类在利用、改造自然过程中取得的知识、能力和物质手段的集合。在现代生产中，技术被看作是一种自然资源转变为另一种产出性资源的手段，生产过程中投入与产出之间的转化是由技术实现的。从这个意义上来说，技术可以看成是 4 个基本要素的组合：生产工具与装备、生产技能与经验、生产资料与信息、生产组织与计划管理。技术的四要素是相互补充的，在任何经济活动中都同时发挥作用，缺一不可。四要素

中任何一个要素的改善与提高都是技术进步的体现。技术进步是物质生产的技术基础以及与此相适应的组织与管理技术的改进与提高。从表现形态来看，交通运输部门与其他产业部门一样，技术可分成体现为机器、设备、基础设施等生产条件和工作条件的物质技术（硬技术）与体现工艺方法、程序、信息、经验、技巧和管理能力的非物质技术（软技术）。不论是物质技术还是非物质技术，它们都是以科学知识为基础形成的，并遵循一定的科学规律、互相结合在生产中共同发挥作用。

技术的使用直接涉及生产活动中的投入与产出。所谓投入是指各种资源（包括设备、厂房、基础设施、原材料、能源等物质要素和具有各种知识和技能的劳动力）的消耗或占用；所谓产出则是指各种形式的产品或服务。人们在社会生产活动中可以使用的资源总是有限的。从这个意义上说，技术本身也属于资源的范畴，它虽然有别于日益减少的自然资源，可以重复使用和再生，但是在特定的时期内，相对于人们的需求而言，不论是在数量上还是在质量上都是稀缺的。如何有效地利用各种资源，满足人类社会日益增长的物质生活需要是经济学研究的一个基本问题。而技术经济效果学是研究在各种技术的使用过程中如何以最小的投入取得最大产出的一门学问。投入产出在技术经济分析中一般被归结为用货币量计的费用和效益，所以也可以说，技术经济效果学是研究技术应用的费用与效益之间关系的科学。

技术经济效果学还研究如何用最低寿命周期成本实现产品、作业、服务的必要功能。就用于道路运输的汽车这一工业产品来说，所谓寿命周期成本是指从产品的研究、开发、设计开始，经过制造和长期使用，直到报废为止的整个产品的寿命周期内所花费的全部费用。对于汽车的使用者来说，寿命周期成本体现为一次性支付的产品购置费与在整个汽车使用期内经常性的费用之和。所谓必要功能是指产品使用者实际需要的使用价值。用最低寿命周期成本实现产品（作业、服务）的必要功能是提高整个社会资源利用效益的重要途径。

研究寿命周期成本，分析运输工具更新的最佳时机是运输技术经济学研究的重要内容之一。世界上第一辆汽车是19世纪80年代由戴姆勒（Dimler）和本茨（Benz）制造的，由于生产成本太高，在相当长一段时间内汽车仅是贵族的一种玩物。后来经过亨利·福特（Henry Ford）的努力使每辆汽车售价降至1 000～1 500美元，进而又降至850美元，到1916年甚至降至360美元。由于汽车的使用成本也有所降低，就为汽车的广泛使用创造了条件，最终使汽车工业成为美国经济的一大支柱。汽车工业的发展推动了美国的钢铁、石油、橡胶等一系列工业部门的发展，同时极大地改变了人们的生活方式。这一事例表明，在保证实现产品（作业、服务）必要功能的前提下，不断追求更低的寿命周期成本，对于社会经济的发展具有重要意义。

技术经济分析能帮助我们在一个工程项目尚未实施之前估算出它的经济效果，并通过对其他不同方案的比较，选出最有效利用现有资源的方案，从而使投资决策建立在科学分析的基础上。技术经济分析还能帮助我们在日常生活中选择合理的技术方案，改进产品的设计和生产工艺，用最低的成本生产出符合用户需要的产品或提供有效的服务，提高生产的经济效益和社会效益。

总之，技术经济学的研究对象是工程项目的经济性。这里所说的项目是指投入一定资源的计划、规划和方案，并可以进行分析和评价的独立单元。因此，工程项目的含义是很广泛的，它可以是一个拟建中的工厂、车间，也可以是一项技术革新或改造的计划，可以是设备，甚至设备中某一部件的更换方案，也可以是一项巨大的水利枢纽或交通设施。任何工程项目都可以划分成更小的、便于进行分析和评价的子项目。通常,一个项目是指有独立的功能和明确的费用投入者。例如,拟建一个汽车工厂,采用的是通用轮胎。轮胎可以由本厂制造,也可以向其他工厂购进甚至进口。这样,轮胎一项可以作为一个独立项目进行专门研究。又如,某水利工程,其水坝和引水渠道等在规划、设计和效益发挥上密不可分。把它们分成两个项目就不合适了。

工程项目的经济方面研究还有个出发点的问题。在以市场机制为导向的经济中,可以证明,在满足完全竞争的市场均衡、不存在外部效果和公用物品等一系列前提条件下,从企业角度的利润最大化的决策和从社会角度出发的资源配置效率最大化的目标是一致的。尽管这些前提假设很难得到完全的满足,从社会角度的经济分析,还是可以在企业角度分析的基础上进行修正的。因此,可以以企业(或投资者)角度的分析作为基本的平台和框架。也就是通过产出的收益和投入费用的计算比较得出结论,而这些计算多数是以市场价格为基础,以货币量为单位的。因为在市场经济中,我们还没有办法找到比价格和货币更为一般的度量尺度。此外,作为国家和社会的目标,资源配置的效率有时可能不是唯一的,还有诸如公平分配、社会稳定等政治目标。即使如此,也要计算实现这些目标所付出的经济代价,还要问为实现这些目标是否还有更好的方案?为什么要选择这个方案而放弃其他技术上可行方案?要回答这些问题,尽可能地用货币度量效益和费用还是必要的。技术经济分析是技术服务于生产建设的一个中间重要环节,在经济技术决策中占有重要地位。

二、研究技术和经济相互关系,探讨技术与经济相互促进、协调发展

技术和经济是人类社会不可缺少的两个方面,存在着对立统一的关系。一方面,技术进步是推动社会经济发展的重要条件和手段,例如,由于科学技术的进步产生了许多全新的产业,如微电子工业、计算机工业、生物工程工业、高分子工业等;由于技术进步,提高了传统产业的技术装备程度和工艺水平;由于技术进步,使传统的靠天吃饭的粗放式农业,逐步过渡到旱涝保收的田园式的集约化的农业;由于技术进步,大大地减轻了劳动强度,改善了劳动条件和劳动安全程度,扩大了就业范围;随着技术进步,人们改善和利用自然界的能力不断增强,从深度和广度上扩大了对自然资源的利用;由于交通和通信技术的发展,促进了商品信息的传播,扩大了商品交换等。另一方面,技术的发展不能脱离一定的社会条件和经济基础。任何一项新技术的产生和发展由社会经济发展的需要所引起的,且在一定社会经济条件下得到应用和推广。社会因素(例如民族传统、人口状况、劳动者的素质、社会结构、经济管理体制等)和经济条件对科学技术的发展有很大影响,它们既是技术发展的动力,又为技术发展指明了方向。然而,技术的进步和发展需要大量的资金、人力和物力。经济的发展为技术发展提供了可能性和必要性,同时,也制约着技术的发展。在发展中国家,一方面,要发展本国经济,必须采用先进的技术。另一方面,必须根据本国的经济实力选择适用的技术,不能超越自己的实际能力选用价格昂贵的尖端技术。技术经济之间这种相互渗透、相互促进的关系,使任何技术的发展和应用都不仅仅是一个技术的问题,同时又是一个经济的问题。研究技术与经济之间的关系,探讨如何通过技术进步促进经济发展,在经济发展中推动技术进步,是技术经济学一项重要的任务,也是技术经济学进一步丰富和发展的一个新领域。

在这一领域中,与工程技术人员的日常工作关系最密切的问题是技术选择问题,即在特定的经济环境条件下,选择什么样的技术去实现特定的目标。技术选择分宏观技术选择和

微观技术选择。宏观技术选择是指涉及面较广的技术采用问题,其影响的广泛性和深远性超出一个企业的范围,影响到整个国民经济的发展和社会进步。例如,从近期来看,发展中国的电力工业,是优先发展火电,还是优先发展水电,或者是优先发展核电?从长远来看又应作如何选择?又如,要解决中国的城市交通问题,是大力发展小汽车,还是采用发展公共交通加自行车的办法?再如,中国铁路运输的牵引动力,应该以蒸汽机为主,还是以内燃机车为主,或者是以电力机车为主?这些都是涉及范围很广的宏观决策问题,每一项决策都与采用和发展什么技术有关,而且最终都会影响到整个国家经济、技术和社会的发展。微观技术选择是指企业范围内的产品、工艺和设备的选择。企业生产什么产品,用怎样的方式生产,采用什么样的工艺过程,选用什么样的设备等是影响企业市场竞争能力和经济效益的关键性问题,所以,技术选择是企业经营活动中的重要决策。微观技术选择虽然直接涉及的是各个企业的生存与发展,但最终也将影响到整个国民经济的发展。

指导各个层次技术选择的是各级技术政策。每个企业都应该根据自己的发展目标,资源条件和外部环境制订出企业的技术政策,在这种技术政策的指导下进行具体的技术选择,以适应竞争和发展的需要。每个产业部门也应该根据国民经济发展对本部门的要求、本部门技术发展的趋势及各种客观条件,制订出本产业部门的技术政策,用以指导本产业部门的技术选择和发展规划。同样,国家也必须有明确的技术政策,用以指导、控制全国范围内各个层次的技术选择。国家的技术政策影响到整个国家长远的经济发展和技术进步。这些政策的制订必须建立在充分了解世界发展的大趋势,客观分析国情,深入研究技术与经济之间关系的基础上。世界各国的经济、文化和科学技术的发展是不平衡的,自然条件和资源条件也千差万别。这种不平衡和差别使得不同的国家不可能按照相同的模式进行技术选择。尤其是发展中国家不能照搬发达国家的技术选择模式。过去许多发展中国家曾出现过盲目效仿发达国家,片面追求最新技术的现象,结果由于缺乏必要的技术力量和管理经验,基础设施和配套工业不健全等原因,使引进的技术无法吸收,更难以扩散,达不到应有的效果,造成了资源的浪费。发展经济学家们总结了发展中国家技术选择的经验教训,提出了发展中国家经济发展中应采用"中间技术"、"累进技术"和"适用技术"的观点。

中间技术,是指介于"镰刀"和"联合收割机"之间的技术。它既有别于古老的、简单的传统技术,又不同于现代化的最新技术。这样的技术既能提高生产效率,又节约资金,且不需要过高的技术知识,是发展中国家易于消化、吸收和扩散的技术。

累进技术,意在强调技术发展的继承性和累进性。即选择技术时要考虑本国现存的技术体系和技术基础,要与本国的技术水平,生产发展水平和社会成员的文化教育水平相适应,要注意自己的消化吸收能力,在能力允许的范围内循序渐进地提高技术水平,而不是生搬外国最先进的东西。

适用技术,是指适合于本国资源情况和应用条件,能够对经济、社会和环境目标作出最大贡献的技术。适用技术强调的不是技术的先进性则是技术采用后的效果。考察技术是否适用必须充分考虑本国生产要素的现有条件、市场容量、社会文化环境、当前的技术水平等因素。适用技术既可以是最新技术,也可以是不那么新的技术,关键在于技术的采用必须能为经济目标和社会目标作出较大的贡献。

中国是一个发展中国家,必须根据实际情况确定技术选择的原则。总的来说,我国的技术选择要注意经济效果,兼顾技术的适用性与先进性,要防止两种倾向:一方面,要防止不顾国情,忽视现有的经济技术现状,盲目追求技术先进性的倾向;另一方面,要防止故步自封,片面强调现有基础,看不到发展的潜力与优势,不敢采用先进技术的倾向。我国现阶段的技术体系应该同时包容各种层次的技术,既要有国际先进水平的新技术、高技术,也要有某些在工业发达国家已被淘汰的传统技术。当然,随着我国经济技术的发展,在整个技术体系中,前一种技术的比例会不断增加,后一种技术的比例会不断减少。

三、研究如何通过技术创新推动技术进步,进而获得经济增长

技术进步是物质生产的技术基础以及与此相适应的组织和管理技术的改进与提高。技术创新是技术进步中最活跃的因素,它是生产要素一种新的组合,是创新者将科学知识与技术发明用于工业化生产,并在市场上实现其价值的一系列活动,是科学技术转化为生产力的实际过程。

技术创新的内容包括:新产品的生产,新技术、新工艺在生产过程中的应用,新资源的开发,新市场的开辟。

技术创新是在商品的生产和流通过程中实现的。单纯的创造发明不成其为技术创新,只有当它们被用于经济活动时,才成为技术创新。技术创新是通过由科技开发、生产、流通和消费这样四个环节构成的完整系统,实现其促进经济增长的作用。其中生产和流通是使技术创新获得经济意义的关键环节。缺少这两个环节,科技发明就不能转化为社会财富,就没有经济价值,同时,消费者(指广义的用户)也不能将各自的反映或评价传递给科技人员,发明创造就只能停留在实验室中,不能进入经济领域,无法转化为生产力,也就不是技术经济学中所要研究的技术创新。

各国经济发展的实践经验表明,哪里技术创新最活跃,哪里的经济就最发达。技术创新不断促进新产业的诞生和传统产业的改造,不断为经济注入新的活力,因此,各工业发达国家,无不想尽各种方法,利用各种经济技术政策,力图形成一种推动技术创新的机制与环境。

技术进步可分为体现型和非体现型两类。体现型技术进步是指被包含在新生产出来的资产(如机器设备、原材料、燃料动力等资金的物化形式)之中,或者与新训练和教育出来的劳动力结合在一起的技术进步。事实上,随着科技的发展,新投入资金形成的资产,必然把新的科技成就物化在其中,使之与过去资产相比,具有更高的功能。同样,由于教育的发展,劳动力已不再仅仅是单纯的体力提供者,而是具有相当高的科学知识水平和劳动技能的生产者或创造者。非体现型技术进步则不体现于新生产出来的资产或新教育出来的劳动力身上,而体现在生产要素的重新组合、资源配置的改善、规模经济的效益以及管理技术的完善化等方面。在现实的经济生活中,两种技术进步同时共存并在经济增长中共同发挥作用。

根据上述技术与技术进步的定义,技术进步的内容包括:劳动者生产技能的提高,生产方法的改进,劳动手段的变革,以及技术知识的丰富和发展。广义的技术进步中还包括微观与宏观层次上组织管理技术的提高。

就交通运输业来说,技术进步体现为以运输线路网、运输场站技术等级提高为主体的运行条件改善;以运输工具为主的装备技术水平改善;劳动者知识水平和文化素质的提高;营运组织管理水平的提高;开展新的运输服务项目和在运输系统的建设与营运中推广应用新技术。因此,对交通运输技术进步的分析可以从宏观和微观两个层次来考察。宏观层次上要考察运输基础设施的技术状态,微观层次上要考察运输装备构成及性能的改善与提高,人员素质的提高和组织管理水平的提高等。

现代经济学家们把一国经济的增长,即用国民生产总值和人均国民生产总值衡量的一

个国家物质生产能力及其利用效率的持续增长,归结为劳动、资本投入和技术进步的结果。技术进步是现代经济增长的主动因,但技术投入要与劳动者的知识与技能联系在一起。技术进步也要物化在机器、设备等物化资本之中。在产品创新的情况下,则是新的设备、新的技能与新的加工方法的全新组合。在经济增长中,特别是在内涵扩大再生产中,没有新的劳动投入不成,没有新的资本积累不成,没有技术的更新更不成。三种要素相互融合,共同作用于经济增长,成为经济增长的直接影响因素。

经济增长是诸多因素相互影响与作用的动态过程。影响经济增长除资本、劳动和技术进步这些直接因素外还有资源配置、规模经济、市场需求、经济政策与宏观调控这些经济系统因素以及社会经济制度、经济体制、科学发展水平等环境因素。

技术进步是促进交通运输业发展,提高生产效率的重要因素。研究技术进步与经济增长的关系,认识技术进步在经济增长中的重要作用,分析交通运输技术进步过程中的问题,发现薄弱环节,采取相应的对策,加速运输事业的发展,是运输技术经济学的重要研究内容。

技术应用的经济效果,技术与经济的关系,技术进步与经济增长是技术经济学研究的三个主要领域。本书作为交通运输专业大学生学习技术经济学的教科书,仅选择本学科最基本内容,即技术经济分析的基本原理和方法,重点讨论技术应用的经济效果问题。其中包括:

(1)技术经济学的基本原理和方法,如经济效益理论、方案比较理论和方法、资金的时间价值、技术经济预测、价值工程、技术经济效果的评价指标与方法。

(2)技术经济的评价方法体系,如技术方案的财务分析、费用效益分析、不确定性分析、综合评价。

(3)技术经济学应用于交通运输宏观和微观分析对象,如运输基础设施项目、运输设备更新的技术经济论证和评价。

第二节　运输技术经济学的基本原理和方法

技术经济学的基本原理是该学科建立的基础和对开展各项研究带有普遍指导意义的基本理论和准则。从这一概念出发,技术经济学的基本原理包括:技术与经济相互作用理论、技术与经济协调发展理论、技术创新理论、技术进步促进经济增长理论、技术评价与技术选择理论、费用效益分析理论等。本书重点讨论交通运输工程领域技术应用的经济效果问题,因此,这一节简要介绍技术经济学的方法体系、费用效益分析的理论与方法、方案比较的理论与方法以及技术经济分析的一般程序。

一、技术经济学的方法体系

技术经济学是一门以技术经济分析方法为主体的应用学科,方法论是技术经济学的重要组成部分。其方法体系分为三个层次:第一个层次是唯物辩证法的方法论,是技术经济学的基本方法论。第二个层次是基本方法和专门方法。基本方法是适用于解决技术经济问题的普遍方法,专门方法是技术经济学某些特定领域或解决某个特定问题的方法。第三个层次是一些更具体的方法。技术经济学的方法体系如图 1-1 所示。

二、费用效益分析的理论与方法

技术经济学研究的一个基本问题,是如何利用有限的资源生产出尽可能多的产品或劳务,即花一定费用取得尽可能大的经济效益。工程项目建设的根本目标都是满足人们物质生活和精神生活的需要。它能使这种满足程度越高,则说明它对国民经济的贡献越大,经济效果越好。工程项目对每个人产生的效益可以用他对此所具有的支付意愿来度量。费用效益分析是以福利经济学为理论基础的。福利经济学以社会全体人员经济福利总和作为研究对象,研究经济政策或活动对于个人或集体福利(得到好处或满足欲望)的影响。它提出要使物质资源配置达到最合理的程度,必须通过国家经济政策的调度,使"边际私人纯产品"和"边际社会纯产品"相等。从而使"边际私人纯产值"和"边际社会纯产值"相等。这里边际私人纯产品是厂商投入一个生产要素所增加的纯产品,边际私人纯产品乘以市场价格就是边际私人纯产值。社会投入一个生产要素所增加的纯产品,叫边际社会纯产品。在假定完全竞争的条件下,通过资源转移,可以使边际私人纯产值等于边际社会纯产值,并导致各个生产部门的边际社会纯产值彼此相等。这就是最优资源配置的标准,也就是国民收入最大化的标准。通过采取或不采取某项经济政策(或活动)两种社会经济状态下福利水平的对比,试图得出何种社会状况为优,然后判断该项经济政策的成功与否及应不应该执行的结论。福利经济学以帕累托优越性和补偿原则作为价值判断和决策的准则。

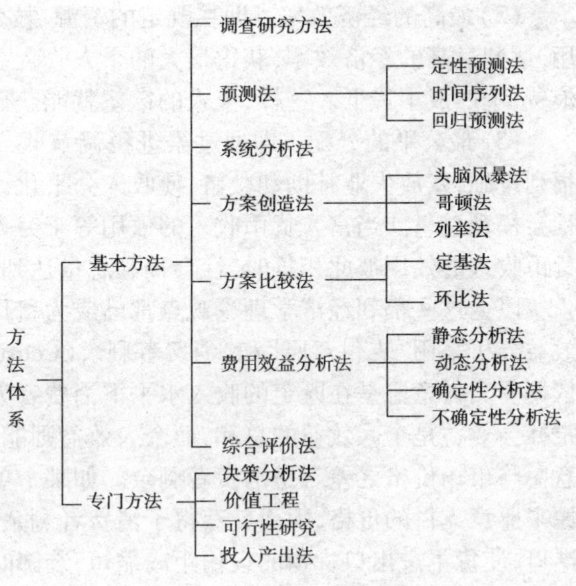

图 1-1 技术经济学方法体系

帕累托优越性(Pareto Optimum)是指,经济状况的任何改变都不能使一个人的境况变好而不使别人的境况变坏,或者说不减少别人的效用,便无法增加某个人的效用,即根据社会净效益来判断经济措施的优劣。这是指对两种社会经济情况好坏的判断条件是:在既定收入分配下,对现状进行任何改变之后,如果每个人的福利都增进了,这种改变就有利;如果使每个人的福利都减少了,这种改变就不利;如果使一些人的福利增进而使另一些人的福利减少了,就不能说这种改变就一定有利。

补偿原则的判断条件是选择经济状况一的得益补偿损失之后,没有一人的情况会比经济状况二的情况更坏。这一标准应用于工程项目评估时,就是指这个项目的兴建能将收益者的得益补偿受损者之后,在最后结果上是正值,则这个项目就值得兴建。例如公路线路经过一条河流,原先是汽车靠轮渡,行人靠乘船,随着交通量的增加,确定了用桥梁代替轮渡的方案,这时乘车旅客、货主和运输公司是得益者(节省时间、费用);而轮渡、渡船业主和船工则因建桥而失业,为受损者,要求得益者对受损者予以补偿之后,社会仍有净收益。这个原则应用于工程经济分析上,就是看工程实施后,哪些个人和集团得到收益,哪些个人和集团受到损害,应补偿多少,最后总的效益是否大于所付出的代价。

福利经济学提出的 3 个社会目标是:

(1)最大的选择自由。即在维持社会利益的前提下,能自由选择项目,自由提供要素,自由经营企业等,这是达到最优生活的一个重要方面。

（2）最高的经济效率。即在既定的资源、技术和消费偏好下，通过资源的最优配置和利用，达到最高的经济效率，获得最大的个人收入。所有要素都用于最好的途径，没有任何的浪费，生产成本最低。这样，个人的欲望就能获得最大满足，社会就能得到最大的经济福利。

（3）最公平的分配。即通过累进税调节收入，缩小富人和穷人的分配差距。兴办社会福利设施，发放失业补助和救济，使收入公平化，这样就能增加货币收入的总效用，从而增加社会福利总量。当富人货币收入的效用等于穷人货币收入的效用时，也就是所有社会成员货币收入的效用彼此相等时，社会福利总量达到最大。

以上这些福利经济学理论观点都已成为费用效益分析的理论依据。在方法论上，费用效益分析采用"支付意愿"和"消费者剩余（Consumer's surplus）作为方案效益计算和比较的依据。支付意愿是在既定的收入水平下消费者为获得某项物品或服务愿意支付的价格。假定社会效益是个人效益的总和，而个人效益则能通过消费者对物品的支付意愿来度量，支付意愿与市场价格之差就是消费者剩余。如某个项目实施后，可使市场价格降低，低于消费者原来愿意支付的价格，因而就获得了消费者剩余。例如修建一条捷径公路或增加一个外贸港口，使货主进出口货物的运输距离缩短，装卸时间节约，船舶停港时间减少，这些节约都可以用消费者剩余来描述。

如图 1-2 所示的消费者的支付意愿、实际支付和消费者剩余可表示为：

$$效益 = 支付意愿 = 实际支付 + 消费者剩余$$

支付意愿和消费者剩余的概念在技术经济分析中有重要意义。首先，用支付意愿来度量效益可以使人们从狭隘的实际收益（指企业收入）和支付中摆脱出来，赋予效益更广的意义。有些项目或措施，例如公共项目，可能没有收益——消费者不发生实际支付，显然不能因此认为效益不存在。如果用支付意愿来度量效益，显然这种效益是存在的。其次，即使实际支付存在，由于价格扭曲，实际支付不能反映效益，则支付意愿至少在原则上排除了价格扭曲的影响。以图 1-3 为例，由于价格偏低，实际支付很少，此时大部分效益表现为消费者剩余（图中空白部分）。

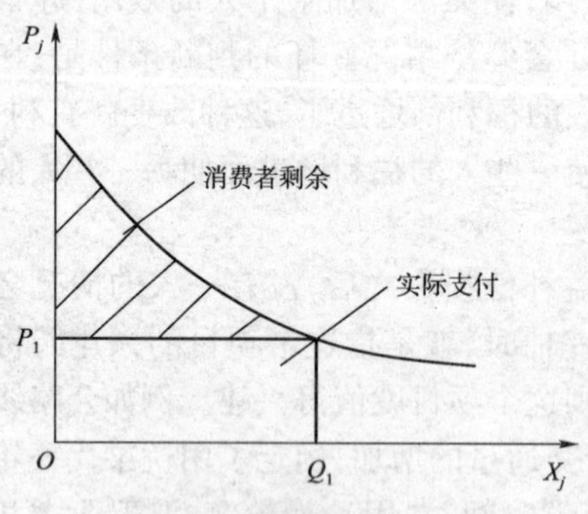

图 1-2　消费者剩余

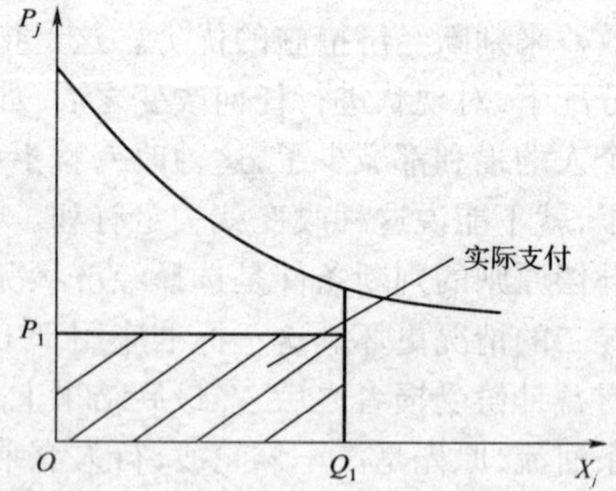

图 1-3　价格扭曲下的消费者剩余

消费者剩余的概念是早在 1844 年由法国工程师杜伯依特 J. Dupuit 在《公路与桥梁》年鉴上发表的《关于公共工程效果评价问题》论文中提出的。提出这个概念正是为解决技术经济分析中的具体问题。当时碰到一个具体的建桥项目，假定过桥费和交通量有如下关系（图 1-4），过桥的需求量（交通量）与过桥费成反比关系。当时要解决如何确定收费标准和建桥的效益问题。有人主张收费标准应定在 0.50 元，这样，每年可使过桥费最大，达到0.50

(元/车次)×200(万车次)=100(万元)。如果资金的利息率是10%,桥的使用年限假定为无穷大,维护费用不计,则认为建桥投资要求不能大于1000万元。Dupuit不同意这种算法。他认为,只要桥的容量足够,并且政府有可能解决建桥的开支,那么就应该不收费。从表面上看,过桥费收入虽然为零,但效益可达最大:1/2×1(元/车次)×400(车次)=200(万元)。没有收到1分钱,效益哪里去了呢?效益都分散给消费者了,即全部表现为上面所说的消费者剩余。按其他同样的假设,他认为建桥投资只要不超过2000万元,就应该建桥。如果收0.50元过桥费,收益可达每年100万元,但消费者剩余仅1/2×0.5(元/车次)×200(万车次)=50(万元),总计效益每年仅150万元。这样使桥不能得到充分利用,效益损失每年50万元。显然,Dupuit的意见是正确的。

通常项目或措施提供的产品或服务原来就已经存在,项目实施只是增加同类的产品或服务。因此,其效益只是新增的支付意愿。当实际观察到的价格正好是原来的边际效益时,那么可以用价格作为计算效益的基础。以图1-5为例,原来已有的产品供应量是Q_0,项目投产后,新增供应量为ΔQ,使总供应量为$Q_1 = Q_0 + \Delta Q$。新增效益就是新增的支付意愿$E_0Q_0Q_1E_1$所围的面积。当ΔQ不大时,可以认为需求曲线E_0E_1是一般直线,新增效益ΔB可表示为:

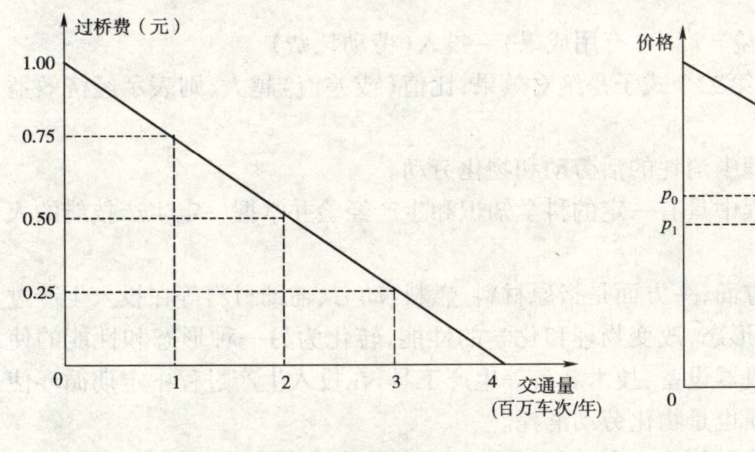

图1-4 交通量需求曲线图

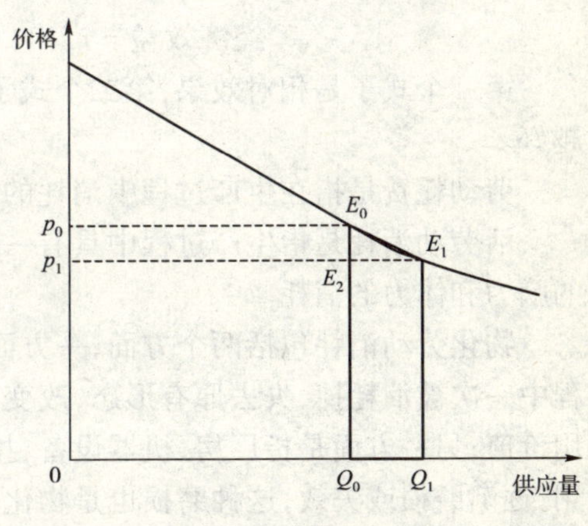

图1-5 新增支付意愿

$$\Delta B = \left(\frac{p_0 + p_1}{2}\right)\Delta Q$$

式中:p_0——产品发生增量前的价格;

p_1——产品发生增量后的价格。

这样做的前提是,这些价格反映两种情况下的边际效益(边际支付意愿)。当ΔQ很小时,或者需求的价格弹性很大时,效益可以近似地等于收益$\Delta B = p_1 \cdot \Delta Q$。当然价格必须反映边际效益。

严格地讲,即使在价格等于边际效益的情况下,效益和收益(消费者实际支付)是两个完全不同的概念。如果所讨论的是新建企业,则收益是$E_2Q_0Q_1E_1$所围的面积,与效益相比,相差的是新增消费者剩余$E_0E_2E_1$所围的面积。如果原有产出与新增产出是出自同一企业(完全垄断企业),那么增产ΔQ的企业收益ΔB是$E_0Q_0Q_1E_1$面积与$p_0p_1E_2E_1$面积之差,后者是因为降价而使原有产出收益减少的部分。不论在什么情况下,新增效益始终是$E_0Q_0Q_1E_1$所围的面积。至于$p_0p_1E_2E_1$所围的面积是企业向购买者的一种转移支付——企业收益(消费者实际支付)减少了,消费者剩余增加了,总的支付意愿并没有变。

在费用效益分析中,费用和效益有相同的量纲以便从两者的比较中得出评价结论。因此,对费用没有独立的定义,只是认定费用是一种效益的牺牲。项目对一切有用资源的耗用或占用都意味着国民经济失去了其他产生效益的机会。在这些其他机会中选择能产生最大效益的机会作为牺牲的机会,把这部分潜在的效益作为费用,这就是机会费用的原则。在资源紧缺的情况下,机会费用的原则实质上是讲求资源利用效率的原则。因为只有这样才能保证把资源用到能产生最大效益的地方去。

三、经济效果的概念

经济效果是指经济活动中占用和消耗的劳动量(包括活劳动与物化劳动)与取得的有用成果(产品或劳务)之间的比较,即投入与产出、费用与效益的比较。经济效果,有时也成为经济效益。工程经济分析的核心是经济效益原则,工程实践活动的经济效益一般有两种表达形式,即

$$经济效益=\frac{产出(有用成果)}{投入(劳动耗费)}$$

或

$$经济效益=产出(有用成果)-投入(劳动耗费)$$

第一个式子是相对效果,第二个式子是绝对效果,比值(或差值)越大,则表示经济效益越好。

劳动耗费是指在生产过程中消耗的活劳动和物化劳动。

活劳动消耗是指生产过程中具有一定的科学知识和生产经验并掌握一定生产技能的人的脑力和体力的消耗。

物化劳动消耗包括两个方面,一方面是指原材料、燃料、动力、辅助材料等在投入生产过程中一次被消耗掉,失去原有形态,改变物理和化学的性能,转化为另一种形态和性能的使用价值;另一方面是指厂房、机器设备、技术装备等生产工具,在投入生产过程中定期循环使用,逐渐磨损或失效,这种磨损也是物化劳动消耗。

有用成果是指生产过程中所创造出来的对社会有用的成果。如果有些产出毫无用处,则这些产出就不会带来任何经济效益。

对工程项目进行分析,要以经济效益为核心考察项目是否具有较好的经济效益,并选择效益好的项目先上马。后面章节中所介绍的指标体系大部分都是以不同的方法,从不同的角度构造的反映经济效益的指标。也就是效益最大化是评价项目的核心宗旨。

作为重点概念,有必要对“经济效益”做进一步的理解与论述。

经济效益可以依不同的标准(或站在不同的角度)划分为以下几种类型。

1. 宏观与微观经济效益

宏观经济效益是从整个国民经济角度考察的经济效益。考察工程项目对国民经济的贡献是不能忽视的环节。项目引起的社会最终产品的增减,对生态、环境的影响以及对就业、国家安定等方面的贡献都属于宏观经济效益的范畴。宏观经济效益也称为社会经济效益或国民经济效益。

微观经济效益是指从个体(或企业)角度考察的效益。生产项目的直接投入、直接产出是微观经济效益的主要构成。利润最大化是企业追求的目标。微观效益大也是评价和选择

项目的重要依据。对项目的微观分析也称为财务分析(财务评价)。

2. 直接经济效益与间接经济效益

直接经济效益是指项目自身直接产生并得到的经济效益。即生产项目系统直接创造的经济效益,如产品销售收入等。间接经济效益是指项目导致的自身之外的经济效益,即生产项目引起的其系统之外的效益。如某企业生产项目的上马引起其他企业效益的增加;某大型钢铁基地的建成使重型机械部门的闲置生产能力得以启用,这相当于节约了费用。这些效益都是原项目的间接效益。间接效益的分析只有在对项目进行国民经济评价时才考虑。又如,某项目对资源的占用与耗费或多或少影响其他项目对资源的利用,进而减少其他项目对国民经济的贡献。这应计入对原项目进行国民经济评价的间接费用。

3. 短期经济效益与长期经济效益

短期经济效益是指短期内可以实现的经济效益,长期经济效益是指较长时间后能够实现的经济效益。

四、技术经济分析的可比原理

方案比较是寻求合理的经济和技术方案的必要手段,也是工程项目经济评价的重要组成部分。在项目可行性研究过程中进行各项经济和技术决策时,均应根据实际情况对各种可能的方案进行筛选,并对筛选出的几个方案进行经济效果计算,结合其他因素详细论证比较,做出抉择。工程技术方案要具有以下3个方面的可比基础。

1. 满足需求的可比性

对工程项目实现同一社会经济目标的不同技术方案要在满足同样需要的前提下比较其经济性。这包括:

1)产量指标可比性

对运输业要求线路设计通过能力和完成运输周转量相同,如比较公路线路走向方案或两地间使用不同运输方式的方案进行比较时,不能将不同设计通过能力的方案进行直接比较。

2)质量指标可比性

当不同方案的产品质量不同时,不能对比。首先要使质量上都满足相同程度的需求,例如公路等级不同,所提供的汽车行驶速度、道路服务条件都不相同,显然不具备可比原则。不同性能的公路及客车所提供的服务安全性、舒适性显然也不具有可比性。要采用一定的技术方法将其转换为可比方案。

2. 费用效益的可比性

1)指标形式可比性

为使指标可比,费用和效益通常均采用货币计值的价值型指标。

前面说过,作为经济分析,在市场导向的经济中,用货币来度量工程项目的效果(outcome)是最普遍的。有些效果不直接表现为货币的量纲,但是为了比较,也希望能尽可能地转化为货币单位。例如,环境、安全、教育和卫生等效果,由于治理资源的有限性以及与经济协调发展的必要性,这些效果通过权衡也有可能转化为货币度量。实在不行,也应尽可能加以量化(如用物理量)与所花的代价进行比较。工程经济分析不能代替最终的决策,但要为决策提供尽可能多的信息。把一些目标定性地绝对化是不科学的。如"安全第一"、"环境保护一票否决"等,作为重视这些问题的口号是可以的,但不具有可供操作的意义,因为不可能把所有的经济活动都停下来保证安全和环境。

本门课程的中心内容是介绍工程经济分析中的各种判据(criteria),也就是通过一个或几个指标的比较来评判选择项目方案(见第四章和第七章等)。本门课程着重从企业(或组织)所有者的长期经济利益角度选择这些判据。基于这样的假设——所有者以一定投资资本,通过工程项目的实施,取得最大的投资回报。这种分析也叫财务分析(financial analysis),因为这种分析都是用货币为量纲的数据。

2)计算价格的可比性

项目耗费与效益用货币形式表现时,要通过价格计算,应保证不同资源比价合理。财务分析用现行市场价格,国民经济评价用影子价格。

3)计算范围的可比性

方案比较可按各个方案所含的全部因素(相同因素和不同因素)计算各方案的全部经济效益和费用,进行全面的对比,也可仅就不同因素计算相对经济效益和费用,进行局部的对比。要特别注意各个方案间的可比性,遵循效益与费用计算口径和范围对应一致的原则,必要时应考虑相关效益和相关费用。

不同方案的使用寿命、产出效益(功能),投资和运行费用可能都不相同(如果都相同,就不存在比较和决策的问题了,随机地选一个方案就可以了),更要注意项目方案之间的可比性。如果两个方案的寿命期不同,就失去了总费用比较的基础,就要设法通过更新,使寿命期相同,或者采用年度费用作为比较的基础。又如,费用支出总量相同,而分布的时间不同,比较费用总量就没有意义。例如,功能相同的设备,投资大的项目的经常性运行费用就比较省,投资小的项目运行费用高。由于投资是近期的支出,运行费用是日后的支出,简单加总的比较是没有意义的,这就要设法通过考虑资金时间价值的换算来比较。这在以后的章节中会详细说明这种比较的方法和指标。

只有方案产生结果间的差别才对方案的比选有意义,因此,可只集中注意方案结果之间有差异方面的比较。功能完全相同的,可只比较费用;投资相同的,可只比较经常性的运行费用;费用相同的,可只比较功能和效用。又如,企业内部某车间局部设备的更新和改造项目,就可以只比较"有"或"无"。这种更新改造项目对企业支出和收益产生的差异,可只看收益由此增加了多少,费用又增加了多少,就以这种差额来进行比较和评价。这就是所谓"增量比较",而无需太多关注企业由此产生的总量变化。

3. 时间因素的可比性

由于资金时间价值原理的作用,不同时间同样数量货币是不等值的,在技术方案比较中要满足时间因素的可比性。这包括两方面的内容:

(1)对使用寿命不同的方案进行经济效果比较,必须用相同的计算期作为比较的基础。

(2)技术方案在不同时间产生的费用和效益,不能将它们简单相加,必须考虑资金的时间价值,利用统一的复利计算至同一基准时刻再进行比较(见第二章)。

方案比选还应注意在某些情况下使用不同指标导致相似结论的可能性。根据方案的实际情况(计算期是否相同,资金有无约束条件及效益是否相同等)选用适当的比较方法和指标。这将在第四章论述。

上述的各种可比性,都是理论上的理想情况,实际工作中要尽量满足这些要求。在遇到各方案不具备上述的某种可比性时,可采用修正计算的方法,将不可比的指标修正为可比。例如运输周转量不同,可把两个方案各自的总投资及经营费用均化为单位周转量投资及单位周转量的经营费用。经过这样的处理,两个方案才能有一定的可比性。再譬如,A、B 两个方案的其他条件相同,只是投资时间不同,A 方案的投资时间比 B 方案晚 6 个月,这种情况下可以计算 B 方案早投资 6 个月所需要付出的利息。在 A、B 两个方案比较时,B 方案所付出的六个月利息应计入 B 方案的耗费之内。

五、系统分析、定性分析与定量评价相结合

为了分析技术进步与经济发展的关系,探讨在运用先进技术的前提下,经济增长的规律,以及分析、计算、比较可供选择的方案,要求用系统的观点全面分析各种影响因素,使计算分析工作科学化,分析结果定量化。近一二十年来,在技术经济的分析研究中,较广泛地应用了运筹学、计量经济学模型、系统动力学、系统仿真等优化方法和计算机手段,提高了技术经济分析的准确性,拓宽了技术经济定量分析的范围。但是有些因素,例如工程项目对环境的影响,对边远少数民族地区经济发展的影响等,一般难以用定量指标表示,要做定性分析,所以工程经济的研究方法应该是定性分析与定量分析相结合,尽量扩大定量分析的范围。

六、充分揭示和估计项目的不确定性

对工程项目的经济分析涉及对未来可能发生结果的预测和估计。这些结果都具有不确定性(uncertainty)。这种不确定性是无法避免的,即使是不搞工程项目、按现状延续的"无"项目,将来可能出现的变化也是不确定的。分析人员的任务是尽可能事先揭示和估计这种不确定性有多少,以及对项目的影响程度。这将在本书的第五章详细讨论。

七、技术经济分析的一般程序

在工程经济学所讨论的问题中,都经常对某个工程项目和技术方案,或对行业技术经济发展规划进行技术经济的综合分析。由于不同项目、方案及所要分析的具体内容有所不同,对不同项目、方案进行技术经济分析的内容也有所不同。但对不同项目、方案技术经济分析的基本思路与基本方法是相近的,且具有一般的程序,如图 1-6 所示。

其中:

(1)确定目标:即确定工程项目、方案所要达到的技术目标与经济目标,通常用有用成果指标表示,例如,总产量、设备的主要功能与性能、项目所能带来的利润。

(2)分析相关因素:分析直接或间接影响项目、方案的所有因素,如国家政策、财力、人力、物力、生态环境、交通运输条件,项目与方案所在地区的工农业及文化教育事业发展情况以及企业的生产技术与管理条件等。

(3)明确限制条件:在分析相关因素的基础上,找出影响项目、方案的主要的和直接的影响因素,明确限制项目、方案的条件,并尽量明确限制条件的具体数据。

在确定目标、分析相关因素、明确限制条件几个步骤中,要搜集大量的有关资料和数据,包括相关的技术经济发展信息、当前的情况和数据、有关的基础设施、车辆的技术参数、运输周转量情况及发展预测等资料。

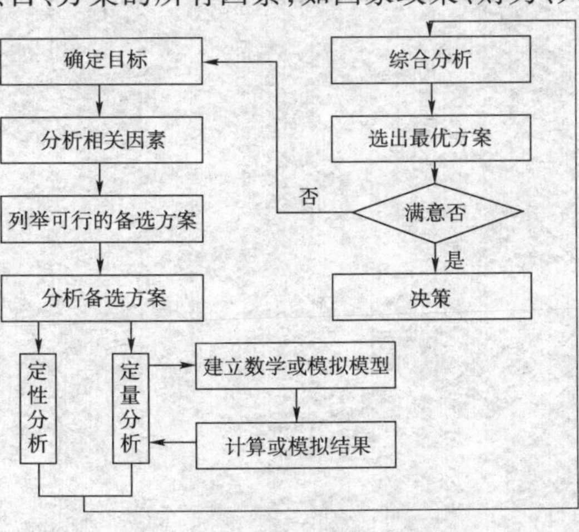

图 1-6 技术经济分析的一般程度

(4)制定可行的备选方案:在上述工作的基础上,初步制定1~2个或若干可行的具体方案。这些方案是为了进行分析比较、选优用的。因此,在制定备选方案时,思路应尽量广阔,思索应尽量严密,对那些可能成为最优的方案不可遗漏。在保证不遗漏最优方案的条件下,又希望尽量减少备选方案个数,以简化后面的分析、评价工作。

迄今为止,多数情况下的设计、决策变量还不可能是连续的,只能在给定方案中进行选择。所谓决策就是在两个或两个以上的备选方案(alternatives)中做出选择。因此,形成尽可能多的备选方案是提高工程设计和决策水平的基础。如果一旦忽略了潜在的、可行的备选方案,就有可能失去进一步优化决策的机会。工程技术人员经常要问"还有没有其他可行的方案?"诸如此类的问题。例如,大到发电厂方案是建火电还是水电?在火电方案中是用煤、油还是天然气?每台机组功率是90×10^4kW还是75×10^4kW?小到在厂房结构上是用钢结构还是钢筋混凝土结构?在形成备选方案过程中,工程技术人员的创新精神是极为重要的。

在这些备选方案中,有一个是特殊的方案,这就是保持原有的情况延续的方案,即所谓"不干什么"或"无"项目方案(doing nothing)。实际上,最终选定的项目方案都得与这个"无"项目方案进行评价比较,这就是所谓"有、无"对比(with vs. without),"有"这个项目与"没有"这个项目进行比选,以确定项目是否实施。例如,在考虑改善城市道路的交通项目时,方案一是新建干线,方案二是对原有干线拓宽。如果比选的结果是方案一(新建干线)较好,最后还要与既不新建也不拓宽的维持现有道路延续的"无"方案进行比较。有可能因为投资太大,暂时不建为好。对"无"项目的界定要合情合理,不可有意拔高"无"项目状况以贬低项目实施的必要性。以上面这个城市道路建设为例,有项目的交通状况不能与目前状况相比(可能改善不大),而应与不搞这个项目以后可能出现的交通状况相比(可能会得出有较大改善的结论)。

(5)分析备选方案:对备选的若干个方案的有用成果、耗费及效益进行定性与定量分析。在定量分析中找出某些指标与参数之间的相互关系,建立数学模型,根据已知的有关资料,推算出所需要的指标数值。

(6)综合评价与决策:根据定性与定量分析的结果,对备选的各个方案做出综合评价。所有的备选方案均不能满足所确定目标时,要从新考虑目标的可行性,对目标进行适当的调整,再重新进行上述的各个步骤,直至得到令人满意的方案,做出决策。

第二章　资金的时间价值及等值计算

在进行运输建设项目的技术经济分析中,必然会涉及时间因素的影响,为了解决不同时间上发生的费用与效益的可比性问题,本章主要介绍资金的时间价值并讨论资金的等值计算问题。

第一节　资金的时间价值、利息与利率

一、资金的时间价值

(一)资金时间价值的含义

资金的时间价值是指资金在扩大再生产及产品生产、交换过程中的增值,即不同时间发生的等额资金在价值上存在的差别。

资金的价值与时间有密切的关系,资金具有时间价值,这对于投资者来说是显而易见的。现时可以用来投资的一笔资金,比起将来同等数量的资金,即使不考虑通货膨胀因素,也更有价值。这是因为现时可用的资金,能够立即用于投资,并在将来有可能获得比现时的投资额多得多的货币量。

资金的时间价值可以概括为:若将资金存入银行,相当于资金所有者现时失去了对那些资金的使用权利,按放弃这种权利的数值大小和时间长短所取得的报酬(即资金使用者付出的代价);或将资金用于建设项目的投资,通过建设项目的资金运动(生产—交换—生产)而使资金增值。资金的增值,是在生产领域—流通领域—生产领域中,由活劳动新创造的价值的一部分。

资金的时间价值是客观存在的,只要商品生产还存在,就应考虑资金的时间价值,自觉运用“资金只有运动才能增值”的规律性,以促进商品生产的发展。

(二)资金时间价值的度量

资金的时间价值是以一定量的资金在一定时期内的利息来度量的,而利息是根据本金数额、利率和计息时间来计算的。这里所指的利息是一种广义的概念,是投资净收益与借贷利息的统称。从投资的角度看,资金的时间价值主要取决于以下因素:

(1)投资利润率:单位投资额取得的利润。

(2)通货膨胀因素:即对货币贬值损失所应做的补偿。

(3)风险因素:即对风险的存在可能带来的损失所应做的补偿。

二、利息与利率

(一)利息与利率的概念

所谓资金的利息,是指占用资金(或放弃使用资金)所付(或所得到)的代价,是占用资

金者支付给放弃使用资金者超过本金的部分，这实际上是占用资金者获得的净收益的一种再分配。

单位本金在单位时间内获得的利息就是利率，它是用来衡量资金“异时转换”的价值的。

从生产观点来看，利率可看作收益率，即生产产生的净收益与投资额之比；从消费观点来看，利率是一种导致节余的诱导物，具有推迟消费的吸引力；从资金需求方面来看，利率取决于资本的边际生产能力，即在其他条件不变的情况下，继续追加资本（投资），每追加单位资本所取得的产量增加产生的收益增量，即资本的边际收益率。如果资本的边际收益率大于资本需求者愿支付的利率，那么投资者还会再借入资金，追加投资；反之，他便不会再追加投资。从资金供给方面来看，利率取决于借贷资本的供给成本，这个供给成本表现为现期消费与将来消费的替代率。因此可以认为，利率是由可供借贷的资本供需均衡所决定的。均衡利率理论表明：利率越高，对资本的需求越少，供给越多；由此会导致利率下降，需求增大，供给减少；在这种不断运动中达到动态的供需平衡。

如果政府规定了高利率或低利率，这时将脱离资金市场的供需均衡点而使资本需求点产生移动。在技术经济分析中，利率又有名义利率、计息期实际利率、年实际利率之分。

（二）名义利率与实际利率

名义利率，即表面上或形式上的利率，指利率的时间单位与计息期的时间单位不一致时的年利率（用 r 表示）。若利率的时间单位与计息期的时间单位相一致，则名义利率等于计息期实际利率。

计息期，又称利息计算周期，表示利息计算的时间间隔单位。计息期有年、季、月、日等。

计息期实际利率，为按计息期实际计算利息时所用的利率。若名义利率为 r，一年内计息次数为 m，则计息期的实际利率为$\frac{r}{m}$。

年实际利率，即与计息期实际利率等效的年利率，常记为 i。这里的等效，是指用年实际利率 i 每年计息一次与用计息期实际利率（r/m）每年计息 m 次所计算的利息额相等。按复利计算时，名义利率与年实际利率有关系式如下：

$$i=\left[1+\left(\frac{r}{m}\right)\right]^{m}-1 \tag{2-1}$$

（三）单利与复利

资金等值计算的基本方式有两种：单利法和复利法。

单利计息为仅按本金计算利息，对前期所获得的利息不再计息，其计算的利息与占用资金的数额、占用的时间以及计算利息的利率成正比，计算公式为：

$$F=P(1+ni) \tag{2-2}$$

式中：F——本利和；

P——本金；

n——计息期数（年）；

i——单利（年）利率。

所谓复利，是指在计算下一期利息时，要将上一期的利息加入本金中重复计息，这就是通常所说的“利生利”或“利滚利”。

复利计算较单利复杂，根据现金流量的类型和计息方式的不同，计算公式也不同。通常，复利计算有离散型支付、离散复利；离散型支付、连续复利；连续型支付、离散复利；连续型支付，连续复利 4 种类型。在技术经济分析评价中，一般采用的是离散型支付、离散复利，即支付和计息是间断的，存在时间间隔。在资金等值计算中，采用复利法比较符合资金运动规律，因而在建设项目技术经济效果评价中，均应采用复利法进行资金等值的计算。

三、研究资金时间价值的意义

在建设项目投资技术经济效果评价中，要考虑资金的时间价值，这是从实践中总结出来的。这是因为在实践中通常会遇到下面几种类型的建设项目技术经济效果评价问题：

(1)投资时间不同的建设项目技术经济评价问题。

(2)投产时间不同的建设项目技术经济评价问题。

(3)使用寿命不同的建设项目技术经济评价问题。

(4)建设项目建成后，项目的经营使用费不同时的技术经济评价问题。

(5)建设项目建成后，项目的产出效果不同时的技术经济评价问题等。

这些问题都与时间因素有关，都有必要考虑资金的时间价值。能否正确地确定资金的时间价值，是建设项目投资技术经济效果评价结论正确与否的关键，也是提高我国建设项目投资技术经济效果的关键。

第二节 现金流量与资金等值计算

一、现金流量与现金流量图

(一)现金流量

1. 现金流量的概念

一个建设项目在某一时期内支出的费用称为现金流出，取得的收入称为现金流入。现金的流出量和现金的流入量统称为现金流量。在建设项目投资技术经济评价中，一般按年计算现金流量值。

2. 现金流量的计算

在进行技术经济评价时，先要计算出各年的现金流入量和现金流出量；后计算出各年的净现金流量(流入量与流出量的代数和)；计算时，现金流入量按正值看待，现金流出量作为负值看待。

(二)现金流量图

现金流量图是反映资金运动状态的图示，它是根据现金流量绘制的。在现金流量图中，要反映资金的性质(是收入或是支出——流入或流出)、资金发生的时间和数额大小。现金流量的性质是与对象有关的，收入与支出是对特定对象而言的。贷款人的收入，就是借款人的支出或归还贷款；反之亦然。通常，现金流量的性质是从资金使用者的角度来确定的，如图 2-1、图 2-2 所示。

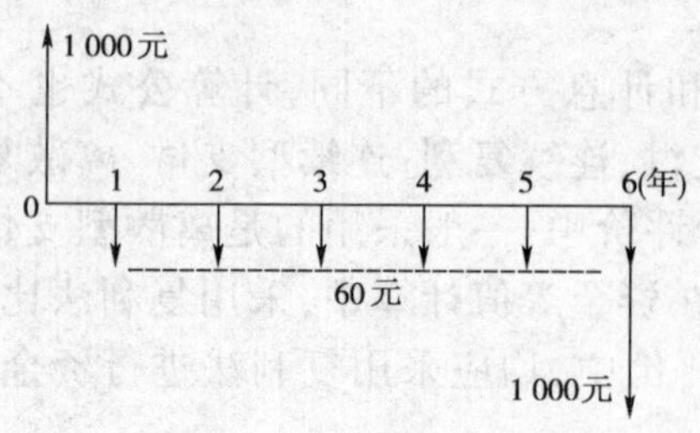

图 2-1　借款人的现金流量图

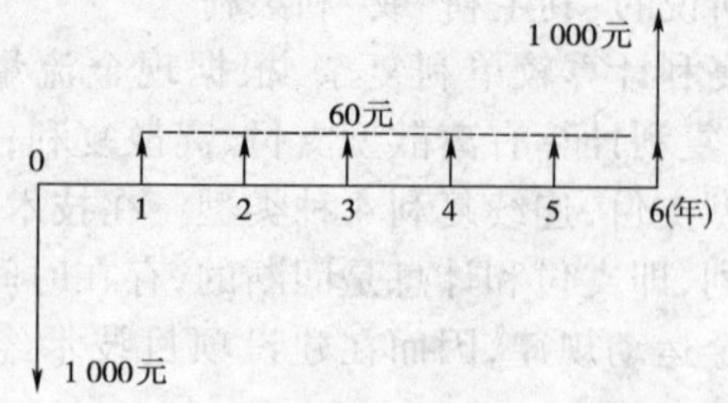

图 2-2　贷款人的现金流量图

现金流量图的作图规则如下：

(1)以横轴为时间轴，越向右延伸表示时间越长；将横轴分成相等的时间间隔，间隔的时间单位以计息期时间单位为准，通常以年为时间单位；时间坐标的起点通常取为项目开始建设年的年初。

(2)凡属收入、借入的资金等，视为正的现金流量；凡是正的现金流量，用向上的箭头表示，可按比例画在对应时间坐标处的横轴上方。

(3)凡属支出、归还贷款等的资金视为负的现金流量；凡是负的现金流量，用向下的箭头表示，可按比例画在对应时间坐标处的横轴下方。

若不按比例绘制，可在箭线旁标注具体的现金流量值，如图 2-1、图 2-2 所示。

二、资金的等值计算

(一)资金等值的概念

资金的等值，又叫等效值，指在考虑时间因素的情况下，不同时间、不同数额的资金可能具有相等的价值。当其“价值等效”时，这些不同时间、不同数额的资金称为等值。

相同数量的资金在不同的时间点代表着不同的价值；资金必须赋予时间概念，才能显示其真实价值的意义。例如，现时的 100 元与 1 年后的 100 元数值相等，但价值不等；现实的 100 元与 1 年后的 110 元，数值不等，但如果年利率为 10%，则两者是“等值”的。因为现时的 100 元 1 年后的本利和为 $100(1+10\%)=110$ 元；同样，1 年后的 110 元，等值于 $110\times[1/(1+10\%)]=100$ 元。

资金的等值是以规定的利率为前提的，当各支付系列的利率不同时，其等值关系即不成立。

如果两个现金流量等值，则在任何时点也必然等值；位于同一时点时，其价值与数值均相等。

影响资金等值的因素为资金数额大小、利率大小和计息期数的多少。

(二)等值计算

利用等值概念，可以把某一时间(时期、时点)上的资金值变换为另一时间上价值相等但数值不等的资金值，这一换算过程称为资金的等值计算。实际上，复利计算即可看作为等值计算。

(三)研究资金等值及等值计算的意义

在对建设项目进行多方案技术经济效果比较、评价时，每个方案的现金流量值各不相同，这是因为每个方案的资金支出或收入的形式、产生的时间和数额不尽相同。要对方案进行比较、评价，必须将每个方案的所有现金支出和收入折算到某一规定的基准时间点，在价值相等的前提下再进行数值比较。若不对各种支付情况和发生在不同时间的资金进行等值计算或转换，就不能对资金数额值进行数值运算，也就不能在考虑资金时间价值的条件下进行建设项目投资技术经济效果的评价。

第三节 资金等值计算公式及其应用

一、资金等值计算公式

(一)资金等值计算中的基本符号规定

在资金等值计算(复利计算)中的基本符号规定如下:

P——现值(本金或期初金额),即货币资金的现实价值,一般位于所取时间坐标的起点(或零期,例如建设项目开始的第一年初);

F——终值(或称未来值、复本利和),即相对于现值若干计息期后的价值,位于所取时间坐标的终点(n 期末,这里,$n=1,2,\cdots$);

A——等额值,表示各期支付金额相等,位于各期期末;当时间单位为年时,又称为等额年值或年金;

n——计息期数,其时间单位可以是年、季、月或日,具体运用公式时,要求应与复利利率的时间单位相一致;

i——计息期的利率。

(二)一次性支付的复利计算公式

资金一次性支付(又称整付),是指支付系列中的现金流量,无论是流出或是流入,均在一个时点上一次性全部发生。资金一次性支付时的等值计算公式有:

1. 一次性支付终值公式

如图 2-3 所示,已知现值为 P、计息期数为 n、复利利率为 i,n 期末的复本利和(终值)F 的计算公式为:

$$F=P(1+i)^n \tag{2-3}$$

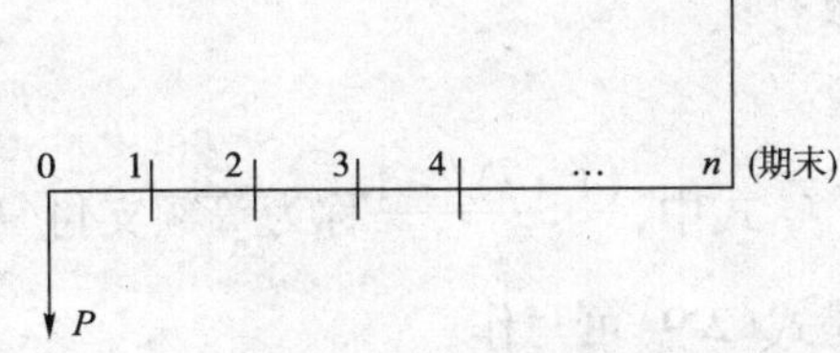

图 2-3 整付时的现金流量图

式中,$(1+i)^n$ 称为一次性支付(整付)复本利和系数,记为$(F/P,i,n)$,其值可查复利系数表。

于是式(2-3)可写作:

$$F=P(F/P,i,n) \tag{2-4}$$

【例 2-1】 某建设项目投资额中,有2 000万元为向银行贷款,如果贷款年利率按 8%计,贷款期限为 5 年,第 5 年末一次性归还本息,按复利计息,5 年末应偿还的本利和为多少?

解 按公式计算如下:

$$F=P(1+i)^n=2\,000\times(1+0.08)^5=2\,938.6(\text{万元})$$
$$=P(F/P,0.08,5)=2\,000\times1.4693=2\,938.6\ (\text{万元})$$

2. 一次性支付现值公式

如图 2-3 所示,已知终值 F,计息期数为 n、复利利率为 i、现值 P 为:

$$P=F\times\frac{1}{(1+i)^n} \tag{2-5}$$

式中,$\frac{1}{(1+i)^n}$称为一次性支付(整付)现值系数,记为$(P/F,i,n)$,其值可查复利系数表。于是式(2-5)可写作：

$$P = F \times (P/F, i, n) \tag{2-6}$$

【例 2-2】 某企业持有一期票，3 年后到期能兑付 100 万元，利率以 8% 复利计。由于企业现时资金周转发生困难，欲用此期票去银行贴现，问其能贴现的现值为多少？

解 现值为：

$$P = F \times \frac{1}{(1+i)^n} = 100 \times \frac{1}{(1+0.08)^3} = 79.38(\text{万元})$$

(三)等额支付类型

等额支付时的现金流量图有两种情况，如图 2-4、图 2-5 所示。

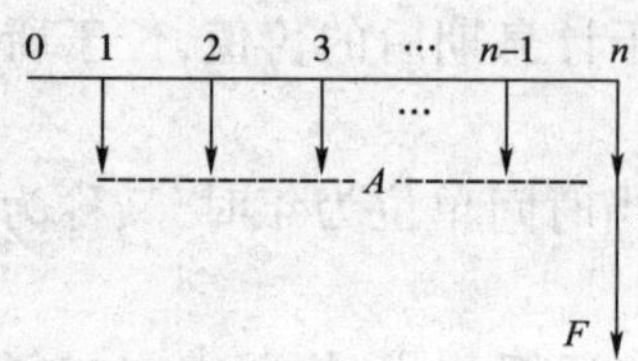

图 2-4 现金流量 A 与 F 的关系图

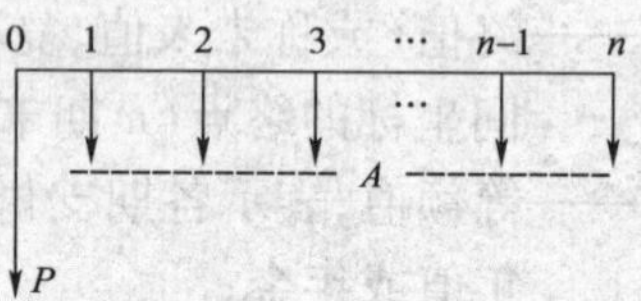

图 2-5 现金流量 A 与 P 的关系图

1. 等额支付复本利和(F)公式

由图 2-4，将每期的 A 值看作一笔整付(一次性支付)值，由式(2-3)有：

$$F = A(1+i)^{n-1} + A(1+i)^{n-2} + \cdots + A(1+i) + A \tag{2-7}$$

式(2-7)等式两端同乘以$(1+i)$，然后再减去式(2-7)的等式两端，有：

$$F \cdot i = A[(1+i)^n - 1] \tag{2-8}$$

故有：

$$F = A \times \frac{(1+i)^n - 1}{i} \tag{2-9}$$

式中，$\frac{(1+i)^n - 1}{i}$称为等额支付复利系数，记为$(F/A, i, n)$，其值可查复利系数表。于是式(2-9)可写作：

$$F = A(F/A, i, n) \tag{2-10}$$

【例 2-3】 某汽车运输公司为将来的技术改造筹集资金，每年年末用利润留成存入银行 30 万元，欲连续积存 5 年，银行复利利率为 8%，问该公司 5 年末能用于技术改造的资金有多少？

解 由公式(2-9)有：

$$F = A \times \frac{(1+i)^n - 1}{i}$$

$$= 30 \times \frac{(1+0.08)^5 - 1}{0.08} = 175.998(\text{万元})$$

2. 偿债基金公式

由式(2-9)有：

$$A = F \times \frac{i}{(1+i)^n - 1} \tag{2-11}$$

此时 A 的含义为，若在 n 期末需要积存 F 数额的资金用于偿还债务，利率为 i，则每期末应积存的金额就为 A。于是将$\frac{i}{(1+i)^n - 1}$称为偿债基金系数，记为$(A/F, i, n)$，其值可查复利系数表。于是式(2-11)可写作：

$$A=F\times(A/F,i,n) \tag{2-12}$$

【例 2-4】 某汽车修理厂欲在 5 年后进行扩建，估计到时需资金 150 万元，资金准备自筹，每年由利润和折旧基金中提取后存入银行，若存款按复利计息，利率为 6%，每年应提取多少基金？

解 由式(2-11)有：

$$A=F\times\frac{i}{(1+i)^n-1}=150\times\frac{0.06}{(1+0.06)^5-1}=26.61(\text{万元})$$

3. 等额支付现值公式

由图 2-5，若已知等额值为 A、计息期为 n、利率为 i，则与该等额支付系列等值的现值 P 可由前述等值计算公式导出。由式(2-3)有 $F=P(1+i)^n$，由式(2-9)有 $F=A\frac{(1+i)^n-1}{i}$，由于两 F 值应相等，有等式：

$$P(1+i)^n=A\frac{(1+i)^n-1}{i}$$

于是有：

$$P=A\frac{(1+i)^n-1}{i(1+i)^n} \tag{2-13}$$

式中，$\frac{(1+i)^n-1}{i(1+i)^n}$称为等额支付现值系数，记为$(P/A,i,n)$，其值可查复利系数表。

于是式(2-13)可写为：

$$P=A(P/A,i,n) \tag{2-14}$$

【例 2-5】 某汽车运输公司预计今后 5 年内，每年的收益（按年末计）为 850 万元，若利率按 8% 计，与该 5 年的收益"等值"的现值为多少？

解 由式(2-13)有：

$$P=A\frac{(1+i)^n-1}{i(1+i)^n}=850\frac{(1+0.08)^5-1}{0.08(1+0.08)^5}=3\ 393.8(\text{万元})$$

4. 资本回收公式

由式(2-13)有，当 P 为已知而 A 为未知时，反求 A，有计算公式：

$$A=P\frac{i(1+i)^n}{(1+i)^n-1} \tag{2-15}$$

该式表明，若在期初（零期）投入资金 P，在 n 年末要完全回收资本 P（投资额），若每年末回收的金额相等（均为 A），则只需投资额 P 乘以系数$\frac{i(1+i)^n}{(1+i)^n-1}$就可计算出每一年应回收的金额 A，故称$\frac{i(1+i)^n}{(1+i)^n-1}$为资本回收系数，记为$(A/P,i,n)$，其值可查复利系数表。于是式(2-15)可写为：

$$A=P(A/P,i,n) \tag{2-16}$$

【例 2-6】 某运输公司设备更新中投入资金 800 万元，资金来源为银行贷款，年利率为 6%，要求 10 年内按每年等额偿还，每年末的等额收益为多少时才能刚好够偿还该笔借款额？

解 由式(2-15)有：

$$A=P\frac{i(1+i)^n}{(1+i)^n-1}$$

$$=800\times\frac{0.06\times(1+0.06)^{10}}{(1+0.06)^{10}-1}=108.69(\text{万元})$$

(四)特殊现金流支付系列的情况

1. 等差支付系列等值计算公式

当现金流量随时间的延长每年(或单位时间)以等额递增(或递减)的方式进行时,便形成一个等差支付系列。如图 2-6 所示,设第 1 年年末的支付值为 A_1,等差值为 G,于是第 2 年年末的支付值为 A_1+G,第 3 年末的支付值为 A_1+2G,…,至第 n 年末,其支付值为 $A_1+(n-1)G$。

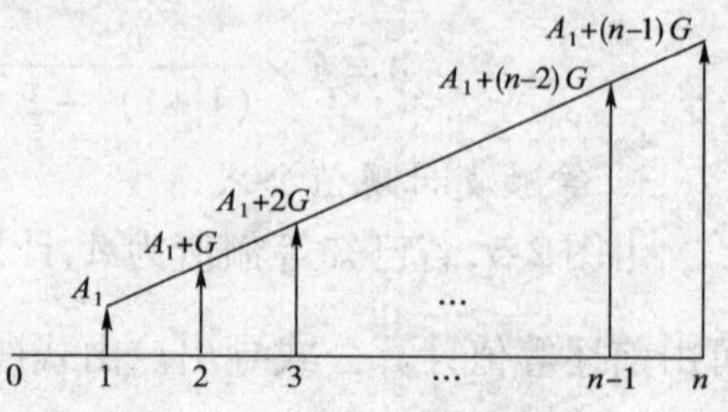

图 2-6　等差支付系列现金流量图

对于这样一个等差支付系列的等值计算,一种简便的方法是将其分解为两个与之等价的 支付系列:一个是等额值为 A_1 的等额支付系列;另一个是由 0,$G,2G,\cdots,(n-1)G$ 组成的等差支付系列,如图 2-7 所示。

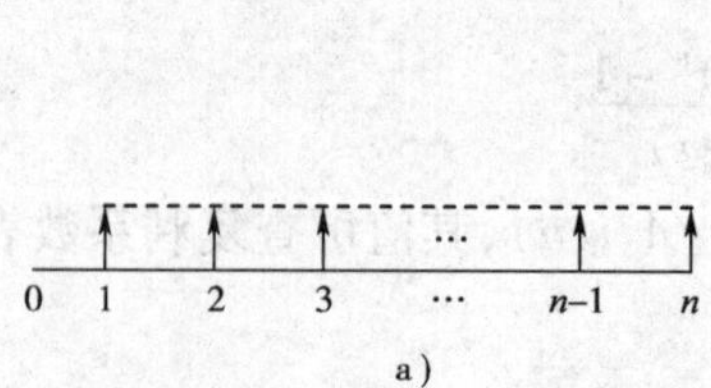

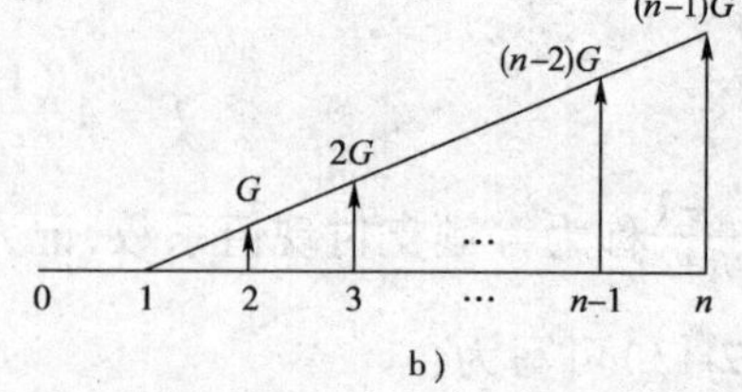

a)　　　　b)

图 2-7　图 2-6 的分解图示

a)系列一;b)系列二

由图 2-7 可见,支付系列一为各年末支付值为 A_1 的等额支付系列,其等值计算问题前述公式(2-9)及式(2-13)已解决;支付系列二为等差值为 G 的等差支付系列,如果能将其转换为年末支付的等额支付系列,则亦可利用式(2-9)及式(2-13)进行等值计算。

由图 2-7 的支付系列二,将每期末的支付值作为一笔整付(一次支付)值看待,于是,与支付系列二等值的终值(复本利和)F_2 为:

$$F_2=G(1+i)^{n-2}+2G(1+i)^{n-3}+3G(1+i)^{n-4}+\cdots+(n-2)G(1+i)+(n-1)G \quad (1)$$

式(1)两端同乘以$(1+i)$再减去式(1)两端有:

$$i\times F_2=G(1+i)^{n-1}+G(1+i)^{n-2}+G(1+i)^{n-3}+\cdots+G(1+i)^2+G(1+i)+G-nG \quad (2)$$

由式(2-7)可见,式(2)可写成:

$$i\times F_2=G(F/A,i,n)-nG \quad (3)$$

故有:

$$F_2=G\frac{(F/A,i,n)}{i}-\frac{nG}{i} \quad (4)$$

因有:

$$A_2=F_2(A/F,i,n) \quad (5)$$

故有:

$$A_2=\frac{G}{i}-\frac{nG}{i}(A/F,i,n) \quad (6)$$

$$=G\left[\frac{1}{i}-\frac{n}{(1+i)^n-1}\right] \quad (2\text{-}17)$$

式中，$\frac{1}{i}-\frac{n}{(1+i)^n-1}$称为等差系列等额支付复利系数，记为$(A/G,i,n)$，其值可查复利系数表。于是式(2-17)可写为：

$$A_2=G(A/G,i,n) \tag{2-18}$$

式(2-17)表明，以等差值为 G 的前述支付系列二与等额年值 A_2 的支付系列“等值”。求出 A_2 后，与 A_1 相加，就得等额年值 A。

$$A=A_1+A_2 \tag{2-19}$$

有了等额年值 A 后，与图 2-6 支付系列等值的复本利和 F、现值 P 即可分别用式(2-9)和式(2-13)计算。

【例 2-7】 某施工企业租用施工机械，第一个月支付租金 5 000 元，考虑到物价上涨等因素的影响，从第二个月起每个月的租金要在前一个月的基础上增加 300 元，估计租用该机械的时间为 18 个月，问在月利率为 1% 时，租用该机械支付租赁费的现值应是多少？

解 由题意有 $A_1=5\,000$ 元，$G=300$ 元，$n=18$，$i=1\%$；由式(2-17)有：

$$A_2=G\left[\frac{1}{i}-\frac{n}{(1+i)^n-1}\right]$$

$$=300\left[\frac{1}{0.01}-\frac{18}{(1+0.01)^{18}-1}\right]=2\,470(\text{元})$$

$$A=5\,000+2\,470=7\,470(\text{元})$$

则有现值：

$$P=A\frac{(1+i)^n-1}{i(1+i)^n}$$

$$=7\,470\frac{(1+0.01)^{18}-1}{0.01(1+0.01)^{18}}=122\,496(\text{元})$$

2. 等比支付系列等值计算公式

如图 2-8 所示，当现金流量值每期以某一固定的百分率增加(或减少)时，就构成了一个等比支付系列，例如交通量逐年增加的百分率，原材料价格上涨的百分率等。在涉及这一类问题的支付情况、并按复利计算时，就可以用等比支付系列的等值计算公式进行计算。在图 2-8 中，第 t 期末之值为 A_t，式中，A_t 为第 t 年末的现金流量值；A_1 为第 1 年末的现金流量值；j 为每年递增(减)的百分率。

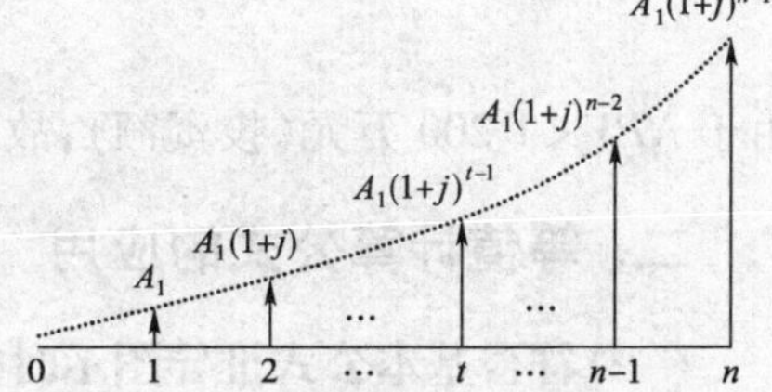

图 2-8 等比支付系列现金流量图

按式(2-2)，将每期末的值作为整付值，转换为现值，则有：

$$P=\sum_{t=1}^{n}A_t\frac{1}{(1+i)^t}$$

$$=\sum_{t=1}^{n}A_1\frac{(1+j)^{t-1}}{(1+i)^t}$$

$$=\sum\frac{A_1}{(1+j)}\left(\frac{1+j}{1+i}\right)^t \tag{2-20}$$

(1)当 $j>i$ 时，令$\frac{1+j}{1+i}=1+w$，于是式(2-20)可变换为：

$$P = A_1 \frac{1}{1+j}[(1+w)+(1+w)^2+\cdots+(1+w)^n]$$

$$= A_1 \frac{1+w}{1+j}[1+(1+w)+(1+w)^2+\cdots+(1+w)^{n-1}]$$

$$= A_1 \frac{1+w}{1+j} \cdot \frac{(1+w)^n-1}{w} \tag{2-21}$$

将$(1+w)$还原为$\frac{1+j}{1+i}$,有:

$$P = A_1 \frac{(1+j)^n(1+i)^{-n}-1}{j-i} \tag{2-22}$$

(2)若$j<i$,则令$\frac{1+i}{1+j}=(1+w)$,代入式(2-20),并经演算有:

$$P = A_1 \frac{1-(1+j)^n(1+i)^{-n}}{i-j} \tag{2-23}$$

(3)当$j=i$由式(2-20)有:

$$P = A_1 \frac{1}{(1+j)} \sum_{t=1}^{n} \left(\frac{1+j}{1+i}\right)^t = \frac{nA_1}{(1+j)} = \frac{nA_1}{(1+i)} \tag{2-24}$$

【例2-8】 拟建征收车辆过桥费的某公路桥,估算投资额需要1 200万元;经交通调查推算,该桥建成后的第一年净收益为120万元;预测交通量年增长率为5%;利率$i=8\%$,问在12年内能否完全回收投资?

解 由题意知交通量年增长率为5%,即有年净收益的年增长率亦为5%,于是有$i=8\%$,$j=5\%$,$A_1=120$万元,$n=12$年,由式(2-23)有净收益现值

$$NPV = A_1 \frac{1-(1+j)^n(1+i)^{-n}}{i-j}$$

$$= 120 \times \frac{1-(1+0.05)^{12} \times (1+0.08)^{-12}}{0.08-0.05}$$

$$= 1\ 147.368(万元)$$

由于$NPV<1\ 200$万元(投资额),故该公路桥在12年内不能完全回收投资。

二、等值计算公式的应用

(一)符合基本公式推导图示时的等值计算

如图2-9所示现金流量图,将等值计算公式运用于等值转换,其结果如下:

(1)现值$P=1\ 000$万元,在$i=10\%$,$n=6$的条件下,等值于终值F;其6年末终值F的数值为:

$$F = P(1+i)^n = 1\ 000(1+0.10)^6$$

$$= 1\ 000 \times 1.772 = 1\ 772(万元)$$

(2)6年末的终值1 772万元等值于6年、每年年末支付229.65万元的一个等额支付系列,即:

$$A = F(A/F,i,n) = 1\ 772(A/F,0.10,6)$$

$$= 1\ 772 \times 0.129\ 6 = 229.65(万元)$$

(3)每年年末支付229.65万元的一个等额支付系列,等值于现值1 000万元,即:

$$P = A(P/A,i,n) = 229.65(P/A,0.10,6)$$

$$= 229.65 \times 4.355 = 1\ 000 万元$$

(二)不符合基本公式推导图示时的等值计算

等值计算公式的应用应符合前面计算公式推导时的相应图示。例如,如图 2-10 所示,若等额年值位于每年年初,则:

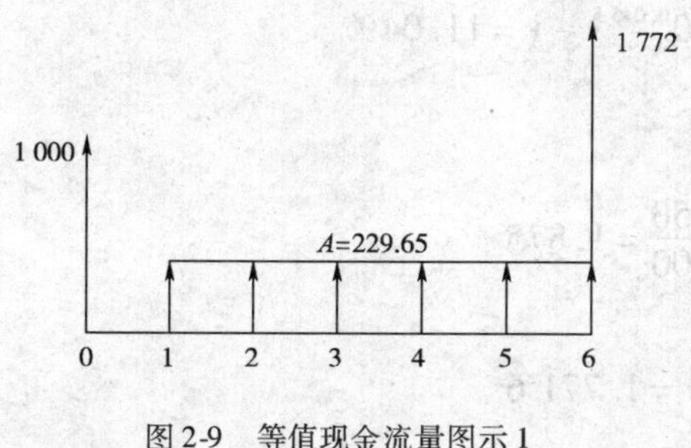

图 2-9　等值现金流量图示 1

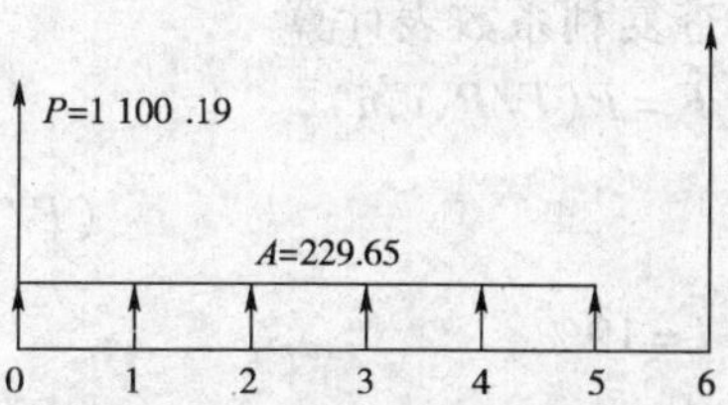

P=1 100 .19

A=229.65

0 1 2 3 4 5 6

图 2-10　等值现金流量图示 2

$$F=1\ 949.05$$

(1)与该等额支付系列等值的现值 P 为:

$$P=229.65(P/A,0.10,6)(F/P,0.10,1)$$
$$=229.65\times4.3552\times1.10=1\ 100.19(\text{万元})$$

(2)与该等额支付系列等值的终值 F 为:

$$F=A(F/A,i,n)(F/P,i,n)$$
$$=229.65(F/A,0.10,6)(F/P,0.10,1)$$
$$=229.65\times7.7155\times1.10=1\ 949.05(\text{万元})$$

(3)终值 F 与现值 P 等值,即:

$$P=F(P/F,i,n)=1\ 949.05(P/F,0.10,6)$$
$$=1\ 949.05\times0.56448=1\ 100.19(\text{万元})$$

(三)复利系数表及其利用

所谓复利系数表,是指根据前面所述复利计算(等值计算)公式中的各个系数,按照复利利率 i 和计息期数 n 的变化而制成的各个系数值的表格。利用复利系数表可以进行如下计算:

1. 进行复利计算

在复利计算中,可以直接用公式进行计算,但利用复利系数表之值进行计算更为方便。

【例 2-9】 某项目投资 320 万元,资金来源为银行贷款,偿还年限为 8 年内等额偿还,若年复利利率为 8%,每年末应等额偿还多少?

解 按复利系数表计算有:

$$A=P(A/P,0.08,8)=320\times0.174\ 01=55.68(\text{万元})$$

2. 计算未知利率

在对技术方案进行技术经济评价中,有时还需要计算投资报酬率(或内部收益率),主要有以下几种情况:

(1)已知 P、F、n,求利率 i。

对这种情况,可以用对数解法求解,亦可以用复利系数表内插求解。

【例 2-10】 某项目投资 400 万元,6 年末回收 750 万元,问投资收益率为多少?

解 ①用对数法求解有

由公式 $F=P(1+i)^n$,等式两边同时取对数,则有:

$$\log F=\log P+n\log(1+i)$$

即：$$\log(1+i)=(\log F-\log P)/n$$
有：$$i=10^{(\log F-\log P)/n}-1$$
代入各值有：

$$i=10^{(\log750-\log400)/6}-1=10^{0.0455}-1=11.04\%$$

②查复利系数表计算

由 $F=P(F/P,i,n)$，

有：$$(F/P,i,n)=\frac{750}{400}=1.875$$

令 $i=10\%$，

有：$$(F/P,0.10,6)=1.7716$$

令 $i=12\%$，

有：$$(F/P,0.12,6)=1.9738$$

由 1.771 6～1.973 8 之间内插计算有 $i=11.02\%$。

其计算结果的误差是由线性内插产生的，但能满足计算精度要求。

(2)已知 A、F、n，求利率 i。

已知等额支付值 A，终值 F，计息期数 n，求复利利率 i 时用对数解法较繁，可利用复利系数表内查。

【例 2-11】 某君每年末在银行存入 10 000 元，共存了 10 年，在复利计息下共得本利和 180 000 元，问其复利利率为多少？

解 由 $F=A(F/A,i,n)$，有 $(F/A,i,n)=F/A$

于是有 $(F/A,i,n)=180\,000/10\,000=18$

查复利系数表，当 $i=12\%$ 时，$(F/A,0.12,10)=17.549$

当 $i=15\%$ 时，$(F/A,0.15,10)=20.304$

于是内插计算 i，有 $i=12.49\%$；故其存款利率为 12.49%。

(3)已知 P、A、n，求利率 i。

已知现值 P、等额值 A，计息期数 n，求复利利率 i 时可利用复利系数表内插计算。

【例 2-12】 某项投资为 200 万元，在 10 年内每年收益 40 万元，按复利计算，其投资收益率为多少？

解 由公式 $P=A(P/A,i,n)$，有 $(P/A,i,10)=200/40=5.00$

查复利系数表，当 $i=15\%$ 时，$(P/A,0.15,10)=5.0188$

当 $i=17\%$ 时，$(P/A,0.17,10)=4.6586$

于是内插计算 i，有 $i=15.10\%$；故其投资收益率为 15.10%。

3. 计算未知年数

在技术方案的技术经济评价中，常要根据已知条件计算某投资项目全部偿还投资需要的时间，这时就需要计算未知年数 n。

(1)已知 F、P、i，求计息期数 n。

对于这种简单情况，可以用数解法求解，也可以查复利系数表，然后内插求解。

【例 2-13】 要想使现时的 100 000 元在复利利率为 8% 的条件下变为 220 000 元，需多少年？

解 由 $F=P(F/P,i,n)$，有：

$$(F/P,i,n)=F/P=220\ 000/100\ 000=2.20$$

查复利系数表，当 $n=10$ 时，有 $(F/P,0.08,10)=2.158\ 9$

当 $n=11$ 时，有 $(F/P,0.08,11)=2.331\ 6$；内插有 $n=10.23$（年），即 10 年零 3 个月。

（2）已知 A、F、i，求计息期数 n。

对于这种情况，也可以利用复利系数表内插计算。

【例 2-14】 欲在今后进行某项目建设，约需要 350 万元资金，现企业每年只能积存 60 万元，若复利利率为 10%，问需要多长时间才能积存所需要的这笔资金？

解 由公式 $F=A(F/A,i,n)$，有：

$$(F/A,0.10,n)=F/A=350/60=5.833$$

查复利系数表，

当 $n=4$ 时，有 $(F/A,0.10,4)=4.6410$；当 $n=5$ 时，有 $(F/A,0.10,5)=6.1051$

内插有 $n=4.81$（年），即 4 年零 10 个月。

（3）已知 A、P、i，求计息期数 n。

在 i 已知而 n 未知时，这时可以利用复利系数表计算未知的计息期数 n。

【例 2-15】 某项目贷款 200 万元，在 0 期一次性投入；项目建设期为 2 年，第 3 年开始运营，年收益为 40 万元，若复利利率为 10%，在投资后多少年能回收投资额？

解 按题意，其现金流量图如图 2-11 所示。

先将 0 期的 200 万元转换至 2 期末，有：

$$F=200\times(F/P,0.10,2)$$
$$=200\times1.21=121\text{（万元）}$$

将 2 期末的 121 万元看作 P'；

利用 $P=A(P/A,i,n)$，有：

$$(P/A,i,n)=P/A=242/40=6.05$$

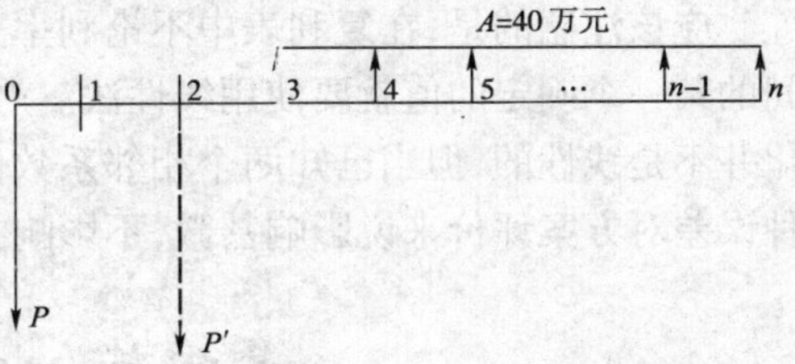

图 2-11 例 2-15 图示

查复利系数表有：

当 $n=9$ 时，有 $(P/A,0.10,9)=5.759$

当 $n=10$ 时，有 $(P/A,0.10,10)=6.144\ 6$

内插 $(P/A,0.10,n)=6.05$，有 $n=9.76$（年）。

于是，由投资到偿还全部投资需要的时间（投资回收期）为 $9.76+2=11.76$ 年，即需要 11 年零 9 个月。

三、复利系数表及其应用

进行复利计算时，可以直接利用公式求解，但比较繁琐，所以人们已按不同的利率和周期数将各种系数计算出来，编制成复利系数表，只要 i 与 n 已知就可以查出所需要的复利系数。

复利系数表的使用有以下两种情况，一种是已知支付形式及计息期，求未知利率；另一种是，已知支付形式及利率计息期，求计息期。

【例 2-16】 某地区在做规划时提出：到 2025 年该地区的工农业总产值在 2005 年的 7 000万元的基础上翻两番，到达 28 000 万元，问其年增长率为多少？

解 由公式 $F=P(F/P,i,n)$，得：

$$(F/P,i,n)=F/P=28\,000/7\,000=4$$

查复利系数表，当 $i=7\%$，$n=20$ 时，$(F/P,7\%,20)=3.869\,7$

当 $i=8\%$，$n=20$ 时，$(F/P,8\%,20)=4.660\,9$

显然，所求的 i 值应在 7% ~8% 之间，用线性内插法可得：

$$i=7\%+\frac{4.0-3.869\,7}{4.660\,9-3.869\,7}(8\%-7\%)=7.2\%$$

故该规划的年增长率为 7.2%。

【例 2-17】 某企业向外资贷款 200 万元建一工程，第三年投产，投产后每年收益 40 万元，若年利率为 10%，问在投产后多少年能归还 200 万元的本息？

解 以投产之日即第三年初为基准期，将投资折算到第三年初：

$$F=200(F/P,10\%,2)=200\times1.210\,0=242(\text{万元})$$

由 $P=A(P/A,i,n)$，得：

$$(P/A,i,n)=P/A=242/40=6.05$$

查复利系数表，当 $i=10\%$，$n=9$ 时，$(P/A,10\%,9)=5.759$

当 $i=10\%$，$n=10$ 时，$(P/A,10\%,10)=6.144$

用线性内插法可得：$n=9.8$(年)

故在投产后 9.8 年能归还 200 万元的本息。

应该注意的是，在复利表中不论利率 i 还是期数 n 都不是连续的，因此要求两个数值区间的某一个确定的值就要使用线性法。严格地讲，采用线性内插是有误差的，因为系数的变化并不是线性的，但当已知两个相邻系数值相差较小时，可以近似地用线性内插法求解，这种误差对方案评价来说影响甚微，不影响方案评价的结论。

第四节　电子表格的应用

复利的计算除利用复利系数表以外，还可以用电子表格(Excel)来进行有关计算。

一、直接在电子表格中进行复利系数的计算

借助电子表格很容易算出复利计算中的所有系数。如果把一些参数设为绝对地址，变动这些参数，就可以得到不同的相应的参数。图 2-12 就是以 $i=10\%$ 为绝对地址得到的复利系数。当利率变化时，只要改变该绝对地址的赋值，就可以得到全部新的系数。这张电子表格还可以求出例 2-16 的反求利率问题：不断地调整利率，观察系数是否逼近相关系数，以求得足够精度的利率。

二、在 Excel 中直接套用函数

利用电子表格中的函数，根据给定的参数和已知数据就可求终值(FV)、现值(PV)和等额值(PMT)。

1. 终值计算函数

其语法格式为：FV(Rate,Nper,Pmt,Pv,Type)

其中：Rate——利率；

Nper——总投资期，即该项投资总的付款期数；

Microsoft Excel － 10%复利系数表

F7 =+$B$1*(1+$B$1)^A7/((1+$B$1)^A7-1)

	A	B	C	D	E	F	G
1	利率=	10%					
2		一次支付终值系数	一次支付现值系数	等额支付终值系数	等额支付偿债基金系数	等额支付资本回收系数	等额支付现值系数
3	公式	(1+$B$1)^A6	(1+$B$1)^-A6	((1+$B$1)^A6-1)/$B$1	$B$1/((1+$B$1)^A6-1)	$B$1*(1+$B$1)^A6/((1+$B$1)^A6-1)	((1+$B$1)^A6-1)/($B$1*(1+$B$1)^A6)
4	n	(F/P,i,n)	(P/F,i,n)	(F/A,i,n)	(A/F,i,n)	(A/P,i,n)	(P/A,i,n)
5	1	1.1000	0.9091	1.0000	1.0000	1.1000	0.9091
6	2	1.2100	0.8264	2.1000	0.4762	0.5762	1.7355
7	3	1.3310	0.7513	3.3100	0.3021	0.4021	2.4869
8	4	1.4641	0.6830	4.6410	0.2155	0.3155	3.1699
9	5	1.6105	0.6209	6.1051	0.1638	0.2638	3.7908
10	6	1.7716	0.5645	7.7156	0.1296	0.2296	4.3553
11	7	1.9487	0.5132	9.4872	0.1054	0.2054	4.8684
12	8	2.1436	0.4665	11.4359	0.0874	0.1874	5.3349
13	9	2.3579	0.4241	13.5795	0.0736	0.1736	5.7590
14	10	2.5937	0.3855	15.9374	0.0627	0.1627	6.1446
15	11	2.8531	0.3505	18.5312	0.0540	0.1540	6.4951
16	12	3.1384	0.3186	21.3843	0.0468	0.1468	6.8137

图 2-12　利用 Excel 计算复利系数

Pmt——各期支出金额，在整个投资期内不变（若该参数为 0 或省略，则函数值为复利终值）；

Pv——现值，也称本金（若该参数为 0 或省略，则函数值为年金终值）；

Type 只有数值 0 或 1，0 或忽略表示收付款时间是期末，1 表示收付款时间是期初。

【例 2-18】　今有某项投资 100 万元，投产后投资收益率为 10%，问 5 年末共可得本利和多少？

计算过程如下：

（1）启动 Excel 软件。点击主菜单栏上的“插入”命令，然后在下拉菜单中选择“函数”命令，弹出“插入函数”对话框。先在“选择类别(C)”栏中选择“财务”，然后在下边的“选择函数(N)”栏中选择“FV”。最后点击对话框下端的“确定”按钮，如图 2-13 所示。

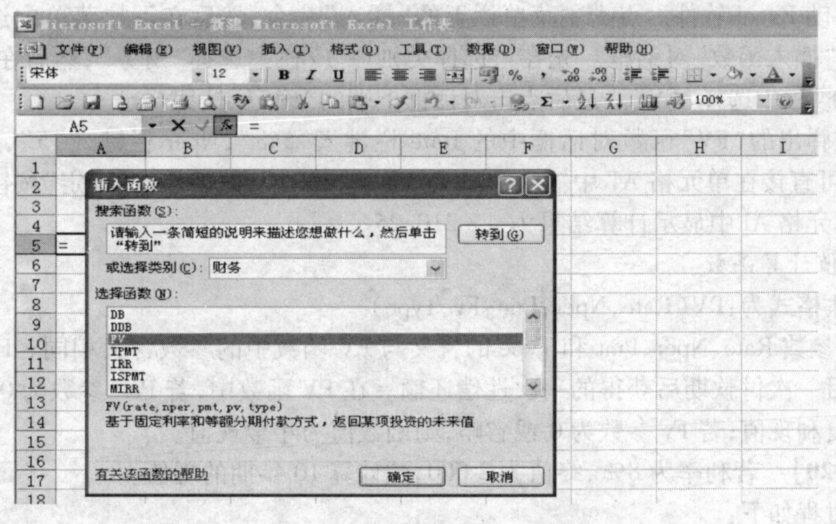

图 2-13　例 2-18 FV 函数计算步骤（1）

（2）在弹出的“FV”函数对话框中的 Rate 栏键入“10%”，Nper 栏键入“5”，PV 栏键入“100”（也可直接在单元格 A1 中输入“=FV(10%,5,100))。”然后点击“确定”按钮，如图

2-14 所示。

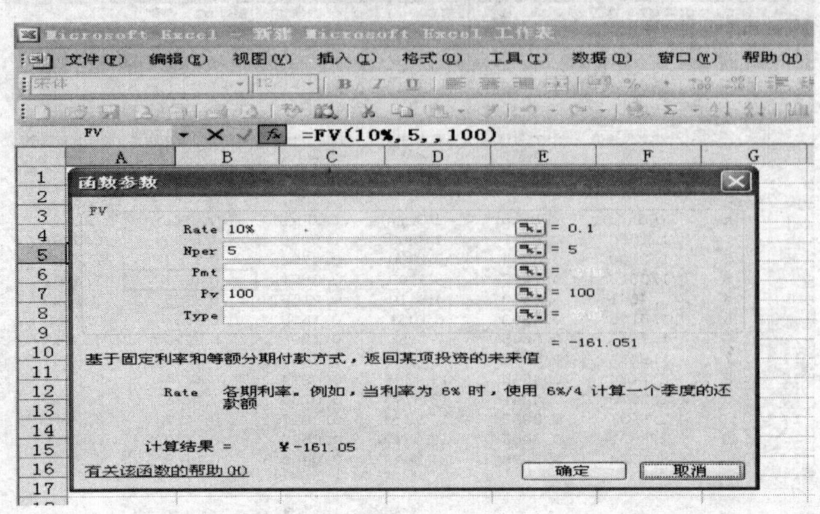

图 2-14　例 2-18 FV 函数计算步骤（2）

(3)单元格 A1 中显示计算结果为 -161.05，如图 2-15 所示。

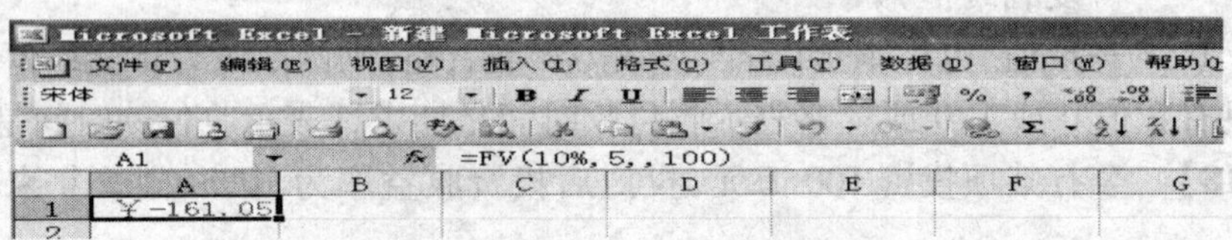

图 2-15　例 2-18 FV 函数计算步骤(3)

利用 FV 函数还可计算年金终值。

【例 2-19】　年利率为 5%，年金为 400，试计算 5 年后的终值为多少？

计算过程如下：

(1)启动 Excel 软件。点击主菜单栏上的“插入”命令，然后在下拉菜单中选择“函数”命令，弹出“插入函数”对话框。先在“选择类别(C)”栏中选择“财务”，然后在下边的“选择函数(N)”栏中选择“FV”。最后点击对话框下端的“确定”按钮。

(2)在弹出的“FV”函数对话框中的 Rate 栏键入“5%”，Nper 栏键入“5”，Pmt 栏键入“400”(也可直接在单元格 A1 中输入“=FV(5%，5，400)”，然后点击“确定”按钮。

(3)单元格 Al 中显示计算结果为 -2 210.25。

2. 现值计算函数

其语法格式为：PV(Rate，Nper，Pmt，Fv，Type)

其中，参数 Rate、Nper、Pmt 和 Type 的含义与 FV 函数中的参数含义相同。Fv 代表未来值或在最后一次付款期后获得的一次性偿还额。在 PV 函数中，若 Pmt 参数为 0 或省略，则函数值为复利现值；若 Fv 参数为 0 或省略，则函数值为年金现值。

【例 2-20】　若利率为 8%，终值为 2 000，试计算 10 年期的现值。

计算过程如下：

(1)启动 Excel 软件。点击主菜单栏上的“插入”命令，然后在下拉菜单中选择“函数”命令，弹出“插入函数”对话框。先在“选择类别(C)”栏中选择“财务”，然后在下边的“选择函数(N)”栏中选择“PV”。最后点击对话框下端的“确定”按钮，如图 2-16 所示。

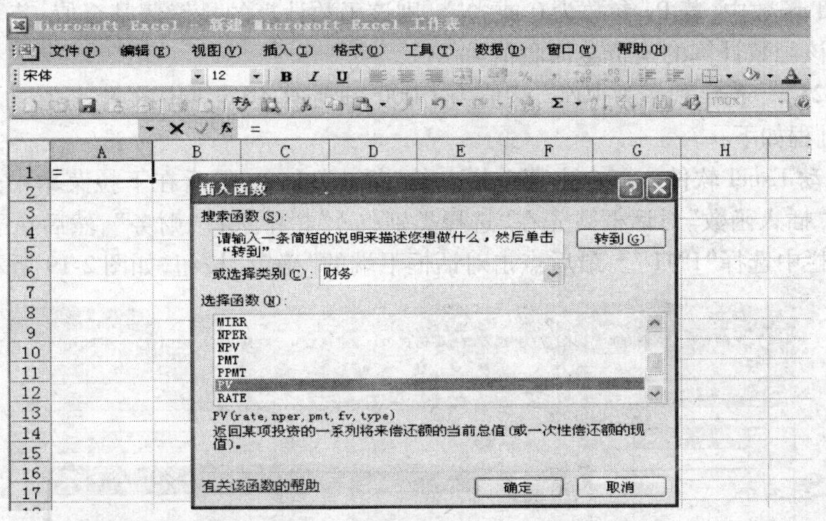

图 2-16　例 2-20 PV 函数计算步骤(1)

(2)在弹出的"PV"函数对话框中,Rate 栏键入"8%",Nper 栏键入"10",Fv 栏键入"2000"(也可直接在单元格 A1 中输入公式"=PV(8%,10,2000))",然后点击"确定"按钮,如图 2-17 所示。

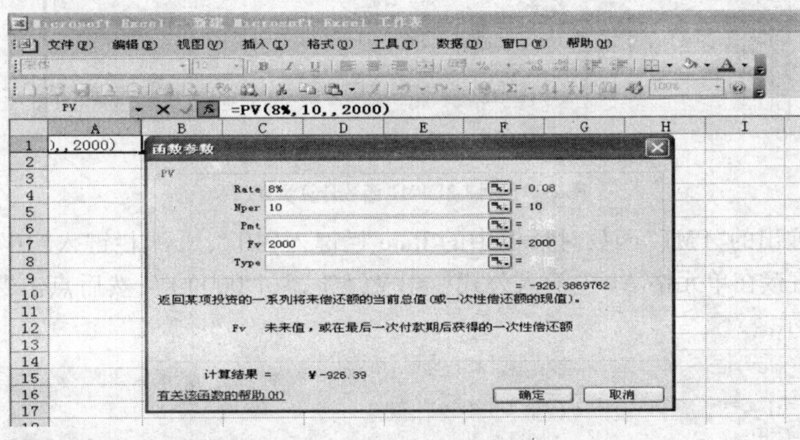

图 2-17　例 2-20 PV 函数计算步骤(2)

(3)单元格 A1 中显示计算结果为 -926.39,如图 2-18 所示。

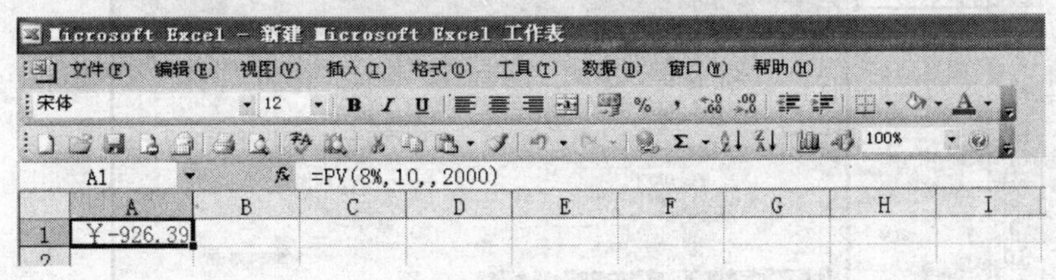

图 2-18　例 2-20 PV 函数计算步骤(3)

3. 偿债基金和资金回收计算函数

其语法格式为:PMT(Rate、Nper,Pv,Fv,Type)

其中,参数 Rate、Nper、Pmt 和 Type 的含义与 Fv 和 Pv 函数中的参数含义相同)Pv 代表一系列未来付款当前值的累积和;Fv 代表未来值。

在 PMT 函数中，若 Pv 参数为 0 或省略，则该函数计算的是偿债基金值；若 FV 参数为 0 或省略，则该函数计算的是资金回收值。

【例 2-21】 若年利率为 10%，终值为 1 000，试计算 10 年期内的年金值。

计算过程如下：

(1)启动 Excel 软件。点击主菜单栏上的“插入”命令，然后在下拉菜单中选择“函数”命令，弹出“插入函数”对话框。先在“选择类别(C)”栏中选择“财务”，然后在下边的“选择函数(N)”栏中选择“PMT”。最后点击对话框下端的“确定”按钮，如图 2-19 所示。

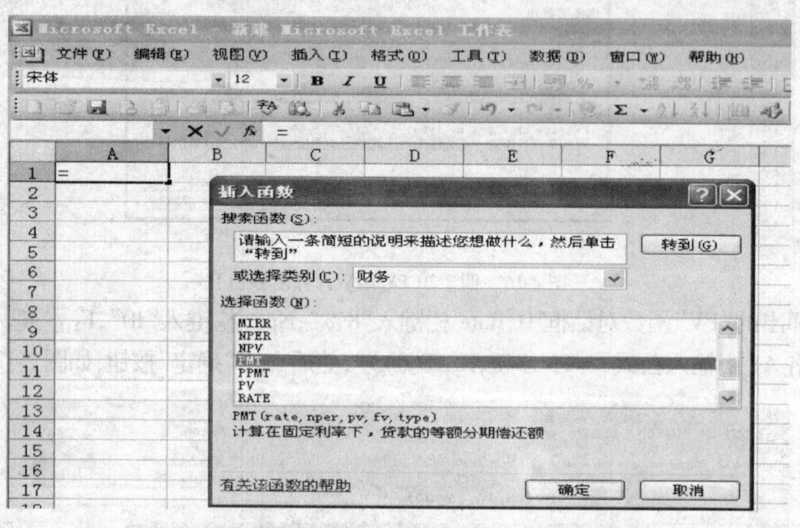

图 2-19　例 2-21 PMT 函数计算步骤(1)

(2)在弹出的“PMT”函数对话框中的 Rate 栏键入“10”，Nper 栏键入“10”，Fv 栏键入 1 000(也可直接在单元格 A1 中输入公式“=FV(5%,5,1 000))”，然后点击“确定”按钮，如图 2-20 所示。

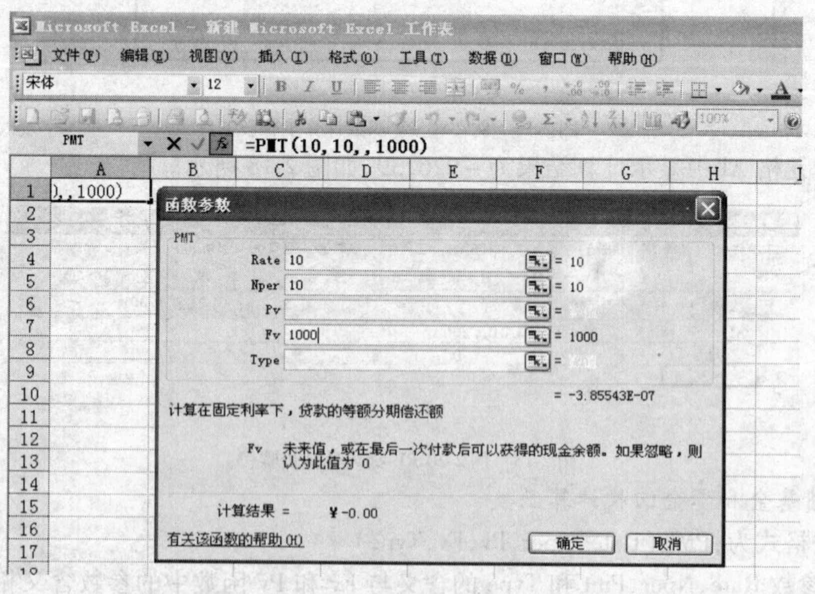

图 2-20　例 2-21 PMT 函数计算步骤 (2)

(3)单元格 Al 中显示计算结果为 -62.75,如图 2-21 所示。

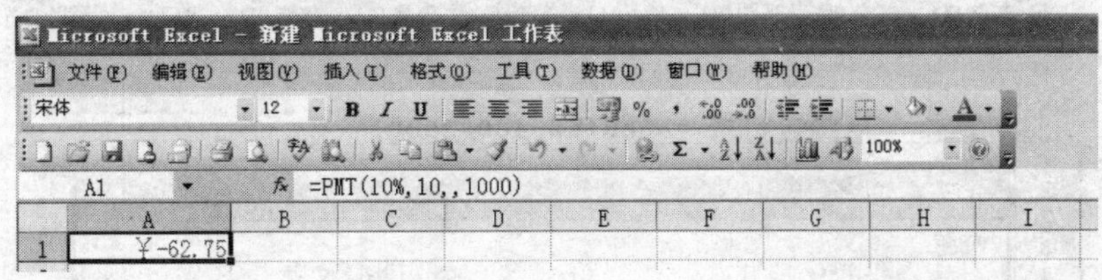

图 2-21　例 2-21 PMT 函数计算步骤(3)

4. NPER 函数

NPER 函数计算的是基于固定利率和等额分期付款方式,返回一项投资或贷款的期数。

其语法格式为:NPER(Rate,Pmt,Pv,Fv,Type)

其中:Rate——利率;

Pmt——各期所应收取(或支付)的金额;

Pv——一系列未来付款当前值的累积和;

Fv——未来值;Type 只有数值 0 或 1,0 或忽略表示收付款时间是期末,1 表示收付款时间是期初。

【例 2-22】　现值 2 000 万元,利率为 5%,年金 400 万元,计算期数。

计算过程如下:

(1)启动 Excel 软件。点击主菜单栏上的"插入"命令,然后在下拉菜单中选择"函数"命令,弹出"插入函数"对话框。先在"选择类别(C)"栏中选择"财务",然后在下边的"选择函数(N)"栏中选择"NPER"。最后点击对话框下端的"确定"按钮,如图 2-22 所示。

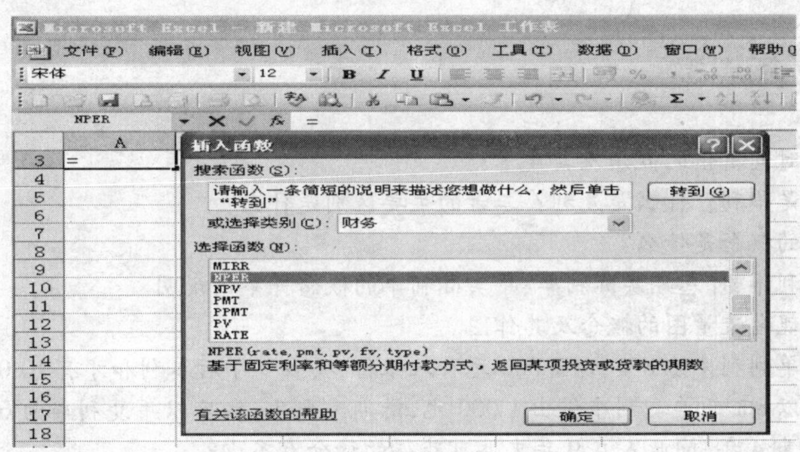

图 2-22　例 2-22 PMT 函数计算步骤(1)

(2)在弹出的 NPER 函数对话框中的 Rate 栏键入"5%",Pmt 栏键入 400,Pv 栏键入"2000"(也可直接在单元格 Al 中输入公式"=NPER(5%,400,2000))"。然后点击"确定"按钮,如图 2-23 所示。

(3)单元格 Al 中显示计算结果为 -4.573 54,如图 2-24 所示。

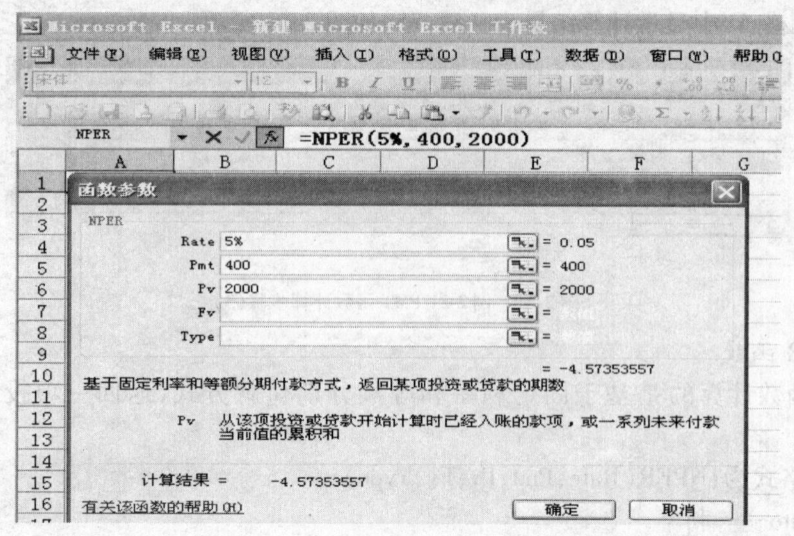

图 2-23 例 2-22 PMT 函数计算步骤(2)

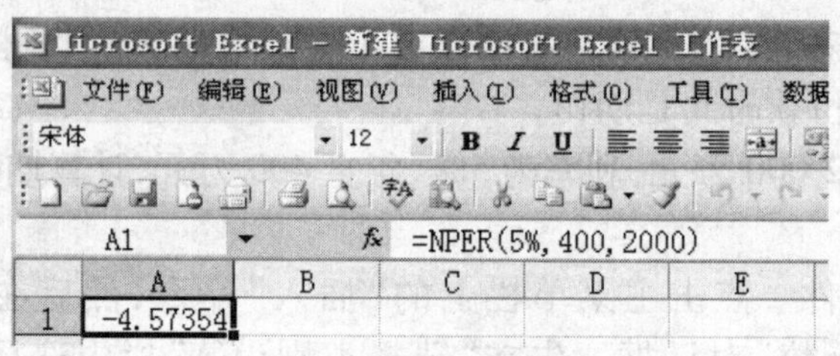

图 2-24 例 2-22 PMT 函数计算步骤(3)

1. 资金时间价值的概念及其度量？

2. 什么是单利？什么是复利？二者的主要区别是什么？

3. 等值的概念是什么？

4. 名义利率、计息期实际利率、年实际利率的概念并举例说明。

5. 掌握现金流量图的概念及其作图。

6. 若年单利利率为 8%，以 7 000 元存入银行，要多少年后本利和才有 10 000 元？

7. 某人以 8% 的单利利率借出 1 000 元，借期为 5 年；然后以年复利率为 6% 将所得本利再借出，借期 4 年，问此人在 9 年末共可获得的资金有多少？

8. 某企业在一项投资中投入 50 000 元，年利率为 5%，1 年后回收 60 000 元，该项投资的利润现值是多少？

9. 某企业计划购置一台设备，需 30 000 元，若年利率为 8%，问 5 年内每年应存入多少资金？

10. 某方案计划投资 40 万元，估计每年销售收入为 35 万元，年经营费 12 万元。按 6% 的税率，以销售收入为计税基数缴纳产品税、营业税；年流动资金贷款利息为 4 万元，年设备更新费为 2 万元,试计算各年的净现金流量值并绘制现金流量图。

11. 现存入 3 500 元,复利率为 8%,问 12 年末复本利和为多少?

12. 从现在开始计算,要在 15 年后能支取 15 000 元,按 8% 的复利计息,现时应存入多少资金?

13. 现存入 5 000 元,以 8% 的复利计算,问 10 年内每年年末可支取多少元?

14. 每年年末存入 250 元,按 10% 的复利计算,第 10 年末能支取多少元?

15. 某企业欲在 6 年后进行某项扩建工程,估计届时需资金 350 万元,现拟每年末存入一笔资金,若按 8% 的复利计息,每年应存入多少才能保证扩建工程届时有资金支付?

16. 利用本章的复利计算公式写出下列条件下的各计算公式,并画出现金流量图。

(1)若 P 位于第一年初,F 位于 n 年初,写出 F 的表达式(复利利率为 i);

(2)若 P 位于第一年末,F 位于第 n 年初,复利利率为 i,写出 P 的表达式;

(3)若 P 位于第一年末,F 位于 n 年初,复利利率为 i,写出 F 的表达式。

17. 若 P 位于 1 年初,等额年值 A 位于每年初,复利利率为 i,试画出现金流量图并写出 P 的表达式。

18. 若 P 位于 1 年末,A 位于每年初,复利利率为 i,试画出现金流量图并写出 P 的表达式。

19. 若 P 位于 1 年末,A 位于每年末,复利利率为 i,试写出 P 的表达式并画出现金流量图。

20. 若 F 位于 n 年末,等额年值 A 位于每年初,复利利率为 i,试写出 F 的表达式并画出现金流量图。

21. 如果 P 位于 1 年初,A 位于每年初,复利利率为 i,试画出现金流量图并写出 A 的表达式。

22. 如果 F 位于 n 年末,A 位于每年初,试写出在复利利率为 i 的情况下 A 的表达式。

23. 证明下列恒等式:

(1) $(P/A,i,n)-(P/F,i,n)=(P/A,i,n-1)$;

(2) $(A/P,i,n)-i=(A/F,i,n)$;

(3) $(F/A,i,n)+(F/P,i,n)=(F/A,i,n+1)$。

24. 某公司购置一台施工机械,购置成本为 62 000 元,机器使用寿命为 20 年,届时残值为 1 500 元,该机械年使用维护费 2 500 元,此外每 5 年进行一次大修理,需 6 000 元,若复利利率为 10%,求在使用期内的等额年成本是多少?

25. 某企业现投资 30 000 元,在 5 年后回收 50 000 元,问报酬率为多少?

26. 求年实际利率:

(1)名义利率为 18%,半年计息一次;

(2)名义利率为 18%,每月计息一次。

27. 某收费公路桥,投资额为 4 500 万元,开始营运后第一年收益为 600 万元,以后每年递增 5%,若年复利利率为 8%,用试算法求投资回收年限。

28. 现金流量图如图 2-25 所示,求与该现金流量图示等值的等额年值(年数同图2-25);复利利率为 8%。

29. 求与图 2-26 现金流量等值的终值 F,设复利利率为 10%。

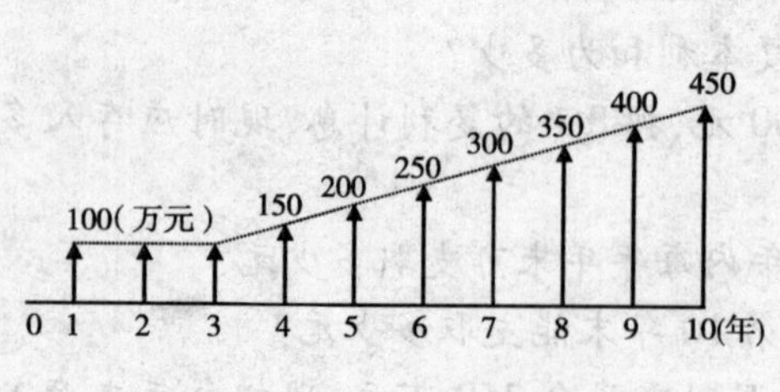

图 2-25　习题 28 图示

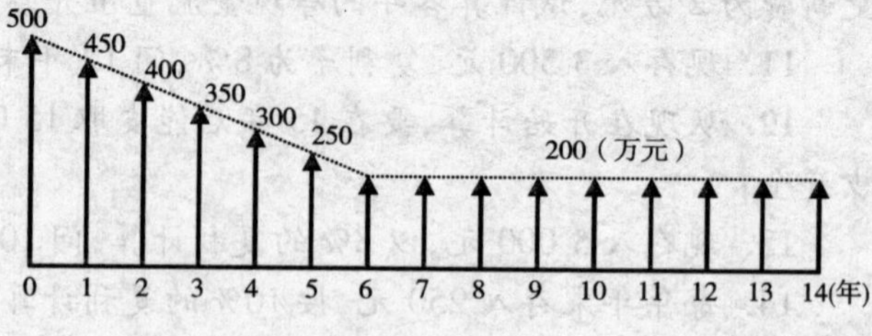

图 2-26　习题 29 图示

第三章 现金流量的构成及其估算

运输项目技术方案的经济分析要通过效益(有用成果)和费用(投入)相比较,分析评价投资项目的经济效益。投资项目的经济分析包括财务分析和国民经济分析。这两个层次经济分析的目标、角度以及费用与效益的计算范围尽管不同,但所要计算的现金流量构成,即基本经济要素,不外乎为投资、成本、费用和利税等项。它们是计算各种经济效果指标的基础。要做好经济分析,必须首先考察项目在整个寿命期内各种经济要素的变动情况。本节主要讨论现金流量的构成及相关要素的估算。

第一节 项目投资的概念及其估算

一、建设项目总投资的构成

按目前我国的会计财务制度,投资的构成有以下几个方面,如图 3-1 所示。

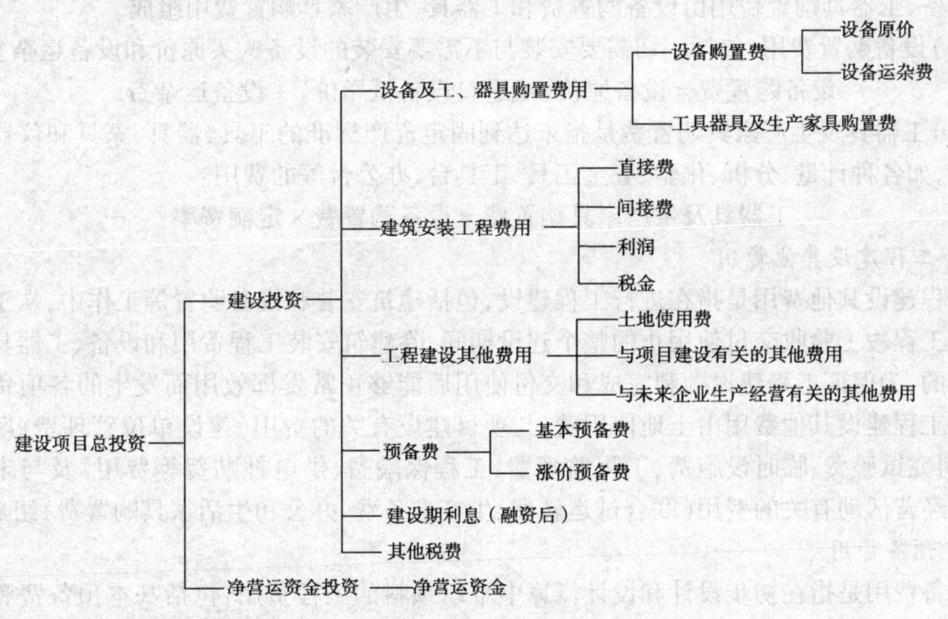

图 3-1 建设项目总投资构成

事实上,一个项目的投资到底是多少,可以有很多不同的说法。一种是所谓"静态"的投资额,指的是项目建设期间将要实际支出总费用,不包括建设期利息和物价上涨因素。如果包括利息支出和物价上涨等数额，则被称为“动态”的总投资。在项目经济评价采用现金流量折现方法时，因为已经考虑了货币的时间价值，全部投资指的是静态的建设投资和净营运资金投资。图3-1所示的建设项目总投资是目前国内的统计口径。

(一)建设投资

建设投资是指从工程项目确定建设意向开始直至建成竣工投入使用为止，在整个建设过程中所支出的总费用，这是保证工程建设正常进行的必要资金。建设投资主要由建筑安装工程费用、设备及工器具购置费用和工程建设其他费用等组成。

1. 建筑安装工程费用

建筑安装工程费用，是指花费在建筑安装工程施工过程中的费用，它按工程内容分为建筑工程费用和安装工程费用。建筑工程费用通常指建筑物和构筑物的土建工程费用，包括房屋、桥梁、道路、堤坝、隧道工程的建造费用，建筑物内的给排水、电气照明、采暖通风等工程费用，以及农田水利、场地平整、厂区整理和绿化等工程费用。安装工程费用一般包括各种需要安装的机械设备和电气设备等工程的安装费用。我国现行建筑安装工程费用的构成为：直接费、间接费、利润和税金。

(1)直接费由直接工程费(人工费、材料费、施工机械使用费)和措施费(环境保护费、文明施工费、安全施工费、临时设施费、夜间施工费、脚手架费等)组成。

(2)间接费由规费(工程排污费、工程定额测定费、社会保障费、住房公积金、危险作业意外伤害保险)和企业管理费(管理人员工资、办公费、差旅交通费、固定资产使用费、劳动保险费、工会经费、职工教育经费等)组成。

(3)利润与税收指施工企业的利润和应交纳的营业税、城市维护建设税、教育费附加。

2. 设备、工器具购置费

设备、工器具购置费用由设备购置费和工器具、生产家具购置费用组成。

(1)设备购置费用，包括一切需要安装与不需要安装的设备购买原价和设备运杂费。

$$设备购置费=设备原价(或进口设备抵岸价)+设备运杂费$$

(2)工器具及生产家具购置费是指未达到固定资产标准的工具、器具、家具和仪器的购置费用，如各种计量、分析、化验、五金工具、工具台、办公台等的费用。

$$工器具及生产家具购置费=设备购置费\times定额费率$$

3. 工程建设其他费用

工程建设其他费用是指在进行工程建设，包括建筑安装和设备购置等工作中，从工程筹建起到工程竣工验收交付使用止的整个建设期间，除建筑安装工程费用和设备、工器具购置费以外的，为保证工程建设顺利完成和交付使用后能够正常发挥效用而发生的各项费用的总和。工程建设其他费用由土地使用费，与项目建设有关的费用(建设单位管理费、勘察设计费、研究试验费、临时设施费、工程监理费、工程保险费、供电补贴费等费用)及与未来企业生产经营活动有关的费用(联合试运转费、生产准备费、办公和生活家具购置费)组成。

4. 预备费用

预备费用是指在初步设计和设计概算中难以预料的工程费用，包括基本预备费和涨价预备费。

(二)净营运资金投资

净营运资金投资即流动资金(working capital)，是指为维持生产所占用的全部周转资金。它是流动资产与流动负债的差额。流动资产包括各种必要的现金、各种存款、应收及预付款项及存货。流动负债主要是指应付账款、预收账款。值得指出的是这里说的流动资产是指为维持一定规模生产所需的最低周转资金和存货；流动负债只含正常生产情况下平均的应付账款、预收账款，不包括短期借款。为了表示这种区别，把资产负债表通常含义下的流动资产称为流动资产总额，它除上述最低需要的流动资产外，还包括生产经营活动中新产生的盈余资金。同样，把通常含义下的流动负债叫流动负债总额，它除应付账款外，还包括短期借款，当然也包括为解决净营运资金投入所需要的短期借款。

(三)投资资金的来源

投资资金的来源可划分为两大块，即权益资金(equity capital)和负债资金(debt capital)。权益资金指的是企业股东提供的资金。权益资金不需要归还，筹资的风险小，但其期望的报酬率高。负债资金包括长期负债(长期借款、长期债券发行收入和融资租赁的长期应付款)和流动负债(这里指的是短期借款)。权益资金的来源渠道和筹措方式，应根据融资主体的特点选择。例如，采用新设法人融资方式，权益资金可通过股东直接投资、发行股票、政府财政性资金等渠道和方式筹措。建设项目一般依靠项目自身的盈利能力来偿还债务，以项目投资形式的资产、未来收益或权益作为融资担保的基础。债务资金可通过商业银行贷款、政策性银行贷款、外国政府贷款、国际金融机构贷款、出口信贷、企业债券、国际债券、融资租赁等渠道和方式筹措。经济评价中，优先股股票视为权益资金，可转换债券，在未兑换为股票前应视为债务资金，公司的股东对公司提供的贷款，即股东贷款，应视为债务资金。

从整个投资投入阶段的资金来源、投资的构成和形成的资产的角度可以用图 3-2 来概要地表达。

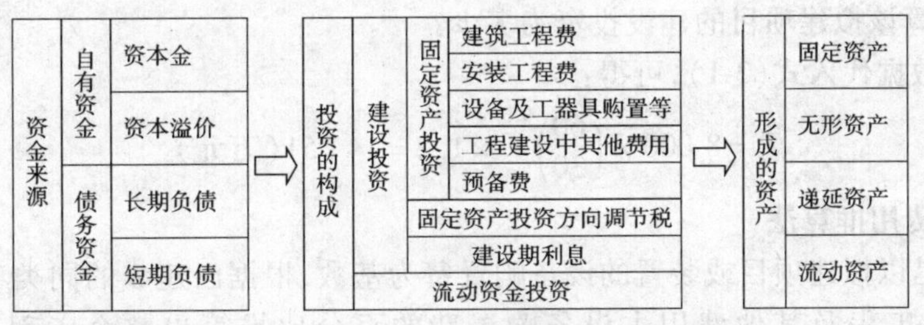

图 3-2　投资构成简图

(四)固定投资(建设投资)

固定投资(fixed investment)是指形成企业固定资产、无形资产和递延资产的投资。

固定投资中形成固定资产的支出叫做固定资产投资。固定资产是指使用期限超过 1 年的房屋、建筑物、机器、机械、运输工具以及与生产经营有关的设备、器具、工具等。这些资产的建造或购置过程中发生的全部费用都构成固定资产投资。投资者如果用现有的固定资产作为投入的，按照评估确认或者合同、协议约定的价值作为投资。融资租赁的，按照租赁协议或者合同确定的价款加运输费、保险费、安装调试费等计算其投资。耕地占用税，也应算作固定资产投资的组成部分。

无形资产投资是指专利权、商标权、著作权、土地使用权、非专利技术和商誉等的投入。递延资产投资主要指开办费，包括筹建期间的人员工资、办公费、培训费、差旅费、印刷费和注册登记费等。

除了以上固定投资的实际支出或作价价值形成固定资产、无形资产和递延资产的原值外，筹建期间的借款利息和汇兑损益，凡与构建固定资产或者无形资产有关的计入相应的资产原值，其余都计入开办费，形成递延资产原值的组成部分。

二、固定资产投资的估算

在投资决策的前期阶段，如投资机会研究、项目建议书和可行性研究阶段，只能对这些投资费用进行估算。不同的研究阶段所具备的条件和掌握的资料不同。估算的方法和准确程度也不相同。目前常用的有以下几种方法：

（一）生产能力指数法

这种方法是根据已建成的、性质类似的工程或装置的实际投资额和生产能力，按拟建项目的生产能力，推算出拟建项目的投资。一般说来，生产能力增加一倍，投资不会也增加一倍，往往是小于1的倍数。根据行业的不同，可以找到这种指数关系。写成公式为：

$$I_c = I_r \cdot \left(\frac{D_c}{D_r}\right)^{m_0} \cdot \varphi \tag{3-1}$$

式中：I_c, I_r——分别为拟建和已建工程或装置的投资额；

D_c, D_r——分别为拟建和已建工程或装置的生产能力；

φ——因建设地点和时间的不同而给出的调整系数；

m_0——投资生产能力指数。

【例3-1】 已建成的某投资项目年生产能力为30万t，建设投资为8 000万元，如拟建同一类项目，其生产能力预计为年产60万t，该类项目的生产能力指数取0.6，物价修正指数为1.2，试估算该拟建项目的建设投资为多少？

解 有关数据代入式(3-1)，可得：

$$I_c = 8\,000 \times \left(\frac{60}{30}\right)^{0.6} \times 1.2 = 14\,551(\text{万元})$$

（二）设备费用推算法

这种方法是以拟建项目或装置的设备购置费为基数，根据已建成的同类项目或装置的建筑工程、安装工程及其他费用占设备购置费的百分比推算出整个工程的投资费用，公式为：

$$I_p = E_c(1 + \varphi_1 m_1 + \varphi_2 m_2 + \varphi_3 m_3) \tag{3-2}$$

式中：I_p——拟建工程的投资额；

E_c——拟建工程的设备购置费；

m_1, m_2, m_3——分别为建筑工程、安装工程和其他费用占设备费用的百分比；

$\varphi_1, \varphi_2, \varphi_3$——相应的调整系数。

【例3-2】 某新建项目设备投资为10 000万元，根据已建同类项目统计情况，一般建筑工程占设备投资的28.5%，安装工程占设备投资的9.5%，其他费用占设备投资的7.8%。假定各种工程费用的上涨与设备费用上涨是同步的，即$\varphi_1 = \varphi_2 = \varphi_3 = 1$。试估算该项目的投资额。

解 根据公式(3-2)，该项目的投资额为：

$$I_p = E_c(1 + \varphi_1 m_1 + \varphi_2 m_2 + \varphi_3 m_3) = 10\,000(1 + 28.5\% + 9.5\% + 7.8\%) = 14\,580(\text{万元})$$

（三）造价指标估算法

对于建筑工程，可以按每平方米的建筑面积的造价指标来估算投资。也可以再细分为每平方米的土建工程、水电工程、暖气通风和室内装饰工程的造价，并汇总出建筑工程的造价。另外，再估算其他费用及预备费，即可估算出项目固定资产的投资数。

三、净营运资金的估算

在项目决策研究的早期，净营运资金可以根据项目的特点和以往已建成运行的同类项目的数据，按销售收入、经营成本或固定资产投资的比例来估算，也可以按单位产量占用净营运资金的比率来确定。譬如，百货零售商店，净营运资金可按年销售收入的10% ~15%估算；机械制造项目可按年经营成本的15% ~20%考虑；钢铁联合企业可按固定资产投资的8% ~10%估算等。由于项目的加工深度、原料供应和销售渠道各不相同，这种估算方法误差较大。随着项目投资决策研究的深入，有必要进行分项的详细估算。

分项估算的思路是：先按照项目各年生产运行的强度，估算出各大类的流动资产的最低需要量，加总以后减去该年估算出的正常情况下的流动负债（应付账款），这就是该年需要的净营运资金，再减去上年已注入的净营运资金，就得到该年净营运资金的增加额。当项目已达到正常的生产运行水平后，净营运资金就可以不再投入。在各项流动资产估算时，要先确定这项流动资产对应的成本和费用，再确定这种流动资产的最低周转天数。每年的周转次数为：

$$周转次数 = \frac{360}{最低周转天数}$$

这类流动资产的最低需要量是：

$$流动资产 = \frac{对应的年成本费用}{周转次数}$$

以现金为例，企业赖以周转的对应的成本费用主要是工资、福利费和其他费用（如差旅费、办公费、车间和管理部门的水电费、保险费和咨询费等）。

$$流动资产中的现金 = \frac{年工资及福利费 + 年其他费用}{周转次数}$$

一般企业的流动资产在估算时，可以按以下的对应关系：

流动资产	**对应的赖以周转的成本费用**
应收账款	年经营成本
存货	
其中：外购原材料、燃料	年外购原材料、燃料费
在产品	年外购原材料、燃料及动力费 + 年工资及福利费 + 年维修费 + 年其他制造费用
半成品	年经营成本
现金	年工资及福利费 + 年其他费用

流动负债中的应付账款也按同样办法估算，对应的是年外购原材料、燃料及动力费用。这种流动负债可以看作是一种自动提供的资金来源，流动资产扣除了这一部分就是应该投入的流动资金。

【例3-3】 某拟建项目第4年开始投产，投产后的年生产成本和费用的估算如表3-1所示。各项流动资产和流动负债（应付账款）的周转天数如表3-2所示。试估算投产阶段需要投入的净营运资金。

年生产成本和费用估算表（单位:万元） 表3-1

序号	项目	计算期				
		4	5	6	7	…
1	外购原材料	2 055	3 475	4 125	4 125	
2	进口零部件	1 087	1 208	725	725	
3	外购燃料	13	25	27	27	
4	外购动力	29	48	58	58	
5	工资及福利费	213	228	228	228	
6	修理费	15	15	69	69	
7	折旧费	224	224	224	224	
8	摊销费	70	70	70	70	
9	利息支出	234	196	151	130	
10	其他费用	324	441	507	507	
11	总成本费用	4 264	5 930	6 184	6 163	
12	经营成本(11-7-8-9)	3736	5440	5739	5739	

说明:①经营成本是指生产总成本费用中不包括折旧、摊销和利息的支出和费用。

②这张表的项目是按成本要素列的。其中各项要素费用包括了制造费用、管理费用、财务费用和销售费用中的该要素费用。第10项"其他费用"是指扣除了工资及福利费、折旧费、摊销费、修理费和利息支出后的其他费用。

净营运资金和应付账款的最低周转天数（单位:天） 表3-2

序号	项目	最低周转天数	序号	项目	最低周转天数
1	应收账款	40	2.4	在产品	20
2	存货	—	2.5	产成品	10
2.1	原材料	50	3	现金	15
2.2	进口零部件	90	4	应付账款	40
2.3	燃料	60			

解 按以上资料,列表算出净营运资金的需要量和逐年的投入量,详见表3-3。

净营运资金估算表（单位:万元） 表3-3

序号	项目	最低周转天数	周转次数	计算期					对应表3-1的成本费用项目
				4	5	6	7	…	
(一)	流动资产	—	—						—
1	应收账款	40	9	415	604	638	638		12
2	存货	—	—						—
2.1	原材料	50	7.2	285	483	573	573		1
2.2	进口零部件	90	4	272	302	181	181		2
2.3	燃料	60	6	2	4	5	5		3
2.4	在产品	20	18	190	278	290	290		1+2+3+4+5+6
2.5	产成品	10	36	104	151	159	159		12
3	现金	15	24	22	28	31	31		5+10
	小计	—	—	1 290	1 850	1 877	1 877		—
(二)	流动负债	—	—						—
4	应付账款	40	9	354	528	548	548		1+2+3+4
(三)	净营运资金=(一)-(二)			936	1 322	1 329	1 329		
(四)	净营运资金本年增加额			936	386	7	0		

由表 3-3 可知,投产年初(第 4 年初)需投入净营运资金 936 万元;第 5 年再投入 386 万元;第 6 年再投入 7 万元。第 6 年后,假定生产已达正常,净营运资金已不再需要投入,始终保持在 1 329 万元的水平。

第二节 成本和费用估算技术

一、技术经济分析中常用的成本概念

(一)总成本费用

总成本费用是指项目(或方案)在一定时期内(一般为一年)为生产和销售产品而花费的全部成本和费用。总成本费用由生产成本、管理费用、财务费用和销售费用组成。

生产成本是为生产产品或提供劳务而发生的各项生产费用,它包括各项直接支出(直接材料、直接工资和其他直接支出)及制造费用。直接材料是指生产中实际消耗的原材料、辅助材料、备品备件、燃料及动力等;直接工资是指直接从事产品生产人员的工资、奖金及补贴;其他直接支出是指直接从事产品生产人员的职工福利费等;制造费用是指为组织和管理生产所发生的各项费用,包括生产单位(分厂、车间)管理人员工资、职工福利费、折旧费、摊销费、修理费及其他制造费用(办公费、差旅费、劳保费等)。

管理费用是指企业行政管理部门为管理和组织经营活动而发生的各项费用,包括管理人员工资和福利费、折旧费、修理费、技术转让费、无形资产和递延资产摊销费及其他管理费用(办公费、差旅费、劳保费等)。

财务费用是指为筹集资金而发生的各项费用,包括生产经营期间发生的利息净支出及其他财务费用(汇兑净损失、银行手续费等)。

销售费用是指为销售产品和提供劳务而发生的各项费用,包括销售部门人员工资、职工福利费、折旧费、修理费、运输费及其他销售费用(广告费、办公费、差旅费等)。

对于运输企业来说,由于其生产特点,没有产品制造费用和产品销售费用,因此把劳动过程中发生的支出,划分为营业成本、管理费用和财务费用。企业在劳动生产过程中发生的燃料、材料、轮胎、备品配件等物质消耗支出,工资性支出,固定资产折旧费、修理费以及与劳动生产有关的各项支出,按照不同的成本计算对象,直接或者分配计入运输、装卸等主营业务成本和其他业务成本。运输成本项目有车辆费用、营运间接费用。车辆费用包括工资及福利费、燃料、轮胎、保养修理、提取的大修理费、折旧费、养路费、其他。营运间接费用包括车队、车站为管理组织生产所发生的各项费用。

(二)经营成本

经营成本是从投资方案本身考察的,是在一定时期(通常为一年)内由于生产和销售产品及提供劳务而实际发生的现金支出。它不包括虽计入产品成本费用中,但实际没发生现金支出的费用项目。技术方案财务分析时,经营成本按下式计算:

经营成本 = 总成本费用 - 折旧费 - 维简费 - 摊销费 - 借款利息

式中,维简费指矿山项目的维简费。摊销费指无形资产和递延资产的摊销费。无形资产按规定期限分期摊销;没有规定期限的,按不少于 10 年分期摊销。递延资产中的开办费按照不短于 5 年的期限分期摊销。

(三)平均成本(AC)与边际成本(MC)

平均成本是产品总成本费用 TC 与产品产量 Q 之比,即平均单位产品成本费用。实际工作中,通常取平均成本作为单位产品成本。边际成本是指每增加一个单位的产品产量所增加的成本。例如生产第 1 个产品时成本为 100 元,而生产两个产品时成本为 130 元,则增加第 2 个单位产品时,成本增加了 30 元,这 30 元就是第 2 个产品的边际成本。边际成本是经济分析中一个很重要的概念。

(四)机会成本

机会成本又称经济成本,它是指利用一定资源获得某种收益时放弃的其他可能的最大收益。或者说它是指生产要素用于某一用途而放弃其他用途时所付出的代价。如一定量的某种资源(如资金)用于甲项目投资,就必须要放弃乙项目的投资机会,则乙项目的可能收益即为甲项目的机会成本。

机会成本与资源稀缺性紧密相关。社会在一定时期内资源可供量是有限的,而人类的需求是无限的,这就决定了人类必须对有限的资源如何满足多种需要作出选择,于是便产生了机会成本的概念。在经济分析中,只有充分考虑了某种资源用于其他用途的潜在收益时,才能做出正确决策,使资源得以有效利用。

(五)沉没成本

沉没成本是指过去已经支出而现在无法得到补偿的成本。例如已使用多年的设备,其沉没成本是指设备的账面净值与其现时市场价值之差。

经济活动在时间上是具有连续性的,但从决策的角度看,以往所产生的费用只是造成当前状态的一种因素,当前状态是决策的出发点,当前决策所要考虑的是未来可能发生的费用及所能带来的收益,不考虑以往发生的费用。如在评价两个设备更新方案的得失时,旧设备的账面净值与其现时市场价值之差是一种沉没成本,与选择新设备的更新决策无关。又如一个半途停工下马的工程,现在想恢复建设,此时只考虑从现在起还要再投入的资源及可得到的利益,而不考虑从前已经花费在这“半截工程”上的资源。

(六)可变成本与固定成本

产品成本费用按其与产量变化的关系分为可变成本、固定成本与半可变(半固定)成本。在产品总成本费用中,有一部分费用随产量的增减而成比例地增减,称为可变成本费用(简称可变成本),如原材料费用、计件工资形式下的生产工人工资等。另一部分费用在一定产量范围内与产量的多少无关,称为固定成本,如固定资产折旧费、管理费用等。还有一些费用,虽然也随产量增减而变化,但不是成比例地变化,称为半可变成本。通常将半可变成本进一步分解为可变成本与固定成本。因此,产品总成本费用最终可划分为可变成本和固定成本。

二、成本和费用的估算方法

本部分介绍的指数法、单价法和要素法等成本与费用的估算方法,适用于初步估算与准详细估算,常常用于工程概念设计阶段或初步设计阶段的方案初步比选的可行性分析;有时,也用于工程详细设计阶段,以材料清单、标准成本和其他详细数据为基础,控制工艺设计的预算费用。

(一)指数法

随着时间的推移,成本和价格常常会发生变化,其原因是多样的,主要包括:

(1)技术的进步。

(2)劳动力和材料的可获得性。

(3)通货膨胀。

指数是无量纲的数字,它揭示了参照基年成本或价格是如何变化的。指数法(index method)提供了一个方便的根据历史数据来估算现在和将来的成本和价格的方法。在第 n 年的成本或者项目销售价格的估算可以根据在此之前年份(第 k 年)的成本和价格的历史数据来获得。通过对第 n 年(I_n)和第 k 年(I_k)的指数比率来计算:

$$C_n = C_k(I_n/I_k) \tag{3-3}$$

式中:k——参照对比的年份(如 1997 年);

n——需要估算成本或价格的年份(如 2006 年),其中 $n>k$;

C_n,C_k——分别为第 n 年与第 k 年的成本或价格估算值和参照值;

I_n,I_k——分别为第 n 年与参照年份第 k 年的价格指数。

(二)单价法

单价法(unit technique)是采用估算的单位成本乘以相应的数量来估算项目成本的。这些单位成本主要包括:

(1)每千瓦发电装机容量的投资费用。

(2)每千米、每件或每吨产品的销售收入。

(3)每千瓦时的燃油成本。

(4)每运营 500h 的节约费用。

(5)每安装一部电话的初装成本。

(6)蒸汽管道每千米的温度损耗。

(7)每平方米建筑面积的土地、土建或配套成本。

这些要素单价,当乘以相应的数量后,就可估算出总成本或总收入。

虽然单价法对初步估算十分有用,但是平均值的概念很容易对人产生误导。一般来说,应采用更加详细具体的方法来提高估算精度。

(三)要素法

要素法(factor technique)是对单价法的延伸,其估算方法是将产品组成要素的直接估算成本与产品其他组成要素的单价法估算成本相加,以求得产品的成本。

$$C = \sum_d C_d + \sum_m f_m U_m \tag{3-4}$$

式中:C——要估算的成本;

C_d——可直接估算成本的要素 d_b 的成本;

f_m——要素 m 单位成本(即单价);

U_m——要素 m 数量。

这种方法把成本和费用分为两大部分:第一部分是直接估算,第二部分是间接估算。

(四)参数成本估算法

参数成本估算(parametric cost estimating)是采用历史成本数据和统计方法来预测将来的成本。统计方法用来建立成本估算关系(cost estimation relationship,CER),将某一项目(如:产品、服务)的成本或价格与一个或几个自变量联系起来(如成本驱动因素等)。成本驱动因素主要是设计变量,对项目总成本影响较大。前面描述的单价法是参数成本估算法的一个简单例子。表 3-4 列出了部分产品的一些成本驱动因素。

产品与成本驱动因素　　表 3-4

产　　品	成本驱动因素（自变量）	产　　品	成本驱动因素（自变量）
建筑物	楼面面积、屋面面积、墙面面积	航天器	质量
载货汽车	空载质量、毛重、功率	软件	代码的行数
客运车	控制重量、乘客空间、功率	文献	页数
涡轮发动机	最大冲力、运转推力、燃油消耗	喷气发动机	推力的大小
发电厂	功率	发动机	功率
压力容器	容积	飞机	空载质量、速度、翼展
柴油机机车	功率、质量、行驶速度		

参数模型应用在早期的设计阶段，以便了解产品成本是如何随着其物理属性（如：质量、容积、功率）等发生变化的。它有助于让工程师了解设计方案的选择对产品总成本的影响，这对于开发在经济和技术上可行的产品极为重要。

很多统计方法与数学方法可用于构建成本估算关系。例如，一元线性回归分析和多元线性回归分析模型，是估算一个或多个自变量函数的因变量的标准方法，常常用来建立成本估算关系，这里主要介绍常用的学习曲线。

1. 学习曲线模型

学习曲线模型（learning curve）是表述随着产品的重复增加，劳动者在生产过程中不断学会技术、提高了劳动生产率，使单位产品的劳动用工不断下降的一种规律。在估算成本费用时要充分考虑这种重复生产下降趋势。例如，生产第 1 件产品时单位产品用工为 10 000 工时，生产第 2 件产品时就可能只需要 8 000 个工时，生产第 4 件只要 6 400 工时，第 8 件只需要 5 120 工时，以次类推。一般假定，产出翻一番，用工下降相同的比率。上述的例子中，产出翻一番，用工下降为 0.8。用公式表示为：

$$Y_x = K(S)^{\lg x/\lg 2} \tag{3-5}$$

式中：Y_x——生产第 x 件产品的用工工时；

K——生产第 1 件产品的用工工时；

S——用工下降参数，是大于零且小于 1 的正数；

x——产出个数（第 x 件产品）。

例如，上面的例子中，第 8 件产品的单位用工为：

$$Y_8 = 10\,000(0.8)^{\lg 8/\lg 2} = 5\,120\text{（工时/单位产品）}$$

通过简单的代数运算，上面的式子也可表述为等价的

$$Y_x = K(x)^{\lg S/\lg 2} \tag{3-6}$$

以同样的数据代入，结果是一样的

$$Y_8 = 10\,000(8)^{\lg 0.8/\lg 2} = 10\,000(8)^{-0.322} = 5\,120$$

学习曲线的参数 S 可通过调查同类产品的历史数据统计得出。S 越大，工时下降的越慢，反之则越快，如图 3-3 所示。

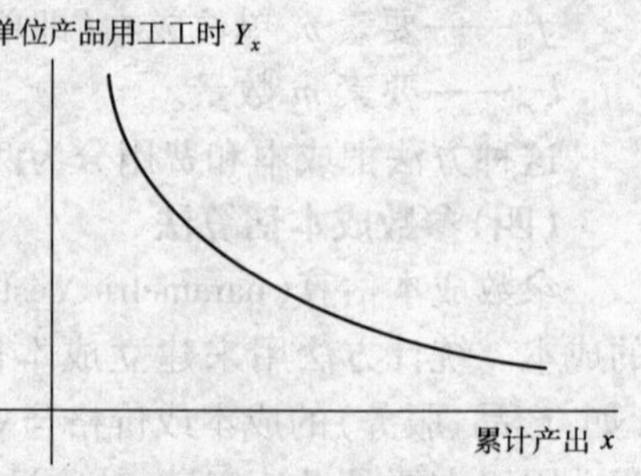

图 3-3　学习曲线示意图

【例 3-4】　假定制造某种设备，第一台需要 15 000 工时，根据以往经验，估计学习曲线的下降参数 S = 0.85，求制造第 20 台设备时所需要的工时数。

解 $Y_{20} = 15\ 000 \times (20)^{\lg 0.85/\lg 2} = 15\ 000 \times (20)^{-0.234} = 7441.3$(工时)

2. 构建成本估算关系

成本估算关系(CER)是将工程项目的成本描述成一个或者多个设计变量的函数。CER是一种非常有用的工具,因为它能够使估算人员更便捷地进行项目成本估算。而且,可以使估算人员在缺乏产品详细资料的设计初期阶段即可做出成本估算。因此,工程师可以利用CER来做设计决策,在满足技术与工程要求的同时,使产品成本更为合理。

一般来说,建立1个CER包括以下4个基本步骤:

(1)定义问题。

(2)数据收集和标准化。

(3)CER方程的建立。

(4)模型验证和说明。

1)定义问题

工程经济分析中的第一步就是定义需要解决的问题。为了成本估算的目的,建立一个项目的工作分解结构——WBS(WBS是一种清晰地定义一个项目的工作元素和它们之间相互关系的结构)是描述问题组成要素的好方法。对已完成的WBS的评估可以帮助我们认清构建CER中潜在的成本驱动因素。

2)数据收集和标准化

数据收集和标准化是构建CER中的关键一步。没有可靠的数据,从CER中获得数据进行成本估算将没有任何意义。WBS对数据收集也非常有帮助,WBS可以帮助我们组织数据并确保不会遗漏和忽略其中的组成要素。

3)CER方程的确定

构建CER的下一步就是把选定的成本驱动因素与项目成本的关系用一个合适的方程表示出来。表3-5列出了在构建CER方程中常用的4种方程类型。在这些方程中,a、b、c和d是常量,而x_1、x_2和x_3代表了设计变量,C代表要估计的成本。

常见关系类型与一般方程 表3-5

关系类型	一般方程	关系类型	一般方程
线性关系	$C = a + bx_1 + cx_2 + dx_3 + \cdots$	对数关系	$C = a + b\lg x_1 + c\lg x_2 + \cdots$
指数关系	$C = a + bx_1^c x_2^d + \cdots$	e次幂关系	$C = a + be^{cx_1}e^{dx_2} + \cdots$

总之,CER方程是一种有效估算项目或产品成本与费用的方法。这是因为:

(1)如果给定所需要的输入数据,估算人员就可便捷地采用CER方程来估计成本。

(2)CER方程估算法往往只需要较少的详细信息,这恰恰适合于设计过程的初期阶段。

(3)只要正确利用可靠的历史数据构建合适的CER方程,估算人员就能够对项目成本做出准确的估算。

第三节 投资项目的收益估算

销售收入是盈利性工程项目的主要收益项目。本节主要讨论收入、成本和利税的关系以及利润和主要税金的计算方法。

一、收入、成本和费用

投资项目建成并投入生产经营后，投资者最关心的是尽可能快地收回投资并获取尽可能多的盈利。因此，首先应明确通过什么途径才能估算出投资的收益。项目收入、成本、利润和税金的关系如图3-4所示。

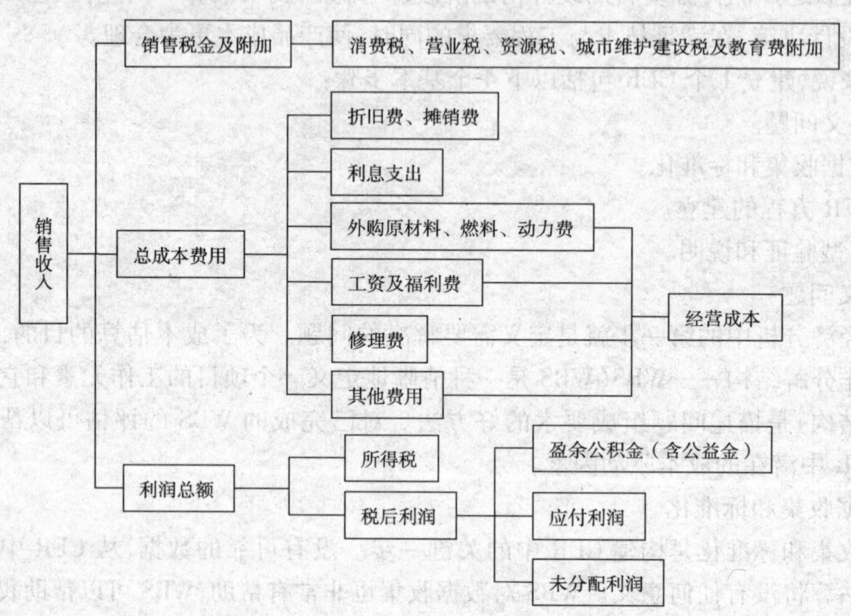

图3-4　销售收入、总成本费用与利润关系示意图

(一)销售收入

企业生产经营阶段的主要收入来源是销售收入，它是指企业销售产品或者提供劳务等取得的收入。计算方法为：

$$销售收入 = 产品的销售数量 \times 销售单价$$

(二)销售税金及附加

销售税金及附加是指消费税、营业税、城市维护建设税、资源税和教育费附加等。

消费税是以消费品(或消费行为)的流转额为课税对象的税种。在财务评价中，一般按销售额乘以消费税税率计算。营业税是对交通运输、商业、服务等行业的纳税人，就其经营活动营业额(销售额)为课税对象的税种。在财务评价中，营业税按营业收入额乘以营业税税率计算。资源税是对开采自然资源的纳税人征收的税种。通常按应课税矿产的产量乘以单位税额计算。城市维护建设税和教育费附加是以增值税、营业税和消费税为税基乘以相应的税率计算。

(三)增值税

增值税是对生产、销售商品或者提供劳务的纳税人实行抵扣的原则，就其生产、经营过程中实际发生的增值额征税的税种。财务评价的销售收入和成本不含增值税。

(四)总成本费用与经营成本

总成本费用估算表见表3-6。现行的财务会计制度是按成本项目进行成本和费用核算的，由若干个相对独立的成本中心或费用中心分别核算生产成本(为简化起见，在项目分析时，假定当期生产的全部销售，其销售成本就等于生产成本)、销售费用和管理费用。同一投入要素分别在不同的项目中加以记录和核算,这种核算方法的优点是简化了核算过程,便于成本核算的管理;缺点是看不清各种投入要素的比例。特别要指出的是,有些成本和费用要素在性质上与一般的投入要素不同,在投资分析中要作特殊的处理。为此,有必要按成本要素列出总成本费用。

总成本费用估算表(单位:万元) 表 3-6

序号	项目	合计	计算期					
			1	2	3	4	…	n
1	外购原材料							
2	外购原料及动力费用							
3	工资及福利费							
4	修理费							
5	其他费用							
6	经营成本(1+2+3+4+5)							
7	折旧费							
8	摊销费							
9	利息支出							
10	总成本费用合计(6+7+8+9) 其中:可变成本 固定成本							

图 3-4 是简化了的按成本要素列的总成本费用与销售收入和利润分配关系。这里忽略了营业外的收入和支出,也不考虑企业的其他投资收益,因此利润总额就等于销售利润。这里要注意的是,这里的折旧费包括生产成本制造费用中的折旧费和矿山维护费,也包括管理费用和销售费用中的折旧费。工资及福利费和外购原材料、燃料动力费也是如此。

折旧费和摊销费不是一种经常性的实际支出,它们是以前一次性投资支出的分摊。在按年计算成本费用、利润和所得税时,显然应把它们看作是成本费用的组成部分。但是,从项目整个投资周期看,固定资产、无形资产和递延资产的投资都已作为一次性的支出,所以就不能再把折旧和摊销看作是支出,否则会发生重复计算。利息支出也是一种实际支出,在新财务会计制度下,实行的是税后还贷,借款的本金(包括融资租赁的租赁费)要用税后利润和折旧来归还,而生产经营期的利息可计入财务费用。在考察全部投资(包括自有资金及债务资金)时,利息无疑也是投资收益的组成部分,因此也不能把它再看作支出。根据上述理由,在总成本费用中剔除折旧费、摊销费和利息支出后留存的经营性实际支出定义为经营成本。即:

$$经营成本 = 总成本费用 - 折旧费 - 摊销费 - 利息支出$$

二、利润与所得税的估算

当采用成本要素核算时,投资项目生产经营年份的总成本费用 = 经营成本 + 折旧费 + 摊销费 + 利息支出。年利润总额 = 年销售收入 - 总成本费用 - 销售税金及附加。

这里,我们略去了项目在运行过程中的其他投资收益和营业外的收入和支出。

利润总额按国家规定作相应调整后。按税法规定的税率计算所得税,目前一般所得税税率为25%。企业发生的年度亏损,可以用下一年度的税前利润等弥补。下一年度利润不足弥补的,可以在5年内延续弥补。按弥补以后的应纳税所得额,再计算所得税。

企业缴纳所得税后的利润基本上都可以看作是投资者的所得。但投资者真正能拿到的现金形式的分配利润还要从税后利润中扣减以下部分:

(1)被没收的财物损失,支付各项税收的滞纳金和罚款。

(2)弥补企业以前年度的亏损。

(3)提取法定盈余公积金。

法定盈余公积金按照税后利润扣除(1)、(2)两项后的10%提取,盈余公积金已达注册资金50%时可不再提取。

(4)提取公益金。

在借款本金还清以前,必要时要用税后利润偿还借款本金,再分配利润。

严格地讲,投资者的利益分配有两种形式:第一种就是经上述计算出的利润分配,这是已经变现了的现金。还有一部分是作为投资者在企业中的盈余资金,它包括盈余公积金、公益金、折旧费和摊销费等扣除借款本金偿还以后的余留部分。这些盈余资金虽不能向投资者分配,但可按照规定用于弥补亏损或转增资本金或用于再投资,至少可以存入银行赚取利息。如果把以上两种形式的利益和权益都看作是投资者的收益,完整的收益应该用下式表述:

收益 = 销售收入 - 经营成本 - 所得税 - 借款本金偿还 - 借款利息支付

注意,弥补上年度亏损只是在计算当年所得税和计算当年法定公积金时起作用,在计算投资者的现金流入时,各年已考虑了盈余和亏损的因素,不应再用以后年份的税后利润弥补上年度的亏损,否则会造成现金流出的重复计算。

【例3-5】 某投资项目投产后的前两年的收入和成本费用情况如表3-7所示,求投资者在这两年中的全部投资收益。

投资收益与利润的关系(单位:万元)　　表3-7

项目 ＼ 年份	投产期			备注(第三年数字)
	2	3		
1. 销售收入	2 500	3 500		
2. 销售税金及附加	120	170		
3. 总成本费用	2 500	2 550		
其中:折旧与摊销	950	950		
利息支付	450	400		
经营成本	1 100	1 200		
4. 利润总额	-120	780		
5. 弥补亏损后应纳税所得额	0	660		780 - 120 = 660
6. 所得税(税率25%)	0	165		660 × 25% = 165
7. 税后利润	-120	615		780 - 165 = 615
8. 弥补以前年度亏损	0	120		
9. 提取盈余公积金		49.5		(615 - 120) × 10% = 49.5
10. 偿还借款本金	500	500		
其中:用折旧费与摊销费	500	500		
用税后利润	0	0		
11. 利润分配	0	445.5		615 - 120 - 49.5 = 445.5

解 虽然投资者在该项目投产后的前两年中只得到现金分配的利润445.5万元(第3年),其实际可用于回收投资的收益(即权益资金的投资净现金流量)是(单位:万元):

项目	第2年	第3年
销售收入	2 500	3 500
-经营成本	1 100	1 200
-销售税金及附加	120	170
-所得税	0	165
-借款利息支付	450	400
-借款本金偿还	500	500
净现金流量	330	1 065

或者:

项目	第2年	第3年
税后利润	-120	615
+折旧费与摊销费	950	950
-借款本金偿还	500	500
投资者的全部收益	330	1 065

第二年可用于回收投资的收益是330万元,第三年为1 065万元,其中第三年投资者到手的现金是445.5万元,其余部分是留在企业的盈余资金。

对于股份制企业,利润以股利的形式分配。先支付优先股股利,再按公司章程或者股东会议决议提取任意盈余公积金,再分配普通股股利。当年无利润时,不得分配股利,但在用盈余公积金弥补亏损后,经股东会议特别决议,可以按照不超过股票面值6%的比例用盈余公积金分配股利,在分配股利后,企业法定盈余公积金不得低于注册资金的25%。盈余公积金可以用于转增资本金,以送配股或再发行的方式扩大资本金,但转增资本金后,企业的法定盈余公积金一般不低于注册资金的25%。

从以上分析可知,在投资收益的整个周期的计算中,可用于回收投资的收益不仅仅是税后利润,但是税后利润是反映企业各年财务业绩的重要指标。如果年年亏损或者没有利润,那么投资项目肯定连投入的本金都收不回来。此外,利润的计算对所得税支出和利润分配的估算都是不可少的。因此,在投资财务分析中损益与利润分配估算表(表3-8)是不可少的。

利润与利润分配表应反映项目计算期内各年销售(营业)收入、总成本费用、利润总额等情况,用于计算总投资收益率、权益投资的净利润等指标,见表3-8。

利润与利润分配表(单位:万元) 表3-8

序号	项目	合计	计算期				
			1	2	3	…	n
1	销售收入						
2	销售税金及附加						
3	总成本费用						
	其中:经营成本						
	折旧与摊销费						
	利息支出						

续上表

序号	项　目	合计	计　算　期				
			1	2	3	…	n
4	贴补收入						
5	利润总额(行1－行2－行3＋行4)						
6	弥补以前年度亏损						
7	应纳税所得额(行5－行6)						
8	所得税						
9	税后利润(行5－行8)						
10	期初未分配利润						
11	可供分配利润(行9＋行10)						
12	提取法定盈余公积金						
13	提取公益金						
14	可供投资者分配的利润(行11－行12－行13)						
15	应付优先股股利						
16	提取任意盈余公积金		计算指标 息税前利润(行5＋利息支出) 息税折旧摊销前利润(息税前利润＋折旧＋摊销)				
17	应付普通股股利(行14－行15－行16)						
18	未分配利润(行14－行15－行16－行17)						
19	累计未分配利润						

第四节　折旧与企业所得税

一、折旧与折旧方法

(一)折旧的概念

折旧(depreciation)指的是实物资产随着时间流逝和使用消耗在价值上的减少。更具体地说,折旧是一个会计上的概念,它确立了一项对税前收益的年(季、月)度抵减值,这样,时间流逝和使用消耗对一项资产在价值上的影响就可以反映在公司的财务报告中了。在资产实际经济寿命年限内,年度的抵减折旧额应尽量与该年用于创造收入而使用资产消耗价值部分相匹配。直到一项资产不再使用,实际的折旧数目才能确定。而又因为折旧是一项非现金流出,它可以影响所得税额,所以在进行税后工程经济研究时,必须要对其加以合理地考虑。

我国《企业会计制度》规定:固定资产是指企业使用期限超过一年的房屋、建筑物、机器、机械、运输工具以及其他与生产经营有关的设备、器具、工具等。不属于生产经营主要设备的物品,单位价值在2 000元以上,并且使用年限超过2年的,也应当作固定资产。固定资产折旧是指在固定资产使用寿命内,按照确定的方法对应计折旧额进行的系统分摊。从本质上讲,折旧也是一种费用,只不过该费用没在计提期间付出实实在在的货币资金,但这种费用是前期已经发生的支出,而这种支出的收益在资产投入使用后的有效使用期内实现,即它是当期的费用,但不是当期的现金流出。

现行财务制度规定,应计提折旧的固定资产有:房屋及建筑物,在用的机器设备、仪器仪表、运输车辆及工具器具等,季节性停用及修理停用的设备,融资租入和以经营租赁方式租出的固定资产。不计提折旧的固定资产有:未使用或不需用的机器设备、以经营租赁方式租入的固定资产,在建工程项目交付使用以前的固定资产,已提足折旧仍继续使用的固定资产,按规定单独作价作为固定资产入账的土地等。

企业一般应当按月提取折旧,当月增加的固定资产,当月不提折旧,从下月起计提折旧;当月减少的固定资产,当月照提折旧,从下月起不提折旧。固定资产提足折旧后,不管能否继续使用,均不再提取折旧;提前报废的固定资产,也不再补提折旧。

(二)折旧的计算方法

在投资项目计算期的现金流量表中,折旧费并不构成现金流出,但是在估算利润总额和所得税时,它们是总成本费用的组成部分。从企业角度看,折旧的多少与快慢并不代表企业的这项费用的实际支出的多少与快慢。因为它们本身就不是实际的支出,而只是一种会计手段,把以前发生的一次性支出在年度(或季度、月份)中进行分摊,以核算与年(季、月)应缴付的所得税和可以分配的利润。因此,一般来说,企业总希望多提和快提折旧费以期少交和慢交所得税;另一方面,从政府角度看,也要防止企业的这种倾向,保证正常的税收来源。因此,对折旧的计算,国家作了明确的规定。

按照我国财务制度规定,企业固定资产折旧方法,一般应采用平均年限法,即直线法和工作量法。企业专业车队的客、货运汽车、大型设备,可以采用工作量法。在国民经济中具有重要地位、技术进步快的电子生产企业、船舶工业企业、生产“母机”的机械企业、飞机制造企业、汽车制造企业、化工生产企业和医药生产企业以及其他经财政部批准的特殊行业的企业,其机器设备可以采用双倍余额递减法或者年数总和法等快速折旧法,以促进设备更新和技术进步。

无论采用哪种折旧方法,都要考虑固定资产原值、净残值、折旧年限三个因素。

(1)固定资产原值:固定资产原值为取得固定资产的原始成本,即固定资产的账面原价。

(2)固定资产净残值:固定资产净残值是指预计的固定资产报废时可以收回的残余价值扣除预计清理费用后的数额。所得税暂行条例及其实施细则规定,固定资产的净残值比例在其原价的5%以内,由企业自行确定。

(3)固定资产折旧年限:固定资产折旧年限的长短直接影响各期应提的折旧额。企业应根据国家的有关规定,结合本企业的具体情况,合理确定固定资产的折旧年限。

折旧计算方法详见第十章。

二、企业的收入、利润和所得税的核算

(一)收入的核算

根据我国《企业会计准则》中的定义,收入是指企业在销售商品、提供劳务及他人使用本企业资产等日常活动中所形成的经济利益的总流入,具体包括商品销售收入、劳务收入、使用费收入、股利收入及利息收入等。收入是企业利润的主要来源。这里的经济利益是指直接或间接流入企业的现金或现金等价物。

工程项目经济分析中的收入主要是指项目投入运行后,提供的销售收入或劳务收入。

商品销售收入主要包括工业企业销售生产的产品以及销售其他的存货如原材料、包装物等所取得的收入,商业企业销售采购的商品所取得的收入。劳务收入包括提供建筑、旅游、运输、饮食、广告、理发、照相、洗染、咨询、代理、培训、产品安装等所取得的收入。

(二)利润的核算

企业在一定时期内生产经营活动的最终财务成果,是用货币形式反映的企业生产经营活动的效率和效益的最终体现,是以企业生产经营所创造的收入与所发生的成本对比的结果。企业最终的财务成果一般有两种可能:一种是取得正的财务成果,即利润;另一种则是负的财务成果,即亏损。

企业的利润,就其构成来看,既可通过生产经营活动而获得,也可通过投资活动而获得,还包括那些与生产经营活动无直接关系的事项所引起的盈亏。企业的利润主要是指利润总额和净利润。

企业的利润总额包括营业利润、投资净收益和营业外收支净额以及补贴收入等,即:

利润总额 = 营业利润 + 投资净收益 + 营业外收支净额 + 补贴收入

1. 营业利润

营业利润是企业从事生产经营活动所取得的净收益,其具体构成内容见下列公式:

营业利润 = 主营业务利润 + 其他业务利润 - 管理费用 - 财务费用 - 营业费用

2. 投资净收益

投资净收益是指企业投资收益扣除投资损失后的数额,即:

投资净收益 = 投资收益 - 投资损失

投资收益包括对外投资分得的利润、股利和债券利息,投资到期收回或者中途转让、出售取得款项高于账面价值的差额等。

投资损失包括投资到期收回或中途转让、出售取得的款项低于账面价值的差额等。

3. 营业外收支净额

营业外收支净额是指与企业生产经营无直接关系的收入与支出的差额,即:

营业外收支净额 = 营业外收入 - 营业外支出

营业外收入是指与企业生产经营无直接联系的各项收入。营业外支出是指与企业生产经营无直接联系的各项支出。

4. 补贴收入

补贴收入是指企业收到的各种补贴收入,包括国家拨入的亏损补贴、退回的增值税等。

以上构成利润组成项目的指标中真正反映企业盈利能力的是营业利润,它是一个企业依靠自己的经营活动取得的正常收益。而其他各个指标一般只能反映企业在某一个会计期间所取得的偶然收益,并不能代表企业的正常经营水平。

净利润又称税后利润,是指企业缴纳所得税后形成的利润,是企业所有者权益的组成部分,也是企业进行利润分配的依据。其计算公式为:

净利润 = 利润总额 - 所得税

(三)我国企业利润分配的一般顺序

1. 利润分配的项目

按照我国《公司法》的规定,公司利润分配的项目包括以下部分:

1)盈余公积金

盈余公积金从净利润中提取形成,用于弥补公司亏损、扩大公司生产经营或者转为增加公司资本。盈余公积金分为法定盈余公积金和任意盈余公积金。公司分配当年税后利润时应当按照10%比例提取法定盈余公积金;当盈余公积金累计额达到公司注册资本的50%时,可不再继续提取。任意盈余公积金的提取由股东大会根据需要决定。

2)公益金

公益金也从净利润中提取形成,专门用于职工集体福利设施建设。公益金按照税后利润的5%~10%的比例提取形成。

3)股利(或投资者分配的利润)

公司向股东支付股利,要在提取盈余公积金、公益金之后。股利的分配应以各股东持有股份的数额为依据,每一股东取得的股利与其持有的股份数成正比。股份有限公司原则上应从累计盈利中分派股利,无盈利不得支付股利,即所谓"无利不分"的原则。但若公司用盈余公积金抵补亏损以后,为维护其股票信誉,经股东大会特别决议,也可用盈余公积金支付股利,不过这样支付股利后留存的法定盈余公积金不得低于注册资本的25%。非股份制企业则以利润分配的方法向投资者分配收益。

2. 利润分配的顺序

企业向股东(投资者)分派股利(分配利润),应按一定的顺序进行。按照我国《公司法》的有关规定,利润分配应按下列顺序进行:

1)计算可供分配的利润

将本年净利润(或亏损)与年初未分配利润(或亏损)合并,计算出可供分配的利润。如果可供分配的利润为负数(即亏损),则不能进行后续分配;如果可供分配利润为正数(即本年累计盈利),则进行后续分配。

2)计提法定盈余公积金

提取盈余公积金的基数,不是可供分配的利润,也不一定是本年的税后利润。只有不存在年初累计亏损时,才能按本年税后利润计算提取数。若年初有累计未弥补的亏损,则以抵减年初累计亏损后的本年净利润(可供分配的利润)为基数计算提取数。一般按税后利润的10%提取。

3)计提公益金

即按上述步骤以同样的基数计提公益金。一般按税后利润的5%~10%提取。

4)计提任意盈余公积金

向股东分配利润之前提取任意盈余公积金作为公司的留存收益,主要是出于经营管理上的需要,为了控制向投资者分配利润的水平以及调整各年利润波动而采取的限制措施。

5)向股东(投资者)支付股利(分配利润)

公司股东大会或董事会违反上述利润分配顺序,在抵补亏损和提取法定盈余公积金、公益金之前向股东分配利润的,必须将违反规定发放的利润退还公司。

(四)企业所得税的核算

企业所得税是企业依照税法的规定,针对其生产经营所得和其他所得,按规定的税率计算、缴纳的税款。

1. 企业所得税的计算

企业所得税是以应纳税所得额乘以企业适用的所得税税率而求得的。其计算公式为:

$$应纳所得税额=应纳税所得额\times适用的所得税税率$$

其中,应纳税所得额是指每一纳税年度的收入总额减去按照税法和财务制度规定的内容和标准准予扣除的项目后的余额。在实际计算时，可通过对企业的会计利润进行调整而取得。所得税税率是指对纳税人应纳税所得额征税的比率。按照2007年3月16日通过的《中华人民共和国企业所得税法》规定，从2008年1月1日起，企业所得税的税率为25%。另外，国家根据经济和社会发展的需要，在一定的期限内会对特定的地区、行业或企业的纳税人给予一定的税收优惠，即对其应缴纳的所得税给予减征或免征。

2. 纳税调整

应纳税所得和会计利润是两个不同的概念，两者既有联系又有区别。应纳税所得是一个税收概念，是根据企业所得税法，按照一定的标准确定的纳税人在一个时期内的计税所得。而会计利润则是一个会计核算概念，是根据会计准则和会计制度核算出来的企业在一定时期内的经营成果。它们虽然都反映企业在一定时期的所得，但由于用途不同，其计算依据、内容和标准存在着不一致的地方。在具体确定应纳税所得时，应以会计利润为基础，根据税法的规定对其进行调整，这就是通常所说的纳税调整。

3. 投资项目所得税的估算

所得税是由企业经营盈利而产生的，是企业的一项重要的现金流出，根据项目与企业的不同，通常略去企业在运行过程中的其他投资收益和营业外收支净额。投资项目生产经营年份的总成本费用 = 经营成本 + 折旧费 + 摊销费 + 利息支出。年利润总额 = 年销售收入 - 总成本费用 - 销售税金及附加。利润总额经纳税调整后，按适用的税率计算所得税。企业发生的年度亏损，可以用下一年度的税前利润弥补。下一年度利润不足弥补的，可以在5年内连续弥补。按弥补以后的应纳所得税额，再计算所得税。

在工程项目评估中，通常要把所得税考虑进来。理由很简单：与提交工程相关的所得税费用在一定程度上代表了一项主要的现金流出，该流出势必要与用于评估该工程的其他各项现金流入与流出一并考虑。现金流量以此而分为税前现金流量和税后现金流量。

三、工程项目的税前投资现金流量

（一）相关现金流量的确定

在辨别相关现金流量时，应坚持以下的原则：

（1）明确是现金流量不是利润。

（2）相关现金流量是有无对比的增量的现金流量而非总量的现金流量。

（3）相关现金流量是未来发生的，而非过去发生的，即沉没成本不应该考虑在内。

（4）相关现金流量不能忽视机会成本。

在确认项目的全部投资现金流量时还应注意：现金流量分析中不扣除利息费用。投资项目的资金来源主要是股东投资和债权人投资。当从公司角度，或者说从全体投资者角度分析现金流量时，利息费用实际上是债权投资者的收益。包括利息在内的现金流量净额，才是全体投资者从投资项目中获取的现金流量。同时，计算投资项目评价指标时，采用的资本成本通常是公司的加权平均资本成本，是受到项目不同融资来源影响的综合资本成本。现金流量与资本成本的口径一致，由此得出的评价结果是合理的。

（二）利润与现金流量

在投资决策时，主要是依据项目的现金流量，而不是项目的利润，这是因为：

（1）投资项目具有长期性，需要考虑货币的时间价值，要将不同时点上的现金收入或支出调整到同一时点进行汇总和比较；而在利润的计量中，收入与费用的确认不考虑现金的实际收到和支出的时间。

(2)一些影响投资项目的现金流量在利润中得不到确认,例如,净营运资金的投资支出额或回收额等。

(3)整个投资有效年限内,利润总计与现金流量总计是相等的。所以,现金净流量可以取代利润作为评价净收益的指标。

(4)利润的计量有时带有主观随意性。会计上对同一种业务的处理可能存在多种方法,比如存货计价方法、固定资产折旧方法等,不同方法的使用导致同一收入或费用项目具有不同的发生额,从而形成不同的会计收益,但是一种业务对现金流量的影响只能有一种结果,以实际收到或付出的款额为准。

(5)在投资分析中,现金流动状况比盈亏状况更重要。一个项目能否维持下去,不取决于一定期间是否盈利,而取决于有没有现金用于各项支付。

(三)现金流量的时间选择

在财务分析中,必须正确地考虑现金流量发生的时间。利润表反映的是一年或一个月期间的经营状况,而不能精确地反映在此期间的现金收入与现金费用的发生。由于货币具有时间价值,从理论上讲,分析投资项目现金流量应该与其发生时间相一致,而投资项目的现金流量可能会发生在投资期间的任何时点,因此,在大多数情况下,为了方便地计算和汇集现金流量,按投资各年归集现金流量时,常假定进行投资的现金流量发生在年初,而经营的现金流量发生在年末,所以一般按年分析项目现金流量比较合适。

四、工程项目的税后投资现金流量

税后经济分析与税前经济分析一般采用相同的方法计算获利能力。然而,这两种方法唯一的不同是前者把由所得税产生的费用加进去,把税前现金流量(BTCFs)换算成税后现金流量(ATCFs)。

投资项目的现金流量按照发生的时间顺序和产生来源可以分为初始投资支出现金流、生产经营(营业)现金流量和计算期末现金流量。以下分别讨论这三种现金流量的计算。

1. *初始投资支出现金流*

初始投资支出主要指投资项目所需的固定资产支出额和净营运资金(working capital,即流动资金投资,下同)的增加额,还包括其他投资费用,如职工培训费和组织筹建费等。在更新资产项目中,期初常会有处理旧资产的业务,也会影响公司的现金流量(类似期末现金流量分析)。

【例3-6】 M公司是一家高新技术企业,成功研制了一种商用的草坪节水喷灌控制系统,如果将它投产,就需要生产场地、厂房和设备。M公司现在可以购买一块价值1 000万元的地皮,在此之上建造厂房,造价约700万元,工期为两年,第一年需投资500万元,余下资金为第二年的投资额。两年后,厂房竣工交付使用(经济使用年限为20年),公司需要购置900万元的设备(经济使用年限为5年)进行生产,另需运输及安装费40万元。为满足生产所需的材料等流动资产,还需投入净营运资本200万元。那么M公司在正式生产新产品之前的投资支出情况如表3-9所示。

值得注意的是,尽管固定资产支出和流动资产支出大部分发生在投资项目初期,但是在随后的经营期内,也可能由于经营环境的变化,追加固定资产和流动资产投资,或者回收部分原有的固定资产和流动资产投资,这些现金流量也会影响到经营期各年的现金流量。

初始现金流量表（单位：元）　　表 3-9

时间(年)	0	1	2
购置土地	10 000 000		
建造厂房		5 000 000	2 000 000
购置设备			9 400 000
投入净营运资本			2 000 000
合计	10 000 000	5 000 000	13 400 000

2. 营业现金流量

在项目运行的正常年份，如果忽略销售税金及附加等项，则现金流入主要是销售（运营）收入，现金流出是经营成本，非现金流的折旧和摊销不作为现金流出。在考察全部投资者获利能力时，投资借款的利息也不作为现金流出，因为利息可以看作债权投资者的获利。考虑所得税对现金流量的影响，营业净现金流量的计算公式为：

营业净现金流量 = 运营收入 − 经营成本 − 所得税　　(3-7)

即：

营业净现金流量 = 运营收入 − 经营成本 − 所得税
= 运营收入 −（运营总成本 − 折旧 − 利息支付）− 所得税
= 运营利润 + 折旧 + 利息支付 − 所得税
= 税后净利润 + 折旧 + 利息支付　　(3-8)

考虑有效所得税率以后，根据式(3-8)可以推导出：

营业净现金流量 = 税后净利润 + 折旧利息支付
=（运营收入 − 运营总成本）×（1 − 所得税率）+ 折旧 + 利息支付
=（运营收入 − 运营成本 − 折旧 − 利息支付）×（1 − 所得税率）+ 折旧 + 利息支付
=（运营收入 − 经营成本）×（1 − 所得税率）− 折旧 ×（1 − 所得税率）+ 折旧 − 利息支付 ×（1 − 所得税率）+ 利息支付
=（运营收入 − 经营成本）×（1 − 所得税率）− 折旧 + 折旧 × 所得税率 + 折旧 − 利息支付 + 利息支付 × 所得税率 + 利息支付
=（运营收入 − 经营成本）×（1 − 所得税率）+ 折旧 × 所得税率 + 利息支付 × 所得税率　　(3-9)

从式(3-9)中可以看出，和税前全部投资的现金流有本质的区别，折旧和利息对净现金流有影响。尽管它们本身不作为全部投资的现金流出，但是它们可以抵扣所得税。折旧越多(快)、利息支付越多(资本结构中负债比例越高)，税后的净现金流越多。

【例 3-7】 设某项目初始投资 20 万元，当年投入运营，年销售收入 20 万元，经营成本 10 万元，计算期为 5 年，销售税金及附加忽略不计。分别按直线折旧每年提取折旧额31 000元和双倍余额折旧，年折旧额分别是(64 000，38 400，23 040，14 780，14 780)元，试计算税前和税后的净现金流量及相应的投资内部收益率。

解　考虑直线折旧和双倍余额折旧两种情况时，按式(3-9)计算的各年营业净现金流量分别见表 3-10 和表 3-11。

直线折旧下的投资现金流量表（单位:元）　　表 3-10

序号	年　　末	0	1	2	3	4	5	合 计
0	期初投资	-200 000						
1	销售收入		200 000	200 000	200 000	200 000	200 000	
2	经营成本		100 000	100 000	100 000	100 000	100 000	
3	销售税金及附加(忽略不计)							
4	折旧		31 000	31 000	31 000	31 000	31 000	155 000
5	所得税(行1-行2-行3-行4)×25%		17 250	17 250	17 250	17 250	17 250	
6	税前净现金流(行1-行2-行3)	-200 000	100 000	100 000	100 000	100 000	100 000	
7	税后净现金流(行1-行2-行3-行5)	-200 000	82 750	82 750	82 750	82 750	82 750	
8	*IRR*(税前)	41.04%						
9	*IRR*(税后)	30.40%						
10	行7的另一种算法(行1-行2)×(1-25%)+行4×25%		82 750	82 750	82 750	82 750	82 750	

双倍余额法折旧下的投资现金流量表（单位:元）　　表 3-11

序号	年　　末	0	1	2	3	4	5	合 计
0	期初投资	-200 000						
1	销售收入		200 000	200 000	200 000	200 000	200 000	
2	经营成本		100 000	100 000	100 000	100 000	100 000	
3	销售税金及附加(忽略不计)							
4	折旧		64 000	38 400	23 040	14 780	14 780	155 000
5	所得税(行1-行2-行3-行4)×25%		9 000	15 400	19 240	21 305	21 305	
6	税前净现金流(行1-行2-行3)	-200 000	100 000	100 000	100 000	100 000	100 000	
7	税后净现金流(行1-行2-行3-行5)	-200 000	91 000	84 600	80 760	78 695	78 695	
8	*IRR*(税前)	41.04%						
9	*IRR*(税后)	31.49%						
10	行7的另一种算法(行1-行2)×(1-25%)+行4×25%		91 000	84 600	80 760	78 695	78 695	

上述计算结果说明所得税对税后的现金流是有影响的。总的折旧额不变,加快折旧使所得税晚缴,提高了内部收益率,从30.40%提高到31.49%。

3．计算期末现金流量

期末现金流量主要指固定资产的处理收入额、处理固定资产利得或损伤引起的所得税支出额和净营运资本的回收额。

【例3-8】 M公司投资项目结束时,土地的售价预计为1 200万元,厂房和设备的余值分别为400万元和100万元。在投资项目结束时,土地、厂房和设备的未计提折旧额,即账面价值为土地不计提折旧,未计提折旧额为最初的取得成本1 000万元。厂房未计提折旧额为525万元。设备由于经济使用年限为5年,依税法全额计提折旧,在项目结束时,未计提折旧为零。试计算M公司期末现金流量。

解 出售土地、厂房和设备形成的现金流量如表 3-12 所示。

处理长期资产的现金流量表（单位:万元） 表 3-12

项 目	名 称	土 地	厂 房	设 备
a	变卖收入	1 200	400	100
b	减:未计提折旧额(账面价值)	1 000	525	
c	资产变卖净损益	200	−125	100
d	所得税支出(税率 25%)	50	0	25
出售业务现金净流量($a-d$)		1 150	400	75

项目终结时,期末现金流量并不意味着只是处理设备的回收问题,因为在终结年份,也可能进行经营活动,因此,除了期末现金流量外(见表 3-11 最后一行的总数),还有经营净现金流量和净营运资本的回收,净营运资本的回收额为前面各期投入的总额。

五、所得税与资金成本

在项目运行的正常年份,现金流入主要是销售(营业)收入 R,现金流出是经营成本 C。非现金流的折旧和摊销 D 不作为现金流出。在考察全部投资获利能力时,投资借款的利息也不作为经营成本,因为利息可以看作债权投资者的获利。这样,初始投资为 P,永续净现金流为 $R-C-T$,则项目的内部收益率为:

$$i'=\frac{R-C-T}{P} \tag{3-10}$$

式中,T 为由项目引起的所得税。

如果由项目引起的有效所得税率为 t,那么:

$$T=t(R-C-D-I) \tag{3-11}$$

代入式(3-10)后有:

$$i'=\frac{(R-C)-t(R-C-D-I)}{P}=\frac{(1-t)(R-C)+tD+tI}{P} \tag{3-12}$$

式中,I 为借款的利息,按税法,利息是可以抵扣所得税的。

现在来看融资的两种极端情况,第一种是全部由投资者股权(权益)融资(equity financing),股东要求的投资回报为 i_e,则项目达到盈利性目标的评价判据为:

$$i'=\frac{(1-t)(R-C)+tD}{P}\geqslant i_e \tag{3-13}$$

第二种是项目的投资全部由债务融资(debt financing),债权人要求的利率为 i_b,代入前式,项目能清偿债务的盈利水平判据为:

$$\frac{(1-t)(R-C)+tD'+t(i_b\cdot P)}{P}=\frac{(1-t)(R-C)+tD'}{P}+t\cdot i_b\geqslant i_b \tag{3-14}$$

移项后有:

$$i'=\frac{(1-t)(R-C)+tD'}{P}\geqslant(1-t)\cdot i_b \tag{3-15}$$

债务资金成本可以因抵扣所得税而降$(1-t)$的比率。例如,股权融资和债务融资要求的回报都是 10%,所得税率是 25%,那么前者要求项目的内部收益率不低于 10%;而后者可只要求不低于(1 −25%)×10% =7.5%。这里的内部收益率的计算都是按融资前的,即不考虑资金的来源结构,不考虑利息支付及利息对所得税抵扣的影响,同时假定融资方案对折旧没有影响，即 $D \approx D'$。

一般的项目资金来源都由权益融资和债务融资两部分组成，因此，平均的资金来源的加权成本为

$$WACC = \lambda(1-t) \cdot i_b + (1-\lambda) \cdot i_e \tag{3-16}$$

式中：λ——债务融资占全部资金来源的比例；

i_b——债务融资成本（主要是债权人要求的利率）；

i_e——权益融资成本（股东要求的回报率）。

【例 3-9】 某项目全部投资资金的30%由银行贷款，年利率为5.31%，其余由企业盈余的权益资金和募股筹集。根据该行业的净资产收益率，股东要求的回报率不低于6.5%。目前该企业属盈利状态，所得税率为25%。求该项目全部投资的资金平均加权成本。

解 将有关数据代入公式(3-16)有：

$$WACC = 0.3 \times (1-0.25) \times 5.31\% + 0.7 \times 6.5\% = 5.74\%$$

如果投资者没有其他更好的投资机会，项目融资前全部投资净现金流的内部收益率应不低于5.80%。

1. 已知生产流程相似，年生产能力为15万t的化工装置，3年前建成的固定资产投资为3 750万元。拟建装置年设计生产能力为20万t，两年建成。投资生产能力指数为0.72，近几年设备与物资的价格上涨率平均为9%左右。试用生产能力指数法估算拟建年生产能力为20万t装置的投资费用。

2. 某项目的总成本费用估算如表3-13所示。

总成本费用估算表（单位：万元） 表3-13

序 号	项 目	计 算 期				
		4	5	6	7	…
1	外购原材料	4 760	6 120	6 800	6 800	
2	外购燃料、动力	98	126	140	140	
3	工资及福利费	370	370	370	370	
4	修理费	55	55	110	110	
5	折旧费	360	360	360	360	
6	摊销费	112	112	112	112	
7	利息支出	379	318	245	210	
8	其他费用	525	714	821	821	
9	总成本费用	6 659	8 175	8 958	8 923	
10	经营成本	5 808	7 385	8 241	8 241	

利用表3-13所列的净营运资金和应付账款的最低周转天数，用分项详细估算法估算本项目的各年净营运资金及净营运资金本年增加额。

3. 一公司在2000年以150 000元购买的制造设备，在2005年年底必须更新。根据表3-14设备成本指数，试估计这一设备置换更新的成本是多少？

设备成本指数　　表3-14

年　份	指　数	年　份	指　数
2000	223	2003	257
2001	238	2004	279
2002	247	2005	293

4. 公司的工厂经理，在生产过程中，需要购买一台新的起重机。如果10年前一台15万磅(1磅=0.454kg)起重重量的起重机的成本是100万元，现在需要一台12.5万磅起重重量的起重机。已知现在成本指数是333.5，10年前的成本指数是181.2，这种类型设备的成本容量要素是0.75，那么新起重机的成本是多少万元？

5. 瑞华公司有一项固定资产原价50 000元，估计使用年限5年，预计清理费用2 000元，预计残值收入2 800元。请分别用平均年限法、双倍余额递减法和年数总和法计算年折旧额。

6. 某企业于2000年10月成立，采用平均年限法以分类折旧方式计提折旧。当月购入机器设备3台，归为一类计提折旧。各项固定资产原值、预计净残值率和折旧年限资料如表3-15所示。

折旧资料表　　表3-15

设备名称	原值(元)	预计净残值率(%)	折旧年限(年)
甲	360 000	5	9
乙	500 000	4.4	10
丙	140 000	4	8

根据以上资料，计算该类固定资产的年分类折旧率和月分类折旧率，并计算该类固定资产的平均折旧年限。

7. 某项目全部投资资金的40%由银行贷款，年利率为5.31%，其余由企业盈余的权益资金和募股筹集。根据该行业的净资产收益率，股东要求的回报率不低于7.25%。目前该企业属盈利状态，所得税率为25%。求该项目全部投资的资金平均加权成本。

8. 某工程项目的寿命周期为8年，期初投资150万元，年销售收入为110万元，年折旧费用为20万元，销售税金为5万元，年经营成本为60万元，所得税率为25%，不考虑资产的余值，试计算该工程项目的年净现金流量。

第四章　运输项目经济效果评价方法

运输项目技术方案经济性评价的核心内容是经济效果的评价。为了确保运输项目决策的正确性和科学性,研究经济效果评价的指标和方法是十分必要的。

经济效果评价的指标是多种多样的,它们从不同角度反映运输项目的经济性。本章介绍的指标可分为三大类:第一类是以时间作为计量单位的时间型指标,如投资回收期、贷款偿还期等;第二类是以货币单位计量的价值指标,如净现值、净年值、费用现值等;第三类是反映资金利用效率的效率型指标,如投资收益率、内部收益率等。本章还将讨论各类指标的适用范围和应用方法。

第一节　经济效果评价指标

按是否考虑资金的时间价值,经济效果评价指标分为静态评价指标和动态评价指标。不考虑资金时间价值的评价指标称为静态评价指标;考虑资金时间价值的评价指标称为动态评价指标。静态评价指标主要用于技术经济数据不完备和不精确的项目初选阶段;动态评价指标则用于项目最后决策前的可行性研究阶段。

一、静态评价指标

(一)投资回收期

投资回收期(payback or payout period)就是从项目投建之日起,用项目各年净收入将全部投资收回所需年限。其计算公式为:

$$\sum_{t=0}^{T_p} NB_t = \sum_{t=0}^{T_p} (B_t - C_t) = K \tag{4-1}$$

式中:K——投资总额;

B_t——第 t 年的收入;

C_t——第 t 年支出(不包括投资);

NB_t——第 t 年的净收入,$NB_t = B_t - C_t$;

T_p——投资回收期。

实际应用中的计算公式为:

$$T_p = T - 1 + \frac{\text{第}(T-1)\text{年累计净现金流的绝对值}}{\text{第} T \text{年的净现金流量}} \tag{4-2}$$

式中:T——项目累计净现金流量开始出现正值或零的年份。

项目是否可行的判别准则:设基准投资回收期为 T_b,

$T_p \leqslant T_b$ 项目可以接受；

$T_p > T_b$ 项目应予拒绝。

【例 4-1】 项目的投资及每年净收入如表 4-1 所示，试计算其投资回收期。

某项目的投资及年净收益表（单位：万元） 表 4-1

项目 \ 年份	0	1	2	3	4	5	6	7	8	9	10
1. 固定资产投资	180	260	80								
2. 流动资金			250								
3. 总投资	180	260	330								
4. 现金流入				300	400	500	500	500	500	500	500
5. 现金流出	180	260	330	250	300	350	350	350	350	350	350
6. 净现金流	−180	−260	−330	50	100	150	150	150	150	150	150
7. 净现金流累计	−180	−440	−770	−720	−620	−470	−320	−170	−20	130	280

解
$$T_p = 9 - 1 + \frac{20}{150} = 8.13$$

投资回收期指标的优点是：概念清晰，经济含义明确，方法简单适用，不仅能在一定程度上反映项目的经济性，而且能反映项目的风险大小，能提供一个未回收投资前承担风险时间。

投资回收期指标的缺点是：它没有反应资金的时间价值，由于舍弃了投资回收期以后收入支出数据，不能全面反映项目在寿命期内真实效益，难以对不同方案的比较选择作出正确判断。

投资回收期作为能够在一定程度上反映项目经济性和风险性的评价指标，在项目评价中具有独特的地位和作用，并被用作项目评价的辅助性指标。

（二）投资收益率

投资收益率就是项目在正常生产年份的净收益（或年平均净收益）与投资总额的比值。

$$R = \frac{NB}{K} \tag{4-3}$$

式中：K——投资总额，$K = \sum_{t=0}^{m} K_t$，K_t 为第 t 年的投资额，m 为投资年限；

NB——正常生产年份的净收入，按分析目的的不同，可以是利润也可以是利税总额和净现金流入等；

R——投资收益率，根据 K 和 R 的具体含义，R 可以表现为各种不同的具体形态：

$$全部投资收益率 = \frac{年利润 + 折旧与摊销 + 利息支出}{全部投资额} \tag{4-4}$$

$$权益投资收益率 = \frac{年利润 + 折旧与摊销}{权益投资额} \tag{4-5}$$

$$投资利税率 = \frac{年利润 + 税金}{全部投资额} \tag{4-6}$$

$$投资利润率 = \frac{年利润}{全部投资额} \tag{4-7}$$

对于权益投资和投资利润率来说，还有所得税前与所得税后之分。

投资收益率指标未考虑资金的时间价值，而且舍弃了项目建设期、寿命期等众多经济数据,故一般仅用于技术经济数据尚不完整的项目初步研究阶段。

用投资收益率指标评价投资方案的经济效果,需要与根据同类项目的历史数据及投资者意愿等确定的基准投资收益率作比较。设基准投资收益率为 R_b,判别准则为:

若 $R \geqslant R_b$,则项目可以考虑接受;

若 $R < R_b$,则项目应予拒绝。

【例 4-2】 某项目经济数据如表 4-1 所示,假定全部投资中没有借款,现已知基准投资收益率 $R_b = 15\%$,试以投资收益率指标判断项目的取舍。

解 由表 4-1 数据可得:

$$R = 150/770 = 0.195 = 19.5\%$$

由于 $R > R_b$,故项目可以考虑接受。

二、动态评价指标

动态评价指标不仅计入了资金的时间价值,而且考察了项目在整个寿命期内收入支出的全部经济数据。因此,它们是比静态指标更全面、更科学的评价指标。

(一)净现值

净现值(Net Present Value,NPV)是对投资项目进行动态评价的最重要指标之一。该指标要求考察项目寿命期内每年发生的现金流量。按一定的折现率将项目各年净现金流量折现到建设期初的现值累加值就是净现值。净现值的计算公式为:

$$\begin{aligned} NPV &= \sum_{t=0}^{n}(CI_t - CO_t)(1+i_0)^{-t} \\ &= \sum_{t=0}^{n}(CI_t - K_t - CO'_t)(1+i_0)^{-t} \end{aligned} \tag{4-8}$$

式中:NPV——净现值;

CI_t——第 t 年的现金流入量;

CO_t——第 t 年的现金流出量;

CO'_t——第 t 年除投资以外的现金流出量;

K_t——第 t 年的投资;

n——寿命年限;

i_0——基准折现率。

对于单一项目方案而言,项目可行的准则:

若 $NPV \geqslant 0$,项目应予接受;$NPV < 0$,则项目应予拒绝。

对于多方案比选而言,净现值越大的方案相对越优,即净现值最大准则。

【例 4-3】 某项目现金流量如表 4-2,试用净现值指标判断项目的经济性($i = 10\%$)。

例 4-3 现金流量表(单位:万元)　　表 4-2

项目 \ 年份	0	1	2	3	4~10
1. 投资支出	20	500	100		
2. 投资以外其他支出				300	450
3. 收入				450	700
4. 净现金流量	-20	-500	-100	150	250

解 根据表中各年净现金流量，

$$
\begin{aligned}
NPV(10\%) &= -20-500(P/F,10\%,1)-100(P/F,10\%,2)\\
&\quad +150(P/F,10\%,3)+250(P/A,10\%,7)(P/F,10\%,3)\\
&= -20-500\times0.909-100\times0.826+150\times0.751+250\times4.868\times0.751\\
&= 469.5(\text{万元})
\end{aligned}
$$

$NPV>0$，故项目在经济效果上是可以接受的。

净现值指标用于多方案比较时，没有考虑各方案投资额的大小，因而不能直接反映资金的利用效率。为了考虑资金的利用效率，人们通常采用净现值指数作为净现值的辅助指标。净现值指数（NPVI）是项目净现值与其总投资现值之比，其经济含义是单位投资现值所能带来的净现值。

$$
NPVI=\frac{NPV}{K_p}=\frac{\sum_{t=0}^{n}(CI_t-CO_t)(1+i_0)^{-t}}{\sum_{t=0}^{n}K_t(1+i_0)^{-t}} \tag{4-9}
$$

式中：K_p——项目总投资现值。

对于单一项目而言，若 $NPV\geqslant0$，则 $NPVI\geqslant0$；$NPV<0$，则 $NPVI<0$（因为 $K_p>0$），故 $NPVI$ 评价项目经济效果是时与 NPV 相同。

下面讨论与 NPV 有关的两个问题：

1. 净现值函数以及 NPV 对 i 的敏感性问题

所谓净现值函数就是 NPV 与折现率 i 之间的函数关系。表 4-3 列出了某项目的净现金流量及其净现值随 i 变化而变化的对应关系。

某项目的净现金流量及其净现值函数 表 4-3

年　份	净现金流量（万元）	i(%)	$NPV(i)=-1\,000+400(P/A,i,4)$（万元）
0	-1 000	0	600
1	400	10	268
2	400	20	35
3	400	22	0
4	400	30	-133
		40	-260
		50	-358
		∞	-1 000

若以纵坐标表示净现值，横坐标表示折现率 i，上述函数关系如图 4-1 所示。

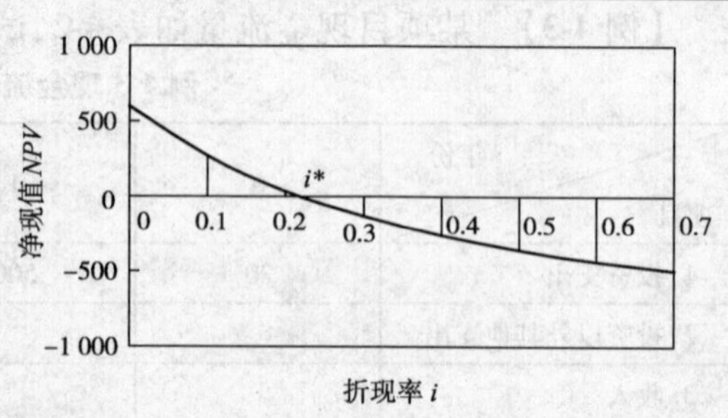

图 4-1　净现值曲线图

从图 4-1 中，可以发现净现值函数一般有如下特点：

（1）同一净现金流量的净现值随折现率 i 的增大而减小。故基准折现率 i_0 定得越高，能被接受的方案越少。

（2）在某一个 i^* 值上（本图中 $i^*=22\%$），

曲线与横坐标相交,表示该折现率下的 $NPV=0$,且当 $i<i^*$ 时,$NPV(i)>0$;$i>i^*$ 时,$NPV(i)<0$。i^* 是一个具有重要经济意义的折现率临界值,后面还要对它作详细分析。

净现值对折现率 i 的敏感性问题是指:当 i 从某一值变为另一值时,若按净现值最大的原则优选项目方案,可能出现前后结论相悖的情况。表 4-4 列出了两个互相排斥的方案 A 与 B 的净现金流量及其在折现率分别为 10% 和 20% 时的净现值。

方案 A、B 在基准折现率变动时的净现值(单位:万元)　　表 4-4

方案 \ 年份及 NPV	0	1	2	3	4	5	NPV(10%)	NPV(20%)
A	-230	100	100	100	50	50	83.91	24.81
B	-100	30	30	60	60	60	75.40	33.58

由表4-4 可知,在 i 为 10% 和 20% 时,两方案的净现值均大于零。根据净现值越大越好的原则,当 $i=10\%$ 时,$NPV_A>NPV_B$,故方案 A 优于方案 B;当 $i=20\%$ 时,$NPV_B>NPV_A$,则方案 B 优于方案 A。这一现象对投资决策具有重要意义。例如,假设在一定的基准折现率 i_0 和投资总限额 K_0 下,净现值大于零的项目有 5 个,其投资总额恰为 K_0,故上述项目均被接受;按净现值的大小,设其排列顺序为 A,B,C,D,E。但若现在的投资总额必须压缩,减至 K_1 时,新选项目是否仍然会遵循 $A,B,C,\cdots$ 的原顺序排列直至达到投资总额为止呢?一般是不会的。随着投资限额的减少,为了减少被选取的方案数(准确地说,是减少被选取项目的投资总额),应当提高基准折现率。但基准折现率为 i_0 提高到 i_1 后,由于各项目方案净现值对基准折现率的敏感性不同,原先净现值小的项目,其净现值现在可能大于原先净现值大的项目。因此,在基准折现率随着投资总额变动的情况下,按净现值准则选取项目事实上不一定会遵循原有的项目排列顺序。

2. *净现值指标的经济合理性*

技术经济分析的主要目的在于进行投资决策——是否进行投资,以多大规模进行投资。体现在投资项目经济效果评价上,要解决两个问题:什么样的投资项目可以接受;有众多备选投资方案时,哪个方案或哪些方案的组合最优。方案的优劣取决于它对投资者目标贡献的大小,在不考虑其他非经济目标的情况下,企业追求的目标可以简化为同等风险条件下净盈利的最大化,而净现值就是反映这种净盈利的指标,所以,在多方案比选中采用净现值指标和净现值最大准则是合理的。

对于企业投资项目而言,经济效果的好坏与其生产规模有密切关系,确定最佳生产规模一直是技术经济学十分关心的问题。生产规模取决于投资规模,最佳投资规模也就是使企业获得最大净现值的投资规模。设项目投资现值为 K_p,项目寿命期内各年净收入为 NB_t,各年净收入的现值之和为:

$$NB_p=\sum_{t=1}^{n}NB_t(1+i_0)^{-t}$$

净现值的表达式可以写成:

$$NPV=NB_p-K_p$$

由于 NB_p 可以看成是 K_p 的函数,所以按照规模经济原理,随着投资规模增大,边际投资带来的边际净收入现值 NB_p 开始时递增,超过最佳投资规模后递减。NB_p 与 K_p 的关系曲线如图 4-2 所示。要使企业获得的 NPV 最大,必须满足:

$$\frac{\mathrm{d}NPV}{\mathrm{d}K_p}=\frac{\mathrm{d}NB_p}{\mathrm{d}K_p}-1=0$$

即：
$$dNB_p = dK_p \tag{4-10}$$

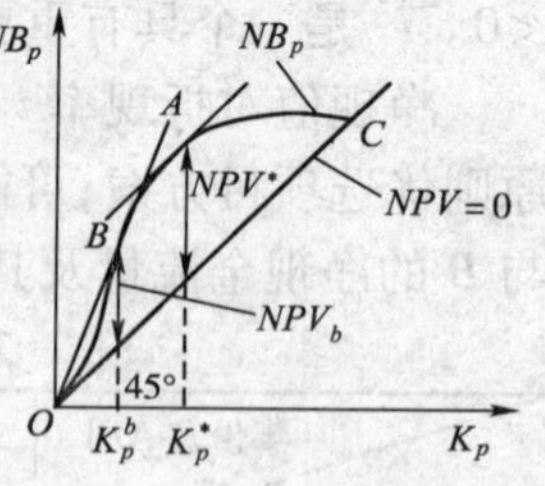

图 4-2　最佳经济规模的研究

在图 4-2 中，NB_p 为纵坐标，K_p 为横坐标，与横坐标成 45°角的直线是 $NPV=0$（即 $NB_p=K_p$）的方案集合。

NB_p 曲线上满足式（4-10）的点是 A 点，A 点的切线斜率与净现值为零的直线斜率相同。A 点所对应的投资规模 K_p^* 为最佳规模，这一投资规模下的净现值 NPV^* 最大。

满足式（4-10）表示投资带来的边际净收入现值之和（dNB_p）与边际投资现值（dK_p）相等，对应的 NPV 最大。这实际上是经济学中边际原理的一种具体应用。边际原理认为，边际收入等于边际成本时企业实现的利润最大。因此，从经济学原理的角度看，在对投资额不等的备选方案进行比选时，应该采用净现值最大准则。

应该指出，若采用净现值指数指标对投资额不等的备选方案进行比选，可能会导致不正确的结论。净现值指数的表达式可以写成：

$$NPVI = \frac{NB_p - K_p}{K_p}$$

要使 NPVI 最大，必须满足：

$$dNPVI = \frac{1}{K_p}\left(\frac{dNB_p}{dK_p} - 1\right) - \frac{1}{K_p^2}(NB_p - K_p) = 0$$

即：
$$\frac{dNB_p}{dK_p} = \frac{NB_p}{K_p} \tag{4-11}$$

图 4-2 中，满足式（4-11）的点是 B 点，这一点的切线 OB 的斜率等于 NB_p/K_p，B 点所对应的投资规模为 K_p^b，小于最佳投资规模 K_p^*，相应的净现值 NPV_b 也小于 NPV^*。因此，在进行多方案比选时，以 NPVI 最大为准则，有利于投资规模偏小的项目。NPVI 指标仅适用于投资额相近的方案比选。

如果将企业投资活动作为一个整体进行考察，往往需要从众多备选投资项目中选出一批项目进行投资。可以将所有备选项目按其 NPV 的大小依次排列，优先选择 NPV 大的项目进行投资。若把每一个项目看成一个边际投资单位，即把 dK_p 看成一个边际项目的投资现值，把 dNP_p 看成一个边际项目的净收入现值总和，按照边际原理，在资金供应充足的条件下，最后一个被选中的边际项目应近似满足式（4-10）。这时企业从全部投资项目中获取的 NPV 总和最大。这就是以 NPV≥0 作为可接受项目标准的道理。

（二）净年值

净年值（NAV）是通过资金等值换算将项目净现值分摊到寿命期内各年（从第 1 年到第 n 年）的等额年值。其表达式为：

$$NAV = NPV(A/P, i_0, n) = \sum_{t=0}^{n}(CI_t - CO_t)(1+i_0)^{-t}(A/P, i_0, n) \tag{4-12}$$

式中：NAV——净年值；

$(A/P, i_0, n)$——资本回收系数。

其余符号意义同式（4-8）。

其判别准则为：

若 NAV≥0，则项目在经济效果上可以接受；

若 $NAV<0$,则项目在经济效果上不可接受。

将净年值的计算公式及判别准则与净现值的做一比较可知,由于 $(A/P,i_0,n)>0$,故净年值与净现值在项目评价的结论上总是一致的。因此,就项目的评价结论而言,净年值与净现值是等效评价指标。净现值给出的信息是项目在整个寿命期内获取的超出最低期望盈利的超额收益的现值,与净现值所不同的是,净年值给出的信息是寿命期内每年的等额超额收益。由于信息的含义不同,而且由于在某些决策结构形式下,采用净年值比采用净现值更为简便和易于计算(后面再详述),故净年值指标在经济评价指标体系中占有相当重要的地位。

【例 4-4】 某公司考虑选用 A、B、C 3 种型号的汽车,假设寿命均为 10 年,残值为零,$i_0=12\%$,各车型初投资和等额年净收益如表 4-5,问选用哪种型号好?

例 4-4 投资和收益数据(单位:万元) 表 4-5

车 型	A	B	C
初投资	20	30	40
年纯收益(1~10 年)	6	8	9.2

解 (1)净现值法

因为
$$NAV_A=6.0(P/A,12\%,10)-20.0$$
$$=6.0\times5.650\,2-20.0$$
$$=13.9(\text{万元})$$
$$NAV_B=8.0(P/A,12\%,10)-30.0$$
$$=8.0\times5.650\,2-30.0$$
$$=15.2(\text{万元})$$
$$NAV_C=9.2(P/A,12\%,10)-40.0$$
$$=9.2\times5.650\,2-40.0$$
$$=12.0(\text{万元})$$
$$NAV_B>NAV_A>NAV_C$$

所以选 B 型好。

(2)净年值法

因为
$$NAV_A=6.0-20.0(A/P,12\%,10)$$
$$=6.0-20.0\times0.176\,98=2.46(\text{万元})$$
$$NAV_B=8.0-30.0(A/P,12\%,10)$$
$$=8.0-30.0\times0.176\,98=2.69(\text{万元})$$
$$NAV_C=9.2-40.0(P/A,12\%,10)$$
$$=9.2-40.0\times0.176\,98=2.12(\text{万元})$$
$$NAV_B>NAV_A>NAV_C$$

所以选 B 型好。

(三)费用现值与费用年值

在对多个方案比较选优时,如果诸方案产出价值相同,或者诸方案能够满足同样需要但其产出效益难以用价值形态(货币)计量(如环保、教育、保健、国防)时,可以通过对各方案费用现值或费用年值的比较进行选择。

费用现值的表达式为:

$$PC = \sum_{t=0}^{n} CO_t(P/F, i_0, t) \tag{4-13}$$

费用年值的表达式为：

$$AC = PC(A/P, i_0, n) = \sum_{t=0}^{n} CO_t(P/F, i_0, t)(A/P, i_0, n) \tag{4-14}$$

式中：PC——费用现值；

AC——费用年值。

其他符号意义同式(4-8)。

费用现值和费用年值指标只能用于多个方案的比选，其判别准则是：费用现值或费用年值最小的方案为优。

【例 4-5】 一个运输基础设施寿命较长，可设为永久性工程系统，有两个建设方案：方案Ⅰ分两期建设，第一期投资 1 000 万元，年运行费用 30 万元，第二期 10 年末投资建成，投资 1 000万元，建成后全部年运行费用 50 万元；方案Ⅱ一次建成，期初一次性投资 1 800 万元；前 10 年半负荷运行，年运行费用 40 万元，10 年后全负荷运行，年运行费用 60 万元，设 $i_0 = 8\%$，问哪个方案最优？

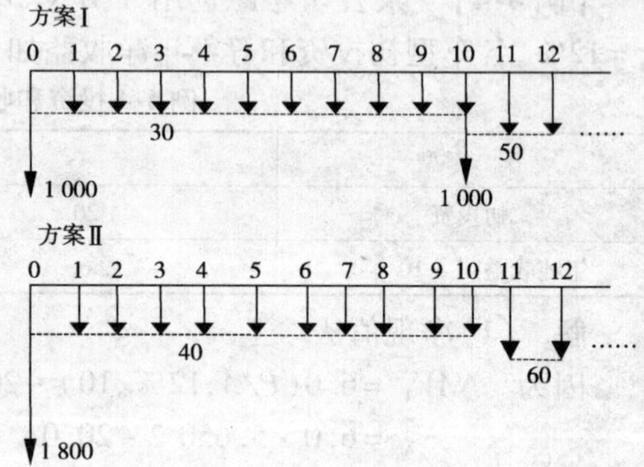

图 4-3 现金流量图

解 根据现金流量图(图 4-3)

注意到：

$$\lim_{n\to\infty}(A/P, i, n) = \lim_{n\to\infty}\frac{i(1+i)^n}{(1+i)^n - 1} = i$$

$$\lim_{n\to\infty}(P/A, i, n) = \lim_{n\to\infty}\frac{(1+i)^n - 1}{i(1+i)^n} = \frac{1}{i}$$

因为费用现值

$$\begin{aligned} PC_1 &= 1\,000 + 30 \times (P/A, 8\%, 10) + [1\,000 + 50(P/A, 85\%, \infty)] \times (P/F, 8\%, 10) \\ &= 1\,000 + 30 \times 6.710 + \left(1\,000 + 50 \times \frac{1}{0.08}\right) \times 0.463 \\ &= 1\,954(\text{万元}) \end{aligned}$$

$$\begin{aligned} PC_2 &= 1\,800 + 40 \times (A/P, 8\%, 10) + 60 \times (P/A, 8\%, \infty) \times (P/F, 8\%, 10) \\ &= 1\,800 + 40 \times 6.710 + 60 \times \frac{1}{0.08} \times 0.463 \\ &= 2\,416(\text{万元}) \end{aligned}$$

故 $PC_1 < PC_2$，所以方案Ⅰ最优。

又因为费用年值

$$AC_1 = PC_1(A/P, 8\%, \infty) = 1\,954 \times 0.08 = 156.3(\text{万元})$$

$$AC_2 = PC_2(A/P, 8\%, \infty) = 2\,416 \times 0.08 = 192.3(\text{万元})$$

故 $AC_1 < AC_2$，所以方案Ⅰ最优。

费用现值与费用年值的关系，恰如前述净现值和净年值的关系一样，所以就评价结论而言，二者是等效评价指标。二者除了在指标含义上有所不同外，就计算的方便简易而言，在不同的决策结构下，二者各有所长。

(四)内部收益率

在所有的经济评价指标中,内部收益率(Internal Rate of Return,IRR)是最重要的评价指标之一。

什么是内部收益率?简单地说,就是净现值为零时的折现率。

在图4-1中,随着折现率的不断增大,净现值不断减少。当折现率增至22%时,项目净现值为零。对该项目而言,其内部收益率即为22%。一般而言,*IRR*是*NPV*曲线与横坐标交点处对应的折现率。

内部收益率可通过解下述方程求得:

$$NPV(IRR)=\sum_{t=0}^{n}(CI_t-CO_t)(1+IRR)^{-t}=0 \tag{4-15}$$

式中:*IRR*——内部收益率。

其他符号意义同式(4-8)。

其判别准则为:

设基准折现率为i_0,

若$IRR \geqslant i_0$,则项目在经济效果上可以接受;

若$IRR < i_0$,则项目在经济效果上不可接受。

式(4-15)为高次方程,不容易直接求解,通常利用试算内插法求*IRR*的近似解。求解过程如下:

先给出一个折现率i_1,计算相应的$NPV(i_1)$,若$NPV(i_1)>0$,说明欲求的$IRR>i_1$,若$NPV(i_1)<0$,说明$IRR<i_1$,据此信息,将折现率修正为i_2,求$NPV(i_2)$的值。如此反复试算,逐步逼近,最终可得到比较接近的两个折现率i_1与$i_2(i_1<i_2)$,使得$NPV(i_1)>0$,$NPV(i_2)<0$,然后用线性插值的方法确定*IRR*的近似值。计算公式为:

$$IRR=i_1+\frac{NPV(i_1)\cdot(i_2-i_1)}{NPV(i_1)+|NPV(i_2)|} \tag{4-16}$$

式(4-16)可参看图4-4证明如下:在图中,当i_2-i_1足够小时,可以将曲线段*AB*近似看成直线段$\overline{AB}$,$\overline{AB}$与横坐标交点处的折现率i^*即为*IRR*的近似值。三角形$\triangle Ai_mi^*$相似于三角形$\triangle Bi_ni^*$,故有:

$$\frac{i^*-i_1}{i_2-i^*}=\frac{NPV(i_1)}{|NPV(i_2)|}$$

等比例变换可得:

$$\frac{i^*-i_1}{i_2-i_1}=\frac{NPV(i_1)}{NPV(i_1)+|NPV(i_2)|}$$

展开整理即可得式(4-16)。

图4-4 内部收益率的插值计算过程

由于上式计算误差与i_2-i_1的大小有关,且i_2与i_1相差越大,误差也越大,为控制误差i_2与i_1之差一般不应超过0.05。

【例4-6】 某项目净现金流量如表4-6所示。当基准折现率$i_0=12\%$时,试用内部收益率指标判断该项目在经济效果上是否可以接受。

某项目的净现金流量表(单位:万元) 表4-6

年末	0	1	2	3	4	5
净现金流量	-100	20	30	20	40	40

解 设$i_1=10\%$,$i_2=15\%$,分别计算其净现值:

$$NPV_1 = -100 + 20(P/F,10\%,1) + 30(P/F,10\%,2) + 20(P/F,10\%,3) + 40(P/F,10\%,4) + 40(P/F,10\%,5) = 10.16(\text{万元})$$

$$NPV_2 = -100 + 20(P/F,15\%,1) + 30(P/F,15\%,2) + 20(P/F,15\%,3) + 40(P/F,15\%,4) + 40(P/F,15\%,5) = -4.02(\text{万元})$$

再用内插法算出内部收益率 IRR：

$$IRR = 10\% + (15\% - 10\%) \times \frac{10.16}{10.16 + 4.02} = 13.5\%$$

由于 IRR(13.5%)大于基准折现率(12%)，故该项目在经济效果上是可以接受的。

内部收益率被普遍认为是项目投资的盈利率，反映了投资的使用效率，概念清晰明确。比起净现值与净年值来，各行各业的实际经济工作者更喜欢采用内部收益率。

内部收益效率指标的另一个优点是在计算净现值和净年值时都需事先给定基准折现率，这是一个既困难又易引起争论的问题；而内部收益率不是事先外生给定的，是内生决定的——由项目现金流计算出来的。当基准折现率 i_0 不易被确定为单一值而是落入一个小区间时，若内部收益率落在该小区间之外，则使用内部收益率指标的优越性是显而易见。如图4-5所示，当 $i_1 \leqslant i_0 \leqslant i_2$ 时，若 $IRR > i_2$，或 $IRR < i_1$，根据 IRR 的判别准则，很容易判断项目的取舍。

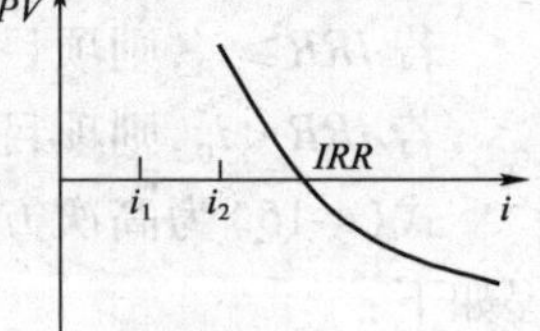

图4-5　内部收益率 IRR 与基准折现率为一小区间 (i_1, i_2) 时的比较

内部收益率的经济含义可以这样理解：在项目的整个寿命期内按利率 $i = IRR$ 计算，如始终存在未能收回的投资，而在寿命结束时，投资恰好被完全收回。也就是说，在项目寿命期内，项目始终处于"偿付"未被收回的投资的状况。因此，项目的"偿付"能力完全取决于项目内部，故有"内部收益率"之称谓。

在例4-6中，已经计算出其内部收益率为13.5%，且是唯一的。下面，按此利率计算收回全部投资的年限，如表4-7所示。

以 *IRR* 为利率的投资回收计算表（单位：万元）　　表4-7

编号 / 项目 / 计算式 / 年份	(一) 净现金流量（年末发生）	(二) 年初未回收的投资	(三) 年初未回收的投资到年末的金额	(四) 年末未回收的投资
			(三)=(二)×(1+*IRR*)	(四)=(三)-(一)
0	-100			
1	20	100	113.5	93.5
2	30	93.5	106	76
3	20	76	86.2	66.2
4	40	66.2	75.2	35.2
5	40	35.2	40	0

表4-7的现金流量图如图4-6所示。

由表4-7和图4-6不难理解内部收益率 IRR 的经济含义的另外一种表达，即它是项目寿命期内没有回收的投资的盈利率。它不是初始投资在整个寿命期内的盈利率，因而它不仅受项目初始投资规模的影响，而且受项目寿命期内各年净收益大小的影响。

下面讨论项目内部收益率的唯一性问题。

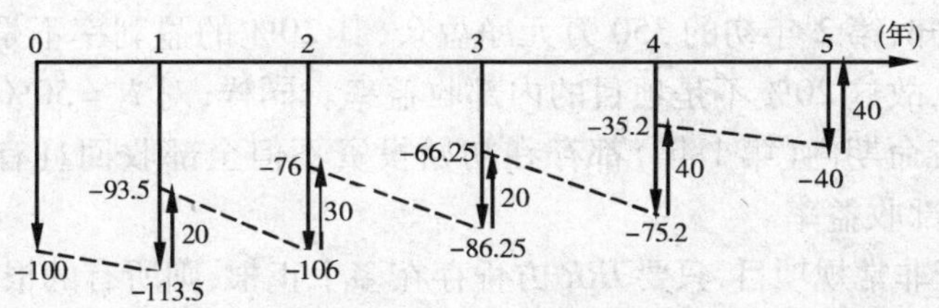

图 4-6　反映 *IRR* 含义的现金流量图

【例 4-7】　某项目净现金流量如表 4-8 所示。

正负号多次变化的净现金流序列（单位：万元）　　　　表 4-8

年　　份	0	1	2	3
净现金流量	-100	470	-720	360

经计算知，使该项目净现值为零的折现率有三个：$i_1 = 20\%$，$i_2 = 50\%$，$i_3 = 100\%$。其净现值曲线如图 4-7 所示。实际上，求解内部收益率的方程式(4-15)是一个高次方程。为清楚起见，令 $(1 + IRR)^{-1} = x$，

$(CI_t - CO_t) = a_t (t = 0, 1, \cdots, n)$，则式(4-15)可写成：

$$a_0 + a_1 x + a_2 x^2 + \cdots + a_n x^n = 0 \qquad (4\text{-}17)$$

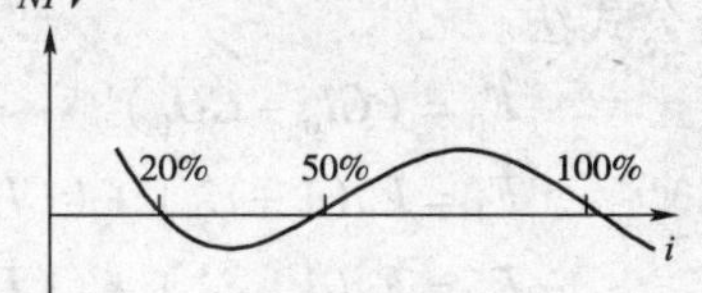

图 4-7　内部收益率方程多解示意图

这是一个 n 次方程，必有 n 个根（包括复数根和重根），故其正实数根可能不止一个。根据笛卡尔符号法则，若方程的系数序列 $\{a_0, a_1, a_2, \cdots, a_n\}$ 的正负变化次数为 p，则方程的正根个数（1 个 k 重根按 k 个根计算）等于 p 或者比 p 少一个正偶数，当 $p = 0$ 时，方程无正根，当 $p = 1$ 时，方程有且仅有一个单正根。也就是说，在 $-1 < IRR < \infty$ 的域内，若项目净现金流序列 $(CI_t - CO_t)(t = 0, 1, 2, \cdots, n)$ 的正负号仅变化一次，内部收益率方程肯定有唯一解，而当净现金流序列的正负号有多次变化，内部收益率方程可能有多解。

在例 4-7 中，净现金流序列(-100,470,-720,386)的正负号变化了 3 次，其内部收益率方程恰有 3 个正数根。

净现金流序列符号只变化一次的项目称作常规项目，如例 4-6 的项目；净现金流序列符号变化多次的项目称作非常规项目，如例 4-7 中的项目。

就典型情况而言，在项目寿命期初（投资建设期和投产初期），净现金流量一般为负值（现金流出大于流入），项目进入正常生产期后，净现金流量就会变成正值（现金流入大于流出）。所以，绝大多数投资项目属于常规项目。只要其累积净现金流量大于零，*IRR* 就有唯一的正数解。

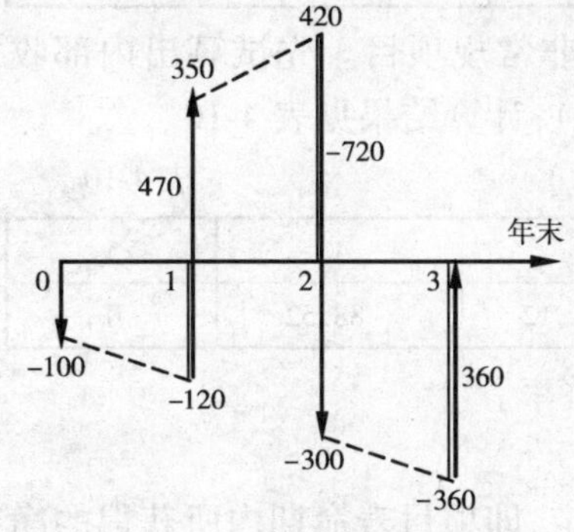

图 4-8　以 20% 利率回收投资的现金流量图

非常规投资项目 *IRR* 方程可能有多个正实数根，这些根中是否有真正的内部收益率呢？这需要按照内部收益率的经济含义进行检验：即以这些根作为盈利率，看在项目寿命期内是否始终存在未被回收的投资。以例 4-7 中的 $i_1 = 20\%$ 为例，表示投资回收过程的现金流量图，如图 4-8 所示。

在图 4-8 中，初始投资（100 万元）在第 1 年末完全收回，且项目有净盈余 350 万元；第 2 年末又有未收回的投资（300 万元），第 3 年即寿命期末又全部收回。根据内部收

益率的经济含义可知,第2年初的350万元净盈余,其20%的盈利率不是在项目之内,而是在项目之外获得的,故这20%不是项目的内部收益率。同样,对 $i_2=50\%$,$i_3=100\%$ 作类似的计算,就会发现寿命期内(第1年)都存在初始投资不但全部收回且有盈余的情况,故它们也不是项目的内部收益率。

可以证明,对于非常规项目,只要 *IRR* 方程存在多个正根,则所有的根都不是真正的项目内部收益率。但若非常规项目的 *IRR* 方程只有一个正根,则这个根就是项目的内部收益率。

在实际工作中,对于非常规项目可以用通常的办法(如试算内插法)先求出一个 *IRR* 的解,对这个解按照内部收益率的经济含义进行检验,若满足内部收益率经济含义的要求(项目寿命期内始终存在未被回收的投资),则这个解就是内部收益率的唯一解,否则项目无内部收益率,不能使用内部收益率指标进行评价。

对非常规项目 *IRR* 解的检验,既可以采用类似于图4-8的图示法,也可以采用下面的递推公式法。

令

$$F_0=(CI_0-CO_0)$$

$$F_1=F_0(1+i^*)+(CI_1-CO_1)$$

$$F_2=F_1(1+i^*)+(CI_2-CO_2)$$

$$\vdots$$

$$F_t=F_{t-1}(1+i^*)+(CI_t-CO_t)=\sum_{j=0}^{t}(CI_j-CO_j)(1+i^*)^{t-j} \tag{4-18}$$

式中,i^* 是根据项目现金流序列试算出的 *IRR* 的解,F_t 是项目0年至 t 年的净现金流以 t 年为基准年,以 i^* 为折现率的终值之和。

若 i^* 能满足

$$\begin{cases}F_t<0 & (t=0,1,2,\cdots,n-1)\\ F_t=0 & (t=n)\end{cases} \tag{4-19}$$

则 i^* 就是项目唯一的内部收益率,否则就不是项目内部收益率,这个项目也不再有其他的具有经济意义的内部收益率。

【例4-8】 某项目的净现金流如表4-9所示,试判断这个项目有无内部收益率。

某项目的净现金流(单位:万元) 表4-9

年 末	0	1	2	3	4	5
净现金流量	-100	60	50	-200	150	100

解 该项目净现金流序列的正负号有多次变化,是一个非常规项目。先试算出内部收益率的一个解,$i^*=12.97\%$,将有关数据代入递推公式(4-18),计算结果见表4-10。

***IRR* 解检验的计算结果**($i^*=12.97\%$) 表4-10

年 份	0	1	2	3	4	5
F_t	-100	-52.97	-9.85	-211.12	-88.52	0

计算结果满足式(4-19),故12.97%就是项目的内部收益率。

(五)外部收益率

对投资方案内部收益率 *IRR* 的计算,隐含着一个基本假定,即项目寿命期内所获得的净收益全部可用于再投资,再投资的收益率等于项目的内部收益率。这种隐含假定是由于现金流计算中采用复利计算方法导致的。下面的推导有助于看清这个问题。

求解 IRR 方程可写成下面的形式

$$\sum_{t=0}^{n}(NB_t-K_t)(1+IRR)^{-t}=0$$

式中：K_t——第 t 年的净投资；

NB_t——第 t 年的净收益。

上式两端同乘以 $(1+IRR)^n$，也就是说，通过等值计算将式左端的现值折算成 n 年末的终值，可得

$$\sum_{t=0}^{n}(NB_t-K_t)(1+IRR)^{n-t}=0$$

即：

$$\sum_{t=0}^{n}NB_t(1+IRR)^{n-t}=\sum_{t=0}^{n}K_t(1+IRR)^{n-t}$$

这个等式意味着每年的净收益以 IRR 为收益率进行再投资，到 n 年末历年净收益的终值和与历年投资按 IRR 折算到 n 年末的终值和相等。

由于投资机会的限制，这种假定往往难以与实际情况相符。这种假定也是造成非常规投资项目 IRR 方程可能出现多解的原因。

外部收益率(External Rate of Return, ERR)实际上是对内部收益率的一种修正，计算外部收益率时也假定项目寿命期内所获得的净收益全部可用于再投资，所不同的是假定再投资的收益率等于基准折现率。求解外部收益率的方程如式(4-20)所示：

$$\sum_{t=0}^{n}NB_t(1+i_0)^{n-t}=\sum_{t=0}^{n}K_t(1+ERR)^{n-t} \tag{4-20}$$

式中：ERR——外部收益率；

K_t——第 t 年的净投资；

NB_t——第 t 年的净收益；

i_0——基准折现率。

式(4-20)不会出现多个正实数解的情况，而且通常可以用代数方法直接求解。ERR 指标用于评价投资方案经济效果时，需要与基准折现率 i_0 相比较，其判别准则是：

若 $ERR \geqslant i_0$，则项目可以被接受；

若 $ERR < i_0$，则项目不可接受。

【例 4-9】 某重型机械公司为一项工程提供一套大型设备，合同签订后，买方要分两年先预付一部分款项，待设备交货后再分两年支付设备价款的其余部分。重型机械公司承接该项目预计各年的净现金流量如表 4-11 所示。

某大型设备项目的净现金流量表（单位：万元）　　表 4-11

年　份	0	1	2	3	4	5
净现金流	1 900	1 000	-5 000	-5 000	2 000	6 000

基准折现率 i_0 为 10%，试用收益率指标评价该项目是否可行。

解　该项目是一个非常规投资项目，其 IRR 方程有两个解：$i_1=10.2\%$，$i_2=47.3\%$，不能用 IRR 指标评价，可计算其 ERR 评价。据式(4-20)列出如下方程：

$$1\,900(1+10\%)^5+1\,000(1+10\%)^4+2\,000(1+10\%)+6\,000$$
$$=5\,000(1+ERR)^3+5\,000(1+ERR)^2$$

可解得：

$ERR=10.1\%$，$ERR>i_0$，故项目可接受。

ERR 指标的使用并不普遍，但是对于非常规项目的评价，ERR 有其优越之处。

（六）动态投资回收期

为了克服静态投资回收期未考虑资金时间价值的缺点，在投资项目评价中有时采用动态投资回收期。动态投资回收期就是能使式(4-21)成立的 T_p^*。

$$\sum_{t=0}^{T_p^*}(CI_t - CO_t)(1+i_0)^{-t}=0 \tag{4-21}$$

用动态投资回收期 T_p^* 评价投资项目的可行性，需要与根据同类项目的历史数据和投资者意愿确定的基准动态投资回收期相比较。设基准动态投资回收期为 T_b^*，判别准则为：

若 $T_p^* \leqslant T_b^*$，项目可以被接受，否则应予以拒绝。

【例 4-10】 某项目有关数据如表 4-12 所示。基准折现率 $i_0=10\%$，基准动态投资回收期 $T_b^*=8$ 年，试计算动态投资回收期，并判断该项目能否被接受。

动态投资回收期计算表（$i_0=10\%$）　表 4-12

年　份	0	1	2	3	4	5
1. 投资支出	20	500	100			
2. 其他支出				300	450	450
3. 收入				450	700	700
4. 净现金流量	-20	-500	-100	150	250	250
5. 折现值	-20	-454.6	-82.6	112.7	170.8	155.2
6. 累积折现值	-20	-474.6	-557.2	-444.5	-273.7	-118.5
年　份	6	7	8	9	10	
1. 投资支出						
2. 其他支出	450	450	450	450	450	
3. 收入	700	700	700	700	700	
4. 净现金流量	250	250	250	250	250	
5. 折现值	141.1	128.3	116.6	106.0	96.4	
6. 累积折现值	22.6	150.9	267.5	373.5	469.9	

解　根据式(4-21)，计算各年净现金流量的累积折现值。由于动态投资回收期就是净现金流量累积折现值为零的年限，所以本例不能直接得到 T_p^*（因为各年的累积折现值均不为零）。应按下式计算：

$$T_p^*=\begin{pmatrix}\text{累积折现值出}\\ \text{现正值的年数}\end{pmatrix}-1+\frac{\text{上年累积折现值的绝对值}}{\text{当年净现金流的折现值}} \tag{4-22}$$

式(4-22)是求动态投资回收期的实用公式。将表 4-12 最末一行的有关数据代入式(4-22)，得：

$$T_p^*=\left(6-1+\frac{118.5}{141.1}\right)=5.84(\text{年})$$

$T_p^*<T_b^*$，按动态投资回收期检验，该项目可以接受。

本指标除考虑了资金的时间价值外，它具有静态投资回收期的同样特征，通常只宜用于辅助性评价。

（七）对基准折现率的讨论

基准折现率 i_0 是反映投资决策者对资金时间价值估计的一个参数，恰当地确定基准折

现率是一个十分重要而又相当困难的问题。它不仅取决于资金来源的构成和未来的投资机会,还要考虑项目风险和通货膨胀等因素的影响。下面分析影响基准折现率的各种因素并讨论如何确定基准折现率。

1. 资金成本

资金成本(cost of capital)即使用资金进行投资活动的代价。通常所说的资金成本指单位资金成本,用百分数表示。

企业投资活动有三种资金来源:借贷资金、新增权益资本和企业再投资资金。

借贷资金是以负债形式取得的资金,如银行贷款、发行债券筹集的资金等。

新增权益资本是指企业通过扩大资本金筹集的资金,增加权益资本的主要方式有接纳新的投资合伙人、增发股票等,按照国家规定将法定公积金转增资本金也是新增权益资本的一种方法。

再投资资金是指企业为以后的发展从内部筹措的资金,主要包括保留盈余、过剩资产出售所得资金、提取的折旧费和摊销费以及会计制度规定用于企业再投资的其他资金。

1)借贷资金成本

借贷资金的资金成本用年利率表示,如果是银行贷款,税前资金成本即为贷款的年实际利率。如果是通过发行债券筹集资金,则税前资金成本等于令下面等式成立的折现率 i:

$$P_0 = \sum_{t=1}^{n} \frac{I_t + P_t}{(1+i)^t} \tag{4-23}$$

式中:P_0——发行债券所得的实际收入;

I_t——第 t 年支付的利息;

P_t——第 t 年归还的本金;

n——债券到期的年限。

通常债券到期才按票面额归还本金,所以上式中的 P_t 一般情况下除了 P_n 一项外,其余各项皆为零。

借贷资金的利息可以用所得税税前利润支付,所以如果忽略债券发行费用,借贷资金的税后资金成本可由下式求得:

$$K_d = K_b(1-t) \tag{4-24}$$

式中:K_d——借贷资金税后资金成本;

K_b——借贷资金税前资金成本;

t——所得税税率。

2)权益资本成本

权益资本是指企业所有者投入的资本金,对于股份制企业而言即为股东的股本资金。股本资金分优先股和普通股,优先股股息相对稳定,支付股息需要用所得税税后利润。这种股本资金的税后资金成本可用下式估算:

$$K_s = \frac{D_p}{P_0} \tag{4-25}$$

式中:K_s——优先股股本资金的税后成本;

D_p——优先股年股息总额;

P_0——发行优先股筹集的资金总额。

由于普通股股东收入是不确定的,普通股股本资金的资金成本较难计算。从概念上讲,普通股股本资金的资金成本应当是股东进行投资所期望得到的最低收益率。这种期望收益率可以由股东在股票市场根据股票价格、预计的每股红利和公司风险状况所作的选择来反映。普通股股本资金的资金成本可以用下面两种方法近似估算。

第一种估算方法称为红利法。假定普通股账面价值的收益率为 r,公司每年支付红利后的保留盈余在税后盈利中的比例为 b,则普通股股本资金的税后成本可由下式求得:

$$K_e = \frac{D_0}{P_0} + rb \tag{4-26}$$

式中:K_e——普通股股本资金的税后成本;

D_0——基期每股红利;

P_0——基期股票的市场价格。

式(4-26)更一般的形式为:

$$K_e = \frac{D_0}{P_0} + g \tag{4-27}$$

式中:g——预计每股红利的年增长率。

第二种估算方法即所谓"资本资产定价模型",其常见的形式为:

$$K_e = R_f + \beta(R_m - R_f) \tag{4-28}$$

式中:R_f——无风险投资收益率;

R_m——整个股票市场的平均投资收益率;

β——本公司相对于整个股票市场的风险系数。

一般可用国库券利率作为无风险投资收益率。β 是一个反映本公司股票投资收益率对整个股票市场平均投资收益率变化响应能力的参数,$\beta = 1$ 表示公司风险相当于市场平均风险;$\beta > 1$ 表示公司风险大于市场平均风险;$\beta < 1$ 表示公司风险小于市场平均风险。由此可知,用式(4-28)估算的股本资金成本包含了对公司整体风险的考虑。

在投资活动中使用借贷资金意味着企业要承担支付利息归还本金的法定义务。通过增加权益资本筹集投资活动所需资金虽然不必归还本金,但企业经营者有责任尽量满足股东的盈利期望。在这个意义上,对于进行投资决策的企业经营者来说,借贷资金和股本资金的资金成本都是实际成本。

企业再投资资金是企业经营过程中积累起来的资金,它是企业权益资本的一部分。这部分资金表面上不存在实际成本,但是用这部分资金从事投资活动要考虑机会成本。投资的机会成本是指在资金供应有限的情况下,由于将筹集到的有限资金用于特定投资项目而不得不放弃其他投资机会所造成的损失,这个损失等于所放弃的投资机会中的最佳机会所能获得的风险与拟投资项目相当的收益。例如,某企业若因拟投资于项目 A 而不得不放弃与项目 A 风险相当的项目 B 和其他投资机会,在所放弃的投资机会中项目 B 最佳,内部收益率可达16%,则认为投资于项目 A 的资金机会成本为16%。

这里所说的投资机会成本有两个层次的含义,第一个层次是股东投资的机会成本,是指股东投资于某公司实际上意味着放弃了投资于其他公司的机会和相应的投资收益,所以,股东所期望的最低投资收益率包含了对投资机会成本的考察。第二个层次是企业进行项目投资决策时所考虑的投资机会成本,在资金有限的情况下,选择某些投资项目意味着放弃其他一些投资项目和相应的投资收益。从原理上讲,在进行项目投资决策时,企业再投资资金的资金成本应该是第二个层次意义上的机会成本,但是当再投资资金只是项目总投资的一部分时，为了便于分析，可以将再投资资金视同于新增普通股本资金，即用股东期望的最低投资收益率作为其资金成本，这样做不会影响最终分析结果。

3）加权平均资金成本

为一项投资活动筹措资金，往往不止一种资金来源，所有各种来源资金的资金成本的加权平均值即为全部资金的综合成本。综合资金成本中各种单项资金成本的权重是各种来源的资金分别在资金总额中所占的比例。税后加权平均资金成本的计算公式为：

$$K^* = \sum_{j=1}^{m} P_{dj}K_{dj} + P_sK_s + P_eK_e \tag{4-29}$$

式中：K_{dj}——第 j 种借贷资金的税后成本；

K_s——优先股股本资金的税后成本；

K_e——普通股股本资金的税后成本；

K^*——全部资金税后加权平均成本；

P_{dj}——第 j 种借贷资金在资金总额中所占的比例；

P_s，P_e——分别是优先股和普通股股本资金在资金总额中所占的比例。

【例 4-11】 某企业的资金结构及各种来源资金的税后成本如表 4-13 所示，求该企业的税后加权平均资金成本。

某企业的资金结构 表 4-13

资 金 来 源	金额（万元）	资金税后成本
普通股本资金	900	15%
银行贷款	600	12%
发行债券	300	13%
总计	1 800	

解 股本资金、银行贷款、发行债券筹资额分别占资金总额的比例为$\frac{1}{2}$，$\frac{1}{3}$和$\frac{1}{6}$，全部资金的税后加权平均资金成本为

$$K^* = 15\% \times \frac{1}{2} + 12\% \times \frac{1}{3} + 13\% \times \frac{1}{6} = 13.67\%$$

2. 最低希望收益率

最低希望收益率（Minimum Attractive Rate of Return，MARR）又称最低可接受收益率或最低要求收益率。它是投资者从事投资活动可接受的下临界值。

确定一笔投资的最低希望收益率，必须对该项投资的各种条件做深入的分析，综合考虑各种影响因素。主要考虑以下几个方面：

（1）一般情况下最低希望收益率应不低于借贷资金的资金成本，不低于全部资金的加权平均成本，对于以盈利为主要目的的投资项目来说，最低希望收益率也不应低于投资的机会成本。

（2）确定最低希望收益率要考虑不同投资项目的风险情况，对于风险大的项目最低希望收益率要相应提高。一般认为，最低希望收益率应该是借贷资金成本、全部资金加权平均成本和项目投资机会成本三者中的最大值再加上一个投资风险补偿系数（风险贴水率）。即：

$$MARR = k + h_r \tag{4-30}$$

$$k = \max\{K_d, K^*, K_0\} \tag{4-31}$$

式中：$MARR$——最低希望收益率；

K_d——借贷资金成本；

K^*——全部资金加权平均成本；

K_0——项目投资的机会成本；

h_r——投资风险补偿系数。

不同投资项目的风险大小是不同的。例如，拿在市场稳定的情况下进行技术改造降低生产费用提高产品质量的项目、现有产品扩大生产规模的项目、生产新产品开拓新市场的项目、高新技术项目等来比较，显然风险水平是依次递增的。投资决策的实质是对未来的投资收益与投资风险进行权衡。在确定最低希望收益率时对于风险大的项目应取较高的风险补偿系数。风险补偿系数反映投资者对投资风险要求补偿的主观判断，由于不同的投资者抗风险能力和对风险的态度可能不同，对于同一类项目，他们所取的风险补偿系数也可能不同。

值得指出，风险补偿系数是确定最低希望收益率时在资金成本的基础上根据项目风险大小进行调整的一个附加值。在式(4-30)中，如果 k 所代表的资金成本没有考虑任何投资风险，h_r 就应该反映对项目投资全部风险所要求的补偿；如果 k 所代表的资金成本已经考虑了企业整体风险，h_r 所反映的就仅是项目投资风险与企业整体风险之间差异部分所要求的补偿。

(3)在预计未来存在通货膨胀的情况下，如果项目现金流量是按预计的各年即时价格估算的，据此计算出的项目内部收益率中就含有通货膨胀因素。通货膨胀率对 IRR 的影响可用下式表示：

$$IRR_n = (1 + IRR_r)(1 + f) - 1 = IRR_r + f + IRR_r \cdot f \tag{4-32}$$

式中：IRR_n——内部收益率名义值，即含通货膨胀的内部收益率；

IRR_r——内部收益率实际值，即不含通货膨胀的内部收益率；

f——通货膨胀率。

因为 IRR_r 与 f 一般均为小数，其乘积 $IRR_r \cdot f$ 很小，若将其忽略，则式(4-32)就变成：

$$IRR_n = IRR_r + f \tag{4-33}$$

显然，在这种情况下，在确定最低希望收益率时就不能不考虑通货膨胀因素。

考虑通货膨胀因素不等于在式(4-30)的右端简单地加上一个通货膨胀率 f，要根据具体情况作具体分析。通常，在据以计算资金成本的银行贷款利率、债券利率和股东期望的最低投资收益率中已经包含了对通货膨胀的考虑，但可能不是通货膨胀影响的全部。因此，在确定最低希望收益率时，如果项目各年现金流量中含有通货膨胀因素，应在式(4-33)的右端再加上资金成本 k 中未包含的那部分通货膨胀率。

如果项目现金流是用不变价格估算的，则据此计算出的项目内部收益率就是实际值，相应的最低希望收益率也不应包含通货膨胀因素。

(4)企业的单项投资活动是为企业整体发展战略服务的，所以单项投资决策应服从于企业全局利益和长远利益。出于对全局利益和长远利益的考虑，对于某些有战略意义的单项投资活动(如出于多元化经营战略的考虑对某些项目的投资，为增强竞争优势对先进制造技术项目的投资等)来说，取得直接投资收益只是投资目标的一部分(甚至不是主要目标)。对这类项目，有时应取较低(甚至低于资金成本)的最低希望收益率。

3. 截止收益率

截止收益率(cut off rate of return)是指由资金的需求与供给两种因素决策的投资者可以接受的最低收益率。一般情况下,对于一个经济单位(企业、行业、地区或整个国家)而言,随着投资规模的扩大,筹资成本会越来越高。而在有众多投资机会的情况下,如果将筹集到的资金优先投资于收益率高的项目,则随着投资规模的扩大,新增投资项目的收益率会越来越低。当新增投资带来的收益仅能补偿其资金成本时,投资规模的扩大就应停止。使投资规模扩大得到控制的投资收益率就是截止收益率。截止收益率是资金供需平衡时的收益率,它是图 4-9 中的资金需求曲线和资金供给曲线交点所对应的收益率。

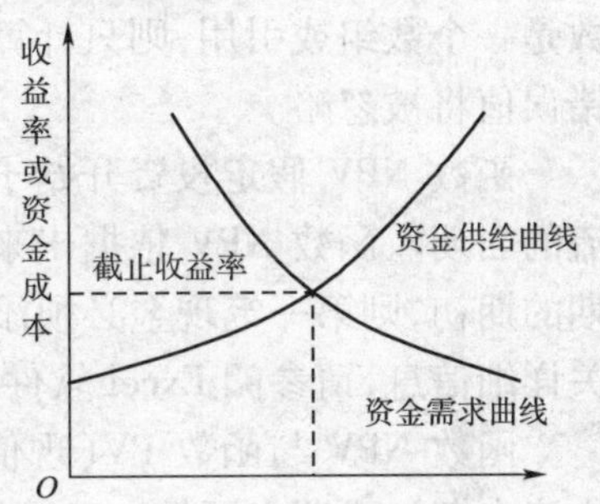

图 4-9 资金供需平衡时的截止收益率

从经济学原理的角度看,当最后一个投资项目的内部收益率等于截止收益率时,边际投资收益恰好等于边际筹资成本,企业获得的净收益总额最大。此时资金的机会成本与实际成本也恰好相等。

截止收益率的确定需要两个条件:

(1)企业明确全部的投资机会,能正确估算所有备选投资项目的内部收益率,并将不同项目的收益率调整到同一风险水平上。

(2)企业可以通过各种途径筹集到足够的资金,并能正确估算出不同来源资金的资金成本。

4. 基准折现率

基准折现率是投资项目经济效果评价中的重要参数,可以分别从两个角度提出确定基准折现率的原则:一是基于具体项目投资决策的角度,使所取基准折现率应反映投资者对资金时间价值的估计;二是基于企业(或其他经济单位)投资计划整体优化的角度,使所取基准折现率应有助于作出使企业全部投资净收益最大化的投资决策。从前面的分析可以看出,最低希望收益率主要体现投资者对资金时间价值的估计,而截止收益率则主要体现投资计划整体优化的要求。如果企业追求投资净收益总额最大化的假定成立,由于在确定最低希望收益率时考虑了投资的机会成本,在信息充分,资金市场发育完善的条件下,对于企业全部投资项目选择的最终结果来说,在项目评价中以最低希望收益率为基准折现率和以截止收益率为基准折现率效果是一样的。

在实际的投资项目评价活动中,要满足确定截止收益率所需要的两个条件并非易事,所以通常以最低希望收益率作为基准折现率。

这里还要说明的是,最低希望收益率是针对具有特定资金结构和投资风险的具体项目而言的。在投资项目评价实践中常有人用行业平均投资收益率或企业历史投资收益率作为基准折现率,严格讲是不适当的。但行业平均投资收益率和企业历史投资收益率可以在某种程度上反映企业投资的机会成本(并非严格意义上的边际投资机会成本),当企业难以确定具体项目的投资机会成本时,如果行业平均投资收益率或企业历史投资收益率高于项目筹资成本,也可以作为确定基准折现率的参考值。

三、电子表格的运用

(一)净现值和年度等值

利用 Microsoft Excel 软件计算净现值函数时,通过使用贴现率以及一系列未来支出(负

值)和收入(正值),可以返回一项投资的净现值。其函数语法为 NPV(rate,value1,value2,...)。其中 Rate 为某一期间的贴现率,是一固定值。value1, value2, ...为1 到 29 个参数,代表支出及收入。使用时需注意 value1, value2, ...在时间上必须具有相等间隔,并且都发生在期末;NPV 使用 value1,value2, ... 的顺序来解释现金流的顺序。所以必须保证支出和收入的数额按正确的顺序输入;如果参数为数值、空白单元格、逻辑值或数字的文本表达式,则都会计算在内;如果参数是错误值或不能转化为数值的文本,则被忽略;如果参数是一个数组或引用,则只计算其中的数字。数组或引用中的空白单元格、逻辑值、文字及错误值将被忽略。

函数 NPV 假定投资开始于 value1 现金流所在日期的前一期,并结束于最后一笔现金流的当期。函数 NPV 依据未来的现金流来进行计算。如果第一笔现金流发生在第一个周期的期初,则第一笔现金必须添加到函数 NPV 的结果中,而不应包含在 values 参数中。有关详细信息,请参阅 Excel 软件相关“帮助”项。

函数 NPV 与函数 PV(现值)相似。PV 与 NPV 之间的主要差别在于:函数 PV 允许现金流在期初或期末开始。PV 的每一笔现金流在整个投资中必须是固定的。

PV 函数计算返回投资的现值。现值为一系列未来付款的当前值的累积和。函数计算语法为 PV(rate,nper,pmt,fv,type)。其中 rate 为各期利率,nper 为总投资(或贷款)期,即该项投资(或贷款)的付款期总数,pmt 为各期所应支付的金额,即年度等值,其数值在整个年金期间保持不变。例如, \$10,000 的年利率为 12% 的 4 年期汽车贷款的月偿还额为 \$263.33。可以在公式中输入 -263.33 作为 PMT 的值。如果 PV 计算中,忽略 pmt,则必须包含 fv 参数。fv 为未来值。例如,如果需要在 18 年后支付 \$50,000,则 \$50,000 就是未来值。可以根据保守估计的利率来决定每月的存款额。如果忽略 fv,则必须包含 pmt 参数。type 为数字 0 或 1,用以指定各期的付款时间是在期初还是期末,0 或省略表示期末,1 表示期初。

应确认所指定的 rate 和 nper 单位的一致性。例如,同样是四年期年利率为 12% 的贷款,如果按月支付,rate 应为 12%/12,nper 应为 4*12;如果按年支付,rate 应为 12%,nper 为 4。

年金函数 PMT(rate,nper,pv,fv,type) 基于固定利率及等额分期付款方式,返回贷款的每期付款额,可用于计算年度等值。有关详细信息,请参阅各函数的详细说明。

【例 4-12】 项目从第 0 年开始的现金流是:-1 000,-800,500,500,500,1 200,基准折现率为 12%,试用 excel 求净现值和年度等值。

解 用 Excel 计算净现值如图 4-10 所示:

Microsoft Excel - 第四章示例NPV

B3 =NPV(12%,C1:G1)-1000

	A	B	C	D	E	F	G
1	净现金流序列	-1000	-800	500	500	500	1200
2							
3	净现值NPV=	38.87					

图 4-10

即,NPV(12%) = NPV(12%, -800,500,500,500,1 200) - 1 000 = 38.87。

用 Excel 计算年度等值如图 4-11:

Microsoft Excel - 第四章示例NAV

C2 　 =PMT(12%,5,NPV(12%,C1:G1)-1000)

	A	B	C	D	E	F	G
1	净现金流序列	-1000	-800	500	500	500	1200
2	年度等值NAV=		(10.78)				

图 4-11

即，NAV(12%) = PMT(12%,5,NPV(12%,C1:G1) - 1 000) = 10.78。

（二）内部收益率计算

内部收益率函数 IRR 返回由数值代表的一组现金流的内部收益率。这些现金流不一定是均衡的，但作为年金，它们必须按固定的间隔产生，如按月或按年。内部收益率为投资的回收利率，其中包含定期支付（负值）和定期收入（正值）。函数的语法为 IRR(values, guess)。其中的 values 为数组或单元格的引用，包含用来计算返回的内部收益率的数字，values 必须包含至少一个正值和一个负值，以计算返回的内部收益率。函数 IRR 根据数值的顺序来解释现金流的顺序。故应确定按需要的顺序输入了支付和收入的数值。如果数组或引用包含文本、逻辑值或空白单元格，这些数值将被忽略。其中的 Guess 是对函数 IRR 计算结果的估计值。Microsoft Excel 使用迭代法计算函数 IRR。从 guess 开始，函数 IRR 进行循环计算，直至结果的精度达到 0.000 01%。如果函数 IRR 经过 20 次迭代，仍未找到结果，则返回错误值 #NUM!。在大多数情况下，并不需要为函数 IRR 的计算提供 guess 值。如果省略 guess，假设它为 0.1（10%）。如果函数 IRR 返回错误值 #NUM!，或结果没有靠近期望值，可用另一个 guess 值再试一次。

函数 IRR 与函数 NPV（净现值函数）的关系十分密切。函数 IRR 计算出的收益率即净现值为 0 时的利率。

用 Microsoft Excel 计算例 4-12 给定现金流的内部收益率如图 4-12 所示：

Microsoft Excel - 第四章示例IRR

B2 　 =IRR(B1:G1)

	A	B	C	D	E	F	G
1	净现金流序列	-1000	-800	500	500	500	1200
2	内部收益率IRR	12.76%					

图 4-12

【例 4-13】 某项目净现金流量如表 4-14 所示。当基准折现率 $i_0 = 12\%$ 时，试用内部收益率指标判断该项目在经济效果上是否可以接受。

某项目的净现金流量表（单位：万元） 　　表 4-14

年　末	0	1	2	3	4	5
净现金流量	-100	20	30	20	40	40

解 用 Microsoft Excel 计算内部收益率如图 4-13 所示：

即，$IRR = IRR(\{-100,20,30,20,40,40\},10\%) = 13.47\%$。

故 $IRR = 13.47 > i_0 = 12\%$，项目是可以接受的。

Microsoft Excel - 第四章示例IRR

文件(F) 编辑(E) 视图(V) 插入(I) 格式(O) 工具(T) 数据(D) 窗口(W) 帮助(H) Adobe P

B2 fx =IRR({-100,20,30,20,40,40},10)

	A	B	C	D	E	F	G
1	净现金流序列	-100	20	30	20	40	40
2	内部收益率IRR=	13.47%					

图 4-13

四、评价指标小结

本节讨论了从经济效果角度评价项目的常用指标，包括净现值、费用现值、净年值、费用年值、净现值指数、内部收益率、外部收益率、静态投资收益率、静态投资回收期和动态投资回收期。在这些指标中，净现值、内部收益率和投资回收期是最常用的项目评价指标。

就指标类型而言，净现值、净年值、费用现值和费用年值是以货币表述的价值型指标；内部收益率、外部收益率、投资收益率和净现值指数则是反映投资效率的效率型指标。

在价值型指标中，就考察的内容而言，费用现值和费用年值分别是净现值和净年值的特例，即在方案比选时，前二者只考察项目方案的费用支出。就评价结论而言，净现值与净年值是等效评价指标；费用现值和费用年值是等效评价指标。图 4-14 给出了各评价指标的类型及关系。

一些主要指标在投资项目评价中的意义也可以由图 4-15 形象地表示出来。

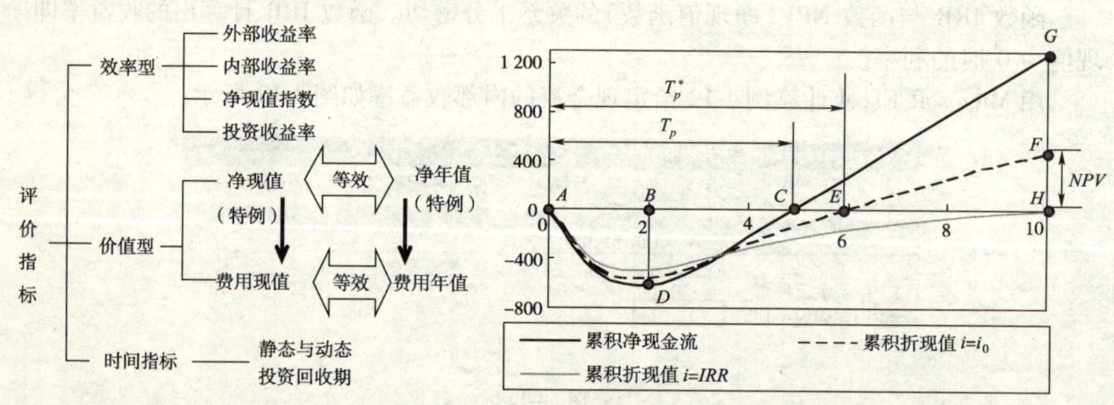

图 4-14　评价指标的类型和关系树

图 4-15　累积折现值和累积净现金流曲线

图 4-15 是根据表 4-12 的有关数据绘出的示意图。图中项目寿命期为 10 年，第二年末投资结束并开始投资回收过程，投资总额为 BD。在不考虑资金时间价值的情况下，累积净现金流曲线在 C 点与横坐标轴相交，静态投资回收期为 AC，到项目寿命期末累积净现金流为 GH。当项目各年净现金流以基准折现率 i_0 折现时，累积折现值曲线与横坐标轴交于 E 点，动态投资回收期为 AE，项目寿命期末的累积折现值 FH 即为项目的净现值。当项目各年净现金流以内部收益率 IRR 折现时，在项目寿命期内，累积折现值始终为负值，意味着始终存在未被收回的投资，到项目寿命期结束时，投资恰被全部收回，这意味着若以内部收益率为折现率，项目净现值等于零。

第二节　运输项目方案的评价与决策

运输项目投资决策的复杂性，要求评价者掌握正确的评价方法，针对不同的决策问题运用经济效果评价指标进行项目的评价与决策。项目方案经济性评价中，除了采用投资回收期、净现值、内部收益率等指标分析各方案相应的指标值是否达到了标准的要求（如 $T_p \leq T_b$，$NPV(i_0) \geq 0$，$IRR \geq i_0$）之外，往往需要在多个备选方案中进行比选。多方案比选的方法，与备选方案之间关系的类型有关。因此，本节在分析备选方案及其类型的基础上，讨论如何正确运用各种评价指标进行备选方案的评价与决策。

一、备选方案及其类型

在交通运输项目技术经济分析中，人们经常会遇到决策问题，因为设计或计划通常总会面对几种不同情况，又可能采取几种不同的方案，最后总要选定某一个方案。所以，决策是工程和管理过程的核心。

合理的决策过程包括两个主要的阶段：一是探寻备选方案，这实际上是一项创新活动。二是对不同备选方案作经济衡量和比较，称之为经济决策。由于经济效果是评价和选择的主要依据，所以决策过程的核心问题就是对不同备选方案经济的衡量和比较问题。

备选方案是由各级的操作人员、管理人员以及研究开发人员制订的。在收集、分析和评价方案的同时，分析人员也可以提出实现目标的备选方案。备选方案不仅要探讨现有工艺技术，而在有些情况下，还应探讨新工艺技术的研究和开发，或者改进现有工艺技术。比如某种专用零件常规采用铝或黄铜制作，此时的备选方案有两个，即仅需比较使用铝的方案和使用黄铜的方案就可以了。但是作为工程师还应考虑其他可能性。例如用塑料的方案也许比用铝和黄铜的方案更为可取。

对备选方案经济差别的认识，可加强探求备选方案的能力。事实上经济差别正是创造备选方案的一种动力。工程或管理人员在观察某项工程或业务时，必定会不断地练习观察其中的一些经济差别，有计划地寻求备选方案。

只有在已经建立了一些备选方案条件下，才能进行经济决策。同时，也只有了解备选方案之间的相互关系，才能掌握正确的评价方法，达到正确决策的目的。

通常，备选方案之间的相互关系可分为如下三种类型：

（一）独立型

独立型是指各个方案的现金流量是独立的，不具有相关性，且任一方案的采用与否都不影响其他方案是否采用的决策。比如个人投资，可以购买国库券，也可以购买股票，还可以购房增值等。可以选择其中一个方案，也可选择其中两个或 3 个，方案间的效果与选择互相独立。

独立方案的特点是具有“可加性”。比如，A 与 B 二个投资方案，只选择 A 方案时，投资 30 万元，净收益 36 万元；只选择 B 方案时，投资 40 万元，净收益 47 万元。当 A 与 B 一起选择时，共需投资 30 + 40 = 70 万元，得到净收益共为 36 + 47 = 83 万元。那么，A 与 B 具有可加性，在这种情况下，认为 A 与 B 之间是独立的。

（二）互斥型

互斥型是指各方案间具有排他性，在各方案当中只能选择一个。比如，同一地域的土地利用方案是互斥方案，是建居民住房，还是建写字楼等，只能选择其中之一；厂址问题，也是互斥方案的选择问题；建设规模问题也是互斥方案的选择问题。

（三）相关型

在多个方案之间，如果接受（或拒绝）某一方案，会显著改变其他方案的现金流量，或者接受（或拒绝）某一方案会影响对其他方案的接受（或拒绝），就说这些方案是相关的。方案相关的类型主要有以下几种：

（1）完全互斥型：由于技术的或经济的原因，接受某一方案就必须放弃其他方案，那么，从决策角度来看这些方案是完全互斥的。这也是方案相关的一种类型。

（2）相互依存型和互补型：如果两个或多个方案之间，某一方案的实施要求以另一方案（或另几个方案）的实施为条件，则这两个（或若干个）方案具有相互依存性，或者说具有完全互补性。例如，在两个不同的军工厂分别建设生产新型火炮和与之配套的炮弹的项目，就是这种类型的相关方案。紧密互补方案的经济效果评价通常应放在一起进行。

（3）现金流相关型：即使方案间不完全互斥，也不完全互补，如果若干方案中任一方案的取舍会导致其他方案现金流量的变化，这些方案之间也具有相关性。例如，有两种在技术上都可行的方案：一个是在某大河上建一座收费公路桥（方案 A）；另一个是在桥址附近建收费轮渡码头（方案 B）。即使这两个方案间不存在互不相容的关系，但任一方案的实施或放弃都影响另一方案的收入，从而影响方案经济效果评价的结论。同样，也存在互补性的现金流相关方案。

（4）资金约束导致的方案相关：如果没有资金总额的约束，各方案具有独立性质，但在资金有限的情况下，接受某些方案则意味着不得不放弃另外一些方案，这也是方案相关的一种类型。

（5）混合相关型：如果在方案众多的情况下，方案间的相关关系可能包括多种类型，就称为混合相关型。

二、独立方案的经济评价方法

独立方案的采用与否，只取决于方案自身的经济性，且不影响其他方案的采用与否。因此，在无其他制约条件下，多个独立方案的比选与单一方案的评价方法是相同的，即用经济效果评价标准（如 $NPV \geqslant 0$，$NAV \geqslant 0$，$IRR \geqslant i_0$，$T_p \leqslant T_b$ 等）直接判别该方案是否接受。

三、互斥方案的经济评价方法

对于互斥方案决策，要求选择方案组中的最优方案，且最优方案要达到标准的收益率，这就需要进行方案的比选。比选的方案应具有可比性，主要包括计算的时间具有可比性，计算的收益与费用的范围、口径一致，计算的价格可比。

互斥方案的比选可以采用不同的评价指标，有许多方法。其中，通过计算增量净现金流量评价增量投资经济效果，也就是增量分析法，是互斥方案比选的基本方法。

【例 4-14】 现有 A、B 两个互斥方案，寿命相同，各年的现金流量如表 4-15 所示，试评价选择方案（$i_0 = 10\%$）。

解 分别计算 A、B 方案和增量投资的 NPV 和 IRR，计算结果列于表 4-15。

互斥方案 *A*、*B* 的净现金及评价指标　　表 4-15

年　份	0 年	(1~10)年	*NPV*(万元)	*IRR*(%)
方案 *A* 的净现金流(万元)	−200	39	39.64	14.5
方案 *B* 的净现金流(万元)	−100	20	22.89	15.0
增量净现金流(*A*−*B*)(万元)	−100	19	16.75	13.8

$$NPV_A(10\%) = -200 + 39(P/A, 10\%, 10) = 39.64(\text{万元})$$

$$NPV_B(10\%) = -100 + 20(P/A, 10\%, 10) = 22.89(\text{万元})$$

由方程式有:

$$-200 + 39(P/A, IRR_A, 10) = 0$$

$$-100 + 20(P/A, IRR_B, 10) = 0$$

可求得:

$$IRR_A = 14.5\%, IRR_B = 15\%$$

由于 NPV_A、NPV_B 均大于零,IRR_A、IRR_B 均大于基准收益率 10%,所以方案 *A*、*B* 都达到了标准要求,就单个方案评价而言,都是可行的。

问题在于 *A* 与 *B* 是互斥方案,只能选择其中一个,按 *NPV* 最大准则,由于 $NPV_A > NPV_B$,则 *A* 优于 *B*。但如果按 *IRR* 最大准则,由于 $IRR_A < IRR_B$,则 *B* 优于 *A*。两种指标评价的结论是矛盾的。

实际上,投资额不等的互斥方案比选的实质是判断增量投资的经济效果,即投资大的方案相对于投资小的方案多投入的资金能否带来满意的增量收益。显然,若投资额小的方案达到了标准的要求,增量投资又能带来满意的增量收益(也达到标准的要求),那么增加投资是有利的,投资额大的方案(可以看成是投资额小的方案与增量投资方案的组合)为优;反之,增量投资没有达到标准的要求,则投资额小的方案优于投资额大的方案。

表 4-15 也给出了 *A* 相对于 *B* 方案的增量现金流,同时计算了相应的增量净现值(ΔNPV)与增量内部收益率(ΔIRR)。

$$\Delta NPV_{A-B}(12\%) = -100 + 19(P/A, 10\%, 10) = 16.75(\text{万元})$$

由方程式:

$$-100 + 19(P/A, \Delta IRR, 10) = 0$$

可解得:

$$\Delta IRR = 13.8\%$$

从表 4-15 中可见,$\Delta NPV_{A-B} > 0$,$\Delta IRR > 10\%$,因此,增加投资有利,投资额大的 *A* 方案优于 *B* 方案。

上例表明了互斥方案比选的基本方法,即采用增量分析法,计算增量现金流量的增量评价指标,通过增量指标的差别准则,分析增量投资的有利与否,从而确定两方案的优劣。净现值、内部收益率、投资回收期等评价指标都可用于增量分析。实际上,增量分析法是经济学中边际原理的一种具体应用。边际原理认为,边际收入等于边际成本时企业实现的利润最大。

【例 4-15】 某公司为了增加生产量,计划进行设备投资,有 3 个互斥的方案,寿命均为 6 年,不计残值,基准收益率为 10%,各方案的投资及现金流量如表 4-16 所示,试进行方案选优。

互斥方案的现金流量及评价指标　　表 4-16

年份 方案	0	1~6	*NPV*(万元)	*IRR*(%)
A	−200	70	104.9	26.4
B	−300	95	113.7	22.1
C	−400	115	100.9	18.2

解 分别计算各方案的 NPV 与 IRR，计算结果列于表4-16，由于各方案的 NPV 均大于零，IRR 均大于10%，故从单个方案看均是可行的。互斥方案比选采用增量分析，分别采用增量净现值 ΔNPV 和增量内部收益率 ΔIRR 来分析，计算过程及结果列于表4-17。

增量现金流与评价指标 表4-17

方案＼年份	0	1~6	ΔNPV(万元)	ΔIRR(%)
$A-0$	-200	70	104.9	26.4
$B-A$	-100	25	8.8	13.0
$C-B$	-100	20	-12.8	5.5

0方案是假如不投资的方案。根据计算结果，由 $\Delta NPV>0$，$\Delta IRR>10\%$，可知：A 优于0，B 优于 A；由 $\Delta NPV<0$，$\Delta IRR<10\%$，可知：B 优于 C。因此，B 方案较优。ΔNPV 的判别准则与 ΔIRR 的判别准则，其评价结论是一致的。

实际上，ΔNPV 判别准则可以简化。设 A、B 为投资额不等的互斥方案，A 方案比 B 方案投资额大，则：

$$\begin{aligned}\Delta NPV_{A-B}&=\sum_{t=0}^{n}[(CI_A-CO_A)_t-(CI_B-CO_B)_t](1+i_0)^{-t}\\&=\sum_{t=0}^{n}(CI_A-CO_A)_t(1+i_0)^{-t}-\sum_{t=0}^{n}(CI_B-CO_B)_t(1+i_0)^{-t}\\&=NPV_A-NPV_B\end{aligned}\tag{4-34}$$

如上例计算 ΔNPV 时，表4-17的结果为：

$$\Delta NPV_{B-A}=NPV_B-NPV_A=113.7-104.9=8.8(\text{万元})$$

$$\Delta NPV_{C-B}=NPV_C-NPV_B=100.9-113.7=-12.8(\text{万元})$$

当 $\Delta NPV_{A-B}\geqslant 0$ 时，$NPV_A\geqslant NPV_B$，则 A 优于 B；当 $\Delta NPV_{A-B}<0$ 时，$NPV_A<NPV_B$，则 B 优于 A。显然，用增量分析法计算 ΔNPV 进行互斥方案比选，与分别计算 NPV，根据 NPV 最大准则进行互斥方案比选，其结论是一致的。

因此，采用净现值指标比选互斥方案时，判别准则为：净现值最大且大于零的方案为最优方案。

类似的等效指标有净年值，即净年值最大且大于零的方案为最优方案，当互斥方案的效果一样或者满足相同的需要时，仅需计算费用现金流，采用费用现值或费用年值指标，其判别准则为：费用现值或费用年值最小的方案为最优方案。

【例4-16】 公司计划更新一台设备，有如表4-18两方案可选，$i=12\%$，试作决策。

更新设备方案表 表4-18

方案	初投资(元)	寿命(年)	残值(元)	运行费(元)
设备 A	34 000	3	1 000	20 000
设备 B	65 000	6	5 000	18 000

解 计算两方案费用年值：

$$\begin{aligned}AC_A&=34\,000(A/P,12\%,3)-1\,000(A/F,12\%,3)+20\,000\\&=34\,000\times 0.416\,4-1\,000\times 0.296\,4+2\,000\\&=33\,861.2(\text{元})\end{aligned}$$

$$\begin{aligned}AC_B&=65\,000(A/P,12\%,6)-5\,000(A/F,12\%,6)+18\,000\\&=65\,000\times 0.243\,2-5\,000\times 0.123\,2+18\,000\\&=33\,192(\text{元})\end{aligned}$$

因为 $AC_B < AC_A$，所以应选设备 B。

对于增量内部收益率指标，由于它并不等于内部收益率之差，所以内部收益率最大准则并不能保证比选结论的正确性。采用 ΔIRR 的判别准则是：若 $\Delta IRR \geq i_0$（基准收益率），则投资大的方案为优；若 $\Delta IRR < i_0$，则投资小的方案为优。当互斥方案的投资额相等时，ΔIRR 判别准则失效。

ΔIRR 也可用于仅有费用现金流的互斥方案比选（效果相同），此时，把增量投资所导致的其他费用的节约看成是增量效益。其评价结论与费用现值法一致。

当互斥方案多于两个时，采用 ΔIRR 进行比选，其步骤如下：

（1）对多个方案，按投资额从小到大排序，并计算第一个方案（投资额最小的 IRR），若 $IRR \geq i_0$，则该方案保留；若 $IRR < i_0$，则淘汰，以此类推。

（2）保留的方案与下一个方案进行比较，计算 ΔIRR，若 $\Delta IRR \geq i_0$，则保留投资大的方案，若 $\Delta IRR < i_0$，则保留投资小的方案。

（3）重复步骤（2），直到最后一个方案被比较为止，最后保留的方案为最优方案。

如表 4-16、表 4-17 所示，其比选的步骤为：

（1）3 个方案按投资额大小排序为 A、B、C；计算 $\Delta IRR_A = 26.4\% > 10\%$，保留 A；

（2）计算 $\Delta IRR_{B-A} = 13\% > 10\%$，则保留 B；

（3）计算 $\Delta IRR_{C-B} = 5.5\% < 10\%$，则最后保留的 B 方案为最优方案。

以上分析互斥方案的评价方法，都是在各方案寿命期相同的情况下进行的。这样，评价各方案的经济效果在时间上具有可比性。当各方案的寿命不等时，要采用合理选择评价指标或者计算期的办法，使之具有时间上的可比性。

【例 4-17】 A、B 两个互斥方案各年的现金流量如表 4-19 所示，基准收益率 $i_0 = 10\%$，试比选方案。

寿命不等的互斥方案的现金流 表 4-19

方　案	投资（万元）	年净现金流（万元）	残值（万元）	寿命（年）
A	-10	3	1.5	6
B	-15	4	2	9

解　A 与 B 的寿命不相等，要使方案在时间上可比，常用两种方法。

（1）将寿命期最小公倍数作为计算期，采用方案重复型假设。以 A 与 B 的最小公倍数 18 年为计算期，A 方案重复实施 3 次，方案 B 两次。此时，如果以净现值为评价指标，则 18 年的各方案净现值为：

$$\begin{aligned}NPV_A &= -10 \times [1 + (P/F,10\%,6) + (P/F,10\%,12)] + 3 \times (P/A,10\%,18) + \\ &\quad 1.5 \times [(P/F,10\%,6) + (P/F,10\%,12) + (P/F,10\%,18)] \\ &= 7.37(\text{万元})\end{aligned}$$

$$\begin{aligned}NPV_B &= -15 \times [1 + (P/F,10\%,9)] + 4 \times (P/A,10\%,18) + 2 \times [(P/F,10\%,9) + \\ &\quad (P/F,10\%,18)] \\ &= 12.65(\text{万元})\end{aligned}$$

因为 $NPV_B > NPV_A > 0$，故方案 B 较优。

（2）用年值法进行比选，此时，用净年值（NAV）作为评价指标，则各方案的 NAV 为：

$$\begin{aligned}NAV_A &= 3 + 1.5 \times (A/F,10\%,6) - 10 \times (A/P,10\%,6) \\ &= 0.90(\text{万元})\end{aligned}$$

$$NAV_B = 4 + 2 \times (A/F, 10\%, 9) - 15 \times (A/P, 10\%, 9)$$
$$= 1.54(万元)$$

因为 $NAV_B > NAV_A > 0$，故方案 B 优于方案 A。

年值法实际上假定了各方案可以无限多次重复实施，使其年值不变。

四、相关方案的经济评价方法

如前所述，相关方案有多种类型，这里就现金流相关型、资金约束导致方案相关和混合相关三种类型相关方案的决策方法作简单介绍。

(一)现金流量具有相关性的方案选择

当各方案的现金流量之间具有相关性，但方案之间并不完全互斥时，就不能简单地按照独立方案或互斥方案的评价方法进行决策。而应当首先用一种"互斥方案组合法"，将各方案组合成互斥方案，计算各互斥方案的现金流量，再按互斥方案的评价方法进行评价选择。

【例 4-18】 为了满足运输要求，有关部门分别提出要在某两地之间上一铁路项目和(或)一公路项目。其净现金流量如表 4-20 所示。若两个项目都上，由于货运分流的影响，两项目都将减少净收入。问当基准折现率 $i_0 = 10\%$ 时应如何决策？

只上一个项目和两个项目都上的现金流量(单位：百万元)　　表 4-20

方案	只上一个项目时各年的净现金流量				两个项目都上时的各年净现金流量			
	0	1	2	3~32	0	1	2	3~32
铁路 A	-200	-200	-200	100	-200	-200	-200	80
公路 B	-100	-100	-100	60	-100	-100	-100	35
两项目合计($A+B$)					-300	-300	-300	115

解 为保证决策的正确性，先将两个相关方案组合成 3 个互斥方案，再分别计算其净现值，如表 4-21 所示。

组合互斥方案的净现金流量及其净现值表(单位：百万元)　　表 4-21

方案	各年净现金流量				净现值 $\sum_{t=0}^{32}(CI_j - CO_j)_t(1+10\%)^{-t}$
	0	1	2	3~32	
1. 铁路 A	-200	-200	-200	100	281.65
2. 公路 B	-100	-100	-100	60	218.73
3. ($A+B$)	-300	-300	-300	115	149.80

根据净现值判别准则，在 3 个互斥方案中，方案 A 净现值最大且大于零($NPV_A > NPV_B > NPV_{A+B} > 0$)故方案 A 为最优可行方案。

若用净年值法和内部收益法对表 4-20 中的互斥组合方案进行评价选择，亦会得出相同的结论。

(二)受资金限制的方案选择

在资金有限的情况下，局部看来不具有互斥性的独立方案也成了相关方案。如何对这类方案进行评价选择，以保证在给定资金预算总额的前提下取得最大的经济效果(即实现净现值最大化)，就是所谓"受资金限制的方案选择"问题。受资金限制的方案选择使用的主要方法是"互斥方案组合法"。

【例 4-19】 某公司作设备投资预算,有 6 个独立方案 A、B、C、D、E、F 可供选择,寿命均为 8 年,各方案的现金流量如表 4-22 所示,基准收益率 $i_0 = 12\%$,若资金预算不超过 400 万元,如何选择方案?

独立方案的现金流及 *IRR*(单位:万元) 表 4-22

方案 \ 年份	0	1~8	IRR(%)
A	-100	34	29.7
B	-140	45	27.6
C	-80	30	33.9
D	-150	34	15.5
E	-180	47	20.1
F	-170	32	10.1

解 此时,不可能接受所有经济合理的方案,即存在资源的最佳利用问题。如果以 IRR 作为评价指标,各方案的 IRR 计算结果列于表 4-22,如对于 E 方案,由方程式:

$$-180 + 47 \times (P/A, IRR_E, 8) = 0$$

解得 $IRR_E = 20.1\%$,其他方案的 IRR 由同样方法求得。从表 4-22 可见,$IRR_F < i_0$(12%),其他方案的 IRR 均大于 i_0,由于各方案独立,故应拒绝方案 F。将表 4-22 中的 IRR 按大小排序,排成图 4-16。由图 4-16 可见,当投资额不超过 400 万元时,可接受的方案为 C、A、B 共 3 个,合计投资额 320 万元。进一步分析:

(1)总资金如果减少 80 万元,即 320 万元时,预选方案不变,可接受方案 C、A、B。

(2)如果总资金在 400 万元的基础上再融资 100 万元,即到 500 万元,只要融资的资金成本小于 20.1%,预算方案可以增加方案 E。

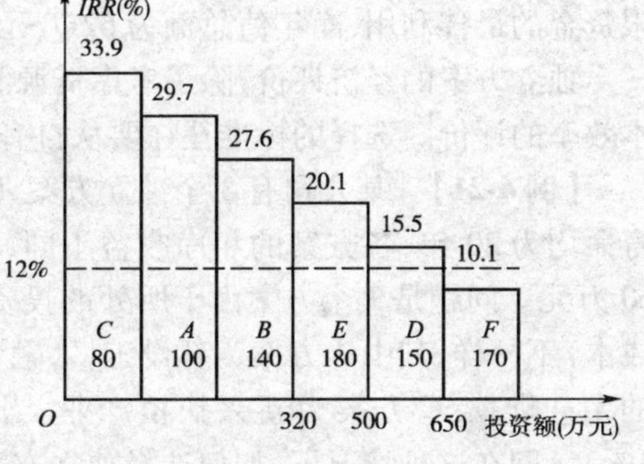

图 4-16 独立方案排序

上述分析并没有保证制约资源(如资金)的最佳利用。当存在着资源约束的条件下,各个独立方案的选择,就不能简单地用一个评价准则(如 NPV、IRR 等)来选择方案,这是由于方案的不可分性——一个方案只能作为一个整体而发挥效益来决定的。

比如,独立方案 A、B、C 的投资分别是 I_A、I_B、I_C,且 $I_B = I_A + I_C$,而方案的净现值大小依次是:$NPV_A > NPV_B > NPV_C$,如果投资约束不超过 I_B,那么决策只能在 B 和 $A+C$(即同时选择方案 A 和 C)两个互斥方案之间选择,要么接受 B 而放弃 $A+C$,要么接受 $A+C$ 而放弃 B,而不能按 NPV 的大小次序,先接受 A,再选择部分 B,因为 B 是不可分的。

由此可以受到启发,有资源制约条件下独立方案的比选,可将可行的方案组合列出来,每个方案组合可以看成是一满足约束条件的互斥方案,这样按互斥方案的经济评价方法可以选择一个符合评价准则的方案组合,该方案组合就是独立方案的一个选择。因此,有约束条件的独立方案的选择可以通过方案组合转化为互斥方案的比选,其方法如同前述。

【例 4-20】 独立方案 A、B、C 的投资分别为 100 万元、70 万元和 120 万元,计算各方案

的净年值分别为30万元、27万元和32万元，如果资金有限，不超过250万元投资，问该方案如何选择？

解 3个方案可能的组合数为 $2^3=8$ 种（包括不投资这一组合），各方案组合的投资净年值计算列于表4-23。

方案组合及净年值（单位：万元） 表4-23

序号	方案组合	投资	净年值
1	A	100	30
2	B	70	27
3	C	120	32
4	$A+B$	170	57
5	$B+C$	190	59
6	$A+C$	220	62
7	$A+B+C$	290	89

第7种方案组合的投资额超过了资金约束条件250万元，不可行；在允许的1～6方案组合中，按互斥方案选择的准则，第6方案组合（$A+C$）为最优选择，即选择 A 和 C，达到有限资金的最佳利用，净年值总额为62万元。

独立方案的经济评价，除了考虑资源制约这个因素以外，还要区分方案固有的效率与资本效率的评价。选择的标准往往要从自有资金的角度出发。

【例4-21】 某公司有3个独立方案 A、B、C 可供选择，A、B、C 的投资额均为500万元，寿命均为20年，各方案的年净收益不同，A 方案的年净收益为80万元，B 为70万元，C 为60万元。问题是3个方案由于所处的投资环境及投资内容不同，各方案融资的成本（资金成本）不一样，其中 A 方案为新设工厂，融资无优惠；B 方案为环保项目，可以得到250万元的无息贷款；C 方案为新兴扶植产业，当地政府可以给予400万元的低息贷款（年利率4%）。问在这种情况下，如何选择独立方案（基准收益率 $i_0=13\%$）？

解 按内部收益率作为评价指标，先分析方案固有的效率（即计算各方案 IRR）。

由方程式：

$$-500+80\times(P/A,IRR_A,20)=0$$

$$-500+70\times(P/A,IRR_B,20)=0$$

$$-500+60\times(P/A,IRR_C,20)=0$$

解得 $IRR_A=15\%$，$IRR_B=12.7\%$，$IRR_C=10.3\%$，从方案固有的效率来看，$IRR_A>i_0$（13%），方案 A 可以接受；而 $IRR_B<i_0$，$IRR_C<i_0$，方案 B、C 不可接受。

但是，从自有资金的角度来看，决定项目选择的标准主要看自有资金的效率，此时，方案 A 的 IRR 没有变化。对于方案 B，500万元投资当中有250万元是无息贷款，到寿命期末只需还本金，所以，方案 B 的自有资金的 IRR 由下式求得：

$$-250-250\times(P/F,IRR_B,20)+70\times(P/A,IRR_B,20)=0$$

所以 $IRR_B=27.6\%$。

对于方案 C，400万元的低息贷款，每年等值的还本付息为：

$$400\times(A/P,4\%,20)=29.43（万元）$$

所以，方案 C 自有资金的 IRR 由下式求得：

$$-100+(60-29.43)(P/A,IRR_C,20)=0$$

得到 $IRR_C=30.4\%$。

因此,从自有资金的角度来看,3 个方案的 IRR 均大于 i_0,都可接受,而且方案 C 的自有资金效率最高,可优先选择方案 C。

(三)混合方案的经济评价方法

混合方案的选择,是实际工作中常遇到的一类问题。比如某些公司实行多种经营,投资方向较多,这些投资方向就业务内容而言,是互相独立的,而对每个投资方向又可能有几个可供选择的互斥方案,这样就构成了混合方案的选择问题。这类问题选择方法复杂。下面通过一个设备投资预算分配问题加以说明。

【例 4-22】 某公司有 3 个下属部门分别是 A、B、C,各部门提出了若干投资方案,见表 4-24。3 个部门之间是独立的,但每个部门内的投资方案之间是互斥的,寿命均为 10 年,$i_0=10\%$。

试问:

(1)资金供应没有限制,如何选择方案;

(2)资金限制在 500 万元之内,如何选择方案;

(3)假如资金供应渠道不同,其资金成本有差别,现在有 3 种来源分别是:甲供应方式的资金成本为 10%,最多可供应 300 万元;乙方式的资金成本为 12%,最多也可供应 300 万元;丙方式的资金成本为 15%,最多也可供应 300 万元,此时如何选择方案;

(4)当 B 部门的投资方案是与安全有关的设备更新,不管效益如何,B 部门必须优先投资,此时如何选择方案(资金供应同(3))。

混合方案的现金流量(单位:万元)　　表 4-24

部　门	方　案	0 年	1~10 年	IRR(%)
A	A_1	-100	27.2	24
	A_2	-200	51.1	22.1
B	B_1	-100	12.0	3.5
	B_2	-200	30.1	12
	B_3	-300	45.6	8.5
C	C_1	-100	50.9	50
	C_2	-200	63.9	28.8
	C_3	-300	87.8	26.2

解　上述 4 个问题采用内部收益率指标来分析。

(1)因为资金供应无限制,A、B、C 部门之间独立,此时实际上是各部门内部互斥方案的比选,分别计算 ΔIRR 如下:

对于 A 部门,由方程式

$$-100+27.2\times(P/A,IRR_{A_1},10)=0$$

$$-100+(51.1-27.2)(P/A,IRR_{A_2-A_1},10)=0$$

解得 $IRR_{A_1}=24\%$,$IRR>i_0(10\%)$,$\Delta IRR_{A_2-A_1}=20\%>i_0(10\%)$,所以,$A_2$ 优于 A_1,应选择方案 A_2。

对于 B 部门,同样方法可求得:

$IRR_{B_1}=3.5\%<i_0$，故 B_1 是无资格方案，$IRR_{B_2}=12\%>i_0$，

$\Delta IRR_{B_3-B_2}=9.1\%<i_0$，$B_2$ 优于 B_3，应选方案 B_2。

对于 C 部门，求得 $IRR_{C_1}=50\%>i_0$，$\Delta IRR_{C_2-C_1}=5\%<i_0$，故 C_1 方案优于 C_2；$\Delta IRR_{C_3-C_1}=13.1\%>i_0$，所以，$C_3$ 优于 C_1，应选方案 C_3。

因此，资金没有限制时，3 个部门应分别选择 $A_1+B_2+C_3$，即 A 与 B 部门分别投资 200 万元，C 部门则投资 300 万元。

(2)由于存在资金限制，3 个部门投资方案的选择过程如图 4-17 所示。

从图 4-17 可见，当资金限制在 500 万元之内时，可接受的方案包括 C_1-0、A_1-0、A_2-A_1、C_3-C_1，因为这 4 个增量投资方案的 ΔIRR 均大于 i_0，且投资额为 500 万元。因此，3 个部门应选择的方案为 A 部门的 A_2 和 C 部门的 C_3，即 A_2+C_3（A 部门投资 200 万元，C 部门投资 300 万元，B 部门不投资）。

(3)由于不同的资金供应存在资金成本的差别，把资金成本低的资金优先投资于效率高的方案，即在图 4-17 上将资金成本从小到大画成曲线，当增量投资方案的 ΔIRR 小于资金成本时，该方案不可接受。从图 4-17 还可见，投资额在 500 万元之前的增量投资方案（即 C_1-0、A_1-0、A_2-A_1、C_3-C_1）的 ΔIRR 均大于所对应资金供应的资金成本（10% 和 12%）。因此，这些方案均可接受，3 个部门的选择方案为 A_2+C_3，而且，应将甲供应方式的资金 200 万元投资于 A_2，甲方式的其余 100 万元和乙方式的 200 万元投资于 C_3。

(4)B 部门必须投资，即 B_2 必须优先选择（此时图 4-17 变成如图 4-18）。

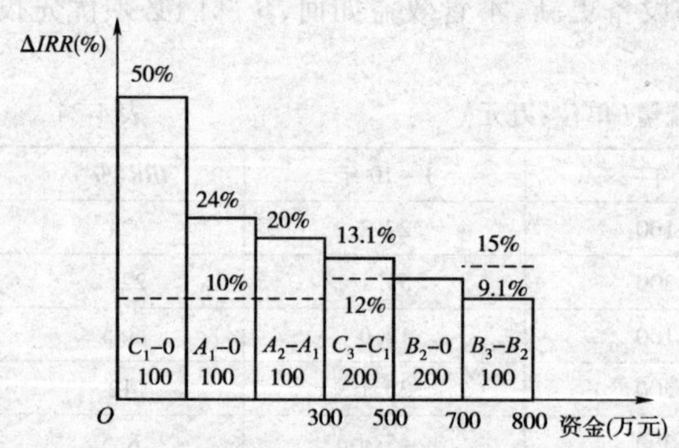

图 4-17　混合方案的 ΔIRR

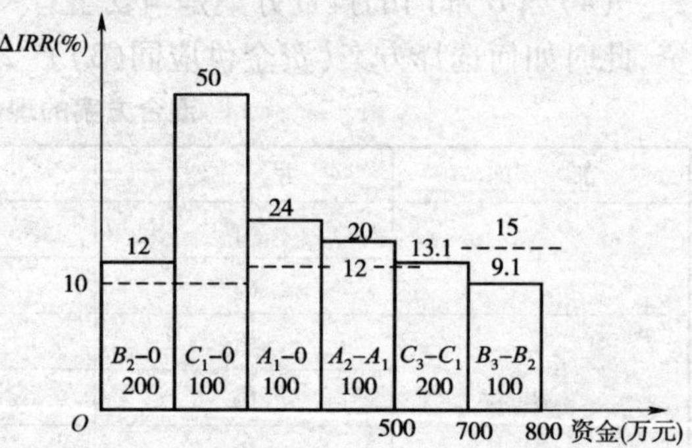

图 4-18　有优先选择条件的混合方案的 ΔIRR

同样的道理，从图 4-18 可见，3 个部门的方案应选择 $B_2+C_1+A_2$，即 B 部门投资 200 万元，A 部门投资 200 万元，C 部门投资 100 万元，而且甲方式的 300 万元投资于 B 部门 200 万元和 C 部门 100 万元，乙方式的 200 万元投资于 A 部门。

1. 求如表 4-25 所示投资方案的静态和动态投资回收期（$i_0=8\%$）。

净现金流量　　表 4-25

年　份	0	1	2	3	4	5	6
净现金流量（万元）	-90	-60	45	75	75	75	75

2. 有三项投资，资料如表 4-26 所示。

净 现 金 流 量(单位:元)　　表 4-26

投资 \ 现金流量 \ 时间	0	1 年末	2 年末
A	-5 000		9 000
B	-5 000	4 000	4 000
C	-5 000	7 000	

请计算：

(1)利率分别为 5%、10% 和 15% 时的净现值。

(2)各项目投资的内部收益率。

(3)使用内部收益率法比较哪项投资有利？使用净现值法，利率为 10% 时，哪项投资有利？

3. 某项目初始投资为 8 000 元，在第一年末现金流入 2 000 元，第二年末现金流入 3 000 元，第三、四年末的现金流入均为 4 000 元，计算该项目的净现值、净年值、净现值指数、内部收益率、动态投资回收期($i_0 = 8\%$)。

4. 在某一项目中，有两种机器可以选用，都能满足生产需要。机器 *A* 买价为 10 000 元，在第 6 年年末的残值为 4 000 元，前三年的年运行费用为 5 000 元，后三年为 6 000 元。机器 *B* 买价为 8 000 元，第 6 年年末的残值为 3 000 元，其运行费用前三年为每年 5 500 元，后三年为每年 6 500 元。运行费用增加的原因是，维护修理工作量及效率上的损失随着机器使用时间的增加而提高。基准收益率是 12%。试用费用现值和费用年值法分析选用机器。

5. 某公司可能用分期付款来购买一台标价 22 000 美元的专用机器，定金为 2 500 美元，余额在以后 5 年内均匀地分期支付，并加上余额 8% 的利息。但现在也可以用一次性支付现金 19 000 美元来购买这台机器。如果这家公司的基准收益率为 10%，试问应该选择哪个方案(用净现值法)？

6. 某公司可以 80 000 元购置一台旧载货汽车，年费用估计为 64 000 元，当该车在第 4 年更新时残值为 14 000 元。该厂也可用 120 000 元购置一台新载货汽车，其年运行费用为 52 000 元，当它在第 4 年更新时残值为 18 000 元。若基准收益率为 10%，问应选择哪个方案？

7. 用增量内部收益率法比选以下如表 4-27 所示的两个方案($i_0 = 10\%$)。

净 现 金 流 量(单位:元)　　表 4-27

投资 \ 现金流量 \ 年份	0	1	2	3
A	-100 000	40 000	40 000	50 000
B	-120 000	50 000	50 000	60 000

8. 某厂拟购置机器设备一套，有 *A*、*B* 两种型号可供选择，两种型号机器的性能相同，但使用年限不同，有关资料如表 4-28 所示。

设备售价和维修、操作成本（单位:元）　　表 4-28

设　备	设备售价	维修及操作成本								残　值
		第 1 年	第 2 年	第 3 年	第 4 年	第 5 年	第 6 年	第 7 年	第 8 年	
A	20 000	4 000	4 000	4 000	4 000	4 000	4 000	4 000	4 000	3 000
B	10 000	3 000	4 000	5 000	6 000	7 000				1 000

如果该企业的资金成本为 10%，应选用哪一种型号的设备？

9. 某公司考虑下面 3 个投资计划。在 5 年计划期中，这 3 个投资方案的现金流情况如表 4-29（该公司的最低希望收益率为 10%）所示。

现 金 流 量（单位:元）　　表 4-29

方　案	A	B	C
最初投资	65 000	58 000	93 000
年净收入（1～5 年末）	18 000	15 000	23 000
残值	12 000	10 000	15 000

（1）假设这 3 个计划是独立的，且资金没有限制，应选择哪个方案或哪些方案？

（2）在（1）中假设资金限制在 160 000 元，试选出最好的方案。

（3）假设计划 A、B、C 是互斥的，试用增量内部收益率法来选出最合适的投资计划，增量内部收益率说明什么意思？

10. 某企业现有若干互斥型投资方案，有关数据如表 4-30 所示。

有 关 数 据（单位:万元）　　表 4-30

方　案	初 始 投 资	年 净 收 入
0	0	0
A	2 000	500
B	3 000	900
C	4 000	1 100
D	5 000	1 380

以上各方案寿命期均为 7 年，试问：

（1）当折现率为 10% 时，资金无限制，哪个方案最佳？

（2）折现率在什么范围时，B 方案在经济上最佳？

11. 拟建一座用于出租的房屋，获得土地的费用为 30 万元。房屋有 4 种备选的高度，不同建筑高度的建造费用和房屋建成后的租金收入及经营费用（含税金）如表 4-31 所示。房屋的经济寿命为 40 年，寿命周期结束时土地价值不变，但房屋将被拆除，残值为零，最低期望收益率为 15%，用增量收益率分析法确定房屋应建多少层？

净 现 金 流 量（单位:万元）　　表 4-31

层　数	2	3	4	5
建筑的初始成本	200	250	310	385
年运行费用	15	25	30	42
年收入	40	60	90	106

12. 某项目净现金流量如表 4-32 所示。

净现金流量 表 4-32

年 份	0	1	2	3	4	5	6
净现金流量(万元)	−50	−80	40	60	60	60	60

注:投资为第一年初 50 万元,第二年初 80 万元。

(1)试计算静态投资回收期、净现值、净年值、内部收益率、净现值指数和动态投资回收期($i_0=10\%$)。

(2)画出累积净现金流量曲线与累积净现值曲线。

13. 某拟建项目,第一年初投资 1 000 万元,第二年初投资 2 000 万元,第三年初投资 1 500万元,从第三年起连续 8 年每年可获净收入 1 450 万元。若期末残值忽略不计,最低希望收益率为 12%,试计算净现值和内部收益率,并判断该项目经济上是否可行。

14. 购买某台设备需 80 000 元,用该设备每年可获净收益 12 600 元,该设备报废后无残值。

(1)若设备使用 8 年后报废,这项投资的内部收益率是多少?

(2)若最低希望收益率为 10%,该设备至少可使用多少年才值得购买?

15. 某项产品发明专利有效期 12 年,专利使用许可合同规定制造商每销售一件产品应向发明人支付 250 元专利使用费。据预测,下一年度该产品可销售 1 000 件,以后销售每年可增加 100 件。若发明人希望制造商将专利使用费一次付清,制造商同意支付的最高金额会是多少?制造商的最低希望收益率为 15%,发明人的最低希望收益率是 10%。

16. 某物流公司拟建 3 座仓库。备选库址有 3 个(A、B、C)。若只建一个,其现金流量如表 4-33 所示。若建 A、B 两个,则除了投资不变外,A 的年净收入减少 2/3,B 减少 1/3;若建 B、C 两个,B 的年净收入减少 1/3,C 减少 2/3;若同时建 A、B、C,则 A、B、C 的年净收入均减少 2/3。问应如何决策($i_0=10\%$)?

现金流量(单位:万元) 表 4-33

年份 / 方案	第 1 年末投资	2 ~ 21 年的净收入
A	−4 000	800
B	−4 000	800
C	−4 000	800

17. 非直接互斥方案 A、B、C 的净现金流量如表 4-34 所示,已知资金预算为 600 万元,请做出方案选择($i_0=10\%$)。

净现金流量(单位:万元) 表 4-34

年份 / 方案	投 资	年 净 收 入
	0	1 ~ 10
A	−300	50
B	−400	70
C	−500	75

18. 某企业现有若干互斥型投资方案,有关数据如表 4-35 所示。

各方案的投资额和年净收入(单位:万元)　　表 4-35

方案	初始投资	年净收入
0	0	0
A	2 000	500
B	3 000	900
C	4 000	1 100
D	5 000	1 380

以上各方案寿命期均为 7 年,试问:

(1)当折现率为 10% 时,资金无限制,哪个方案最佳?

(2)折现率在什么范围内时,B 方案在经济上最佳?

(3)若 $i_0=10\%$,实施 B 方案企业在经济上的损失是多少?

19. 某企业有 6 个相互独立的备选投资方案,各方案的投资额和年净收益见表 4-36。

各方案的投资额和年净收益(单位:万元)　　表 4-36

方案	A	B	C	D	E	F
初始投资	50	70	40	75	90	85
年净收益	17.1	22.8	15	16.7	23.5	15.9

各方案的寿命期均为 8 年,资金预算总额为 300 万元。

(1)最低希望收益率为 12%,应选择哪些方案?

(2)资金成本随投资总额变化,投资总额在 60 万元以内时,取基准折现率 $i_0=12\%$,投资总额超过 60 万元,每增加 30 万元投资,i_0 增加 2%,试在这种条件下做出正确选择。

20. 某城市拟建一套供水系统,有两种方案可供选择:第一种方案是先花费 350 万元建一套系统,供水能力可满足近十年的需要,年运行费用 26 万元。到第十年末由于用水量增加,需要再花费 350 万元另建一套同样的系统,两套系统年总运行费用 52 万元。可以认为供水系统的寿命无限长,但每套系统每隔 20 年需要花费 125 万元更新系统中的某些设备。第二种方案是一次花费 500 万元建一套比较大的供水系统,近 10 年仅利用其能力的一半,年运行费用 28 万元。10 年后其能力全部得到利用,年运行费用 50 万元。可以认为系统寿命无限长,但每隔 20 年需要花费 200 万元更新系统中的某些设备。若最低希望收益率为 15%,试分析应采用哪种方案。

21. 购置一台设备初始费为 60 000 元,该设备可使用 7 年,使用 1 年后设备价值降为 36 000元,以后每年递降 4 000 元。设备在其寿命期内运行费用和修理费用逐年增加,见表 4-37。

设备在其寿命期内运行费用和修理费(单位:万元)　　表 4-37

年份	1	2	3	4	5	6	7
年运行费与修理费	1.0	1.1	1.2	1.4	1.6	2.2	3.0

假定设备可随时在市场上转让出去,若最低希望收益率为 15%,该设备使用几年最经济?

22. 在某建筑物外表面涂漆时可花费 40 000 元涂上一层寿命为 5 年的漆,也可花费 30 000元涂一层寿命为 3 年的漆。假定重新涂油漆的费用不变,若最低希望收益率为 20%,应选择哪种漆?如果寿命较短的漆预计至多两年内价格将下跌,油漆费用可降为 20 000

元，而寿命较长的漆价格保持不变，应如何选择？

23. 为一条蒸汽管道敷设不同厚度绝热层的初始费用以及蒸汽管道运行中不同绝热层厚度对应的热损失费用见表4-38。

不同绝热层厚度对应的热损失费用　　表4-38

绝热层厚度(cm)	0	2	2.5	3	4.5	6	7.5
初始费用(元)	0	18 000	25 450	33 400	38 450	43 600	57 300
年热损失费用(元)	18 000	9 000	5 900	4 500	3 910	3 600	3 100

估计该蒸汽管道要使用15年，若最低希望收益率为8%，分别用年值法，现值法和内部收益率法分析多大厚度的绝热层最经济。

24. 投资方案A与B各年的净现金流如表4-39所示。

净现金流量(单位:万元)　　表4-39

年　份	0	1	2	3	4	5
方案A的净现金流	-100	60	50	-200	150	100
方案B的净现金流	-100	80	80	-200	150	100

试判断这两个方案是否可以用内部收益率指标进行评价。

25. 有5个备选投资项目，各项目的净现金流序列见表4-40。这些项目之间的关系是：A与B互斥，C与D互斥，接受项目C与项目D均要以接受项目B为前提，接受项目E要以接受项目C为前提。最低希望收益率为10%，试分别就：(1)资金无限制；(2)资金限额为500万元这两种情况选择最优项目组合。

净现金流量(单位:万元)　　表4-40

年　份	0	1~4
项目A	-500	200
项目B	-300	120
项目C	-140	40
项目D	-150	50
项目E	-110	70

第五章　不确定性分析

在前面讨论各种经济效果评价方法时，都存在一个没有说明的假设条件，即对方案经济效果评价中使用的投资、成本、产量、价格等基础数据都具有高度可信性，结果也是确定的，这是确定性分析的基础。

然而，对于任何一个实际的方案来说，几乎都是不确定的。因为一个投资方案的计算期，少则五年、六年，多则十年，几十年，经济评价所用的数据很多是通过预测得到的。同时，投资方案还要受到通货膨胀和物价变动、技术装备和生产能力的变化，基础数据的不足或误差、预测方法的局限、预测时假设的不准确、政府政策或法规的变化、人力不可抗拒因素等很多不可预测因素影响，这使得方案经济效果的实际值可能偏离其预期值，从而给投资者和经营者带来风险。

不确定性分析，就是帮助我们分析这种带有不确定因素的投资方案，分析各种可能影响因素的变化及其对方案实施结果的影响程度。

第一节　盈亏平衡分析

盈亏平衡分析也叫收支平衡分析、量本利分析、损益分析，是在一定的市场、生产能力条件下，研究拟建项目成本与收益的平衡关系的一种方法，是通过分析业务量、成本与方案盈利能力之间的关系找出投资项目盈利与亏损在业务量、价格、单位业务量成本等方面的界限。由于在盈亏平衡点上，项目既不盈利也不亏损，因此盈亏平衡分析就成为对项目经济效益进行考察、决策的一个基础依据，同时也可反映项目适应市场需求变化的能力。

根据成本、收入与业务量之间的函数关系，盈亏平衡分析又可进一步分为线性盈亏平衡分析和非线性盈亏平衡分析。线性盈亏平衡分析，又分为静态盈亏平衡分析和动态盈亏平衡分析。

一、线性盈亏平衡分析

（一）线性盈亏平衡分析的前提条件

在技术方案运行中，影响经济效益的因素有市场供求状况、成本的形成、管理水平等。为了能定量化描述业务量、成本与利润的关系，建立以下假设条件：

（1）价格不变且与业务量的变化无关。

（2）在一定的生产条件下，总固定成本不变。

（3）在一定的生产条件下，变动成本随业务量变化而成正比例变化。

(4) 总成本是业务量的线性函数。

(5) 收入是业务量的线性函数。

在以上假设条件下进行盈亏平衡分析,无疑是一种粗略、近似的分析,但由于这些假定对企业内部经营来说没有质的影响,故盈亏平衡分析是一种很实用的分析方法。

(二) 收入、成本与产量的关系

依假定条件(2),收入与业务量呈线性关系,可表示为:

$$R = PQ \tag{5-1}$$

式中:R——年销售收入;

P——销售单价;

Q——产品年销量(业务量)。

项目投产后,其成本可以分为固定成本与变动成本两部分。固定成本指在一定的生产规模限度内不随业务量的变动而变动的费用;变动成本是指随业务量的变动而变动的费用。一般讲变动成本中的大部分与业务量成正比例关系,也有一少部分变动成本与业务量不成正比例关系,有时呈阶梯形曲线,通常称这部分成本为半变动成本。由于半变动成本通常在总成本中所占比例很小,在经济分析中一般可以近似地认为它也随业务量成正比例变动。故依假设条件(3),成本与业务量也呈线性关系。由于总成本是固定成本与变动成本之和,即有:

$$C = F + C_V Q \tag{5-2}$$

式中:C——总成本;

C_V——单位变动成本;

F——年固定成本。

在技术方案的详细评价中,要求将总成本按变动成本与固定成本分类预测计算,因此,进行盈亏分析时可直接使用详细评价中的成本资料。在企业经济活动分析中,则需依据财务上的混合成本资料,用统计整理方法分解为固定成本与可变成本。

(三) 线性盈亏平衡分析方法

1. 图解法

线性静态盈亏平衡分析中常用的方法是图解法。图 5-1 是盈亏平衡分析图的基本模型,纵坐标表示收入与成本,横坐标表示业务量。图中还分别画出固定成本线、总成本线和总收入线;总成本线与横轴之间的距离表示成本费用总额,总成本线与固定成本线的间距为变动成本;总收入线与总成本线的交点为盈亏平衡点(Break Even Point,简称BEP),也就是项目盈利与亏损的临界点。在 *BEP* 的左边,总成本大于总收入,项目亏损;在 *BEP* 的右边,总收入大于总成本,项目盈利;在 *BEP* 点上,项目不亏也不盈,正好保本。

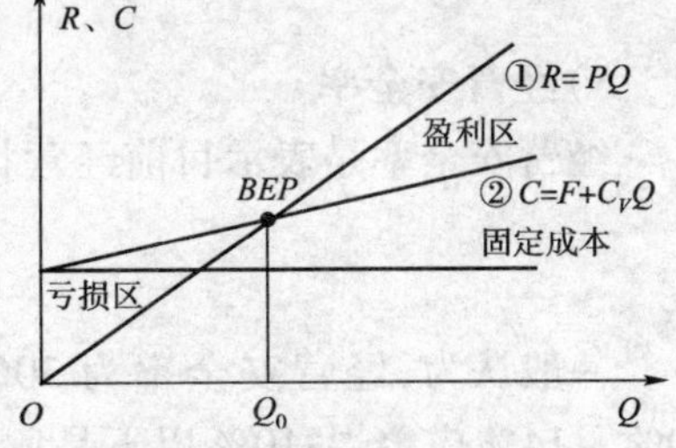

图 5-1 线性盈亏平衡分析图

盈亏平衡分析图集中而形象地反映了有关因素之间相互关系,从中可以看出一些规律性的东西:首先,*BEP* 点不变,业务量越大,能实现利润越多,或亏损越少;业务量越小,所实现利润越少,或亏损越多;其次,业务量不变,*BEP* 点越低,所实现利润越多,亏损越少,*BEP* 点越高,所实现利润越少,或亏损越多;再次,在收入既定的条件下,*BEP* 点的高低,取决于 F 和 C_V 的多少,F 越大,或 C_V 越大,则 *BEP* 点越高;反之，越低。明确上述基本关系，对于促进企业根据主、客观条件，有预见地采取相应措施，实现扭亏增盈，将有较大帮助。

2. 解析法

解析法也称为公式法。在线性盈亏平衡分析中，我们可以很方便地用解析方法求出以业务量、生产能力利用率、价格、单位业务量变动成本等表示的盈亏平衡点。

1）盈亏平衡点业务量

设对应于盈亏平衡点的业务量为 Q_0，根据盈亏平衡定义，则有：$PQ_0 = C_V Q_0 + F$

即：

$$Q_0 = \frac{F}{P - C_V} \tag{5-3}$$

一个项目在正常条件下，如果实际年业务量能超过保本点，说明这个项目有盈利能力，业务量超过保本点越多，盈利就越大。

2）盈亏平衡时生产能力利用率

设项目设计生产能力为 Q^*，则盈亏平衡生产能力利用率 E 为：

$$E = \frac{Q_0}{Q^*} \times 100\% = \frac{F}{(P - C_V)Q^*} \times 100\% \tag{5-4}$$

这个指标表示达到盈亏平衡时实际利用的生产能力占项目设计生产能力的比率。这个比率越小，说明项目适应市场变化的能力和抵御风险的能力越强，反之，说明企业要利用较多的生产能力才能保本，项目承受风险的能力较弱。

3）盈亏平衡单价

设盈亏平衡单价为 P_0，则：

$$P_0 = \frac{R}{Q} = \frac{C}{Q} = C_V + \frac{F}{Q} \tag{5-5}$$

将此保本单价，与市场预测中得到的价格信息相比较，以判断拟建项目在价格方面所能承受的风险。

4）盈亏平衡单位业务量变动成本

在已知项目的业务量 Q，单价 P 和固定成本总额 F 的情况下，可预测保本要求的单位变动成本额，然后与项目实际可能发生的单位变动成本相比较，从而判断拟建项目有无成本过高的风险。计算公式如下：

$$C_V = P - \frac{F}{Q} \tag{5-6}$$

5）经营安全率

经营安全率是表示目前经营状况盈利安全性的指标，其计算公式为：

$$q = \frac{Q - Q_0}{Q} \tag{5-7}$$

一般认为，经营安全率为 30% 以上为安全；25% ~ 30% 较安全；15% ~ 25% 不太好；10% ~ 14% 应警惕；10% 以下是危险经营。

盈亏平衡点也可用相对值表示：

$$\frac{Q_0}{Q} = \frac{F}{(P - C_V)Q} \times 100\% \tag{5-8}$$

$$\frac{P_0}{P} = \frac{1}{P}\left(C_V + \frac{F}{Q}\right) \tag{5-9}$$

$$\frac{C_{V0}}{C_V}=\frac{1}{C_V}\left(P-\frac{F}{Q}\right) \tag{5-10}$$

如果分别以1减去各盈亏平衡点相对值,便可得各预测值的允许降低(增加)率。

在上述计算中,对于有技术转让费、营业外净支出及缴纳资源税的项目,在有关项内相应将其扣除。

(四)线性盈亏平衡分析的应用

在实际工作中,盈亏平衡分析广泛地应用于企业经营决策(如目标利润的确定、生产规模确定、设备加工任务安排及弹性计划编制等)、投资项目的不确定性分析、经营安全率分析以及进行方案的比较,并可通过分析 C_V、F 对 Q_0 的影响,指出企业改善经营的方向。

1. 指出企业不亏损的最低年业务量、单价、单位变动成本,分析、判断项目经营安全率

【例5-1】 某汽车配件厂拟加工生产中型载货汽车变速器的技术方案,目前生产能力为3 000套,年设计生产能力为4 000套,每套售价3 000元,生产总成本780万元,其中固定成本300万元,总变动成本与产量呈正比例关系。试用盈亏平衡分析法评价该技术方案。

解 生产变速器的单位变动成本为:

$$C_V=\frac{(780-300)\times10^4}{3\times10^3}=1\ 600(\text{元/套})$$

盈亏平衡产量为:

$$Q_0=\frac{300\times10^4}{3\ 000-1\ 600}=2\ 143(\text{套})$$

盈亏平衡单位产品变动成本为:

$$C_{V0}=3\ 000-\frac{300\times10^4}{3\ 000}=2\ 000(\text{元/套})$$

盈亏平衡销售单价为:

$$P_0=1\ 600+\frac{300\times10^4}{3\ 000}=2\ 600(\text{元/套})$$

盈亏平衡生产能力利用率:

$$E=\frac{2\ 140}{4\ 000}\times100\%=53.5\%$$

经营安全率:

$$q=\frac{3\ 000-2\ 140}{3\ 000}=28.67\%$$

说明当产量达到2 143套,单位产品变动成本为2 000元/套,销售单价为2 600元/套,生产能力为设计能力的53.5%,企业即可保本。

项目经营安全率为28.67%,为较安全经营。

【例5-2】 某汽车专用二级公路的投资方案,设计通行能力为8 000辆/昼夜,总投资为5 000万元。若每车平均收费3元,寿命期为20年,折现率为10%,养护管理费全部纳入可变成本,且均摊到每辆通行车辆上的可变成本约为0.1元。试对该投资方案进行盈亏平衡分析。

解 该投资方案年固定成本为:

$$F=5\ 000\times\frac{0.1\times(1+10\%)^{20}}{(1+10\%)^{20}-1}=587.30(\text{万元})$$

盈亏平衡时的临界交通量为:

$$Q_0 = \frac{587.30 \times 10^4}{3.00 - 0.10} = 2\ 025\ 172(\text{辆/年})$$

每昼夜平均交通量为:

$$\frac{2\ 025\ 172}{365} = 5\ 548(\text{辆/昼夜})$$

盈亏平衡时生产能力利用率为:

$$E = \frac{5\ 584}{8\ 000} = 69.8\%$$

最低年过路费收入:

$$R_0 = 3.00 \times 2\ 025\ 172 \times 10^{-4} = 607.55(\text{万元/年})$$

达到设计通行能力的最低收费标准为:

$$P_0 = 0.10 + \frac{587.30 \times 10^4}{8\ 000 \times 365} = 2.01(\text{元/辆})$$

由上述计算可知:该投资方案不发生亏损的条件是交通量不低于5 548 辆/昼夜。生产能力利用率不低于69.8%,年最低过路费收入为607.55 万元/年,如果按设计交通量运作,养护管理费与预期值相同,不发生亏损的收费标准是2.01 元/辆。

2. 通过分析固定成本占总成本的比例对盈亏平衡点的影响

设预期的年业务量为 Q,固定成本占总成本比例为 S,由 $F = SC$,有:

$$C_V = \frac{C(1-S)}{Q}$$

$$Q_0 = \frac{SC}{P - C(1-S)/Q} = \frac{QC}{(PQ - C)/S + C} \tag{5-11}$$

$$C_{V0} = P - \frac{CS}{Q} \tag{5-12}$$

从式(5-11)和式(5-12)可以看出,固定成本占总成本的比例 S 越大,盈亏平衡业务量越高,盈亏平衡单位业务量变动成本越低。高的盈亏平衡业务量和低的盈亏平衡单位业务量变动成本会导致项目在面临不确定因素的变动时发生亏损的可能性增大。可见,控制固定成本对于盈亏平衡点的下降,有着很重要的意义。

3. 应用盈亏分析进行方案比较、选择

在需要对若干个方案进行比选情况下,如果是某一个共有的不确定因素影响这些方案的取舍,则也可以用盈亏平衡分析方法帮助决策。

设两个互斥方案的经济效果都受某不确定因素 x 的影响,我们把 x 看作一个变量,则两个方案的经济效果指标可表示为:

$$E_1 = f_1(x_1)$$

$$E_2 = f_2(x_2)$$

当两方案经济效果相同时有 $f_1(x_1) = f_2(x_2)$。

解出使这个方程式成立的 x 值,即为方案1 与方案2 的盈亏平衡点,也就是决定这两个方案优劣的临界点。结合对不确定因素 x 未来取值范围的预测,就可以做出相应的决策。

【例5-3】 某道路施工企业,需要一套大型施工设备,若自己购置需一次性投资30 万元,使用寿命15 年,折现率为10%,年维修费4 000 元,运行费用100 元/日;如果租赁该种设备,租金300 元/日,运行费用100 元/日。问应采用哪一个方案?

解 设两个方案的年总费用都是施工设备的年使用天数 x 的函数,则:

租赁设备时年总费用为:

$$C_1=(300+100)x$$

购置设备时年总费用为:

$$C_2=30\times10^4\times(A/P,10\%,15)+4\ 000+100x$$

解方程 $C_1=C_2$,得 $x=145$ 天。即在设备使用天数为 145 天时,两个方案的年费用相等。当每年使用天数小于 145 天时,应采用租赁方案;当每年使用天数大于 145 天时,应采用购置方案。

对于两个以上的多方案盈亏平衡分析,可参照上述方法进行。但应在同一变量关系条件下,将多个方案两两进行分析,并分别求出每两个方案的盈亏平衡点,然后再进行比较,选择最经济的方案。

二、非线性盈亏平衡分析

线性盈亏分析是在假定收入、成本、利润与业务量成线性关系条件下进行的,因此,其分析结果只适用于一定的条件。实际上,业务量的完成会受到市场和客户等多因素影响,收入并非一条直线。一般地说,在进入市场初期,价格较高,在供小于求的情况下,收入与业务量成正比增加,一旦市场对这种需求接近饱和,或由于市场竞争等原因,当业务量增加到一定程度后,便会出现供大于需现象,有时必须采取降价措施,收入的增加速度趋于缓慢、水平甚至于下降(见图 5-2)。

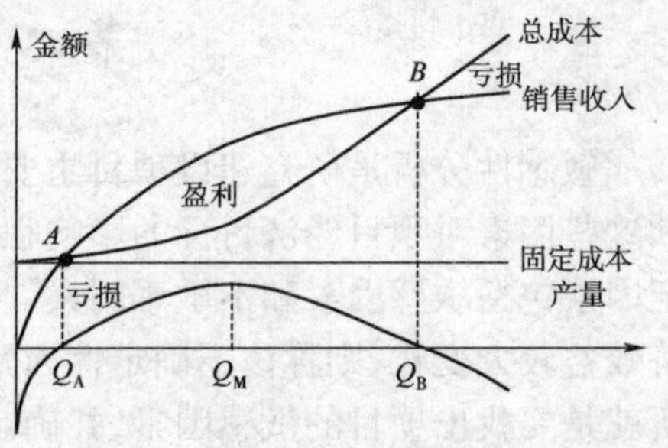

图 5-2 非线性盈亏平衡分析图

实际中的年总成本与业务量也并不成线性关系。当业务扩大到某一限度后,正常价格的原料,动力已不能保证供应,企业必须付出较高的代价才能获得,正常的生产班次也不能完成任务、不得不加班加点,增大了劳务费用,此外,设备的超负荷运行也带来了磨损的增大、寿命的缩短和维修费用的增加等,因此,成本函数就不再为线性而变成非线性了。

由图 5-2 可看出,当业务量、成本和利润之间呈非线性关系时,可能出现几个保本点。一般把最后出现的保本点称为盈利限制点(如 B)。当业务量低于 Q_A 或高于 Q_B 时,收入线低于总成本线,利润小于零,处于亏损区;当业务量在 $Q_A\sim Q_B$ 之间时,利润大于零,处于盈利区。

设收入函数为 $f(x)$,成本函数为 $g(x)$,利润函数为:

$$m(x)=f(x)-g(x)$$

解方程 $f(x)=g(x)$,得到的解为盈亏平衡时的业务量。

解方程 $\frac{\mathrm{d}m(x)}{\mathrm{d}x}=\frac{\mathrm{d}[f(x)-g(x)]}{\mathrm{d}x}=0$,并且验证 $\frac{\mathrm{d}^2m(x)}{\mathrm{d}x^2}<0$,可得到最大利润所对应的业务量 x_m 及最大利润值。

由于收入与总成本函数随实际情况的变化而变化,利润函数也无固定形式,故非线性条件下的盈亏分析没有统一基本模型,必须按上述原则,具体问题具体求解。

【例 5-4】 某修配厂生产离合器的技术方案中,成本函数和收入函数分别为:$C=180\ 000+100Q+0.01Q^2$,$R=300Q-0.01Q^2$。求其盈亏平衡产量和最大盈利产量。

解　由于在盈亏平衡点 $R=C$，则：

$$300Q-0.01Q^2=180\,000+100Q+0.01Q^2$$

解方程得：
$$Q_1=1\,000, Q_2=9\,000$$

因此，当 $Q<1\,000$ 或 $Q>9\,000$ 时，企业会发生亏损。盈利的产量范围是：$1\,000<Q<9\,000$。

此外，在最大利润点 $\frac{d(R-C)}{dQ}=0$，

$$\frac{d(R-C)}{dQ}=\frac{d(-0.02Q^2+200Q-180\,000)}{dQ}=0.04Q+200=0$$

$$Q=\frac{200}{0.04}=5\,000$$

又因为
$$\frac{d^2(R-C)}{d^2Q}=-0.04<0$$

所以，当 $Q=5\,000$ 时，盈利最大，最大利润为：

$$M_{max}=-0.02\times5\,000^2+200\times5\,000-180\,000=320\,000(\text{元})$$

第二节　敏感性分析

敏感性分析是研究建设项目主要因素发生变化时，项目经济效益发生的相应变化，以判断这些因素对项目经济目标的影响程度。这些可能发生变化的因素称为不确定因素。不确定因素包括敏感因素和不敏感因素。当某不确定因素在较小范围内变化即引起投资项目经济效益较大变化，则称该不确定性因素为敏感性因素；反之，则称为不敏感因素。敏感性分析就是要找出项目的敏感因素，并确定其敏感程度，以预测项目的风险程度，从而对外部条件发生不利变化时投资方案的承受能力做出判断。其主要内容为：描述效益的敏感性；找出最敏感因素；计算项目盈亏的各参数临界值。

根据项目经济目标，如经济净现值或经济内部收益率所作的敏感性分析叫做经济敏感性分析。同样，根据项目的财务目标所做的敏感性分析叫做财务敏感性分析。

根据每次变动因素的数目不同，敏感性分析又可以分为单因素敏感性分析和多因素敏感性分析。

一、单因素敏感性分析

假定方案的其他参数均不发生变化，仅研究某一个参数变化对项目经济效益的影响的敏感性分析方法。其基本步骤和内容如下：

(一)选择需要分析的不确定因素，并设定这些因素的变动范围

影响投资项目或技术方案经济效果的不确定因素有很多，但事实上没有必要也不可能对全部不确定因素逐个进行分析、计算，而应根据项目本身特点，选定几个在项目计算期内变化的可能性较大，预测的把握性不大，且对项目的经济效益有重大影响的因素即可。

在选择需要分析的不确定性因素的过程中，应根据实际情况设定这些因素可能的变动范围。

(二)确定敏感性分析的具体经济效益评价指标

这些指标的确定应根据建设项目的特点及实际需要、要求，选择最能反映项目经济效益的综合性评价指标，作为敏感性分析的对象。本书第三章讨论的各种经济效果评价指标，如

净现值,净年值、内部收益率、投资收益率、投资回收期等,都可以作为敏感性分析指标。由于敏感性分析是在确定性分析基础上进行的,就一般情况而言,敏感性分析的指标应与确定性经济分析所使用指标相一致,不应超出确定性分析所用指标的范围另立指标。当确定性分析中使用的指标比较多时,可围绕其中一个或若干个最重要的指标进行。

一般静态投资收益率常用于制定项目规划阶段的评价分析;投资回收期或借款偿还期适用于贷款项目和合资项目,可分析贷款和资金短缺对投资偿还能力的影响;内部收益率则多用于项目详细、综合评价。

(三)计算各不确定因素在不同程度变化时的各个经济效益指标

这里是指计算各不确定因素在可能的变动范围内,发生不同幅度变化所导致的方案经济效果指标的变动结果,建立起一一对应的数量关系,并用表格形式表示出来。

也可利用 Excel 电子表格,列表进行计算。具体方法为:在电子表格横栏 B1、C1、D1、E1……中分别输入多个变动率,在纵栏 A2、A3、A4、A5……中输入多个不定因素,并在电子表格 B2、B3、B4、B5……中分别输入经济效益指标计算公式,注意要将复利系数用公式表示,将公式中的变动率分别用 B1 表示,即可计算出各不定因素在第一个变动率时的值。再将 B2 复制,粘贴到 C2、D2、E2……,即可计算出第一个不定因素发生不同程度变化时的各个经济效益指标值,同理,再将 B3 复制,粘贴到 C3、D3、E3……,即可计算出第二个不确定因素发生不同程度变化时的各个经济效益指标值,依此类推,即可很容易地计算出各不确定因素在不同程度变化时的各个经济效益指标值。

(四)绘制敏感性曲线图

敏感性曲线图可以更直观地反映出各个不定因素的变化对项目经济效益指标的影响。纵坐标表示某项经济评价指标;横坐标表示不确定因素的变化范围,按步骤(三)计算结果,画出各因素的变化曲线。则各条曲线就可反映当各不确定因素处于不同变化率情况下的经济评价指标值。

(五)确定敏感因素

将各可变因素计算出来的同一效果指标的不同变化幅度(变化率)进行比较,选择其中变化幅度最大因素为该项目的最敏感因素,变化幅度(变化率)最小的为不敏感因素。也可从敏感性分析图中选其中与横坐标相交的角度最大曲线为敏感因素变化线。

(六)确定不确定因素变化的临界值

不确定因素变化的临界值可以用图解法求得,也可以用代数法求得。其临界值即该不确定因素允许变动的最大幅度,或称极限变化。不确定因素的变化超过这个极限,项目就由可行变为不可行。将这个幅度与估计可能发生的变动幅度比较,若前者大于后者,则表明项目承担的风险不大;反之,则风险大。

【例 5-5】 某城与某煤矿目前靠一条沿河修建的三级砾石路面公路运输,公路全长约 60km,煤矿所生产的煤炭主要由这条公路外运,拥挤现象严重,公路保养维修费用也在不断上升。公路部门现计划新建一条二级沥青路面公路来分流,适当改进路线的走向,预计建设期 2 年,项目经济寿命 20 年,期末无残值,该项目预计投资 3 970 万元,建设期第一年初和第二年初各耗用 50%,新线建成后,在经济寿命期内预计日常年养护维修成本为 13 万元,大修成本为 575 万元,大修于新线使用 10 年后进行,项目建成后年经济效益为 2 540 万元。项目经济效益和投资成本(包括大修成本和日常维护成本)均有可能在 ±30% 范围内变动。设基准折现率为 10%,试分别就上述这两个不确定因素,对 *NPV* 作单参数敏感性分析。

解 $NPV=(2\,540-13)(P/A,10\%,20)(P/F,10\%,2)-3\,970\times0.5-3\,970\times0.5\times(P/F,10\%,1)-575(P/F,10\%,12)=13\,807$（万元）

下面就用 NPV 指标分别就经济效益和投资成本两个不确定因素作单参数敏感性分析：

设经济效益变动的百分比为 K_1，分析经济效益变化对方案净现值影响的计算公式为：

$$NPV_1=[2\,540\times(1+K_1)-13](P/A,10\%,20)(P/F,10\%,2)-3\,970\times0.5-3\,970\times0.5\times(P/F,10\%,1)-575(P/F,10\%,12)$$

设投资成本变化的百分比为 K_2，分析投资成本变化对方案净现值影响的计算公式为：

$$NPV_2=2\,540(P/A,10\%,20)(P/F,10\%,2)-3\,970\times0.5(1+K_2)-3\,970\times0.5(1+K_2)(P/F,10\%,1)-13(1+K_2)(P/A,10\%,20)(P/F,10\%,2)-575(1+K_2)(P/F,10\%,12)$$

按照上面两个公式，根据已知条件，分别在 ±30% 取不同的 K_1、K_2，可以计算出各不确定因素在不同幅度变化下方案净现值，计算结果见表 5-1。根据表 5-1，可以绘出敏感性分析图，见图 5-3。

公路建设项目敏感性分析表 表 5-1

变动率 不确定因素	-30%	-20%	-10%	0	+10%	+20%	+30%
经济效益（万元）	8 446	10 233	12 020	13 807			
投资成本（万元）				13 807	13 411	13 015	12 617

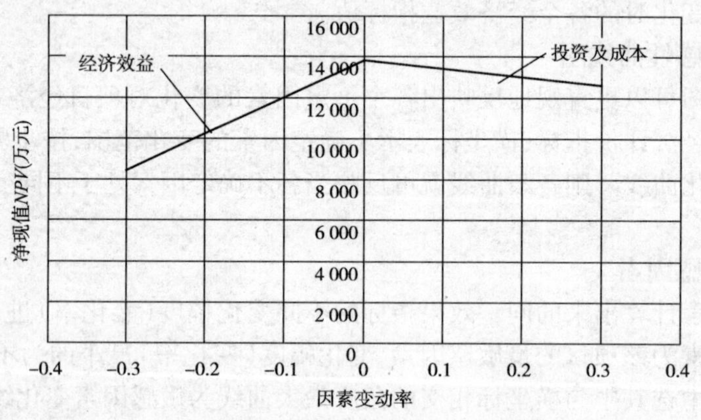

图 5-3 公路建设项目敏感性分析图

也可很方便地利用 Excel 电子表格，列表进行计算。具体方法是：在电子表格横栏 B1、C1、D1、E1、F1、G1、H1 中分别输入 -30%、-20%、-10%、0、10%、20%、30% 等多个变动率，在纵栏 A2、A3 中输入经济效益、投资成本两个不定因素，并在电子表格 B2、B3 中分别输入以上 NPV_1、NPV_2 计算公式，注意要将复利系数用公式表示，将公式中的变动率 K1、K2 分别用 B1 表示，即可计算出经济效益、投资成本在变动率为 -30% 时的 NPV 值。再将 B2 复制，粘贴到 C2、D2、E2、F2、G2、H2，即可计算出经济效益发生不同程度变化时的 NPV 值，同理，再将 B3 复制，粘贴到 C3、D3、E3、F3、G3、H3……，即可计算出投资成本发生不同程度变化时的 NPV 值。再根据计算出的表，绘制出单因素敏感性分析图。

我们这里只分析了敏感因素对项目经济效益的不利影响。

分别令各不确定因素变化时的净现值计算式为零，可求得相应的较准确的 K 值。

令 $NPV_1=0$，得 $K_1=-77.3\%$；

令 $NPV_2=0$，得 $K_2=340\%$。

敏感性分析结果表明，项目的净现值对年经济效益的变化影响较为敏感，投资及成本次之。单项敏感因素变动所造成的最坏结果，也可使净现值达 8446 万元，超过了回收项目投资的基本要求。同时，要使项目可行，当年经济效益不变时，允许投资及成本同时提高的最大限度为预算的 3.40 倍；如果投资及成本不变，可允许年经济效益降低 77.3%，这进一步说明该项目具有较强的承担风险的能力。

二、多因素敏感性分析

单参数敏感性分析可用于确定最敏感因素。但它忽略了各参数之间的相互作用。在实际中，经常出现同时有两个以上参数具有不确定性的情况，对项目所造成的风险比单因素不确定性造成的风险大。因此，在对项目进行风险分析时，还需进行多参数的敏感性分析。

多因素敏感性分析要考虑可能发生的各种因素不同变动幅度的多种组合，计算起来，要比单因素敏感性分析复杂得多。

假定项目其他参数保持不变，仅考虑两个参数同时变化，对项目经济效益的影响，称为双参数敏感性分析。其可先通过单参数敏感性分析确定两个敏感性较强的两个参数，然后用双参数敏感性分析判定这两个参数同时变化时对项目经济效益的影响，其具体分析步骤如下：

（1）建立直角坐标系。其横轴（x）与纵轴（y）分别表示两个参数变化率。

（2）建立项目经济效益指标与两个参数变化率 x、y 的关系式。

（3）取经济效益指标临界值，得到一个关于 x、y 函数方程并在坐标图上画出，即为经济指标临界线。

（4）根据上述敏感性分析图进行敏感性分析。

【例 5-6】 某项目固定资产投资 I 为 170 000 元，年收入 R 为 35 000 元，年经营费用 C 为 3 000 元，该项目的寿命期为 10 年，回收固定资产残值 S 为 20 000 元，若基准收益率为 13%，试就最关键的两个因素：投资和年收入，对项目的净现值指标进行双因素的敏感性分析。

解

$$NPV=-I+(R-C)(P/A,13\%,10)+S(P/F,13\%,10)$$
$$=-170\,000+(35\,000-3\,000)(P/A,13\%,10)+20\,000(P/F,13\%,10)$$

设投资变化率为 x，同时改变的年收入变化率为 y，则有：

$$NPV=-170\,000(1+x)+[35\,000(1+y)-3\,000](P/A,13\%,10)+20\,000(P/F,13\%,10)$$

如果 $NPV\geqslant0$，则该项目的盈利在 13% 以上。

令 $NPV\geqslant0$，即 $9\,530.2-170\,000x+189\,917y\geqslant0$

$$y\geqslant-0.051\,2+0.895\,1x$$

当 $x=0\%$ 时，$y=-5.12\%$，当 $y=0\%$ 时，$x=5.7\%$，即当投资增加超过 5.7%，收入降低超过 5.12% 时，$NPV<0$，见图 5-4。

根据图 5-4 可看出，$y\geqslant-0.051\,2+0.895\,1x$，$NPV\geqslant0$，即斜线以上区域 $NPV\geqslant0$，而斜线以下区域 $NPV\leqslant0$，并显示了两因素同时允许变化的幅度。

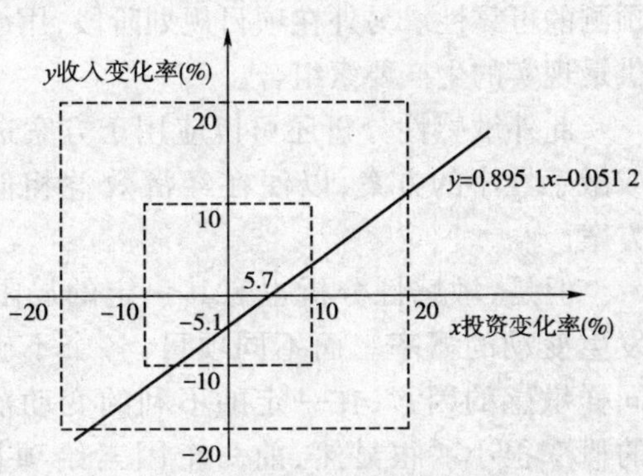

图 5-4 双因素敏感性分析图

若 x 和 y 的变化幅度在 ±10% 或 ±20% 以内（图中方框线），出现的可能性相同时，该投资

方案的 $NPV<0$ 的概率等于被临界线截下的右下角的面积与相应方框总面积的比值。根据此值,可以判断出本方案净现值随投资和年收入而变化的敏感性。显然,本投资方案风险较小。

三参数敏感性分析是在项目其他参数不变情况下,研究有3个参数同时变化时对项目经济效益的影响。它是建立在双参数敏感性分析的基础之上。其作法是:在3个参数中选定一个参数,在某一变化范围内令该参数取不同值后得到若干条双参数临界线,然后利用这些临界线组成的敏感性分析图进行具体分析。

【例5-7】 根据例5-6,我们可继续进行三因素的敏感性分析。即在投资、收入、经营成本同时变化时进行三因素的敏感性分析。有关数据同上。另设经营成本的变化率为 Z,则根据:

$$NPV=-170\,000(1+x)+[35\,000(1+y)-3\,000(1+z)](P/A,13\%,10)+2000(P/F,13\%,10)$$
$$=-170\,000x+189\,917y-16\,278.6(1+z)+25\,808.8\geq 0$$

当 $z=0.5$ 时, $y=0.895\,1x-0.007\,3$

当 $z=1$ 时, $y=0.895\,1x+0.035\,5$

当 $z=-0.5$ 时, $y=0.895\,1x-0.093\,0$

当 $z=-1$ 时, $y=0.895\,1x-0.135\,8$

据此画出图5-5,得到一组临界线。由图可以看出,不同临界线对应不同经营费用,临界线以上区域 $NPV\geq 0$,以下区域 $NPV\leq 0$,显示了经营费用以某个幅度变化时,其他两个因素允许变化的幅度。如:

$z=0.5$ 时, $y=0.895\,1x-0.007\,3$。$x=0$, $y=-0.73\%$;$y=0$, $x=0.82\%$,即经营费用增加50%时,投资允许增加0.82%,收入允许减少0.73%,这时方能盈利。

同理,可求出当经营费用变动幅度为其他时,投资与收入允许变化的最大幅度。

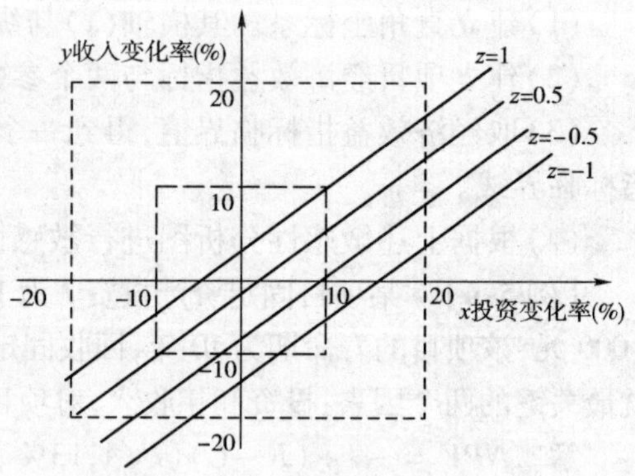

图5-5 三因素敏感性分析图

敏感性分析在一定程度上就各种不确定因素的变动对方案经济效果的影响,作了定量描述,得到了维持项目可行所能允许的不确定因素发生不利变动的幅度。从而有助于决策者预测项目风险情况,有助于确定在决策和实施过程中需要重点研究与控制的因素,以提高预测的可靠性。另外在项目规划阶段,用敏感性分析可以找出乐观的和悲观的方案,从而提供最现实的生产要素组合。

此外敏感性分析还可以应用于方案选择。人们可以用敏感性分析区别出敏感性大的或敏感性小的方案,以便在经济效益相似的情况下,选取敏感性小的方案,即风险小的方案。

但是,敏感性分析也有其一定的局限性。即它没有考虑各种不确定性因素在未来发生变动的概率。而不同项目,各个不确定因素发生相对变动的概率是不同的。两个同样敏感的因素,在一定的不利的变动范围内,可能一个发生的概率很大,另一个发生的概率很小。很显然,前一个因素给项目带来的影响很大,后一个因素给项目带来的影响很小,甚至可忽略不计。这个问题是敏感性分析所无法解决的,必须借助于概率分析方法。

第三节　概 率 分 析

概率分析就是运用概率与数理统计理论,通过研究各不确定因素对项目经济效益的影响,对项目的经济指标的各个取值做出概率描述,以反映项目的风险和不确定程度。

一、经济效益不确定性的概率描述

经济效益不确定性的概率描述,是把某经济指标值在不同取值范围内的可能性大小定量表示出来。一般可按以下方法和步骤来做:

(一)估算概率

选取一个最不确定的因素作为随机变量,将这个不确定因素的各种可能结果一一列出,分别估算各种可能结果出现的概率,并列出概率分布表。概率的估算,通常可以根据大量的历史数据进行分析,还可以通过与同类项目的比较,由项目评估人员根据经验进行估计和推算。每种不确定因素的各种可能发生情况出现的概率之和必须等于1。

(二)确定经济指标取值的概率分布

对于工程项目的不确定因素来讲,它们的变化具有随机性,而一般的投资项目要受许多种已知或未知的不确定因素影响,可以把它们看成是多个随机变量之和。故可以把各不确定因素及经济指标都视为随机变量。多数情况下,我们可以认为(或假设)随机变量近似地服从正态分布。

由于经济学中的数据一般都是按年、季、月、或日的,属于离散随机变量,其概率分布也是离散的。

(三)计算经济指标期望值及标准差

1. 经济指标的期望值

期望值是在大量重复事件中随机变量取值的平均值。换句话说,是随机变量所有可能取值的加权平均值,权数为各种可能取值出现的概率。即:

$$E(X) = \sum_{i=1}^{N} x_i p_i \tag{5-13}$$

式中:$E(X)$——经济指标X的期望值;

x_i——第i种情况下的经济指标值;

p_i——第i种情况下出现的概率。

某情况出现的概率是指联合概率,它等于该情况中各参数出现的概率之积。

【例5-8】 已知某项目参数值及其概率如表5-2所示,计算方案净现值期望值。

项目投资额、年收益及其概率　　表5-2

投资额		年收益		寿命(年)	基准贴现率
数值(万元)	概率	数值(万元)	概率		
300	0.6	50	0.3	10	12%
400	0.4	60	0.4		
		70	0.3		

解 投资额和年效益不同取值共有6种组合情况，各种情况下的联合概率及相应的净现值结果列于表5-3。

项目投资额、年收益不同取值组合及其概率　　表5-3

组合情况	1	2	3	4	5	6
投资额(万元)	300	300	300	400	400	400
年收益(万元)	50	60	70	50	60	70
联合概率	0.18	0.24	0.18	0.12	0.16	0.12
净现值(万元)	-17.49	39.01	95.51	-117.49	-60.99	-4.49

方案净现值期望值为：

$$E(NPV) = -17.49\times0.18+39.01\times0.24+95.51\times0.18-117.49\times0.12-60.99\times0.16-4.49\times0.12=-0.99(\text{万元})$$

期望值代表了各种情况下净现值的平均值。尽管它并不是方案实际可以获得的经济效益，但它出现的次数最多，即可能性最大，据此，可对项目的盈亏进行大致的估计。

2. 经济指标的标准差

既然期望值是一种平均值的描述，那么就存在有的状态取值大于平均值，有的状态又小于平均值，即在平均值上下波动。为了反映对平均值的偏离程度，用标准差来描述它。标准差是反映随机变量取值的离散程度的，或者说反映期望值对各随机变量值的代表性大小。

一般地，假定某项目寿命期内可能发生 k 种状态，各种状态的净现金流序列为 $\{y_t|t=0,1,\cdots,n\}_j(j=1,2,\cdots,k)$，对应于各种状态的发生概率为 $p_j(j=1,2,\cdots,k,\sum_{j=1}^{k}p_j=1)$，则在第 j 种状态下，方案的净现值为：

$$NPV_{(j)}=\sum_{t=0}^{n}y_{tj}(1+i_0)^{-t}$$

式中，y_{tj}为在第 j 种状态下，第 t 周期的净现金流。方案净现值的期望值为：

$$E(NPV)=\sum_{j=1}^{k}NPV_{(j)}p_j \tag{5-14}$$

不考虑项目各年现金流量的相关性，方案经济指标的标准差计算公式为：

$$\sigma_x=\sqrt{\sum_{j=1}^{k}P_j[NPV_{(j)}-E(NPV)]^2}=\sqrt{D(NPV)}$$
$$=\sqrt{\sum_{j=1}^{k}NPV_{(j)}{}^2P_j-E^2(NPV)} \tag{5-15}$$

显然，标准差大的项目，其经济指标不同值的离散度大，用期望值作为项目经济效益的估计值的风险就大。反之，标准差小的方案，其经济效益的期望值代表性大，风险也较小。因此，标准差的大小只是相对而言。对单方案来说，标准差无所谓大小，它只作为估计方案经济指标取值概率的一个重要参数。而对多方案来说，标准差是比较方案风险大小的一个重要指标。

【例5-9】 已知某项目的净现值的可能取值及相应概率如表5-4所列，试计算其净现值的期望值及标准差。

净现值及其取值概率　　表5-4

净现值(万元)	2.16	1.08	4.13
概率	0.3	0.5	0.2

解 $E(NPV)=2.61\times0.3+1.08\times0.5+4.13\times0.2=2.15$(万元)

$$\sigma=\sqrt{2.16^2\times0.3+1.08^2\times0.5+4.13^2\times0.2-2.15^2}=1.19(万元)$$

以上计算表明,上述项目最大可能的净现值为 2.15 万元,上下会有 1.19 万元的偏差。

(四)估计经济指标值在某一范围时的概率

对单个项目的概率分析,除应计算其期望值与标准差值外,还应分析计算经济指标在某一范围时的概率,由该概率值的大小可以估计项目承受风险的程度。

假定经济指标取值的概率分布服从正态分布,如果已知其期望值与标准差,可以通过转换成标准正态分布的方法,计算经济指标值在某一范围时的概率。

根据概率论的有关知识,我们知道,若连续型随机变量服从参数为 μ,σ 的正态分布,X 具有分布函数:

$$F(X)=\frac{1}{\sqrt{2\pi}\sigma}\int_{-\infty}^{x}e^{-\frac{(t-\mu)^2}{2\sigma^2}}\mathrm{d}t$$

令 $u=\frac{t-\mu}{\sigma}$,上式可化为标准正态分布函数:

$$F(X)=\frac{1}{\sqrt{2\pi}}\int_{-\infty}^{\frac{(X-\mu)}{\sigma}}e^{-\frac{u^2}{2}}\mathrm{d}u=\Phi\left(\frac{X-\mu}{\sigma}\right)$$

令 $Z=\frac{X-\mu}{\sigma}$,由标准正态分布表,可直接查出 $x<x_0$ 的概率值。故经济指标在某一范围时的概率计算公式是:

$$P(X<X_0)=P\left(Z<\frac{X_0-\mu}{\sigma}\right)=\Phi\left(\frac{X_0-\mu}{\sigma}\right)$$

方案经济指标 x 小于等于某一取值 x_0 时的概率为:

$$P(x\leqslant X_0)=P\left(Z<\frac{X_0-E(X)}{\sigma}\right)\tag{5-16}$$

方案经济指标 x 大于某一取值 x_0 时的概率:

$$P(x>X_0)=1-P(x<X_0)\tag{5-17}$$

方案经济指标 x 的取值在 $X_1\sim X_2$ 之间时的概率为:

$$P(X_1<x\leqslant X_2)=P\left(Z<\frac{X_2-E(X)}{\sigma}\right)-P\left(Z<\frac{X_1-E(X)}{\sigma}\right)\tag{5-18}$$

上式中的 Z 为标准正态随机变量。通过 Z 对随机变量 x 的代换,将 x 的正态分布转换为 Z 的标准正态分布。Z 取某一范围数值时的概率可查标准正态分布表。

【例 5-10】 已知某项目净现值服从正态分布,净现值期望值为 150 万元,标准差为 79 万元,试求:

(1)项目净现值小于 100 万元的概率。

(2)项目在经济上可行的概率。

(3)项目净现值在 200 ~ 250 万元之间的概率。

(4)项目可能获得的最大净现值。

解 (1)$P(NPV<100)=P\left(Z<\frac{100-150}{79}\right)=P(Z<-0.6329)$

查表得 $P(NPV<100)=0.2643=26.43\%$

$(2) P(NPV>0)=1-P(NPV<0)=1-P\left(Z<\frac{0-150}{79}\right)=1-P(Z<-1.8987)$

查表得 $P(NPV>0)=1-0.0287=0.9713=97.13\%$

$(3) P(200<NPV<250)=P\left(Z<\frac{250-150}{79}\right)-P\left(Z<\frac{200-150}{79}\right)$

$=P(Z<1.2658)-P(Z<0.6329)$

$P(Z<0.6329)=0.7357, P(Z<1.2658)=0.8980$

故 $P(200<NPV<250)=0.8980-0.7357=0.1623=16.23\%$

(4) 设 $P(Z<Y)=100\%$ 查表得 $Y=3.09$

即：
$$\frac{NPV-E(NPV)}{\sigma}=3.09$$

$$NPV=3.09\times\sigma+E(NPV)=3.09\times79+150=394.11$$

即：
$$P(NPV<394.11)=100\%$$

这就是说，项目有 100% 可能获得的净现值是在 394.11 万元以下，或项目不可能获得比 394.11 万元更高的净现值。

对于随机净现值服从正态分布的投资项目，只要计算出了净现值的期望值与标准差，即使不进行像例 5-10 那样的概率计算，也可以根据正态分布特点对方案的风险情况作大致判断。

在正态分布条件下，由 $Z=\frac{X-E(x)}{\sigma}$，可得 $X=E(x)+Z\sigma$

由于 $P(Z=0)=0.5$

$P(-1<Z\leqslant1)=0.6826$

$P(-2<Z\leqslant2)=0.9544$

$P(-3<Z\leqslant3)=0.9974$

所以有： $P[X=E(x)]=0.5$

$P[E(x)-\sigma<X\leqslant E(x)+\sigma]=0.6826$

$P[E(x)-2\sigma<X\leqslant E(x)+2\sigma]=0.9544$

$P[E(x)-3\sigma<X\leqslant E(x)+3\sigma]=0.9974$

这说明，项目的经济指标的实际取值为期望值的可能性为 50%，实际取值在 $E(x)\pm\sigma$ 范围内的可能性为 68.26%，在 $E(x)\pm2\sigma$ 范围内的可能性为 95.44%，在 $E(x)\pm3\sigma$ 范围内的概率为 99.74%，对于例 5-10 来说，意味着项目的实际净现值在 229 万元范围内的可能性有68.26%，在 308 万元范围内的可能性有 95.44%，在 387 万元范围内的可能性有 99.74%。

对项目经济指标取值的概率分析不明显，无法应用标准正态分布表进行查表计算情况下，其概率估计还可以用表算法。其具体步骤为：将计算出来的各可能发生事件的净现值从小到大排列起来，直到出现第一个正值为止，并将各可能发生事件发生的概率按同样顺序加起来，求得累计概率。

【例 5-11】 表 5-5 列出某项目可能出现的几种净现值及相应概率，试估算项目净现值小于零的概率。

解 将 *NPV* 值按从小到大的顺序排列，直到出现第一个正值为止，并将各可能发生事件发生的概率按同样顺序累加起来，求得累计概率。

根据表 5-6，可得净现值小于零的累计概率为：

表 5-5

净现值(万元)	32 489	41 133	49 778	-4 025	4 620	13 265	-40 537	-31 893
概率	0.15	0.12	0.03	0.12	0.96	0.024	0.03	0.024
净现值(万元)	-23 248	49 920	58 565	67 209	13 407	22 051	30 696	-23 106
概率	0.006	0.075	0.06	0.015	0.06	0.048	0.012	0.015
净现值(万元)	-14 462	-5 817	67 351	75 996	84 641	30 838	39 483	48 127
概率	0.012	0.003	0.025	0.02	0.005	0.02	0.016	0.004
净现值(万元)	-5 675	2 969	11 614					
概率	0.005	0.004	0.001					

表 5-6

净现值(万元)	-40 537	-31 893	-23 248	-23 106	-14 462	-5 817	-5 675	-4 025	2 969
累计概率	0.03	0.054	0.06	0.075	0.087	0.09	0.095	0.215	0.219

$$P(NPV<0)=0.215+(0.219-0.215)\frac{4\ 025}{4\ 025+2\ 969}\approx 0.217$$

则:净现值大于或等于零的累计概率为:

$$P(NPV\geqslant 0)=1-P(NPV<0)=1-0.217=0.783$$

即:净现值大于或等于零的可能性略低于80%,说明项目承担的风险不大。

二、多方案选优时,对方案经济效益的风险比较

在多方案选优时,如果方案的经济效益是不确定的,仅用经济指标进行评价还不够,应同时比较方案经济效益的风险大小。

如果备选方案的经济指标期望值相等,则方案经济指标标准差是风险大小的主要度量指标。标准差大则意味着实际发生的方案损益值偏离其期望值的可能性越大,从而方案的风险越大,标准差小的则风险小,即以标准差最小者为优;如果备选方案经济指标期望值不相等,则风险的大小依据变异系数值。变异系数即标准差系数(或称离散系数),是标准差与期望值的比值,是用相对数表示的离散程度,即风险大小。用下面的公式表示:

$$V=\frac{\sigma}{E(x)}$$

其中 V 表示变异系数。显然,变异系数越大,则表示该项目经济效益的风险越大,故在多方案选优时应以变异系数最小者为优。

第四节　风险决策

从理论上看,决策按其确定性程度可以分为确定性决策、风险决策和不确定性决策。

确定性决策是指事先可以确知决策后果的各种决策;风险决策是指事先可以知道决策所有可能的后果,以及知道每一种后果出现的概率;不确定性决策是指人们事先不知道决策的所有可能后果,或者虽然知道所有可能后果,但不知道它们出现的概率。

从项目投资实务看,风险和不确定性很难严格区分。当我们面临不确定情况时,仍然需要做出决策,不得不依靠直觉判断和预感设想几种可能并给出主观概率,使不确定性问题转化为风险问题。当我们进行风险决策时,需要根据历史资料确定每一后果的概率,它们并不

是未来的准确描述，只是近似的估计，或多或少也带有主观性质，未来事件的概率总是不确定的。这就是说，从投资人面临的环境来看，未来发展总有或多或少的不确定性；从决策方法来看，我们必须先设定各种可能后果及其概率才能展开分析，从而使所有问题都变为风险问题，因此，风险决策大量地用于项目投资分析中。风险决策中常用的方法有：风险调整贴现率法、矩阵法和决策树法等。

一、风险调整贴现率法

如果两个方案的预期报酬率相同，一个是肯定的（无风险），另一个是不肯定的（有风险），投资者当然会愿意选择前者。这种现象称之为"风险反感"。由于存在风险反感，促使投资人选择高风险项目的基本条件是它必须有足够高的预期报酬率，风险程度越大，要求的报酬率越高，风险投资所要求的超过货币时间价值的那部分额外报酬，称为风险报酬或风险价值。通常使用百分数来表示风险报酬的高低。如果假设没有通货膨胀，投资报酬率应当是货币时间价值与风险价值之和。风险时间价值是无风险的最低报酬率。如果假设风险程度与风险调整最低报酬率之间存在线性关系，则它们之间的关系可表示为：

风险调整最低报酬率 = 无风险最低报酬率 + 风险报酬
= 无风险最低报酬率 + 风险报酬斜率 × 风险程度

风险调整贴现率法的基本思想是对于高风险的项目，采用较高的贴现率去计算净现值，然后再根据净现值法的规则来选择方案。

这种方法的关键是确定风险调整最低报酬率，用公式表示，则为：

$$K = i + bQ \tag{5-19}$$

式中：K——风险调整最低报酬率；

b——风险报酬斜率。反映风险程度变化对风险调整最低报酬率影响的大小；

Q——风险程度；

i——无风险贴现率。

下面通过一个例子来说明怎样计算风险程度、风险报酬斜率，以及根据风险调整最低报酬率来选择方案。

【例 5-12】 某项目的最低报酬率为 6%，现有 3 个方案，有关资料如表 5-7 所示。

表 5-7

年份	方案 A		方案 B		方案 C	
	NCF（万元）	概率	NCF（万元）	概率	NCF（万元）	概率
0	-500	1	-200	1	-200	1
1	300	0.25				
	200	0.5				
	100	0.25				
2	400	0.2				
	300	0.6				
	200	0.2				
3	250	0.3	150	0.2	300	0.1
	200	0.4	400	0.6	400	0.8
	150	0.3	650	0.2	500	0.1

解 从表5-7知,本题的风险因素全部都在1~3年的 NCF 中,可用期望值 E 和标准差 σ 来描述。对方案 A:

$$E_1 = 300 \times 0.25 + 200 \times 0.5 + 100 \times 0.25 = 200$$
$$E_2 = 400 \times 0.2 + 300 \times 0.6 + 200 \times 0.2 = 300$$
$$E_3 = 250 \times 0.3 + 200 \times 0.4 + 150 \times 0.3 = 200$$

则:

$$\sigma_1 = \sqrt{(300-200)^2 \times 0.25 + (200-200)^2 \times 0.5 + (100-200)^2 \times 0.25} = 70.71(\text{万元})$$
$$\sigma_2 = \sqrt{(400-300)^2 \times 0.2 + (300-300)^2 \times 0.6 + (200-300)^2 \times 0.25} = 63.25(\text{万元})$$
$$\sigma_3 = \sqrt{(250-200)^2 \times 0.3 + (200-200)^2 \times 0.4 + (150-200)^2 \times 0.3} = 38.73(\text{万元})$$

3年 NCF 总的离散程度,即综合标准差:

$$D_A = \sqrt{\sum_{t=1}^{N} \frac{\sigma_t^2}{(1+i)^{2t}}} = \sqrt{\frac{70.71^2}{1.06^2} + \frac{63.25^2}{1.06^4} + \frac{38.73^2}{1.06^6}} = 93.14(\text{万元})$$

D 可以反映 NCF 不确定的大小,但它是一个绝对数,受现金流量金额的影响,如果概率分布相同,净现金流量越大,标准差就越大,不便于比较不同规模项目的风险大小。为了解决这一困难,引入变化系数概念:$q = \frac{\sigma}{E}$,是标准差与期望值的比值,是用相对数表示的离散程度,即风险大小。为了综合各年的风险,对于具有一系列现金流入的方案,用综合变化系数 Q 描述。

$$Q = \frac{D}{EPV}(EPV\text{ 为净现金流量预期现值})$$

则:

$$EPV_A = \frac{200}{1.06} + \frac{300}{1.06^2} + \frac{200}{1.06^3} = 623.6(\text{万元})$$
$$Q_A = \frac{93.14}{623.6} = 0.15$$

式(5-19)中的 b 值是经验数据,可根据历史资料用高低点法或直线回归法求出。

假设同类中等风险程度的项目变化系数为0.5,通常要求的含有风险报酬的最低报酬率11%,无风险的最低报酬率 i 为6%,则:

$$b = \frac{11\% - 6\%}{0.5} = 0.1$$

则方案 A 的风险调整贴现率为:

$$K_A = 6\% + 0.1 \times 0.15 = 7.5\%$$
$$EPV_B = 400(\text{万元})$$
$$EPV_C = 400(\text{万元})$$

$$D_B = \sqrt{(150-400)^2 \times 0.2 + (400-400)^2 \times 0.6 + (650-400)^2 \times 0.2} = 158.1(\text{万元})$$
$$D_C = \sqrt{(300-400)^2 \times 0.1 + (400-400)^2 \times 0.8 + (500-400)^2 \times 0.1} = 44.7(\text{万元})$$

由于方案 B 和 C 只在第三年有现金流入,分子分母同时贴现其值不变,故该年的变化系数就是全部流入的变化系数,无需进行贴现,可直接计算变化系数。

$$Q_B = 158.1/400 = 0.40$$
$$Q_C = 44.7/400 = 0.11$$

所以 $$K_B = 6\% + 0.1 \times 0.40 = 10\%$$
$$K_C = 6\% + 0.1 \times 0.11 = 7.1\%$$

最后，根据不同的风险调整最低报酬率，计算净现值：

$$NPV_A = \frac{200}{1.075} + \frac{300}{1.075^2} + \frac{200}{1.075^3} - 500 = 106.6(\text{万元})$$

$$NPV_B = \frac{400}{1.1^3} - 200 = 100.5(\text{万元})$$

$$NPV_C = \frac{400}{1.071^3} - 200 = 125.6(\text{万元})$$

故3个方案优先顺序为 $C > A > B$。

如果不考虑风险因素，以最大可能的现金流量作为肯定现金流量，其顺序为 $B = C > A$。

风险调整贴现率法比较符合逻辑，不仅为理论家认可，并且使用广泛。但是这种方法，把时间因素和风险价值混在一起，假设了风险随着时间的延长而增长的趋势，有时与事实不符。

二、矩阵法

矩阵法也是风险决策常用的方法。这种方法是利用一个矩阵模型，分别计算各方案在不同自然状态下的损益值，再根据客观概率的大小、加权平均，计算出各方案的损益期望值，进行比较，从中选择一个最佳方案。

其风险决策矩阵模型的一般形式如表5-8所示。

令

风险决策矩阵模型　　表5-8

损益 \ 状态 / 概率 / 方案	Q_1	Q_2	Q_j	Q_n
	P_1	P_2	P_j	P_n
A_1	V_{11}	V_{12}	V_{1j}	V_{1n}
A_2	V_{21}	V_{22}	V_{2j}	V_{2n}
…	…	…	…	…
A_i	V_{i1}	V_{i2}	V_{ij}	V_{in}
…	…	…	…	…
A_m	V_{m1}	V_{m2}	V_{mj}	V_{mn}

$$V = \begin{bmatrix} V_{11} & V_{12} & \cdots & V_{1n} \\ V_{21} & V_{22} & \cdots & V_{2n} \\ \vdots & \vdots & \cdots & \vdots \\ V_{m1} & V_{m2} & \cdots & V_{mn} \end{bmatrix} \quad P = \begin{bmatrix} P_1 \\ P_2 \\ \vdots \\ P_n \end{bmatrix} \quad E = \begin{bmatrix} E_1 \\ E_2 \\ \vdots \\ E_m \end{bmatrix}$$

V 称为损益矩阵，P 称为概率向量，E 称为损益期望值向量。E 中的元素 $E_i(i = 1,2,\cdots,m)$ 为方案 A_i 的损益期望值。

利用矩阵运算，可以很方便地求出 $E = VP$。

利用矩阵法进行风险决策，采用的决策原则是期望值原则。故当损益值为费用时，$\min\{E_i \mid i = 1,2,\cdots,m\}$ 对应的方案为最优方案。当损益值为收益时，$\max\{E_i \mid i = 1,2,\cdots,m\}$ 对应的方案为最优方案。

当备选方案数目都很大时,采用矩阵法便于利用现代化的计算手段,进行风险决策。

上面介绍的方法,是采用期望值原则。是将方案在各种自然状态下的收益与损失加权平均,它掩盖了偶然情况的损失,所以选择哪一个方案都有一定风险。因此,我们还可以采取最大可能标准的原则进行决策分析。即选择自然状态中概率最大的事件,再计算这种自然状态下,各个方案的损益值,再进行选优决策。

三、决策树法

利用矩阵表进行风险决策,虽是一种很有用的工具。但矩阵表的使用有一定的局限性,只能在决策方案同客观状态两者之间毫无关联的情况下使用。如果决策方案同客观状态有关联,一个方案执行后可能出现这一客观状态,另一个方案执行后又可能出现那一种客观状态;或者虽然出现的客观状态是一样,但概率分布不相同,这时矩阵表就难以使用了,特别是在多目标决策和多级决策中,矩阵表就越显不适应,这时,就需用决策树法进行分析。

决策树法是一种利用树型决策网络来描述与求解风险决策问题的一种方法。特别适用于多级决策的复杂问题分析,其采用的决策原则,也是期望值原则。

决策树的构成有4个要素:决策点(用符号"□"表示)、方案枝、状态结点(用符号"○"表示)、概率枝。决策树是以决策结点为出发点,引出若干方案枝,每一分枝表示一个可供选择的方案,方案枝的末端,有一个状态结点,从状态结点引出若干概率枝,每条概率枝表示一种可能发生的状态。概率枝上说明每种状态的概率,每一概率枝的末端,为相应的损益值。

利用决策树进行决策的过程是:由右向左,逐步后退,根据各种状态发生的概率与相应的损益值,分别计算每一方案的损益期望值,并将其标在相应的状态点上,然后,对这些期望值进行比较,淘汰不理想的方案,最后保留下来的就是选定的方案。下面举例说明。

【例5-13】 某公司拟建一综合性检测站,建设期一年,预计寿命期15年,根据对市场预测,综合检测站有3种可能的经营前景:

Q_1:15年经营状况一直很好,发生的概率为$P(Q_1)=0.5$;

Q_2:15年经营状况一直不好,发生的概率为$P(Q_2)=0.3$;

Q_3:前7年经营状况好,后8年经营状况不好,发生的概率$P(Q_3)=0.2$。

公司目前需要做出的决策是建一个大站还是建一个小站:如果建大站,需投资260万元,建成后,无论经营状况如何,15年将维持原规模;如果建小站,需要投资150万元,7年后还可根据市场情况再作是扩建还是不扩建的新决策,如果扩建小站,还需再投资180万元,各种情况下每年的净收益见表5-9(标准折现率$i_0=10\%$)。

不同情况下各年的净收益(单位:万元) 表5-9

损益 \ 市场前景 / 年份 / 方案		Q_1		Q_2		Q_3	
		1~7	8~15	1~7	8~15	1~7	8~15
建大站		80	80	50	50	80	60
建小站	7年后扩建	30	70			30	50
	7年后不扩建	30	30	16	16	30	16

解 本例是一个两阶段风险决策问题。根据以上数据,可先绘出其决策树图5-6。

设前7年销路好的概率为$P(Q_4)$;前7年销路好,后8年销路也好的概率为$P(Q_5)$;在

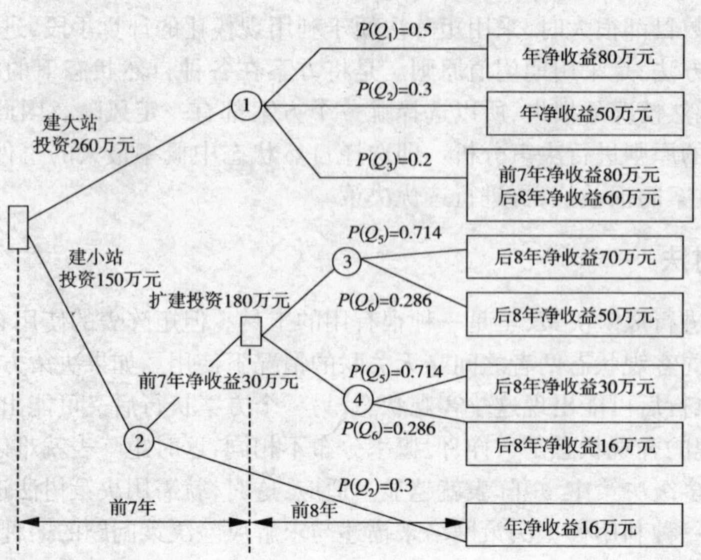

图 5-6　决策树分析图

前 7 年销路好的条件下,后 8 年销路不好的概率为 $P(Q_6)$。则:

$$P(Q_4) = P(Q_1) + P(Q_3) = 0.7$$

$$P(Q_5) = P(Q_1)/P(Q_4) = 0.714$$

$$P(Q_6) = P(Q_3)/P(Q_4) = 0.286$$

在第二级决策计算中,以第 7 年末为基准年,从右向左计算。

$$E(NPV)_3 = 70 \times (P/A,10\%,8) \times 0.714 + 50 \times (P/A,10\%,8) \times 0.286 - 180 = 162.93$$

$$E(NPV)_4 = 30 \times (P/A,10\%,8) \times 0.714 + 16 \times (P/A,10\%,8) \times 0.286 = 138.69$$

$$E(NPV)_3 > E(NPV)_4$$

根据期望值原则,在第二级决策点应选择扩建方案。

下面计算第一级决策点各备选方案净现值的期望值。

在第一级决策计算中,以第 0 年末为基准年:

$$\begin{aligned}E(NPV)_1 &= 80 \times (P/A,10\%,15) \times 0.5 + 50 \times (P/A,10\%,15) \times 0.3 + [80(P/A,10\%,7) + \\ &\quad 60 \times (P/A,10\%,8)(P/F,10\%,7)] \times 0.2 - 260 \\ &= 269.08\end{aligned}$$

$$\begin{aligned}E(NPV)_2 &= [162.92 \times (P/F,10\%,7) + 30 \times (P/A,10\%,7)] \times 0.7 + \\ &\quad 16 \times (P/A,10\%,15) \times 0.3 - 150 \\ &= 41.95\end{aligned}$$

$$E(NPV)_1 > E(NPV)_2$$

即建大站方案净现值的期望值大于建小站方案净现值的期望值,故在第一级决策点应选择建大站。

值得注意的是,本例题是根据期望值的原则,如果两方案净现值的期望值相等,可按方差原则进行选择。

1. 试述盈亏分析、敏感性分析及概率分析中的假设条件。

2. 试分析影响盈亏平衡点位置的主要因素。

3. 敏感性分析与概率分析的目的有何不同?

4. 通过敏感性曲线可以说明哪些问题?

5. 某运输公司成本资料如下:

固定成本:100 万元;

变动成本:2 000 万元/(万 t · km);

收入:3 600 万元/(万 t · km)。

若总变动成本、总收入均与运量成正比关系,求盈亏平衡时的运量,并作盈亏平衡图。

6. 某公司考虑添购一部自动化机器。该部机器的期初成本为 83 000 元,残值为 6 000 元,寿命 10 年。若购买了该机器,就需雇一名操作员,成本每小时 12 元,这部机器的产出每小时 8t,每年维护及操作成本为 6 500 元;另一方案,该公司可以购买一个手动的机器,成本为 26 000 元,寿命为 5 年,残值为 0。这项方案之下,需雇 3 个工人,每小时工资成本为 8 元,而且此机器每年的维护成本及操作成本为 5 000 元,产出量估计每小时为 6t,所有投资的报酬率为 10%。

(1)要证明购买自动化机器的正确性,试问每年的产出量应为多少吨?

(2)若管理上预计每年需完成 3 000t 的产量,请问应该购买哪一部机器?

7. 某企业为研究一项投资方案,提供了如表 5-10 所示的参数估计。

某企业投资方案 表 5-10

参数名称	初始投资	寿 命	残 值	年经营收入	年经营费	基准贴现率
数值	160 万元	10 年	20 万元	180 万元	100 万元	8%

要求:(1)分析当寿命、贴现率和年经营费中每改变一项时,净现值的敏感性,指出最敏感因素,画出敏感性分析曲线。

(2)进行投资和年经营收入的双参数敏感性分析。

(3)进行投资、年经营收入及寿命的三参数敏感性分析。

8. 某公司需购置新设备一台,需投资 65 000 元,寿命 3 年,无残值。设备发挥效益获得的年净收益,视市场情况而定。市场前景可以分为有利、不利和稳定 3 种可能。其概率及设备相应的净现金流量如表 5-11 所示。若投资收益率为 10%,试应用净现值指标对设备经济效益进行概率分析,并计算设备经济上可行的概率及 90% 可能性的净现值范围。

项目净现金流量及其取值概率(单位:元) 表 5-11

年数	市场情况			年数	市场情况		
	不利 ($P=0.2$)	稳定 ($P=0.6$)	有利 ($P=0.2$)		不利 ($P=0.2$)	稳定 ($P=0.6$)	有利 ($P=0.2$)
0	−65 000	−65 000	−65 000	2	30 000	30 000	40 000
1	32 000	30 000	30 000	3	16 000	22 000	36 000

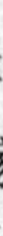

第六章　运输项目财务分析

财务评价是项目可行性研究的重要内容，它是指在已测算出各项财务基础数据的基础上，根据国家现行财税制度和市场价格，从项目的角度出发，分析测算项目直接发生的财务收益和费用，考察项目的获利能力、清偿能力及外汇效果等财务状况，以判断建设项目财务上的可行性。项目财务评价与我国财税制度的改革密切相关，现行的财税制度是项目财务评价的基本依据。

这一章主要研究财务评价运用的指标与主要标准，以及评价所依据的基础和条件。为了进行财务评价，需要识别财务费用和效益，进行财务报表的编制、财务指标的计算进而完成财务分析。编制的报表均应按国家综合计划部门的规定编制。所用的评价指标的含义与计算方法，也应按标准进行，使项目的鉴别、比选有统一的依据。

因为经济评价是可行性研究工作的主要内容，所以我们先概略介绍一下可行性研究的内容。

第一节　运输项目可行性研究

一、可行性研究的概念

(一)可行性研究

在实际使用可行性研究一词时，可能有几种不同的含义，主要是从实践、方法和学科不同角度的理解以及对可行性研究广义和狭义的区分。

首先可行性研究既可以指一种实践活动、一个学科，也可以指一种方法。可行性研究作为一种实践活动，指的是在决策阶段所进行的综合性的分析论证工作，它是科学决策的前提和基础，包括决策方案构想、市场调查分析、机会研究、方案的技术经济论证和比选、决策实施所需各种资源与条件的分析、落实以及对决策方案预期效果和风险的分析、计算及评价。

作为一门学科，可行性研究要研究其基本思想、历史发展、主要内容、知识基础和方法论，这是一门新兴的经济管理类应用科学，其发展前景方兴未艾。从方法论角度看，可行性研究作为一种现代化的决策分析方法，是实现决策科学化的重要方面。

作为一种分析方法，可行性研究现在已经逐步形成了比较规范和稳定的内容和程序，甚至可以说，可行性研究的现代发展已经突破了仅作为方法论的局限，已经成为现代项目决策的基本内容和主要工作方法。

其次，可行性研究还有广义狭义之分。广义的可行性研究是指决策过程中所进行的全部分析论证工作，包括方案构想、机会分析、初步可行性研究和详细可行性研究，这基本上构成了决策工作的主要内容。狭义的可行性研究是指在决策构想基本明确的情况下，针对一个具体的方案所进行的详细的分析论证，以便直接作为决断的基础和依据，不包括在此之前的机会分析等。

（二）运输项目可行性研究

运输项目可行性研究是指在项目投资决策阶段，对拟建项目所进行的全面的技术经济分析论证，它是项目前期工作的重要内容与方法。运输项目可行性研究作为一项工作，就是针对运输建设项目在建设的必要性、技术可行性、经济合理性、实施可能性等方面进行综合研究，推荐最佳方案，为运输部门进行建设项目投资决策、编制设计任务书和审批设计任务书提供科学的依据。交通运输项目可行性研究是在20世纪60年代以后，随着科学技术和管理水平等突飞猛进的背景下开展实施的。我国开展运输项目可行性研究工作是适应我国运输事业的快速发展，以及利用外资、推行项目管理国际化的要求，是改革开放的结果。

二、可行性研究的目的

对拟建项目进行可行性研究，其目的是为了给投资决策者提供决策依据，同时为银行贷款、合作者签约、工程设计者提供依据和基础资料。可行性研究是决策科学化的必要步骤和手段。

运输项目可行性研究工作的目的，就是通过对所有与拟建项目的投资效果有关因素的综合研究分析，避免或减少运输项目投资决策的盲目性，提高建设投资的综合效益。它是保证项目建设前期工作在项目管理方面达到项目选择准确、方案科学、工期合理、投资可控、效益显著等重要环节。

三、可行性研究的主要内容

（一）可行性研究的主要内容组成

我国建设项目管理程序要求在对拟建项目进行初步论证后，向有关主管部门提交项目建议书；在可行性研究完成后，主管部门或银行才组织专家进行评估。不难看出，投资前期的主要工作是可行性研究。其主要内容如下：

（1）总论：项目背景与概况，主要技术经济指标，问题与建议。

（2）市场预测：产品市场供应预测，产品需求预测，产品供需平衡与目标市场分析，价格预测，竞争力与营销策略，市场风险。

（3）资源开发性项目的资源条件评价。

（4）建设规模与产品方案。

（5）场（厂）址选择。

（6）技术设备工程方案：技术方案，主要设备方案，工程方案。

（7）主要原材料、燃料供应：主要原材料供应，燃料供应，主要原材料、燃料价格，主要原材料、燃料供应表。

（8）总图运输与公用辅助工程：总图布置，场（厂）内外运输，公用辅助工程。

（9）节能措施。

（10）节水措施。

（11）环境影响评价：环境条件调查，影响环境因素分析，环境保护措施，环境保护设施费用，环境影响评价。

(12)劳动安全卫生与消防。

(13)组织机构与人力资源配置。

(14)项目建设进度。

(15)投资估算。

(16)融资方案。

(17)财务评价：销售收入与成本费用估算，财务评价指标，偿债能力分析，不确定性分析，非盈利性项目财务评价。

(18)国民经济评价：国民经济效益和费用计算，国民经济评价指标。

(19)社会评价。

(20)风险分析。

(21)研究结论与建议。

(二)可行性研究报告深度要求

(1)可行性研究报告应能充分反映项目可行性研究工作的成果，内容齐全，结论明确，数据准确，论据充分，满足决策者定方案定项目要求。

(2)可行性研究报告中的重大技术、经济方案，应有两个以上比选方案。

(3)可行性研究报告中确定的主要工程技术数据，应能满足项目初步设计的要求。

(4)可行性研究报告构造的融资方案，应能满足银行等金融部门信贷决策的需要。

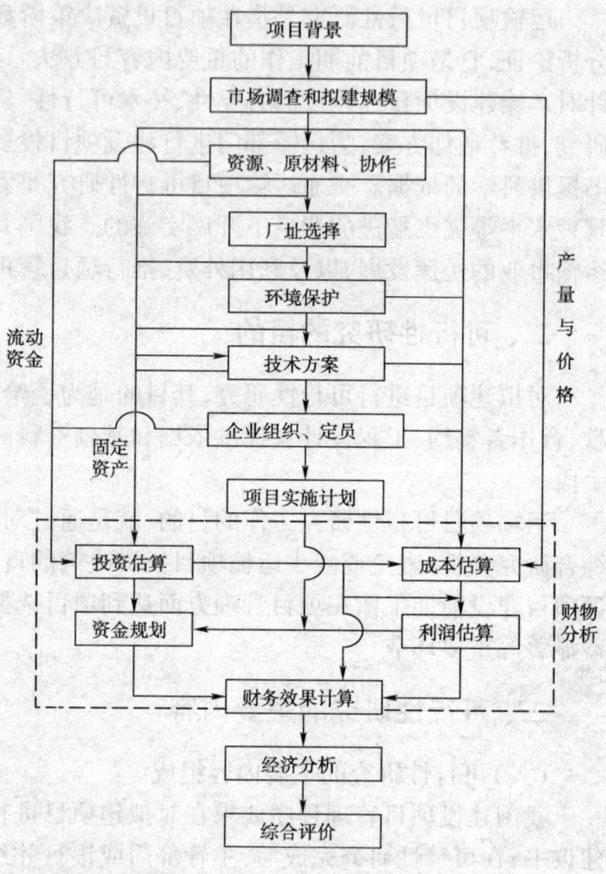

图 6-1　财务分析和可行性研究各环节的关系

(5)可行性研究报告中应反映在可行性研究过程中出现的某些方案的重大分歧及未被采纳的理由，以供委托单位与投资者权衡利弊进行决策。

四、项目财务分析与可行性研究各环节的关系

项目财务分析几乎与可行性研究的前几个环节都有关系，它所需要的基础数据，如投资、成本、利润等，来源于前期的各项调查。资金规划除了与投资、成本、利润相关外，还与项目实施计划相联系。

项目财务分析和可行性研究其他环节的关系可基本上用图 6-1 来表示。

第二节　运输项目财务收入和费用识别

识别费用和效益是编制财务报表的前提。项目的财务效益主要表现为生产经营的产品销售(营业)收入；财务支出(费用)主要表现为建设项目总投资、经营成本和税金等各项支

出。对于运输项目其财务收入主要表现为运营收入;财务支出(费用)主要表现为各项成本费用。费用、收益识别要从目标、范围、时间3个方面来划分。

(一)费用、收益识别的划分

1. 目标

目标是识别费用、收益的准则。凡是对目标有贡献的就是收益,凡是削弱目标的就是费用。目标是与评价的层次相联系的,有总目标与子目标之分。总目标与经济社会发展、人民生活相联系;子目标则直接与项目实施单位的利益相联系,当然它不能违反总目标。对财务评价这一层次来说,最直接的目标就是盈利。凡是能对项目盈利有贡献的就是收益;反之就是费用。

2. 范围

范围就是计算收益与费用的边界。一个项目的投资可能不仅涉及所在的厂区,而且关系到厂外运输、能源供应等公共设施。除了用于直接生产的厂房设备,还可能涉及其他辅助设施;除了物料、燃料的直接消耗,还可能有其他间接消耗;项目建成后,除了为本企业提供收益外,还可能对社会有利等等。因为财务评价是以项目实施单位的盈利为标准,所以判断收益、费用的计算范围是实施单位的直接收入或支出。对于那些虽为项目所引起的费用及带来的收益,只要不为实施单位所支付或收取,则不予计算。

3. 时间

时间就是计算收益与费用的期间。计算期包括项目的建设期和生产运营期。除某些采掘工业受资源储量限制需要确定合理开采年限外,一般工业项目的生产期是指综合折旧寿命期。生产运营期是由项目的运营寿命期决定的,应根据项目的产品寿命期、主要工程和设备的使用寿命期、主要技术的寿命期、矿山资源的设计开采年限等因素综合考虑确定。多数项目的计算期不宜超过20年。有些项目运营寿命很长,甚至是“永久性”的工程项目,如水坝等,其计算期中的生产(使用)期可低于其折旧寿命期。除建设期应根据实际需要确定外,一般来说,计算生产期有20年已足够了。因为时间越长,各种因素变化范围越大,所引起的误差越大,而且按折现法计算的金额,20年后已为数甚微。对评价结论不会发生举足轻重的影响。对交通运输项目服务年限很长的项目,计算期可适当延长,比如25年,具体计算期可根据部门和行业特点确定。

(二)收益识别的方法

与时间有密切联系的是收益识别的“有无法”和“前后法”。即对收益与费用的识别是按“有项目”与“无项目”相比较,或按“项目前”与“项目后”相比较,这两种比较是不同的。所谓“有项目”是指研究的运输系统不满足某种运输需求而拟建的项目在实施后将要发生的情况。所谓“无项目”是指不实施拟建项目,现有运输系统在计算期内将要发生的情况。这种比较对于准确衡量项目所带来的净收益是非常必要的。

例如为缓和某条公路的拥挤和混乱而建一条新路。未建新路前老路运输成本159元/(千t·km),新路3年建成,新路通车的当年运输成本是123元/(千t·km),10年、20年后分别为132元/(千t·km)、148元/(千t·km),如果按“前”、“后”比较计算:

新路建成当年效益:159 - 123 = 36元/(千t·km)

第10年效益:159 - 132 = 27元/(千t·km)

第20年效益:159 - 148 = 11元/(千t·km)

但事实并非如此,若不建新路,老路会发展得更为拥挤,运输成本随着交通量的增加而不断提高。假定第3年老路成本是165元/(千t·km),第10年的老路成本为180元/(千t·km),第20年则为192元/(千t·km),按"有"、"无"比较法分析计算:

新路建成当年效益:165 - 123 = 42元/(千t·km)

第10年效益:180 - 132 = 48元/(千t·km)

第20年效益:192 - 148 = 42元/(千t·km)

由此可见,无论新路、老路运输成本随交通量的拥挤程度在不断发生变化。采用"前"、"后"比较方法,把老路成本固定在一个点上或某一年上,不能真实的反映项目的收益情况。因此,在收益、费用识别时,应采用"有"、"无"对比法。

在进行财务评价时,必须逐一识别费用项和收益项,做到既不遗漏也不增加或重复。最常见的收益与费用一般有如下几项。

一、效益

(一)营业收入

由产品或服务的数量和价格两个因素决定。生产多种产品或提供多项服务的项目,应分别估算各种产品或服务的销售收入。对那些不便于按详细品种分类计算销售收入的项目,可采取折算为标准产品的方法计算销售收入。销售价格一般采用出厂价格,也可根据需要采用送达用户的价格或离岸价格。

$$\text{营业收入} = \text{销售量} \times \text{销售单价} \tag{6-1}$$

(二)回收固定资产余值

寿命期末回收的固定资产余值可视为收入。有些折旧期很长甚至是"永久性"的工程项目,其计算期低于折旧寿命期,最末一年可计入该年的固定资产净值。

(三)回收流动资金

一般在计算期最后一年回收全部流动资金。

(四)补贴收入

一些项目还需要按有关规定估算企业可能得到的补贴收入(仅包括与收益相关的政府补助,与资产相关的政府补助不在此处核算,与资产相关的政府补助是指企业取得的、用于购建或以其他方式形成长期资产的政府补助),包括先征后返的增值税、按销量或工作量等依据国家规定的补助定额计算并按期给予的定额补贴,以及属于财政扶持而给予的其他形式的补贴等。

二、费用

(一)建设投资

建设投资由工程费用(建筑工程费、设备购置费、安装工程费)、工程建设其他费用和预备费(基本预备费和涨价预备费)组成。

(二)经营成本

经营成本是项目评价所特有的概念,用于项目财务评价的现金流量分析。经营成本是指项目总成本费用扣除固定资产折旧费、无形及递延资产摊销费和财务费用支出以后的成本费用。其计算公式为:

$$\text{经营成本} = \text{总成本费用} - \text{折旧费} - \text{摊销费} - \text{财务费用(利息支出)} \tag{6-2}$$

经营成本是为经济分析方便从销售成本中分离出来的一种费用。经营成本中不包括折

旧、摊销费和利息支出,这是因为:

(1)现金流量计算与成本核算不同,按照现金流量的定义,只计算现金收支,不计算非现金收支。固定资产折旧费及摊销费只是项目内部固定资产投资的现金转移,而非现金支出。因此,经营成本中不包括折旧费和摊销费。

(2)因为全部投资现金流量表是以全部投资作为计算基础,利息支出不作为现金流出,而自有资金现金流量表中已将利息支出单列,因此,经营成本中也不包括利息支出。

(三)税金

财务评价涉及的税费主要有增值税、营业税、资源税、消费税、所得税、城市维护建设税和教育费附加等,有些行业还包括土地增值税。进行评价时应说明税种、计税依据、税率、计税额等。如有减免税优惠,应说明政策依据及减免方式、减免金额。

(四)维持运营投资

它是指在运营期内设备、设施等需要更新或拓展的项目,应估算项目维持运营的投资费用。

(五)营业外净支出

对于一般项目,可不作营业外净支出计算,如为数较大,可估计列入。

三、价格和汇率

(一)财务价格

财务评价是对拟建项目未来的效益与费用进行分析,应采用预测价格。价格可以用各种不同的方式加以规定,这取决于它们是否是:

1. 绝对价格或相对价格

绝对价格反映了用货币的绝对值表示的单个产品的价值,相对价格表示的是一种产品用另一种产品表示的价值。在项目的寿命期内,由于通货膨胀或生产效率的变化,绝对价格的水平可能会有变化。这种变化,不一定会导致相对价格的变化。预测价格应考虑价格变动因素,即各种产品相对价格变动和价格总水平的变动(通货膨胀或通货紧缩)。由于建设期和生产经营期的投入产出情况不同,应区别对待。在建设期,因为投资估算中已经预留了涨价预备费,因此建筑材料和设备等投入品,可采用一个固定的价格计算投资费用,其价格不必年年变动。

2. 固定价格或变动价格

生产经营期的投入品和产出品,是以实物形式出现的,其价格通常用价值来表现以便得到一个共同的计价标准。理想的情况是,价格应当反映在决策者所确定的整个规划期内的项目投入物及产出物的实际的经济价值,实际应根据具体情况选用固定价格或变动价格进行财务评价。

1)固定价格

固定价格是指在项目生产经营期内不考虑价格相对变动和通货膨胀影响的不变价格,即在整个生产经营期内都用这一预测的固定价格,作为计算产品销售收入和原材料、燃料动力费用的价格。这主要是出于以下考虑:

(1)引起项目整个计算期内价格变动的因素很多,例如通货膨胀所导致的物价总水平的变动;技术进步、消耗降低所导致的价格相对水平的变动等。对这些复杂的因素做出长期的预测比较困难。

(2)在进行不同项目、不同方案比较时,均舍去价格变动因素,一般不会影响项目或方案的可比性。

(3)在很多情况下,投入物可能涨价,产出物也可能涨价,两者可以大致抵消。采用统一价格,是为了简化计算。方便财务评价工作的进行,并不意味着项目计算期内产品的实际价格固定不变。

2)变动价格

变动价格是指在项目生产经营期内考虑价格变动的预测价格。它又分为两种情况:一是只考虑价格相对变动因素引起的变动价格;二是既考虑价格相对变动,又考虑通货膨胀因素引起的变动价格。变动价格原则上在生产经营期内每年都是变动的,为简化起见,有些年份也可采用同一价格。

进行盈利能力分析,一般采用只考虑相对价格变动因素的预测价格,计算不含通货膨胀因素的财务内部收益率等盈利性指标,以消除通货膨胀因素的影响。

进行偿债能力分析,当计算期内存在较为严重的通货膨胀时,则应采用包括通货膨胀影响的变动价格计算偿债能力指标,以反映通货膨胀因素对偿债能力的影响。

财务评价计算销售(营业)收入及生产成本所采用的价格,可以是含增值税的价格,也可以是不含增值税的价格,在评价时应说明采用何种计价方法。

(二)利率和汇率

利率是指一定时期内利息额同借入或贷出的本金的比率。借款利率是项目财务评价的重要基础数据,计算利率是首先将各种部门相互联系起来的计算价格,并且能够保证一个项目成本和效益的差额适当地与其他成本效益相比较。

利率可以分为固定利率和浮动利率。固定利率是指在整个借贷期限内,利率不随借贷供求状况而变动的利率,它适用于短期借贷;浮动利率是指借贷期限内随市场利率的变动而定期调整的利率,它适用于借贷时期较长、市场利率多变的借贷关系。

采用固定利率的借款项目,财务评价直接采用约定的利率计算利息。采用浮动利率的借款项目,财务评价时应对借款期内的平均利率进行预测,采用预测的平均利率计息。

另外,对于一些涉外经济项目,经常会涉及汇率,汇率是一种货币表示的另一种货币的价格,汇率的变动会影响企业进出口商品的价格,从而影响企业的财务状况,因而在财务评价中要考虑汇率的影响。财务评价汇率的取值,一般采用国家外汇部门公布的人民币外汇牌价、基准价。

第三节 运输项目的财务分析

一、财务分析概述

(一)财务评价的对象和原则

财务评价是对项目收支借贷的结果做出分析和评价。目前,在交通运输项目的经济分析中,一般是以项目本身作为一个经济主体来进行财务评价的。如果说一个新建项目是完全新建的高速公路,项目建成后,经营这个项目的单位是高速公路建设公司。这时项目和企业是统一的。评价项目的财务状况,也就是评价未来经营这条高速公路企业的财务状况。但就绝大多数运输项目来说,虽然是新上项目,而往往属于改、扩建性质,如一条公路的扩宽或延长,是在原有企业经营管理范围内,特别在项目有贷款的条件下,考察项目对企业财务状况的影响往往成为企业或贷款单位注意的中心。在这种情况下,把企业作为财务评价的对象是非常重要的。

为保证财务评价的客观性和有效性,应遵循如下原则:

(1)必须符合国家的国民经济发展规划及产业政策,符合经济建设的方针、政策及有关法规。这将有助于企业微观利益与国民经济宏观利益的协调一致。

(2)财务评价必须建立在项目技术可靠可行的基础上,否则财务评价的结论将是不真实不可靠的,是无效的。

(3)正确识别项目的财务效益和费用,计算口径对应一致,只计算项目本身的直接费用和直接效益,即项目的内部效果。

(4)财务评价以动态分析为主,以静态分析为辅。充分考虑资金的时间因素,以全面综合反映项目计算期内全部财务效益与费用的动态财务评价指标作为考察项目财务可行性的主要指标。

(5)财务评价的内容、深度及计算指标,应能满足审批项目建议书和可行性研究报告时对项目财务评价的要求。可行性研究阶段,应参照《投资项目可行性研究指南》的要求,做出全面、详细、完整的财务评价;项目建议书阶段可根据实际情况需要适当从简。

(二)财务评价的内容

财务评价就是研究建设项目在财务上的可行性。其主要目的有:

(1)研究项目的盈利性。项目投产后,是否能达到预期的盈利水平,是否具有偿还贷款的能力、保持投产后正常运营能力和发展能力。

(2)研究项目的资金来源是否可靠,资金结构是否合理,确定最佳的资金筹措方案,以保证项目的顺利实施。

(3)从财务角度研究最佳的建设时间、建设程度和投产时间以及营运组织和各种制度,以提高营运效益。

(4)作为公益性的交通运输,运价由国家规定和管制,且一般较低,要通过项目的财务评价来确定是否需由国家或地方给予政策性补贴或实行减免税等优惠政策。

目前,财务分析主要是根据企业过去的工作实绩和当前各项收费和财税制度进行计算和预测。财务评价的基本内容与步骤一般为:

1. 财务评价前的准备

(1)选取财务评价基础数据与参数。先熟悉拟建项目的基本情况,包括建设目的、意义、要求、建设条件和投资环境,市场预测以及主要技术决定,然后收集整理基础数据与参数,主要有投入品和产出品财务价格、费率、税率、利率、汇率、计算期、生产负荷及基准收益率等基础数据和参数。

(2)计算营业收入,估算成本费用。

2. 进行财务分析

(1)编制财务评价报表,包括项目投资现金流量表、利润与利润分配表、借款还本付息计划表。

(2)熟悉拟建项目的基本情况,计算财务评价指标。进行盈利能力分析、偿债能力分析。

3. 进行不确定性分析并编制报表

(1)进行不确定性分析,包括敏感性分析、盈亏平衡分析。

(2)编写财务评价报告。

这里应该指出，根据经济改革的要求，财务评价的前提不能只限于目前的管理体制。如果项目的国民经济评价已经证明项目达到了国民经济效益标准和要求，而根据当前管理体制和收费标准，财务状况难以达到企业财务评价要求时，尚应研究影响财务结果的各种不合理因素。这里既可能有管理体制上的因素，也可能有收费体系上的原因。

(三)运输项目财务评价的特点

1. 运输项目的财务评价对项目决策起辅助作用

因为交通运输是社会再生产过程在流通领域内的继续，它连接着生产与生产、生产与交换、生产与消费、交换与消费，是社会再生产过程不可缺少的环节。其效益不仅表现为本部门直接效益，更多的是带来工业、农业、商业、科技文教卫生、旅游、国防等的发展。交通运输业的发展直接影响到国民经济的发展，同时它的发展规模、速度和水平也要受到国民经济的制约。因此，交通运输项目的经济分析和投资决策都必须着重于国民经济评价，财务评价仅对项目的决策起辅助作用。只有国民经济评价才能全面正确地衡量交通运输项目的经济效益和成本，特别是项目以外的社会经济效益和成本。

2. 运输项目的财务分析不必计算使用者的经济效益

凡有经营收入的交通运输项目，如铁路、港口、收费公路、管道、机场等，应按企业或集团承担的投资额做财务评价，分析和计算项目的财务盈利能力和清偿能力。进行财务分析的目的是通过研究收费标准，动态计算贷款偿还年限等指标，分析项目的财务可行性。由于交通运输项目都属于公共基础设施，各建设部门本身没有盈利问题，且所得收入不完全是运输项目效益的全部货币表现。因而，运输项目的财务分析不必计算使用者的经济效益，这是运输项目财务分析的一个显著特点。

(四)财务评价方法

建设项目财务评价的方法是与财务评价的目的和评价内容相联系的。例如，为考察项目财务盈利能力所进行的盈利能力分析，就有以现金流量表为基础的动态获利性分析和静态获利性分析方法，以及通过编制利润与利润分配表所进行的财务报表比率分析法；清偿能力分析是通过借款还本付息计划表计算偿债备付率和利息率指标，由资产负债计算相应的财务比率；外汇平衡分析则是直接由财务外汇平衡表中的“外汇余缺”项考察项目计算期内各年的外汇平衡情况。此外，还有分析项目可能承担的风险及项目抗风险能力的不确定性分析方法：盈亏平衡分析、敏感性分析和概率分析。

二、项目财务评价报表编制

新设项目法人项目财务评价的主要内容是在编制财务报表的基础上进行盈利能力、偿债能力和抗风险能力分析。而财务报表主要有财务现金流量表、损益和利润分配表、借款偿还计划表等财务报表。

(一)项目投资现金流量表

(1)项目投资现金流量表，用于计算项目财务内部收益率及财务净现值等评价指标，见表6-1。此表中不考虑银行的贷款和本金利息的偿还，把全部资金都看作资本金，按这种假定计算出来的指标供分析项目本身的财务盈利能力用，也便于项目主持人决定如何安排资金的筹措与偿还，并提供了对不同的项目方案进行选择的依据。

项目投资现金流量表(单位:万元)　　表6-1

序　号	项　　目	合　计	计　算　期					
			0	1	2	3	…	n
1	现金流入							
1.1	营业收入							
1.2	补贴收入							
1.3	回收固定资产余值							
1.4	回收流动资金							
2	现金流出							
2.1	建设投资							
2.2	流动资金							
2.3	经营成本							
2.4	营业税金及附加							
2.5	维持运营投资							
3	所得税前净现金流量(行1－行2)							
4	累计所得税前净现金流量							
5	调整所得税							
6	所得税后净现金流量							
7	累计所得税后净现金流量(行3－行5)							

注:①本表适用于新设法人项目与既有法人项目的增量和"有项目"现金流量分析。

②调整所得税为以息税前利润为基数计算的所得税,区别于"利润与利润分配表"、"项目资本金现金流量表"和"财务计划现金流量表"中的所得税。

计算指标:项目财务内部收益率(所得税前)　　%

项目财务内部收益率(所得税后)　　%

项目财务净现值(所得税前)(i_c＝ %)　　万元

项目财务净现值(所得税后)(i_c＝ %)　　万元

投资回收期(所得税前)　　年

投资回收期(所得税后)　　年

(2)项目资本金现金流量表,用于计算资本金收益率指标,见表6-2。此表将项目借款和利息的偿还看成现金流出。这样算出的利润指标表示项目资本金的获利能力。

项目资本金现金流量表(新设项目法人项目)(单位:万元)　　表6-2

序　号	项　　目	合　计	计　算　期					
			0	1	2	3	…	n
1	现金流入							
1.1	营业收入							
1.2	补贴收入							
1.3	回收固定资产余值							
1.4	回收流动资金							
2	现金流出							
2.1	项目资本金							

续上表

序 号	项 目	合 计	计 算 期					
			0	1	2	3	…	n
2.2	借款本金偿还							
2.3	借款利息支付							
2.4	经营成本							
2.5	营业税金及附加							
2.6	所得税							
2.7	维持运营投资							
3	净现金流量(行1－行2)							

注:①项目资本金包括用于建设投资、建设期利息和流动资金的资金。

②对外商投资项目,现金流出中应增加职工奖励及福利基金科目。

③本表适用于新设法人项目与既有法人项目"有项目"的现金流量分析。

计算指标:资本金财务内部收益率　　　　　　　%

(3)投资各方现金流量表,用于计算投资各方收益率,见表6-3。

投资各方现金流量表(新设项目法人项目)(单位:万元)　　表6-3

序 号	项 目	合 计	计 算 期					
			0	1	2	3	…	n
1	现金流入							
1.1	实分利润							
1.2	资产处置收益分配							
1.3	租赁费收入							
1.4	技术转让或使用收入							
1.5	其他现金流入							
2	现金流出							
2.1	实缴资本							
2.2	租赁资产支出							
2.3	其他现金流出							
3	净现金流量(行1－行2)							

注:本表可按不同投资方分别编制。

①投资各方现金流量表既适用于内资企业也适用于外商投资企业;既适用于合资企业也适用于合作企业。

②投资各方现金流量表中现金流入是指出资方因该项目的实施将实际获得的各种收入;现金流出是指出资方因该项目的实施将实际投入的各种支出。表中科目应根据项目具体情况调整。

a. 实分利润是指投资者由项目获取的利润。

b. 资产处置收益分配是指对有明确的合营期限或合资期限的项目,在期满时对资产余值按股比或约定比例的分配。

c. 租赁费收入是指出资方将自己的资产租赁给项目使用所获得的收入,此时应将资产价值作为现金流出,列为租赁资产支出科目。

d. 技术转让或使用收入是指出资方将专利或专有技术转让或允许该项目使用所获得的收入。

计算指标:投资各方财务内部收益率　　　　　　　%

(二)利润与利润分配表

该表用于计算项目投资利润率。表中损益栏目反映项目计算期内各年的销售收入、总成本费用支出、利润总额情况；利润分配栏目反映所得税税后利润以及利润分配情况，见表6-4。

利润与利润分配表（新设项目法人项目）（单位：万元） 表6-4

序号	项目	合计	计算期					
			1	2	3	4	…	n
1	营业收入							
2	营业税金及附加							
3	总成本费用							
4	补贴收入							
5	利润总额（行1－行2－行3＋行4）							
6	弥补以前年度亏损							
7	应纳税所得额（行5－行6）							
8	所得税							
9	净利润（行5－行8）							
10	期初未分配利润							
11	可供分配利润（行9＋行10）							
12	提取法定盈余公积金							
13	可供投资者分配利润（行11－行12）							
14	应付优先股股利							
15	提取任意盈余公积金							
16	应付普通股股利（行13－行14－行15）							
17	各投资方利润分配							
	其中：××方							
	××方							
18	未分配利润（行13－行14－行15－行17）							
19	息税前利润（利润总额＋利息支出）							
20	息税前折旧摊销利润（息税前利润＋折旧＋摊销）							

表中，所得税＝应纳税所得额×所得税税率。应纳税所得额为利润总额根据国家有关规定进行调整后的数额。在建设项目财务评价中，主要是按减免所得税及用税前利润弥补上年度亏损的有关规定进行的调整。按现行《工业企业财务制度》规定，企业发生的年度亏损，可以用下一年度的税前利润等弥补，下一年度利润不足弥补的，可以在5年内延续弥补，5年内不足弥补的，用税后利润等弥补。

税后利润按法定盈余公积金、公益金、应付利润及未分配利润等项进行分配。

（1）表中法定盈余公积金按照税后利润扣除用于弥补以前年度亏损额后的10%提取，盈余公积金已达注册资金50%时可以不再提取。公益金主要用于企业的职工集体福利设施支出。

（2）应付利润为向投资者分配的利润。

(3)未分配利润主要指用于偿还固定资产投资借款及弥补以前年度亏损的可供分配利润。

(三)借款还本付息计划表

用于反映项目计算期内各年借款的使用、还本付息以及偿债资金来源和计算借款偿还期或偿债备付率、利息备付率等指标,见表6-5。

借款还本付息计划表(单位:万元)　　表6-5

序　号	项　目	合　计	计　算　期					
			1	2	3	4	…	*n*
1	借款1							
1.1	期初借款余额							
1.2	当期还本付息							
	其中:还本							
	付息							
1.3	期末借款余额							
2	借款2							
2.1	期初借款余额							
2.2	当期还本付息							
	其中:还本							
	付息							
2.3	期末借款余额							
3	债券							
3.1	期初债务余额							
3.2	当期还本付息							
	其中:还本							
	付息							
3.3	期末债务余额							
4	借款和债券合计							
4.1	期初余额							
4.2	当期还本付息							
	其中:还本							
	付息							
4.3	期末余额							
计算指标	利息备付率(%)							
	偿债备付率(%)							

注:①本表与财务分析辅助表"建设期利息估算表"可合二为一。

②本表直接适用于新设法人项目,如多种借款,必要时应分别列出。

③对于既有项目法人项目,在按有项目范围进行计算时,可根据需要增加项目范围内原有借款的还本付息计算;在计算企业层次还本付息时,可根据需要增加项目范围外借款的还本付息计算;当简化直接进行项目层次新增借款还本付息计算时,可直接按新增数据进行计算。

④本表可另加流动资金借款的还本付息计算。

第四节　资 金 筹 措

资金筹措是指根据对拟建项目投资估算的结果，研究落实资金来源渠道和资金筹集方式，从中选择条件优惠、成本低廉、能满足项目需要的投资资金，以确保项目按计划建设并投入生产，提高项目投资效果的工作。做好资金筹措分析，不仅有利于选择条件优惠、成本低廉的投资资金，避免或减少筹资风险，提高投资效果，还有利于确保建设资金在项目建设期内能够及时到位，使项目按期建成投产，较快发挥效益。资金筹措包括资金来源的开拓和对来源、数量的选择。

一、资金来源

资金来源是指建设项目筹集投资资金的渠道。在我国社会主义市场经济条件下，投资资金的来源渠道正在逐步向多元化方向发展。从整体看，包括国内资金来源和国外资金来源。从可行性研究的角度分析，可分成自有资金和借入资金两类。

(一)自有资金

自有资金是指企业依法长期拥有，自主调配使用的资金。它是建设项目资金来源的基本部分，包括资本金、资本公积金、盈余公积和未分配利润等。

1. 资本金

根据《企业财务通则》的规定，资本金是指企业在工商行政管理部门登记的注册资本。企业根据国家法律、法规的规定，可以通过国家资金、其他企业资金、个人资金和外商资金等渠道，利用吸收外资、发行股票等方式筹集资本金。按投资主体的不同资本金可分为国家资本金、法人资本金、个人资本金及外商资本金等。虽然国家在不同时期根据不同情况对资本金有不同的规定，但为保全企业自有资本、维持企业长期稳定经营，企业对所筹集的资本金，依法享有经营权，在企业经营期内，投资者不得随意抽减。

2. 资本公积

资本公积是指来源于企业非营业利润所增加的净资产。具体包括投资者实际缴付的出资额超出其资本金的差额(包括股本溢价)、法定财产重估增值、接受捐赠资产价值和资本汇率折算差额等。资本公积与资本金不同，它不在企业法定的投入资本或股本之内，只是资本在核定后本身的增值，从法律上讲，资本公积可以减少，如经批准后转增资本。

3. 盈余公积

盈余公积是指企业按照国家有关规定从税后利润中提取的积累资本。它按用途不同可分为一般盈余公积和公益金两种。前者可用于弥补以后年度亏损或转增资本金等，后者专门用于企业职工集体福利设施的储备金，一旦职工集体福利设施购建完成后，应将其转为一般盈余公积。

4. 未分配利润

未分配利润是指企业留待以后年度分配或待分配的利润。企业实现利润后，按规定分配顺序分配利润。但为继续经营，每年企业并不将全部可供投资者分配的利润分配完毕，而是要保留一定的数额，用于以后年度分配或亏损年度以丰补歉，以吸引长期投资者，从而形成未分配利润。

在自有资金来源上，不同项目不尽相同，一般新开办企业主要自有资金来源是资本金和资本公积，而企业的新建、改建和扩建项目还可以包括企业积累的盈余公积和未分配利润。自有资金可以等于项目投资总额，也可以低于项目投资总额。但自有资金是企业对外承担债务能力的保障，决定着投资者的偿债能力，因而国家有关法律对不同企业注册资金有最低限额和占项目投资总额比例的规定。

（二）借入资金

借入资金是指通过国内外银行贷款、国际金融组织贷款、外国政府贷款、出口信贷、发行债券、补偿贸易等方式筹集的资金。借入资金按其使用期限的长短可分为长期借入资金和短期借入资金两类，是用来弥补项目自有资金不足的重要来源。长期借入资金的使用期限在一年以上，所筹资金一般用于购建固定资产和满足长期流动资金占用需要；短期借入资金的使用期限在一年以内，一般作为企业流动资金的来源和偿付到期利息。

1. 国内金融机构贷款

它是企业筹措投资资金的最主要方式。对于符合不同条件的项目可申请相应贷款。

2. 债券集资

债券是债务人为筹集资金而发行的，承诺按期向债权人支付利息和偿还本金的一种有价证券。它是企业筹集借入资金的重要方式。企业发行的债券称为企业债券，对股份有限公司而言称为公司债券。企业债券按不同分类标志可分为记名债券与不记名债券、有担保债券与无担保债券、固定利率债券与浮动利率债券、一次到期债券与分次到期债券、可转换公司债券等。企业债券的发行必须符合国家规定的相应条件，通过公募或私募方式发行。

3. 国家或各级地方财政贷款

它是指国家或各级地方政府为扶持经济发展，通过国家或地方财政以专项资金安排的投资贷款。这类贷款一般具有期限较长，贷款利率低的特点。

4. 国外借入资金

把国外资金用于建设称为利用外资，利用外资可分为借用国外资金和吸收外国投资两大类。借用国外资金的具体方式一般包括外国政府贷款、国外金融组织贷款、出口信贷、商业银行贷款和混合贷款等。吸收外国投资的具体方式有合资经营、合作经营、补偿贸易、融资性租赁等。

二、资金结构及财务风险

这里说的资金结构是指投资项目所使用的资金来源及数量构成；这里的财务风险是指与资金结构有关的风险。不同来源的资金所需付出的代价是不同的。选择资金来源与数量不仅与项目所需的资金量有关，而且与项目的效益有关，因此有必要对资金结构加以分析。以下以自有资金与借款的比例结构为例说明资金结构和资金来源选择、使用之间的关系。

一般来说，在有借贷资金的情况下，全部投资的效果与自有资金投资的效果是不相同的。拿投资利润率指标来说，全部投资的利润率一般不等于贷款利息率，这两种利率差额的后果将为企业所承担，从而使自有资金利润率上升或下降。

设全部投资为 K，自有资金为 K_0，贷款为 K_L，全部投资利润率为 R，贷款利率为 R_L，自有资金利润率为 R_0，由资金利润率公式，则有：

$$K = K_0 + K_L$$

$$R_0 = \frac{KR - K_L R_L}{K_0} = \frac{(K_0 + K_L)R - K_L R_L}{K_0} = R + \frac{K_L}{K_0}(R - R_L) \tag{6-3}$$

由式(6-3)可知,当 $R > R_L$ 时,$R_0 > R$;当 $R < R_L$ 时,$R_0 < R$。而且自有资金利润率与全投资利润率的差别被资金构成比 K_L/K_0 所放大。这种放大效应称为财务杠杆效应。贷款与全部投资之比 K_L/K 称为债务比。

【例 6-1】 某项工程有 3 种方案,全投资利润率 R 分别为 5%、8%、10%。贷款利息率为 8%,试比较债务比为 0(不借债)、0.5、0.8 时的自有资金利润率。

解 全部投资由自有资金和贷款构成,因此,若债务比 $K_L/K = 0.5$,则 $K_L/K_0 = 1$,以此类推。利用公式(6-3)计算结果列于表 6-6。

不同债务比下的自有资金利润率 表 6-6

债务比 / 自有资金利润率 R_0 / 方案	$K_L/K=0$ ($K_L/K_0=0$)	$K_L/K=0.5$ ($K_L/K_0=1$)	$K_L/K=0.8$ ($K_L/K_0=4$)
方案Ⅰ(R=5%)	5%	2%	-7%
方案Ⅱ(R=8%)	8%	10%	8%
方案Ⅲ(R=10%)	10%	12%	18%

方案Ⅰ,$R < R_L$,债务比越大,R_0 越低,甚至为负值;方案Ⅱ,$R = R_0$,R_0 不随债务比改变;方案Ⅲ,$R > R_L$,债务比越大,R_0 越高。

当项目的效益不确定时,选择不同的资金结构,所产生的风险是不同的。若项目的投资利润率估计在 6% ~15% 之间,企业如果选择自有资金和贷款各半的结构,企业利润将在 0.4 ~4万元之间;如果自有资金占有 20%,贷款占 80%,则企业利润将在 -2 ~7 万元之间。此时,使用贷款,企业将承担风险,贷款比例越大,风险也越大;当然,相应地,获得更高利润的机会也越大。对于这种情况,企业要权衡风险与收益的关系进行决策。采用风险分析方法对项目本身和资金结构做进一步分析,对企业决策会有所帮助。

从资金供给者的角度来看,为减少资金投放风险,常常拒绝过高的贷款比例。企业在计划投资时,须与金融机构协商借款比例和数量。

三、运输项目的资金筹措

运输项目的资金短缺,是制约我国运输项目建设速度的关键因素之一。往往由于资金得不到落实,致使许多该上的运输项目不能上马。为加快运输项目建设,必须多渠道筹措资金才能满足需要。

根据投融资体制改革的思路,运输项目的资金来源分为自有资金和对外筹借资金两大类,下面对几种典型的筹款方式进行介绍。

(一)贷款

1. 国内贷款

国内贷款按信用程度分信用贷款与抵押贷款两种。运输项目的贷款,一般通过对使用者收费进行偿还。

信用贷款是指贷款人信任借款人有偿还能力,或有担保人签字承担担保责任的贷款。运输项目,银行通过对可行性研究报告的审查,对经济效益良好,有偿还能力的项目,大部分采用信用贷款。运输项目的抵押贷款,一般要求项目建设者必须有一定比例的自有资金,再通过贷款筹借缺口资金,项目建成后,以整个项目作抵押的贷款方式,这种方式降低了银行的贷款风险。

2. 国外贷款

这里主要介绍世界银行贷款的一些要求。

1)世界银行贷款的原则

(1)贷款项目需经世行审定为在技术上和经济上是可行的。

(2)申请国(贷款只给世行的会员国政府或由会员国、中央银行担保的公私机构)确实不能以合理条件从其他来源得到资金时,才考虑给予贷款。

(3)只贷放给有偿还能力的会员国。

2)世行贷款的利息和偿还

(1)硬贷款(以美元计):向借款国收取利息和0.75%的承诺费,只贷给所有世行会员国。

(2)软贷款(以特别提款权计):不计利息,每年只收0.5%的手续费,只借给经济落后的国家。

3)世行贷款的特点

(1)贷款期限长最长为30年,平均17年,宽限期为4年左右。具体期限由借款国人均国民生产总值而定。

(2)贷款利率一般低于市场利率。

(3)贷款需与特定工程项目相联系,贷款手续严密,费时长。一般贷款程序包括项目提出、项目选定、项目准备、项目评价、项目谈判等阶段,大约需要1.5~2.0年的时间。

(二)发行股票

股票是股份公司发给股东,证明其对公司拥有所有权,并借以取得股东权利的一种有价证券。随着我国资本市场的建立,发行股票是公司筹措资金的一种有效方式。自1988年初到1996年底已经有500多家公司在国内上市,24家公司在境外(包括香港)上市。1996年深沪两市股票市值最高超过万亿元。许多新股发行,股民认购踊跃,中签率在1%以下。然而,在500多家上市公司中,从事运输项目的公司并不太多。运输项目,收益稳定增长,发行股票定会受到投资者的欢迎。

(三)发行债券

债券是国家、地方政府、企事业单位等为了筹措资金,按照法定手续发行,承担在指定时间内支付一定的利息和偿还本金义务的有价证券。对持有人来说,是一种债权凭证。

债券具有利率固定、风险小、可在市场进行转让的特点,容易被普通公众所接受。债券可根据发行人的需要,期限可长可短。目前市场上发行的债券,最短的有半年期国债,最长的有十年期国债。

目前,在全国公开发行的债券种类有:国家发行的国库券、银行发行的金融债券,有关部门委托银行发行的石化债券、电力债券、铁路债券、三峡工程债券等。此外还有各类企业在一定范围内发行的企业债券。有些省份也曾在省内尝试发行公路建设债券,取得了成功的经验,可以供我们筹借公路运输项目建设资金参考。

(四)BOT方式

BOT(Building-Operation-Transfer,即建设—经营—转让)方式是指国家选择一批效益好的工程项目,采取一系列的优惠政策鼓励私营部门投资建设,然后在一定的优惠期内由私营部门自行经营、管理建成后的项目,待优惠期满后,将项目转交给国家。也可以将已经建成的项目转让给国内或国外企业经营一定的年限,实现以产权换资金,以存量资金换增量资金的目的。

(五)中外合作

中外合作是利用外资和国外先进技术、先进管理经验的有效方法,我国交通部也鼓励采用这种合作方式。中外合作包括合资经营、合作经营和合作开发3种方式。

1. 合资经营

合资经营是指两个以上的法人、自然人共同投资,共同经营,共担风险,共负盈亏的一种经营形式。在外资关系上,是一个或多个外国投资者(法人或自然人)同东道国政府、法人、自然人,按规定的形式,基于规定或约定的比例,共同出资,包括现金、设备、工业产权、专有技术、土地、厂房、劳务等。

对资本输出国来讲,合资经营同东道国政府或企业合作,共担风险,从而可以减少由于东道国的原因而造成的政治风险。对于资本输入国来讲,既利用了外资,又不增加国家的债务负担,同时还可以引进先进技术和设备,学习先进的经营管理经验,因而双方都乐于接受。

2. 合作经营

合作经营是指由外国投资者提供资金、技术、设备,而东道国合作者提供基础条件,如场地、现有厂房及劳务等,双方进行合作从事特定项目的经营,在平等互利的原则下,双方按约定的分成比例,分配收益,分担亏损。较之举办合资经营企业,它灵活简便,投资少,周期短,见效快,故深得双方合作者欢迎。

合作经营的特点是:

(1)不受国内配套资金的制约,有利于扩大吸引外资。

(2)外商能保本,我方也有利,增加了外国投资者的安全感。

(3)灵活简便,适应性强。分成比例,不按股份计算,而由双方协商,或对开、或四六开、或三七开,比较灵活。

运输项目,可采用外方出资金,我方出土地和劳务,项目建成后,先偿付外方本金,再按一定比例分配利润。这种方式,在我国沿海省份已经取得了一定的经验。

3. 合作开发

合作开发是指资源国利用外国投资共同开发自然资源的一种国际合作形式。运输项目带有一定的土地资源开发的性质,可以参考这种开发方式。应当注意的是,由于国家对自然资源享有永久主权,开发自然资源是国家专属的权利,与一般利用外资的方式不同,通常须经国家批准,给予特许权。

第五节 财务效果计算

财务评价效果的好坏,除了要准确地估计基础数据,编制完整、可靠的财务报表之外,还要采用合理的评价指标体系。只有选取正确的评价指标体系,财务评价结果才能与客观实际情况相吻合,才具有实际意义。一般地,根据不同的评价深度要求和可获得资料的多少,以及项目本身所处条件的不同,可选用不同的指标,这些指标有主有次,可以从不同侧面反映项目的经济效果。

一、盈利能力分析的指标计算与评价

项目财务盈利能力分析主要是考察项目投资的盈利水平。为此目的,根据编制的项目

财务现金流量表、资本金财务现金流量表和损益表，计算财务净现值、财务内部收益率、投资回收期等主要评价指标。根据项目的特点及实际需要，也可计算投资利润率等指标。

（一）财务净现值

根据财务现金流量表计算的财务净现值（FNPV），是指按行业的基准收益率或设定的折现率（i_c），将项目计算期内各年净现金流量折现到建设期初的现值之和。它是考察项目在计算期内盈利能力的动态评价指标，其计算式可参考式（4-8）。

（二）财务内部收益率

财务内部收益率（FIRR）是使项目整个计算期内各年净现金流量现值累计等于零时的折现率。具体计算公式可参考式（4-16）。

（三）投资回收期

投资回收期（P_t）是指以项目的净收益抵偿全部投资（固定资产投资、流动资金）所需的时间。它是考察项目在财务上的投资回收能力的主要评价指标。投资回收期以年表示，静态投资回收期和动态投资回收期计算公式可分别参考式（4-2）和式（4-22）。

（四）投资利润率

投资利润率是指项目达到设计生产能力后的一个正常生产年份的年利润总额与项目总投资的比率，它是考察项目单位投资盈利能力的静态指标。计算公式可参考式（4-4）。

二、偿债能力分析

根据有关财务报表，计算借款偿还期、利息备付率、偿债备付率等指标，评价项目借款偿债能力。限于篇幅本章仅介绍借款偿还期指标。

借款偿还期（P_d）是反映项目偿还借款能力的重要指标，是指按照国家财政规定及项目具体财务条件，用可作为还款的项目收益额偿还借款所需要的时间，一般以年为单位表示。该指标可由借款偿还计划表推算。不足整年的部分可用线性插值法计算。指标值应能满足贷款机构的期限要求。用下列方程式求解 P_d，即为借款偿还期。其表达式为：

$$I_d = \sum_{t=1}^{P_d} (R_p + D' + R_0 - R_r)_t \tag{6-4}$$

式中：I_d——固定资产投资本金和利息之和；

P_d——借款偿还期（从建设开始年算起）；

R_p——年利润总额；

D'——年可用作偿还借款的折旧；

R_0——年可用作偿还借款的其他收益；

R_r——还款期间的年企业留利。

借款偿还期可直接从财务平衡表推算，以年表示。详细计算公式为：

借款偿还期＝借款偿还后出现盈余资金年份＋当期借款偿还额/当年可用于还款的收益额　　（6-5）

第六节　案例分析——公路建设项目财务分析

CJ 高速公路的路线全长 169.045km，为国道主干线 SR 高速公路经 JX 省西部腹地一段，即 CF 至 JYS 段。

一、基本概况

其基础数据分析如下：

(一)交通量预测

交通量预测采用“四阶段”预测法，即社会经济预测，集中、发生量的预测，分布交通量预测和交通分配预测。根据 OD 交通量调查，得到的交通量预测表如表 6-7 所示。

交通量预测表 表 6-7

预测年份	新路预测交通量(辆/日)	各车型预测交通量(辆/日)			
		小型车	中型车	大型车	特型车
2008	7 075	3 061	3 588	1 390	51
2009	7 621	3 297	3 864	1 497	55
2010	8 209	3 552	4 164	1 613	59
2011	8 843	3 826	4 485	1 738	64
2012	9 525	4 121	4 830	1 871	68
2013	10 188	4 512	4 980	2 182	69
2014	10 899	4 827	5 326	2 335	72
2015	11 658	5 162	5 697	2 498	73
2016	12 471	5 523	6 094	2 672	74
2017	13 340	5 907	6 519	2 858	78
2018	14 072	6 399	6 622	3 265	78
2019	14 845	6 751	6 985	3 444	78
2020	15 659	7 121	7 368	3 633	78
2021	16 519	7 512	7 773	3 832	78
2022	17 425	7 924	8 199	4 043	79
2023	18 185	8 471	8 225	4 542	78
2024	18 979	8 841	8 583	4 740	76
2025	19 808	9 226	8 958	4 947	74
2026	20 671	9 629	9 349	5 162	72
2027	21 574	10 050	9 757	5 388	69

(二)建设规模

拟建高速公路经交通量预测，全线年平均昼夜交通量折合成小客车 2008 年为 14 498 辆，2017 年为 27 181 辆，2027 年为 43 504 辆。根据预测的远景交通量，分别对计算行车速度、通行能力和服务水平的分析论证，确定拟建项目采用高速公路标准建设，计算行车速度为 100km/h，双向四车道，路基宽 26m。

(三)计算期

本项目确定计算期为25年,其中,建设期5年,运营期为20年。

(四)费用估算

1. 建设费用

本项目建设投资为536 950万元,其中:

(1)建筑安装工程费372 096万元。

(2)设备及工器具购置费8 423万元。

(3)工程建设其他费用43 569万元。

(4)建设期贷款利息41 745万元。

(5)预备费71 117万元。

采用扩大指标估算,项目所需流动资金约为5 330万元。

项目总投资使用计划与资金筹措表如表6-8所示。

项目总投资使用计划与资金筹措表(单位:万元) 表6-8

序 号	项 目	合计	1	2	3	4	5	6
1	总投资	542 280	72 492	100 912	156 531	113 534	93 482	5 330
1.1	建设投资(不含建设期利息)	495 205	71 375	97 068	148 515	100 990	77 257	0
1.2	建设期利息	41 745	1 118	3 844	8 016	12 544	16 225	0
1.3	流动资金	5 330	0	0	0	0	0	5 330
2	资金筹措	542 280	72 492	100 912	156 531	113 534	93 482	5 330
2.1	项目资本金	221 759	33 000	44 000	66 000	44 000	33 000	1 759
2.1.1	用于建设投资	220 000	33 000	44 000	66 000	44 000	33 000	0
2.1.2	用于流动资金	1 759	0	0	0	0	0	1 759
2.1.3	用于建设期利息	0	0	0	0	0	0	0
2.2	债务资金	320 521	39 491	56 912	90 531	69 534	60 482	3 571
2.2.1	用于建设投资	275 206	38 373	53 068	82 515	56 990	44 259	0
2.2.2	用于建设期利息	41 745	1 118	3 844	8 016	12 544	16 225	0
2.2.3	用于流动资金	3 571	0	0	0	0	0	3 571

2. 运营总费用估算

1)养护费

项目所在地区现有公路养护费用约为14万元(km·年),日常养护费用为264万元/年。

2)管理费用

本项目预计设置13个收费站,全线收费及管理人员830人,收费站的管理费用为440

万元/年,并均以每年3%的速度递增。收费站每年的管理费用预计为3 322万元。评价期内,考虑职工工资的实际增长(不考虑物价上涨因素),预计管理费的财务费用将以年递增3%的速度逐年增加。

3)大修费用

大修费用主要是路面重新罩面费用,按通车运营后每10年进行一次大修考虑,第一次大修费用为31 614万元/次,第二次大修费用为43 698万元/次。

4)折旧费

2006~2010年每年提折旧费23 078万元,2011年以后每年提取折旧费21 052万元。

5)利息支出

利息支出包括偿还长期借款利息、流动资金借款利息和短期借款利息。运营期平均总成本费用4 082万元。

二、财务评价

(一)基础数据与参数选取

(1)确定计算期25年。

(2)财务基准折现率根据银行长期贷款名义年利率确定,取5.70%。

(3)长期借款利率按有效年利率5.82%。

(4)过路费收费标准取值,直接关系到项目本身的盈利能力和清偿能力,并在一定程度上直接影响投资者的资金回报率。该项目的收费标准主要考虑了3个因素。

①本地区现有收费公路的收费标准。

②地方国民经济的发展水平。

③收费对人民生活水平负担能力的影响,测算的收费标准见表6-9。

表6-9

过路收费标准(单位:元/次)

年　份	小客车	大客车	小货车	中货车	大货车	拖挂车
2005~2010	10	20	10	15	20	30
2011~2015	12	27	12	20	27	40
2016~2025	20	40	20	30	40	50

(5)折旧年限取25年,采用直线法折旧,资产余值取10%。

(6)税费计算。营业税按5%计算,城市维护建设税按营业税额7%计算,教育附加按营业税额的3%计算。

(二)运营收入估算

各年运营收入(表6-10)按交通量乘以过路收费标准计算,运营期平均收入90 407万元。

(三)财务现金流量分析

由项目的财务现金流量表可知,财务内部收益率(FIRR)为8.66%。财务净现值(FNPV)=183 477万元>0,静态投资回收期为15.30年,动态投资回收期为19.86年。

(四)敏感性分析

综合考虑项目的财务收入与财务费用可能发生变化的不利因素,本案例取财务收入减少10%;财务费用增加10%;财务收入减少10%,同时财务费用又增加10%的3种变化情况进行财务敏感性分析,分析指标的变化详见表6-11。

表 6-10

CJ 高速公路项目财务现金流量计算(单位:万元)

年份	现金流入	营业收入	回收固定资产余值	回收流动资金	现金流出	建设投资	流动资金	经营成本	营业税金及附加	所得税前净现金流量	累计所得税前净现金流量	净现值	累计净现值
2003	0	0			71 375	71 375	0	0	0	-71 375	-71 375	-67 526	-67 526
2004	0	0			97 068	97 068	0	0	0	-97 068	-168 443	-86 881	-154 407
2005	0	0			148 515	148 515	0	0	0	-148 515	-316 958	-125 761	-280 168
2006	0	0			100 990	100 990	0	0	0	-100 990	-417 948	-80 906	-361 074
2007	0	0			77 257	77 257	0	0	0	-77 257	-495 205	-58 555	-419 629
2008	37 008	37 008	0	0	11 075	0	5 330	5 745	2 035	25 933	-469 272	18 595	-401 034
2009	39 865	39 865	0	0	8 109	0	0	5 917	2 192	31 756	-437 516	21 543	-379 491
2010	42 942	42 942	0	0	8 457	0	0	6 095	2 362	34 485	-403 031	22 132	-357 359
2011	46 256	46 256	0	0	8 822	0	0	6 278	2 544	37 434	-365 597	22 730	-334 629
2012	49 826	49826	0	0	9206	0	0	6 466	2 740	40 620	-324 977	23 334	-311 295
2013	67 962	67 962	0	0	10 397	0	0	6 659	3 738	57 565	-267 412	31 285	-280 010
2014	72 666	72 666	0	0	10 856	0	0	6 860	3 996	61 810	-205 603	31 780	-248 230
2015	77 681	77 681	0	0	11 337	0	0	7 065	4 272	66 344	-139 259	32 272	-215 958
2016	83 038	83 038	0	0	11 845	0	0	7 278	4 567	71 193	-68 066	32 763	-183 195
2017	88 825	88 825	0	0	44 230	0	0	39 345	4 885	44 595	-23 471	19 416	-163 779
2018	94 786	94 786	0	0	12 934	0	0	7 721	5 213	81 852	58 381	33 715	-130 064
2019	99 935	99 935	0	0	13 449	0	0	7 952	5 497	86 486	144 867	33 703	-96 361
2020	105 367	105 367	0	0	13 986	0	0	8 191	5 795	91 381	236 248	33 690	-62 671
2021	111 097	111 097	0	0	14 548	0	0	8 437	6 111	96 550	332 798	33 677	-28 994
2022	117 152	117 152	0	0	15 134	0	0	8 690	6 444	102 018	434 816	33 665	4 671
2023	123 621	123 621	0	0	15 750	0	0	8 951	6 799	107 871	542 687	33 677	38 348
2024	128 946	128 946	0	0	16 311	0	0	9 219	7 092	112 635	655 322	33 268	71 616
2025	134 505	134 505	0	0	16 893	0	0	9 495	7 398	117 613	772 935	32 865	104 481
2026	140 306	140 306	0	0	17 497	0	0	9 780	7 717	122 810	895 744	32 466	136 947
2027	247 862	146 359	96 173	5 330	61 821	0	0	53 771	8 050	186 041	1 081 786	46 530	183 477

敏感性分析表(财务分析)(单位:万元)　　表 6-11

变化因素	内部收益率(%)	动态投资回收期(年)	累计净现值
投资增加 10%	7.86	21.10	141 516
收入减少 10%	7.60	21.40	112 575
收入减少 10% 投资增加 10%	6.83	23.10	70 612

投资和收入变动后的内部收益率均大于财务基准折现率 5.7%,动态投资回收期均在 25 年内。因此,财务敏感性分析结果表明,本项目抗风险能力较强。

(五)借款偿还分析

该项目从国家开发银行贷款 320 521 万元,长期借款按照等额还本利息照付的方式进行偿还,长期借款有效年利率为 5.82%,通过下面的借款还本付息表(表 6-12),我们就可以对项目的借款偿还能力分析。

借款还本付息表(单位:万元)　　表 6-12

年份	借款	期初借款余额	当期还本付息	还本	付息	期末借款余额
2003	38 373	0	0	0	0	39 491
2004	53 068	39 491	0	0	0	96 403
2005	82 515	96 403	0	0	0	186 934
2006	56 990	186 934	0	0	0	256 468
2007	44 259	256 468	0	0	0	316 950
2008	0	316 950	39 597	21 130	18 467	295 820
2009	0	295 820	38 356	21 130	17 226	274 690
2010	0	274 690	37 125	21 130	15 995	253 560
2011	0	253 560	35 895	21 130	14 765	232 430
2012	0	232 430	34 664	21 130	13 534	211 300
2013	0	211 300	33 433	21 130	12 304	190 170
2014	0	190 170	32 204	21 130	11 074	169 040
2015	0	169 040	30 973	21 130	9 843	147 910
2016	0	147 910	29 743	21 130	8 613	126 780
2017	0	126 780	28 513	21 130	7 383	105 650
2018	0	105 650	27 282	21 130	6 152	84 520
2019	0	84 520	26 051	21 130	4 921	63 390
2020	0	63 390	24 822	21 130	3 692	42 260
2021	0	42 260	23 591	21 130	2 461	21 130
2022	0	21 130	22 361	21 130	1 231	0
2023	0	0	0	0	0	0
2024	0	0	0	0	0	0
2025	0	0	0	0	0	0
2026	0	0	0	0	0	0
2027	0	0	0	0	0	0

从表 6-12 可以看出，长期借款按等额偿还，借款偿还期为 15 年，运营期内能满足银行 20 年借款还本付息的条件，该项目偿债能力较强。

第七节　案例分析——港站建设项目的财务分析

某港位于我国北部沿海，每年有大量煤炭从该港运出，是北方产煤区把煤炭运出去的一条重要的出海大通道。该港根据预测运量，拟建 3 个 3.5 万 t 级的煤炭专用泊位。

一、基本情况

根据预测运量，新港区设计吞吐能力 2 500 万 t，计划安排到 2008 年达产 2 500 万 t。为满足运量要求，经论证该项目拟建 3 个 3.5 万 t 级煤炭专用装船泊位，年设计通过能力 2 500 万 t。

该项目计算期为 25 年，其中，建设期 5 年，营运期 20 年，达产期 3 年，达产比例分别为吞吐量的 60%、80%、100%。

项目总投资估算为 178 530 万元(含建设期利息)，其中，外币 11 354.4 万美元，美元与人民币比价为 1:8.5。工程项目分基础设施营运设施两部分。投资估算情况详见表 6-13。

投资总估算表(人民币:万元;外币:万美元)　　表 6-13

序号	工程或费用名称	合　计		基础设施		营运设施		合计
		人民币	外币	人民币	外币	人民币	外币	人民币
	第一部分:工程费用	49 296	9 660	28 560		20 736	9 660	131 406
一	疏浚及陆域土方	13 560		13 560				13 560
二	水工和导助航设施	15 000		15 000				15 000
三	装卸机械和维修设备	2 976	7 440			2 976	7 440	66 216
四	港作车船	240	420			240	420	3 810
五	堆场和翻车机房	9 000				9 000		9 000
六	房建、大临、环保	4 800				4 800		4 800
七	供电、控制、给排水等	3 720	1 800			3 720	1 800	19 020
	第二部分:其他费用	7 500	96	2 904		4 596	96	72 780
	第三部分:预留费用	12 000	504	7 200		4 800	504	16 284
1	物价上涨费	7 200		4 200		3 000		7 200
2	基本预备费	4 800	504	3 000		1 800	504	9 084
	第四部分:独立费用	13 221.6	1 094.4			13 221.6	1 094.4	22 524
1	固定资产投资方向税	187.2				187.2		187.2
2	建设期贷款利息	13 034.4	1 094.4			13 034.4	1 094.4	22 340.4
	合计	82 017.6	11 354.4	38 664		163 353.6	11 354.4	178 530

建设期分年投资见表 6-14。

分年投资计划安排(单位:万元)　　表6-14

项　目	第一年	第二年	第三年	第四年	第五年	合计
全部设施投资	15 600	31 200	46 800	39 000	23 406	156 006
1. 基础设施投资	9 660	11 592	7 728	5 796	3 888	38 664
2. 营运设施投资	5 940	19 608	39 072	33 204	19 518	117 342
其中:人民币	5 940	6 526.8	4 188	7 040.4	6 436.8	30 132
外币折人民币		13 081.2	34 884	26 163.6	13 081.2	87 210

二、财务评价

(一)营业收入及营业税金估算

该项目的营业收入主要指装卸、堆存、其他业务及港务管理活动取得的收入,业务范围为出口煤炭,实行水陆联运换装包干,收费(不含上涨费)标准按交通部港口费规则处理计算结果如下:

1. 装卸收入

内贸:15 元/t×2 500 万 t×0.75 =28 125 万元

外贸:22 元/t×2 500 万 t×0.25 =13 750 万元

2. 堆存收入

0.12 元/t×2 500 万 t×10 天 =3 000 万元

3. 其他业务收入

1.5 元/t×2 500 万 t=3 750 万元

4. 港务费收入

1.0 元/t×2 500 万 t×0.25 =625 万元

营业收入合计49 250 万元。

营业税按营业收入的3.27%计算(不含港务费收入)。

具体的计算结果见表6-15。

(二)营运成本估算

营运成本主要包括在营运生产过程中实际消耗的各种燃料、材料、润料、工资及福利费、固定资产折旧、修理费等支出,在财务评价中,成本项目由费用要素组成。

1. 工资及附加费

该项目定员950 人,每人每月平均工资1 350 元,福利附加费按平均工资的0.2 倍计入,则工资总额为1 846.8 万元。

2. 固定资产折旧及无形及递延资产摊销

固定资产总值171 563 万元,按港口固定资产构成,综合折旧率取4.4%,年折旧值7 549万元。

第二部分其他费用中除土地征地费720 万元转入固定资产外,其余3 180 万元均按无形资产摊销,分10 年摊销;递延资产3 600 万元分5 年摊销,每年720 万元。

3. 修理费计算

修理费按年折旧额的45%计,每年3 397 万元。

4. 燃料、动力、照明费用

燃料、动力、照明每年耗用1 500 万元。

项目投资现金流量表(单位:万元)　　表 6-15

序号	现金流入	营业收入	回收固定资产余值	回收流动资金	现金流出	建设投资	维持运营投资	流动资金	经营成本	营业税金	所得税前净现金流量	调整所得税	所得税后净现金流量	累计所得税后净现金流量
1						15 600					−15 600		−15 600	−15 600
2						31 200					−31 200		−31 200	−46 800
3						46 800					−46 800		−46 800	−93 600
4						39 000					−39 000		−39 000	−97 500
5						23 406					−23 406		−23 406	−120 906
6	29 550	29 550						1 478	6 451	954	20 667	772	19 895	−100 736
7	39 400	39 400						489	8 477	1 272	29 162	3 533	25 629	−74 782
8	49 250	49 250						489	10 502	1 590	36 669	6 529	30 140	−43 976
9	49 250	49 250							10 502	1 590	37 158	7 351	29 807	−13 501
10	49 250	49 250							10 502	1 590	37 158	7 948	29 210	16 376
11	49 250	49 250							10 502	1 590	37 158	8 244	28 914	45 957
12	49 250	49 250							10 502	1 590	37 158	8 306	28 852	75 476
13	49 250	49 250							10 502	1 590	37 158	8 370	28 788	104 931
14	49 250	49 250							10 502	1 590	37 158	8 438	28 720	134 317
15	49 250	49 250					6 324		10 502	1 590	30 834	8 509	22 825	157 308
16	49 250	49 250							10 502	1 590	37 158	8 689	28 469	186 442
17	49 250	49 250							10 502	1 590	37 158	8 767	28 397	215 449
18	49 250	49 250							10 502	1 590	37 158	8 850	28 308	244 474
19	49 250	49 250							10 502	1 590	37 158	8 936	28 222	273 362
20	49 250	49 250					18 972		10 502	1 590	18 186	9 027	5 199	283 188
21	49 250	49 250							10 502	1 590	37 158	9 122	28 036	311 890
22	49 250	49 250							10 502	1 590	37 158	9 223	27 935	340 493
23	49 250	49 250							10 502	1 590	37 158	9 327	27 831	368 990
24	49 250	49 250							10 502	1 590	37 158	9 438	27 720	397 377
25	97 541	49 250	45 895	2 396					10 502	1 590	85 449	9 554	75 875	473 938

1. 财务净现值($i=8\%$)62 521;2. 财务内部收益率:12.75%;3. 静态投资回收期 9.53 年

项目资本金现金流量表(单位:万元) 表 6-16

序 号	现金流入	营业收入	回收固定资产余值	回收流动资金	现金流出	建设投资	维持运营投资	流动资金	借款本金偿还	借款利息支付	经营成本	营业税金	所得税	净现金流量
1					9 660	9 660								-15 600
2					11 592	11 592								-31 200
3					7 728	7 728								-46 800
4					5 796	5 796								-39 000
5					3 888	3 888								-23 406
6		29 550			29 502			1 478	8 650	11 197	6 451	954	772	19 895
7	29 550	39 400			37 583			489	13 608	10 204	8 477	1 272	3 533	25 629
8	39 400	49 250			46 585			489	18 979	8 496	10 502	1 590	6 529	30 140
9	49 250	49 250			39 968				14 518	6 007	10 502	1 590	7 351	29 807
10	49 250	49 250			27 776				3 540	4 196	10 502	1 590	7 948	29 210
11	49 250	49 250			28 075				3 720	4 019	10 502	1 590	8 244	28 914
12	49 250	49 250			28 151				3 920	3 833	10 502	1 590	8 306	28 852
13	49 250	49 250			28 199				4 100	3 637	10 502	1 590	8 370	28 788
14	49 250	49 250			28 282				4 320	3 432	10 502	1 590	8 438	28 720
15	49 250	49 250			34 661		6 324		4 520	3 216	10 502	1 590	8 509	22 825
16	49 250	49 250			28 481				4 740	2 990	10 502	1 590	8 689	28 469
17	49 250	49 250			28 612				5 000	2 753	10 502	1 590	8 767	28 397
18	49 250	49 250			28 705				5 260	2 503	10 502	1 590	8 850	28 308
19	49 250	49 250			28 748				5 480	2 240	10 502	1 590	8 936	28 222
20	49 250	49 250			47 857		18 972		5 800	1 966	10 502	1 590	9 027	5 199
21	49 250	49 250			28 950				6 060	1 676	10 502	1 590	9 122	28 036
22	49 250	49 250			29 048				6 360	1 373	10 502	1 590	9 223	27 935
23	49 250	49 250			29 174				6 700	1 055	10 502	1 590	9 327	27 831
24	49 250	49 250			29 290				7 040	720	10 502	1 590	9 438	27 720
25	49 250	49 250	45 895	2 396	29 374				7 360	368	10 502	1 590	9 554	75 875
1. 财务净现值:68 237 万元;2. 财务内部收益率:11.07%;3. 静态投资回收期:10.16 年														

借款还款付息计算表(单位:万元)

表 6-17

开发银行贷款利率:14.76%　　外币贷款利率:5.00%

序号	年初借款累计	年初外币借款	年初开行借款	本年借款	外币借款	开行借款	本年应计利息	其中外币利息	其中开行利息	本年偿还本金	其中外币部分	其中开行部分
1	0	0	0	5 940	0	5 940	438	0	438			
2	6 378	0	6 378	19 608	13 081.2	6 526.8	1 750	327	1 423			
3	27 736	13 408.2	14 327.8	39 072	34 884	4 188	3 967	1 543	2 424			
4	70 775	49 835.2	20 939.8	33 204	26 163.6	7 040.4	6 756	3 146	3 610			
5	110 735	79 144.8	31 590.2	19 518	13 081.2	6 436.8	9 422	4 284	5 138			
6	139 675	96 510	43 165				11 197	4 826	6 371	8 650	2 910	5 740
7	131 025	93 600	37 425				10 204	4 680	5 524	13 608	3 080	10 528
8	117 417	90 520	26 897				8 496	4 526	3 970	18 979	3 200	15 779
9	98 438	87 320	11 118				6 007	4 366	1 641	14 518	3 400	11 118
10	83 920	83 920					4 196	4 196		3 540	3 540	
11	80 380	80 380					4 019	4 019		3 720	3 720	
12	76 660	76 660					3 833	3 833		3 920	3 920	
13	72 740	72 740					3 637	3 637		4 100	4 100	
14	68 640	68 640					3 432	3 432		4 320	4 320	
15	64 320	64 320					3 216	3 216		4 520	4 520	
16	59 800	59 800					2 990	2 990		4 740	4 740	
17	55 060	55 060					2 753	2 753		5 000	5 000	
18	50 060	50 060					2 503	2 503		5 260	5 260	
19	44 800	44 800					2 240	2 240		5 480	5 480	
20	39 320	39 320					1 966	1 966		5 800	5 800	
21	33 520	33 520					1 676	1 676		6 060	6 060	
22	27 460	27 460					1 373	1 373		6 360	6 360	
23	21 100	21 100					1 055	1 055		6 700	6 700	
24	14 400	14 400					720	720		7 040	7 040	
25	7 360	7 360					368	368		7 360	7 360	

5. 材料和低值品

材料和低值品按每吨 0.85 计,共 2 125 万元。

6. 其他费用

其他费用每年 1 633.5 万元。

其中借款利息的计算根据借款的偿还条件确定。

故达产年经营成本为 1 846.8 + 3 397 + 1 500 + 2 125 + 1 633.5 = 10 502.3 万元。

具体的计算结果见表 6-16。

(三)财务盈利能力分析

该项目通过表 6-15 现金流量表的计算全部投资所得税后内部收益率为 12.75%,财务净现值($i=8\%$)62 521 万元。通过表 6-18 现金流量表的计算资本金部分所得税后内部收益率为 11.07%,财务净现值($i=8\%$)68 237 万元。故该项目在财务上效益较好。

(四)借款偿还能力分析

借款偿还能力分析是通过对"借款还本付息计算表"的计算,考察项目计算期内偿债能力。借款偿还期,分国外借款偿还期和国内借款偿还期两种情况,国外借款按本项目的借款条件,偿还期为 25 年(含建设期 5 年),以年近似平均等额本息和方式偿还。国内借款主要考虑运用开发银行贷款。外币借款年利率为 5%,内币借款年利率为 14.76%。还款的资金来源由未分配利润、折旧、摊销三部分组成。该项目开发银行借款偿还期为 9.8 年,具体计算见表 6-17。

(五)敏感性分析

对该项目作所得税后全部投资敏感性分析,变化条件为固定资产投资增加 10%、营运收入减少 10%、营运费用增加 10% 及投资增加 10% 同时营运收入减少 10%,计算结果见表 6-18。该项目抗风险能力较强。

财务敏感性分析表 表 6-18

	内部收益率(%)	财务净现值(万元)
固定资产投资增加 10%	11.9	50 020
营运收入减少 10%	11.04	31 915
营运费用增加 10%	12.46	56 364
投资增加 10% 同时收入减少 10%	9.93	19 621

1. 什么是工程项目的财务评价?财务评价包括哪些内容?
2. 财务评价的效益与费用如何识别?
3. 在公路建设项目财务分析中,通常采用哪些评价指标?
4. 项目方案的资金来源结构对方案自有资金的收益水平有何影响?
5. 财务评价需要编制哪些基本报表?简要说明各种基本报表的编制方法。

6. 在现金流量表中,为什么经营成本不包括折旧?

7. 既有项目法人项目评价有何特点?

8. 某建设项目贷款1 300万元,分3年均衡发放,第一年贷款300万元、第二年贷款600万元、第三年贷款400万元,贷款年利率为12%,请计算该项目建设期内应归还的贷款利息为多少万元?

9. 有一投资项目,固定资产投资50万元,于第1年初投入;流动资金投资20万元,于第二年初投入,全部为贷款,利率8%。项目于第2年投产,产品销售收入第2年为50万元,第3年至第8年为80万元;经营成本第2年为30万元,第3年至第8年为45万元;设营业税率为5%;第2年至第8年折旧费每年为6万元;第8年末(项目寿命期末)处理固定资产可得收入8万元。问根据以上条件列出的项目现金流量表(表6-19、表6-20)是否正确?若有错,请改正过来。

全投资现金流量表(一)(单位:万元) 表6-19

年份	0	1	2	3~7	8
现金流入					
销售收入			50	80	80
固定资产回收					8
现金流出					
经营成本			30	45	45
固定资产投资	50				
流动资金投资		20			
营业税			2.5	4	4
折旧			6	6	6
净现金流量	-50	-20	11.5	25	33

全投资现金流量表(二)(单位:万元) 表6-20

年份	0	1	2	3~7	8
现金流入					
销售收入			50	80	80
固定资产回收					8
折旧			6	6	6
现金流出					
经营成本			30	45	45
固定资产投资	50				
流动资金投资		20			
营业税			2.5	4	4
流动资金利息			1.6	1.6	1.6
净现金流量	-50	-20	21.9	35.4	43.4

10. 在第9题中,若固定资产投资50万元中企业资本金为30万元,贷款为20万元,贷款期限2年,利率10%,流动资金全为贷款,利率8%。固定资金贷款归还办法:到期一次还本付息;流动资金贷款每年付息,项目寿命期末还本。其余数据同题9。据此,列出资本金现金流量表见表6-21,请判断其正确性,若有错误,请予改正,对必要的数据允许作合乎情理的假设。

资本金现金流量表(单位:万元)　　表6-21

年　份	0	1	2	3~7	8
现金流入					
销售收入			50	80	80
固定资产回收					8
现金流出					
经营成本			30	45	45
固定资产投资	50				
流动资金投资		20			
营业税			2.5	4	4
固定资产投资借款本息			24.2		
流动资金还本					20
流动资金利息			1.6	1.6	1.6
净现金流量					

11. 某国道主干线在A省内的一段全长146.78km,采用全封闭全立交、全部控制出入的平原微丘区高速公路标准。在路段的起讫点及互通立交处设收费站。路基宽26m,最大纵坡3%,一般最小平曲线半径1 000m。该工程建设期确定为1999~2002年,工期4年。建设后的预测年限按20年计。本项目评价期内的总投资费用,包括公路建设费用为32.65亿元,各年度按均衡支出考虑。公路年养护费用为11.97万元/km,本项目投入使用后的第12年安排大修,其大修费用为149.23万元/km,公路运营后要缴纳的税金包括:营业税、教育附加费、城市建设维护税及收入所得税。按有关规定,营业税的税率按3%计,教育附加费按营业税的3%计,城市建设维护税按营业税的7%计,收入所得税的税率为33%,根据预测的交通量和分车型的动态收费标准,可计算出各年的收费收入,见表6-22。本项目拟利用亚洲开发银行贷款14.11亿元人民币,年利率为6.89%;利用国家开发银行贷款2亿元人民币,年利率为15.3%,其余由国家和地方政府拨款解决。总投资为36.74亿元人民币,经计算,综合贷款利率为3.5%(取其为基准折现率)。

作业要求:

(1)计算各年净现金流量并计算本项目的财务内部收益率、财务净现值、财务效益费用比、财务投资回收期等指标。

(2)综合此项目估算费用、收费交通量、贷款利率可能发生变化的不利因素,分别就估算费用上升20%,收费交通量下降20%,贷款利率上升20%三种情况作财务敏感性分析。

(3)贷款偿还能力分析:

偿还贷款的原则是收费收入扣除各种费后的余额1/3还国内贷款,2/3还国外贷款。要求国内贷款在公路投入使用后的第5年还清,国外贷款在投入使用后的第8年还清。

(4)给出评价结论。

表6-22

收费收入计算表

年度	小型车			中型车			大型车			特大型车			合计（万元）
	收费交通量	收费标准	金额（万元）	收费交通量	收费标准	金额（万元）	收费交通量	收费标准	金额（万元）	收费交通量	收费标准	金额（万元）	
2003	9 877	0.3	15 081	3 292	0.5	8 377	1 496	0.6	4 568	299	0.9	1 370	29 396
2004	108 781	0.3	16 461	3 594	0.5	9 146	1 634	0.6	4 990	327	0.9	1 498	32 095
2005	11 769	0.3	17 970	3 923	0.5	9 983	1 783	0.6	5 445	357	0.9	1 635	35 033
2006	12 936	0.3	19 752	4 312	0.5	10 973	1 960	0.6	5 985	392	0.9	1 796	38 506
2007	14 218	0.3	21 709	4 739	0.5	12 060	2 154	0.6	6 578	431	0.9	1 974	42 321
2008	15 627	0.4	31 841	5 209	0.5	17 233	2 368	0.75	9 039	474	1.10	2 654	60 740
2009	17 177	0.4	34 970	5 726	0.65	18 943	2 603	0.75	9 936	521	1.10	2 917	66 766
2010	18 880	0.4	38 437	6 293	0.65	20 819	2 861	0.75	10 921	572	1.10	3 202	73 379
2011	20 234	0.4	41 193	6 745	0.65	22 314	3 066	0.75	11 704	613	1.10	3 432	78 643
2012	21 684	0.4	44 145	7 228	0.65	23 912	3 285	0.75	12 539	657	1.10	3 678	84 274
2013	23 239	0.5	59 139	7 746	0.8	31 539	3 521	0.9	16 128	704	1.30	4 658	111 464
2014	24 905	0.5	63 378	8 302	0.8	33 803	3 774	0.9	17 287	755	1.30	4 995	119 463
2015	26 690	0. 5	67 921	8 897	0.8	36 226	4 044	0.9	18 524	809	1.30	5 353	128 024
2016	28 604	0.5	72 791	9 535	0.8	38 823	4 334	0.9	19 852	867	1.30	5 736	137 202
2017	30 655	0.5	78 011	10 218	0.8	41 604	4 645	0.9	21 277	929	1.30	6 147	147 039
2018	32 852	0.6	100 322	10 951	0.95	52 949	4 978	1.05	26 603	996	1.50	7 604	187 478
2019	35 208	0.6	107 517	11 736	0.95	56 745	5 335	1.05	28 511	1 067	1.50	8 146	200 919
2020	37 733	0.6	115 227	12 578	0.95	60 816	5 717	1.05	30 552	1 143	1.50	8 726	215 321
2021	39 755	0.6	121 402	13 252	0.95	64 075	6 024	1.05	32 193	1 205	1.50	9 199	226 869
2022	41 886	0.6	127 910	13 962	0.95	67 508	6 346	1.05	33 914	1 269	1.50	9 688	239 020

注:表中交通量按绝对数计,单位为辆/日;收费标准单位为:元/(车·km)。

第七章　运输基础设施项目的经济分析

财务评价是从项目角度考察项目的盈利能力和偿债能力。在市场经济条件下,大部分项目财务评价结论可以满足投资决策要求,但有些项目还应进行国民经济评价,从国民经济角度决定项目的取舍。运输基础设施项目,如铁路、公路等项目,往往具有较大的外部性或者市场价格不能反映真实的资源稀缺程度,仅进行财务评价往往不能真实地反映资源消耗和收益,或者从财务上看是不可行,但从整个国民经济看是必要的,因此必须从全社会角度出发评价该类项目到底是否可行。

国民经济评价的研究内容主要是:识别国民经济效益与费用,分辨哪些是直接费用与直接效益,哪些是间接费用与间接效益;计算和选取影子价格;编制国民经济评价报表;计算国民经济评价指标;进行方案比选。

第一节　运输基础设施项目的公共性和外部性

运输基础设施项目由于其特殊的地位与特别的作用,使其有不同于其他投资类项目的特性,主要体现在其公共性和外部性上。

一、运输基础设施项目的公共性

所谓公共性主要指项目建成以后所面向的使用者的范围,如果是面向全社会,无论其是否是投资方,也不论其是否是建设方,只要有相应的使用意愿,都可以从该项目中获得使用效益,这样的投资项目就具有公共性。很显然运输基础设施项目如铁路、港口、码头和公路,建成以后是面向全社会开放的,全社会的运输方式都可以使用相应的基础设施,所以运输基础设施项目有其公共性。

二、运输基础设施项目的外部性

外部性也称外部效应,是指当生产和消费无意中给其他人带来附加的成本或收益时,外部性就发生了;即成本或收益施加予其他人,但施加者并没有为此付出代价或因此得到报酬。更确切地说,外部性是一个经济主体的行为对另一个经济主体的福利所产生的效应,但是这种效应并没有从货币或市场交易中反映出来。

在讨论外部性时,社会效益和外部效益经常被混淆。社会效益通常是由经济学家用来描述某些活动产生的高于生产成本的那部分效益,或称福利。这种福利可以由消费者受益,也可以以利润的形式由生产者受益。有些社会效益是存在于市场体系内部的,即是内部性的。而另一些则存在于市场体系之外，即是外部性的。而外部性不仅指外部效益，外部成本也可能随之产生。

外部性产生的原因可以分为直接原因和深层原因。直接原因是私人成本与社会成本的背离。任何经济活动都不仅会给活动者本人带来影响，也会给社会带来影响。经济活动使活动者本人必须承担的损失称为私人成本，经济活动使社会必须承担的损失称为社会成本。当私人成本与社会成本出现背离时，活动者本人就承担了别人应当承担的损失或让别人承担了自己应当承担的损失。

外部性产生的深层原因是某些稀缺资源没有建立有效的产权制度，即这些稀缺资源产权归属问题没有解决，同时这些稀缺资源的使用价值也难以确定。由于这些稀缺资源没有建立有效的产权制度，导致稀缺资源的利用者完全根据自己的利益需要和攫取能力来使用这些稀缺资源，而不考虑由此给稀缺资源所造成的真实损耗，这样就形成了对稀缺资源的利用成本即私人成本与稀缺资源利用过程中的真实损耗即社会成本的背离。自然环境、生活环境等就是稀缺资源，由于没有建立明确的产权制度，使得交通运输活动中过度消耗这种稀缺资源，造成环境污染、交通拥挤等。

交通运输的外部性可以分为三个不同的层次：第一层次是运输系统与资源、环境系统的作用而产生的外部性；第二层次是运输系统内各部分或各种运输方式之间相互作用产生的外部性；第三层次是运输部门与政府以及用户之间相互作用产生的外部性。按照来源的不同，交通运输的外部性又可以分为：与实际的运输活动相关的外部影响，包括空气污染、气候变化、水和土壤污染、噪声、振动、交通事故和交通拥挤等；与车辆相关的外部性，包括车辆生产和处置导致的污染、车辆停放的土地占用以及停车区的拥挤等；与运输基础设施密切相关的外部性，包括视觉干扰、对社区的隔离障碍效应、对生态系统的分离效应等。其中第一类外部性按照其影响的范围可以分为：地方性（如噪声）、区域性（如空气污染）和全球性（如气候变化）的外部影响。

第二节　运输基础设施项目的费用效益识别

建设项目的费用与效益的划分，是相对于项目的目标而言的。由于国民经济分析是从整个国民经济增长的目标出发，以项目对国民经济的净贡献大小来考察项目，因此，费用和效益的识别原则是：凡项目对国民经济所作的贡献，均计为项目的效益；凡国民经济为项目付出的代价，均计为项目的费用。项目的费用与效益的计算范围应相对应。

项目的费用和效益可分为项目的直接费用与直接效益及项目的间接费用与间接效益。

一、直接费用与直接效益

1. 直接费用

项目的直接费用主要指国家为满足项目投入（包括固定资产投资、流动资金投入及经常性投入等）的需要而付出的代价。用影子价格计算的这些投入物的经济价值即为项目的直接费用。

项目直接费用的确定分两种情况：如果要通过增加国内生产来满足拟建项目投入物的需求，其费用就是增加国内生产所消耗的资源价值；如果国内总供应量不变，需要：①增加进口来满足投入物的需求，其所花费的外汇就是费用；②用减少出口量来满足项目投入物的需求，其费用就是减少的外汇收入；③用挤占其他项目所用的资源来满足项目投入物的需求，其费用为其他项目因此而减少的效益，也就是该项投入物的机会成本。

2. 直接效益

直接效益是由项目本身产生的，用影子价格计算的产出物的经济价值。

项目的直接效益的确定也分两种情况：如果拟建项目的产出物用以增加国内市场的供应量，其效益等于所增加的消费者支付意愿。如果国内市场的供应量不变，当其①项目的产出物增加了出口量，其效益为所获得的外汇；②项目的产出物减少了总进口量，即替代了进口货物，其效益为节约的外汇；③项目的产出物顶替了原有项目的生产，致使其减产或停产的，其效益为原有项目减产或停产向社会所释放出来的资源价值，即社会对这些资源的支付意愿。

二、间接费用与间接效益

费用和效益不仅直接体现在项目的直接投入物和产出物中，还会在国民经济相邻部门及社会中反映出来。这些在相邻部门及社会中反映出来的费用和效益就是项目的间接费用（外部费用）和间接效益（外部效益），也可统称为外部效果。

外部费用是指国民经济为项目付出了代价，而项目本身并不实际支付的费用；外部效益是指项目对社会做出了贡献，而项目本身并未得益的那部分效益。在国民经济分析中，只有同时符合以下两个条件时其费用和效益才能称作外部费用和外部效益。

(1)项目将对与其并无直接关联的其他项目或消费者产生影响（产生费用或效益）。

(2)这种费用或效益在财务报表（如财务现金流量表）中并没有得到反映。

上面的第一个条件称作相关条件，第二个条件称作不计价条件。

外部费用和外部效益通常较难计量，为了减少计量上的困难，首先应明确项目的“边界”。一般情况下可扩大项目的“定义范围”，特别是一些相互关联的项目可合在一起作为“联合体”进行分析，这样可使外部费用和外部效益转化为直接费用和直接效益；此外，通过影子价格计算费用和效益，在很大程度上使“外部效果”能在项目内部得以体现。通过扩大项目定义范围和调整价格两种方式，实际上可将项目的很多外部效果内部化。

作为间接费用和间接效益的外部效果主要有以下几类：

1. 由于“价格失真”造成的外部效果

所谓“价格失真”，是指价格不能确切地反映工程项目单位产出的社会效益和费用。例如，某汽车发动机厂准备进行一项技术改造项目，研制一种节能发动机，这种发动机将使用户节省数量可观的能源——汽油，但发动机厂要为此付出研究费、试制费、工装设备费、制造成本费增加等。如果研制的这种发动机在使用期间节省的能源费用除足以补偿研制增加的费用外尚有盈余，显然这个项目于社会是有利的，应当实施。如果由于价格上的原因，这种发动机的售价增加甚微，其发动机研制的效益没有全部反映到项目的收益上，因而使发动机的使用者产生了一个正的外部效果——发动机的使用者受益。

对于这部分外部效果，可以通过调整价格使其得到还原；若采用“影子价格”，由“价格失真”造成的大部分这类外部效果可以消失。

2. 由于价格“合理升降”造成的外部效果

在市场经济条件下，价格的合理升降是客观存在的。这种价格的合理升降，相对于建设项目来讲，会造成一种外部效果；相对于整个社会来讲，这只是社会内部经济单位间利益的转移。例如,某公路大桥的修建,改善了交通条件,不但会使公路运输部门受益,而且会使沿线的居民、企业(公司)等从中得到益处。如图 7-1 所示,曲线 $D—D'$,是价格与需求关系曲线,由于价值规律的作用,需求随价格的下降而增加。

设 Q_1 是建桥前的需求——运输量,此时的运价为 P_1,对于整个社会,其收益为 $Q_1 \times P_1$,即面积 $OP_1S_1Q_1$,现若修建了该座桥,使运输量增加($Q_2 - Q_1$),由于里程的缩短,交通条件的改善,价格由 P_1 降至 P_2,这种变化产生了下述几方面的经济效应:

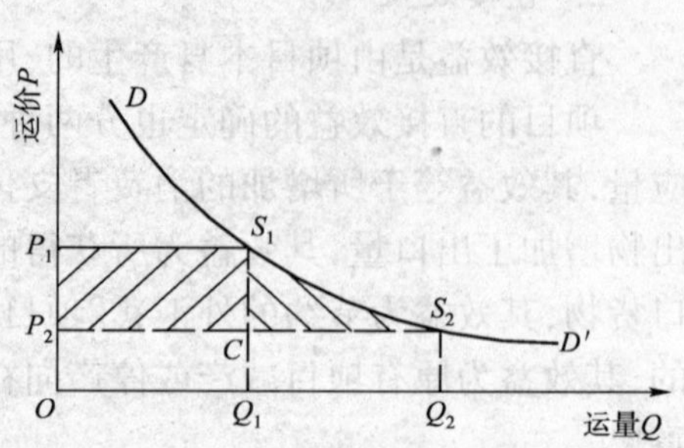

图 7-1　需求—价格曲线图

(1)新建项目运量增加的收益 $CQ_1Q_2S_2$。

(2)新增运量托运单位得益 S_1CS_2。

(3)原有运量承运单位损失 $P_1P_2CS_1$。

(4)原有运量托运单位得益 $P_1P_2CS_1$。

从整个社会角度看,该工程项目使社会净得的收益由面积 $S_1CS_2 + CQ_1Q_2S_2$ 两部分组成,如果按:

$$N = \frac{P_1 + P_2}{2}(Q_2 - Q_1) \tag{7-1}$$

来计算新建项目的效益,那么基本上反映了这个工程的社会效益;面积 $P_1P_2S_2S_1$ 就是外部效果。用式(7-1)来计算项目效益,实际上已包含了这种外部效果。由于面积 S_1CS_2 一般都较小,可忽略不计,于是式(7-1)可近似的表示为:

$$N = P_2(Q_2 - Q_1) \tag{7-2}$$

由此可见,如果只按新增产出计算工程项目效益,因价格变动而造成的外部效果已考虑在内,不应重复计算;实质上,这种外部效果只是在社会内部经济单位之间的一种转移,并没有构成整个社会效益的绝对量增加。但是,如果该拟建项目的产出导致出口量增加而使原出口产品价格下降,则减少了创汇的效益,该种外部效果应视为该项目的费用。

3. 技术性外部效果

技术性外部效果是指某个项目的实施,由于技术扩散作用而对外部产生的间接效益或费用。那种效果确实存在,但却没有包括在工程项目的收入或支出中。例如建设技术先进的项目,由于技术培训、人才流动、技术推广和扩散、参观、技术交流等活动,推动了技术的进步,使整个社会从技术进步中受益。这种效果由于计量上的困难,一般只能作定性分析。

4. 相邻部门效果

相邻部门效果是指由于某一个工程项目实施后,可使其前继或后续部门的资源或生产能力得到充分地利用而产生的外部效果。对这一类外部效果,只有同时具备下列条件才予以考虑:

(1)这些相邻部门的生产能力或资源确实是闲置的。

(2)这些闲置的生产能力或资源利用之后,不会影响本部门或其他部门的产出。

(3)除了建设该项目之外,并无其他途径来利用上述闲置生产能力和资源。

对这一部分外部效果不应估计过大,由于同时具备上述条件的项目是不多的,因此对这类外部效果不应过分强调。

5. "无形效果"

"无形效果"也是外部效果的一种。所谓"无形效果"是指由项目造成的,难以用货币来计量的那些社会效益和费用。例如,公路的修建对工、农业生产发展的促进作用;对经济增长、人们物质文化生活提高的影响等;交通流量的增加,给环境生态带来的空气污染,噪声增加等,均属“无形效果”。“无形效果”可分为两类:

(1)不能或难以用货币度量的效益或费用。例如在考虑交通工程、水利工程、抗震工程时,人身安全是这些工程外部效果的一个重要方面,不可避免地要涉及人的生命的价值问题。由于无法去计算一条生命值多少钱,但在项目的实际决策时,却需要在生命的安全与投资之间作某种权衡。显然,我们不能把所有的投资都花在提高安全程度上。

(2)其效应本身就难以度量,当然就更难以用货币来进行度量了。例如城市犯罪率、安全与国防、噪声、空气污染等。这些因素在市场上不会有售,当然也就没有市场价格,本身难以度量,但又确实存在,并且是社会效果的一个重要方面。因此,对这一类效果,只能作一些定性描述和研究,或者用一些实物性指标,如噪声指数、空气中的含硫量等来描述。在必要时,也可对这些实物性指标用货币估价,当然,这是一件极其复杂和困难的事。

估价可采用下述两种方式:

(1)参照公共设施以外的类似物品市场价格进行估价。例如市场上供应的净化器可以净化水质,若一个化工项目使水源污染,要使水质净化至某种程度,于是这个项目在污染方面造成的耗费(损失)是所有用于处理污染费用之和(含净化器购置、安装、使用费)。

(2)用“补偿变异”进行估价。价值标定的最佳理论解决方式是“补偿变异”。补偿变异是:

①一个项目的受益者,愿意付出的一定数量的钱,有了这个项目和这笔支出使其与没有这个项目也没有这笔支出一样好;

②一个有了这个项目使其比原来要差的人应被补偿的某个数量的钱,有了这个项目和这笔补偿费,使其与没有这个项目也没有这笔补偿费一样好。

补偿变异对于得益者为正,受损者为负。于是,对于一个心满意足的通行者来说,每年由于项目产生的效益可被表示为一定数量的钱,其每年付出这个数量的钱恰使其认为这两者是等效的:①要使其通行愉快,就要交过桥费,支付一定数量的钱;②没有桥,这笔过桥费不必支付。那么这笔钱就是他的正补偿变异,也就是他每年愿付的最大数目的钱,使其在交了过桥费以后就能顺利从桥上过江。

补偿变异的缺点是难于度量,因为许多人没有认真想过应付(或应补偿)多少钱,如果被问到的话,可能会给出任意的、不一致的答案;第二个缺点是对于分配性问题是不敏感的,对于同一效益,富者一般比穷者愿意多付一些钱。

三、转移支付

根据对国民经济收益和费用的分析可知,某些财务支出和收益项,其发生并不伴随资源的增减,造成国内资源的实际增加或耗费,致使国民收入发生变化,而只反映了资源支配权在社会实体之间的转移,这种收支款项就称为转移支付。转移支付只导致资源在社会内部发生转移,既不额外消耗社会资源,也不为社会增添资源,因此不构成项目国民经济评价中的收益或费用项。常见的转移支付有税金、补贴、折旧、国内贷款及其债务偿还等。

1. 税金

项目为获得某种投入物或销售产品和提供劳务需要向国家交纳税金,税金是一种财务上的“转移性”支出,并未减少国民收入或产生社会资源数量的变动,只不过将项目的这笔货币收入转移到政府手中。因此,虽然税金交纳减少了项目财务收益,但不能把任何种类的税金作为项目国民经济评价中的收益或费用项，应从"成本"中剔除。

2. 补贴

补贴是一种货币流动方向与税金相反的转移支付。国家为鼓励和扶植某些投资项目所给予的价格补贴，是国家转移给项目的收益，并未造成国内资源的变化。因此在国民经济评价中，这部分补贴不应计入项目收益或费用。

3. 利息

项目在国内贷款所需支付的利息，也是由企业转移给国家或金融机构的一种转移性支出。因此，也不应计入国民经济收益或费用。国外借款利息不属国内转移支付，应分不同情况进行处理。在项目全投资国民经济评价中，国外贷款及其还本付息，既不作为收益也不作为费用。在项目国内投资的国民经济评价中，国外贷款利息，应作为国民经济代价，列为项目费用。

4. 折旧

折旧是财务意义上的生产成本要素。在项目的经济评价中，已把投资的资源投入作为费用，与折旧对应的固定资产原值已全部包括在投资的经济费用中，而且项目的国民经济评价并不涉及固定资产的转移和补偿问题。因此折旧不再构成项目国民经济收益或费用，应予剔除。

此外，在项目国民经济评价收益和费用的划分和计算中，对转移支付的处理，还要涉及工资、土地费用、自然资源费用等，需要逐一研究和分析，准确确定。

四、运输基础设施项目的效益和费用

运输基础设施项目的费用主要表现为线路（包括构造物）、枢纽（包括站、场）、运输工具以及相关配套的固定资产投资、流动资金投入、维修养护费、运营费等。

运输基础设施项目的效益主要表现为所涉及的运输系统在客货运输过程中发生的各种运输费用的节约、运输时间的节约、通行拥挤程度的缓解、运输质量的提高、包装费用的节约、设施设备维修养护费用的减少、交通事故损失的减少等的效益。

运输基础设施项目的效益有其特殊性，通常采用有无对比方法计算其国民经济的效益，具体的计算内容和方法如下：

（一）运输费用节约效益 B_1

运输费用节约效益按正常运输量、转移运输量、诱发运输量 3 种运输量运费节约之和计。

正常运输量指无此项目时在现有运输系统上也会发生的运输量（包括正常增长的运输量）；转移运输量是指项目实施后从本运输方式的其他线路或其他运输方式转移过来的运输量；诱发运输量是指项目实现的，没有该项目便不会发生的运输量。

1. 按正常运输量计算

按正常运输量计算运输费用节约效益 B_{11} 的公式为：

$$B_{11} = (C_w L_w - C_y L_y) Q_n \tag{7-3}$$

式中：B_{11}——按正常运输量计算的运费节约效益，万元/年；

C_w，C_y——分别为无项目和有项目时的单位运输费用，元/(t·km)（元/(人·km)）；

L_w，L_y——分别为无项目和有项目时的运输距离，km；

Q_n——正常运输量，万 t/年（万人次/年）。

2. 按转移运输量计算

按转移运输量的计算公式为：

$$B_{12} = (C_z L_z - C_y L_y) Q_z \tag{7-4}$$

式中：B_{12}——转移运输量的运费节约效益，万元/年；

C_z——原相关线路的单位运输费用，元/(t·km)(元/(人·km))；

L_z——原相关线路的运输距离，km；

Q_z——转移过来的运输量，万 t/年(万人次/年)。

3. 按诱发运输量计算

按诱发运输量计算的公式为：

$$B_{13} = \frac{1}{2}(C_m L_m - C_y L_y) Q_g \tag{7-5}$$

式中：B_{13}——诱发运输量运费节约效益，万元/年；

C_m, L_m——无项目时，各种可行的方式中最小的单位运输费用及相应的运输距离；C_m 的单位为元/(t·km)(元/(人·km))；L_m 的单位为 km。

Q_g——诱发运输量，万 t/年(万人次/年)。

(二)运输时间节约效益 B_2

1. 旅客时间节约效益分别按正常客运量和转移客运量中的生产人员数计算

计算时，考虑节约的时间只有一半用于生产目的。

1)按正常客运量计算

$$B_{211} = \frac{1}{2} b T_n Q_{np} \tag{7-6}$$

式中：B_{211}——按正常客运量计算的旅客时间节约效益，万元/年；

b——旅客的单位时间价值(按人均国民收入计算)，元/h；

T_n——节约的时间，h/人；$T_n = T_w - T_y$；T_w、T_y 分别为无项目和有项目时的旅行时间；

Q_{np}——正常客运量中的生产人员数，万人次/年。

2)按转移客运量计算

$$B_{212} = \frac{1}{2} b T_z Q_{zp} \tag{7-7}$$

式中：B_{212}——按转移客运量计算的旅客时间节约效益，万元/年；

T_z——节约的时间，h/人，$T_z = T_0 - T_y$；T_0 为其他线路时的旅行时间；

Q_{zp}——转移客运量中的生产人员数，万人次/年。

2. 运输工具的时间节约效益

运输工具的时间节约效益是指运输工具在站、场中因减少停留时间而产生的效益，计算公式为：

$$B_{22} = q C_{sf} T_{sf} \tag{7-8}$$

式中：B_{22}——运输工具的时间节约效益，万元/年；

q——运输工具数量，万车；

C_{sf}——运输工具每天维持费用，元/天；

T_{sf}——运输工具全年缩短停留时间，天。

3. 缩短货物在途时间效益

$$B_{23} = \frac{PQT_s i_s}{365 \times 24} \tag{7-9}$$

式中：B_{23}——缩短货物在途时间的效益，万元/年；

P——货物的影子价格，元/t；

Q——运输量，万 t/年；

T_s——缩短的运输时间，h；

i_s——社会折现率。

计算该项效益时，应从运输量中扣除那些不因在途时间长短而影响正常储备的货物，如粮食等类货物。

（三）减少拥挤的效益 B_3

减少拥挤效益是指有项目时原有相关线路和设施拥挤程度缓解而产生的效益，计算公式为：

$$B_3 = (C_z - C_{zy}) L_z (Q_{zn} - Q_z) \tag{7-10}$$

式中：B_3——减少拥挤的效益，万元/年；

C_{zy}——有项目时原有相关线路及设施的单位运输费用，元/(t·km)；

Q_{zn}——原有相关线路的正常运输量。

（四）提高交通安全的效益 B_4

提高交通安全的效益计算公式为：

$$B_4 = P_{sh}(J_w - J_y)M \tag{7-11}$$

式中：B_4——提高交通安全的效益，万元；

P_{sh}——交通事故平均损失费，元/次；

J_w, J_y——分别为无项目和有项目时的事故率，次/(万车·km)；

M——交通量（单位是万车公里，或万换算吨公里）。

交通事故损失费可以参照现行事故赔偿及处理情况来确定。无项目和有项目时的事故可以参照统计资料及预测数据确定。但无项目时的事故不应套用统计数字，而应考虑未来交通量条件下无项目时的事故增长因素。

（五）提高运输质量的效益 B_5

提高运输质量的效益是指由于基础设施改善、运输质量提高而减少货损的效益，计算公式为：

$$B_5 = aPQ \tag{7-12}$$

式中：B_5——提高运输质量的效益，万元/年；

a——货损降低率，即无项目和有项目时的货物损耗率之差。

（六）包装费用节约效益 B_6

包装费用节约效益是指由于运输条件改善，可以实行散装运输、成组运输或集装箱运输，或提供其他方便条件，从而避免或减少包装费用的效益。计算公式为：

$$B_6 = V_p \times Q_c \tag{7-13}$$

式中：B_6——包装费用节约效益，万元/年；

V_p——每吨袋装货或件装货包装物的价格、元/t；

Q_c——有项目时，货运量中袋装货或件装货改为散装运输或集装箱运输的货物数量，万 t/年。

除上述各项效益外，公路项目的实施还将提高人民的生活福利、改善经济和自然环境、创造新的就业机会和促进沿线地区的经济发展等。对于这些难以量化的效益，应作定性描述。

第三节　运输基础设施项目的经济评价方法

运输基础设施项目的经济评价包括评价中价格与参数的确定、评价报表的编制、评价效果指标的计算等内容。

一、影子价格

(一)影子价格的概念

价格是商品价值的货币表现。用价格去计量投资项目的费用和效益，是定量评价项目效果的重要前提。费用和效益的计量正确与否，必然取决于价格的正确与否。

财务分析的目标是追求货币利润的最大。这决定了财务分析的费用和效益都是采用交易价格，即市场价格来计量的，而不管这种价格是怎样形成和制定的。

如果项目的投入和产出的市场价格能够真实反映对国民经济的实际价值，则经济分析也应采用市场价格去计量经济费用和效益。然而，我国现实经济生活中，由于经济机制、社会与经济环境、经济政策、历史因素等原因，各种产品和服务的市场价格往往不能正确反映经济价值。在这种情况下，必须调整市场价格，以使其能反映产品和服务的价值。这种用于经济分析的调整价格就是影子价格。影子价格又叫计算价格或经济价格。

影子价格定义为商品或生产要素可用量的任何边际变化对国民收入增长的贡献值。这就是说影子价格由国家的经济增长目标和资源可用量的边际变化赖以产生的经济环境所决定。

这里定义的影子价格又叫效率影子价格。因为各时期国民收入的增长取决于资源的利用效率，把影子价格用于项目的经济分析，目的就在于充分有效地利用资源促进经济增长。

(二)影子价格的确定

进行国民经济评价时，项目的主要投入物和产出物价格，原则上都应采用影子价格。为了简化计算，在不影响评价结论的前提下，可只对其价值在效益或费用中占比重较大，或者国内价格明显不合理的产出物或投入物使用影子价格。

1．市场机制定价货物的影子价格

随着我国市场经济发展和贸易范围的扩大，大部分货物由市场定价，受供求影响，其价格可以近似反映其真实价值，进行国民经济评价可将这些货物的市场价格加减国内运杂费等作为影子价格。其中：

1)外贸货物影子价格

外贸货物是指其使用或生产将直接或间接影响国家进出口的货物。外贸货物影子价格的确定，以口岸价(包括到岸价和离岸价)为基础，乘以影子汇率，加或减国内运杂费和贸易费用。

投入物影子价格(项目投入物的到厂价格)＝到岸价(CIF)×影子汇率＋进口费用　(7-14)

产出物影子价格(项目产出物的出厂价格)＝离岸价(FOB)×影子汇率一出口费用　(7-15)

进口或出口费用是指货物进出口环节在国内所发生的所有相关费用，包括运输费用、储

运、装卸、运输保险等各种费用支出及物流环节的各种损失、损耗等。

2)非外贸货物影子价格

非外贸货物是指其生产或使用将不影响国家进出口的货物。非外贸货物影子价格以市场价格加或减国内运杂费作为影子价格。

$$\text{投入物影子价格(投入物的到厂价)} = \text{市场价格} + \text{国内运杂费} \tag{7-16}$$

$$\text{产出物影子价格(产出物的出厂价)} = \text{市场价格} - \text{国内运杂费} \tag{7-17}$$

2. 国家调控价格货物的影子价格

在目前我国价格管理体制条件下,有些货物(或服务)不完全由市场机制形成价格,还受国家宏观调控的约束,例如指导价、最高限价、最低限价等。调控价格不能完全反映货物的真实价值。在进行国民经济评价时,其影子价格应采取特殊方法确定。确定影子价格的原则是:投入物按机会成本分解定价;产出物按消费者支付意愿定价。

(1)电价。作为项目投入物的影子价格,一般按完全成本分解定价,电力过剩时按可变成本分解定价;作为项目产出物的影子价格,可按电力对当地经济边际效益定价。

(2)铁路运价。作为项目投入物的影子价格,一般按完全成本分解定价,对能力有富裕的路段,按可变成本分解定价;铁路项目的国民经济效益按"有、无对比法"计算运输费用节约等效益。

(3)水价。作为项目投入物的影子价格,按后备水源的边际成本分解定价,或按恢复水功能的成本计算;作为项目产出物的影子价格,按消费者支付意愿(一般消费者承受能力加政府补贴)计算。

3. 特殊投入物影子价格

项目的特殊投入物是指项目在建设、生产运营中使用的劳动力、土地和自然资源等物品。项目使用这些特殊投入物所产生的国民经济费用,应分别采用下列方法确定其影子价格。

1)劳动力费用

劳动力作为一种资源被项目使用时,国民经济评价采用"影子工资"计算其费用。影子工资是国民经济为项目使用劳动力所付出的真实代价,由劳动力机会成本和由于劳动力的转移而引起的新增资源耗费两部分构成。劳动力机会成本是指项目的劳动力如果不用于拟建项目而用于其他生产运营活动所创造的最大效益。它与劳动力的技术熟练程度和过剩与稀缺程度有关,技术熟练和稀缺程度越高,其机会成本越高,反之越低。新增资源耗费是指项目使用劳动力引起劳动者就业或迁移而增加的社会资源消耗,如城市管理费用,城市交通等基础设施投资费用和搬迁费用等。影子工资可通过影子工资换算系数计算,其换算系数技术性工程中取1.0;非技术性工程取0.25~0.8。

2)土地影子价格

土地影子价格反映土地用于拟建项目而使社会为此放弃的国民经济效益,以及国民经济为此增加的资源消耗。

农用土地的影子价格是指项目占用农用土地使国家为此损失的收益,由土地的机会成本和占用土地而引起的新增资源消耗两部分构成。土地机会成本按照社会对这些生产用地未来可以提供的消费产品的支付意愿价格进行分析计算。土地影子价格中新增资源消耗按照土地征用造成原有地上附属物财产的损失及其他资源耗费来计算。土地平整等开发成本应计入工程建设成本中,在土地经济成本估算中不再重复计算。

土地影子价格可以直接从机会成本和新增资源消耗两方面求得,也可在财务评价土地费用的基础上调整计算得出。项目实际征地财务费用包括三部分:一是机会成本性质的费用,如土地补偿费、青苗补偿费等,它应按机会成本计算;二是新增资源消耗,如拆迁费用、剩余劳动力安置费用、养老保险费用,它应按影子价格调整计算;三是转移支付,如粮食开发基金、耕地占用税等,它应予以剔除。

城镇土地影子价格计算。通常按市场交易价格计算。主要包括土地出让金、征地费、拆迁安置补偿费等。

3)自然资源影子价格

各种有限的自然资源也是一种特殊的投入物。一个项目使用了矿产资源、水资源、森林资源等,是对国家资源的占用和消耗。矿产等不可再生自然资源的影子价格按资源的机会成本计算。可再生自然资源影子价格按资源再生费用计算。

4. 社会折现率

社会折现率即资金的影子价格,它是指国家或社会对资金时间价值的估值,体现了资金的机会成本和边际投资内部收益率。社会折现率取决于一定时期内国家能进行投资的资金总额。在该时期内,国家或社会的最后一部分资金,投入按收益水平高低排列的所有可能投资项目中的最后一项投资(边际投资)的报酬率,是该时期所有资金最低限度应该达到的资金报酬率,反映出社会资金的机会成本,即为该时期的社会折现率。社会折现率是由国家作为国家通用参数制定的,在项目国民经济评价中,用作计算经济净现值的折现率和衡量经济内部收益率的基准值,是项目国民经济评价可行性和方案比选的主要判别标准和依据。社会折现率低,能够满足经济性要求的项目多,投资规模就大,对经济寿命长的项目就有利;社会折现率高,能够满足经济性要求的项目少,投资规模就小,对经济寿命较短的项目就有利。确定适当的社会折现率,有利于调节资金的供求平衡,正确引导投资,控制建设规模,合理分配建设资金。因此,社会折现率由国家统一制定,是国家调节控制投资活动的主要手段之一。

实践中,社会折现率的确定应考虑国家对资金的宏观调控意图、社会资金的供需状况、资金的边际收益率以及社会折现率对长短期项目的影响等多种因素估测,我国目前的社会折现率取值为8%。

5. 影子汇率

影子汇率即外汇的影子价格,是指用本国货币表示的外汇的真实的经济价值。一般发展中国家都存在着外汇短缺,政府制定的官方汇率往往将本国货币定值过高,低估外汇价值,不能正确反映本国货币与外国货币的比率。因此,在对项目进行国民经济评价时,需采用影子汇率计算外贸货物的收益与费用。应用影子汇率作为外汇计算标准,可以准确衡量项目所使用的外汇的真实代价,以及项目创汇为国民经济所做的真实贡献。

影子汇率的计算方法很多,一般需根据国家一定时期的进出口结构和水平、外汇机会成本及其发展趋势、外汇供需状况等因素确定。联合国工业发展组织出版的《项目评价准则》、《项目评价指南》、《工业项目评价手册》中分别有不同计算方法的介绍,可以根据情况选择应用。影子汇率是项目国民经济评价的重要通用参数,由国家有关主管部门定期测算并发布全国统一的参数值。1990 年国家计委和建设部确定的影子汇率为:1(美元):5.8(元人民币)。对于美元以外的其他国家货币,应参照一定时期内该外币对美元的比价,先折算为美元,再用影子汇率换算为人民币。影子汇率可通过影子汇率换算系数(影子汇率与国家外汇牌价的比值)计算,目前影子汇率换算系数为1.08。

二、经济评价效益费用数值调整

(一)在财务评价的基础上进行国民经济效果的评价

其调整内容为:

1. 效益和费用范围的调整

(1)剔除已计入财务效益和费用中的转移支付包括销售税金及附加、增值税、国内借款利息、国家或地方政府给予的补贴。

(2)识别项目的间接效益和间接费用,对能定量的应进行定量计算;不能定量的,应作定性描述。

2. 效益和费用的数值调整

(1)固定资产投资的调整:

①剔除属于国民经济内部转移支付的引进设备、材料的关税和增值税,并用影子汇率、运输费用和贸易费用对引进设备价格进行调整;对于国内设备价格则用影子价格、运输费用和贸易费用进行调整。

②根据建筑工程消耗的人工、三材、其他大宗材料、电力等,用影子工资、货物和电力的影子价格调整建筑费用,或用建筑工程影子价格换算系数调整建筑费用。

③若安装工程中的材料费用占很大比重,或有进口的安装材料,也应按材料的影子价格调整安装费用。

④用占用土地的影子费用代替土地的实际费用。

⑤剔除价格增长预留费。

⑥调整其他费用。

(2)流动资金的调整:流动资金中的应收、应付款项及现金(含银行存款和库存现金)占用,只是财务会计账目上的资产或负债占用,并没有实际耗用经济资源(其中库存现金虽确是资金占用,但因数额很小,可忽略不计),国民经济评价应从流动资金中剔除。如果财务评价流动资金是采用扩大指标法估算的,国民经济评价仍应按扩大指标法,以调整后的销售收入、经营费用等乘以相应的流动资金指标系数进行估算;如果财务评价流动资金是采用分项详细估算法进行估算的,则应用影子价格重新分项估算。

(3)经营费用的调整:可以先用货物的影子价格、影子工资等参数调整费用要素,然后再加总求得经营费用。

(4)营业收入的调整:先确定项目产出物的影子价格,然后重新计算销售收入;对于没有市场价格的产出效果,以支付意愿或接受补偿意愿的原则计算其影子价格。

(5)在涉及外汇借款时,用影子汇率计算外汇借款本金与利息的偿还额。

(6)对于可货币化的外部效果,应将货币化的外部效果计入经济效益费用流量;对于难以进行货币化的外部效果,应尽可能地采用其他量纲进行量化。难以量化的,进行定性描述,以全面反映项目的产出效果。

(二)直接做国民经济效果评价时的调整

(1)识别和计算项目的直接效果:对那些为国民经济提供产出物的项目,首先应根据产出物的性质确定是否属于外贸货物,再根据定价原则确定产出物的影子价格。按照项目的产出物种类、数量及其逐年的增减情况和产出物的影子价格计算项目的直接效益。对那些为国民经济提供服务的项目,应根据提供服务的数量和用户的受益情况计算项目的直接效益(国民经济内部的转移支付不计)。

(2)用货物的影子价格、土地的影子费用、影子工资、影子汇率、社会折现率等参数直接进行项目的投资估算。

(3)对流动资金进行估算。

(4)根据生产经营的实物消耗,用货物的影子价格、影子工资、影子汇率等参数计算经营费用。

(5)识别项目的间接效益和间接费用,对能定量的要进行定量计算;对难于定量的,应作定性描述。

三、经济评价基本报表的编制

项目投资经济效益费用流量表是站在项目全部投资的角度,或者说是在假定项目全部投资均为国内投资条件下的项目国民经济效益费用流量系统的报表格式反映,报表格式见表7-1。

国民经济效益费用流量表(单位:万元) 表7-1

序号	项目	合计	计算期					
			1	2	3	4	…	n
1	效益流量							
1.1	项目直接效益							
1.2	资产余值回收							
1.3	项目间接效益							
2	费用流量							
2.1	建设投资							
2.2	维持运营投资							
2.3	流动资金							
2.4	经营费用							
2.5	项目间接费用							
3	净效益流量							

计算指标:
经济内部收益率(%);
经济净现值(i_S = %)。

报表的年序设置及规定与财务评价中现金流量表相同。栏目设置与财务评价的现金流量表相比主要是剔除了反映转移支付的税金等项目,同时增加了项目间接效益和间接费用项。

四、经济效果评价指标及计算公式

国民经济评价包括国民经济盈利能力分析和外汇效果分析,以经济内部收益率和经济净现值为主要评价指标。产品出口创汇和替代进口节汇的项目,要计算经济外汇净现值、经济换汇成本和节汇成本等指标,并应对难以量化的外部效果进行定性分析,还应作敏感性分析和概率分析。

(一)经济内部收益率

经济内部收益率(EIRR)是反映项目对国民经济净贡献的相对指标。它是项目在计算期内各年经济净效益流量的折现值累计等于零时的折现率，其表达式为：

$$\sum_{t=0}^{n}(B-C)_t(1+EIRR)^{-t}=0 \tag{7-18}$$

式中：B——效益流入量；

C——费用流出量；

$(B-C)_t$——第 t 年净效益流量；

n——项目计算期。

$EIRR>i_S$，表明项目对国民经济的净贡献超过或达到了要求的水平，可以考虑接受项目。

（二）经济净现值

经济净现值（ENPV）是反映项目对国民经济净贡献的绝对指标。它是用社会折现率 i_S 将项目计算期内各年的净效益流量折现到建设期初的现值之和，其表达式为：

$$ENPV=\sum_{t=0}^{n}(B-C)_t(1+i_S)^{-t} \tag{7-19}$$

当 $ENPV \geqslant 0$ 时，表示国家为拟建项目付出代价后，可以得到超过或符合社会折现率的社会盈余，故可以考虑接受项目。

（三）国民经济外汇效果分析

对于产出物出口（含部分出口）或替代进口（含部分替代进口）的项目，应进行外汇效果分析。外汇效果分析需要编制经济外汇流量表及国内资源流量表，报表格式见参考文献[6]。计算经济外汇净现值、经济换汇成本或经济节汇成本指标如表 7-2 所示。

经济外汇流量表（单位：万元）　　表 7-2

序号	项目 ＼ 年份	建设期			投产期		达到设计能力生产期			合计
		0	1	2	3	4	5	…	n	
	生产负荷（%）									
1	外汇流入									
1.1	产品销售外汇收入									
1.2	外汇借款									
1.3	其他外汇收入									
2	外汇流出									
2.1	固定资产投资中外汇支出									
2.2	进口原材料									
2.3	进口零部件									
2.4	技术转让费									
2.5	偿付外汇借款本息									
2.6	其他外汇支出									
3	净外汇流量（1－2）									
4	产品替代进口收入									
5	净外汇效果（3＋4）									
计算指标：经济外汇净现值（i_S＝　　%）； 经济换汇成本或经济节汇成本。										

1. 经济外汇净现值

经济外汇净现值是反映项目实施后对国家外汇收支直接或间接影响的重要指标，用以衡量项目对国家外汇真正的净贡献（创汇）或净消耗（用汇），经济外汇净现值可通过经济外

汇流量表求得,其计算公式为:

$$ENPV_F = \sum_{t=0}^{n}(FI - FO)_t(1 + i_S)^{-t} \quad (7\text{-}20)$$

式中: FI——外汇流入量;

FO——外汇流出量;

$(FI - FO)_t$——第 t 年的净外汇流量;

n——项目计算期。

当有产品替代进口时,应按净外汇效果计算经济外汇净现值。

2. 经济换汇成本和经济节汇成本

当有产品直接出口时,应计算经济换汇成本;当有产品替代进口时,应计算经济节汇成本。经济换汇成本和经济节汇成本的定义及计算方法如下:

1)换汇成本

对于有产品直接出口的项目,应计算其经济换汇成本。它是用货物影子价格、影子工资和社会折现率计算的为生产出口产品而投入的国内资源现值(以人民币表示)与生产出口产品的经济外汇净现值(通常以美元表示)之比。其计算公式可表示如下:

$$经济节汇成本 = \sum_{t=0}^{n}DR'_t(1 + i_S)^{-t} \Big/ \sum_{t=0}^{n}(FI' - FO')_t(1 + i_S)^{-t} \quad (7\text{-}21)$$

式中:DR'_t——项目第 t 年为生产出口产品投入的国内资源,元;

FI'——生产出口产品的外汇流入,美元;

FO'——生产出口产品的外汇流出,美元;

i_S——社会折现率。

经济换汇成本(元/美元)小于等于影子汇率,则项目产品出口有利。

2)节汇成本

对于有产品替代进口的项目,应计算其经济节汇成本。它是用货物影子价格、影子工资和社会折现率计算的为生产替代进口产品所投入的国内资源的现值与生产替代进口产品的经济外汇净现值之比。其计算公式为:

$$经济节汇成本 = \sum_{t=0}^{n}DR''_t(1 + i_S)^{-t} \Big/ \sum_{t=0}^{n}(FI'' - FO'')_t(1 + i_S)^{-t} \quad (7\text{-}22)$$

式中:DR''——项目在第 t 年为生产替代进口产品投入的国内资源,元;

FI''——生产替代进口产品所节约的外汇,美元;

FO''——生产替代进口产品的外汇流出,美元。

经济节汇成本(元/美元)小于等于影子汇率,则项目产品替代进口有利。其外汇流量数据和国内资源流量数据分别来自经济外汇流量表和国内资源流量表。经济换汇成本或经济节汇成本小于等于影子汇率时,表示项目产品出口或替代进口是有利的。

第四节 案例分析——公路建设项目经济评价

本案例基本概况部分与第六章第六节的公路建设项目财务评价案例的基本概况相一致,并在此数据基础上做国民经济评价。

本实例评价的项目采用的是影子价格和社会折现率,社会折现率取为8%,采用的是“有、无对比法”。

一、国民经济费用计算

(一)建设费用

本项目增量建设经济费用即 CJ 高速公路建设费用。建设经济费用是在投资估算的基础上调整为经济费用的。在调整计算时,将建设投资中的主要建筑材料费、人工费、土地占用费等用影子价格进行换算调整,其他投入物不做调整。剔除税金、物价上涨预留费、建设期贷款利息等转移支付。

1. 主要建筑材料影子价格

建筑材料中外贸货物主要是进口沥青,其影子价格的测算以进口价格为基础,加国内运费和贸易费。

进口货物的影子价格计算公式为:

$$SP = c.i.f. \times SER + (T_1 + T_{r1})$$

式中:$c.i.f.$——货物到岸价;

SER——影子汇率;

T_1——运输费用影子价格;

T_{r1}——贸易费用。

非外贸货物影子价格的计算公式为:

$$SP = SPF + (T_1 + T_{r1})$$

式中:SPF——货物出厂影子价格,其他符号意义同上式。

建筑材料中的非外贸,采用出厂价加国内运费和贸易费,地方材料不进行调整。主要材料的影子价格调整见表 7-3。

主要材料影子价格表　　表 7-3

材料名称	单位	出厂价(元)	运输距离(km)	公路运费(元/(t·km))	公路运费影子换算系数	贸易费用率(%)	影子价格(元)
钢材	t	3 237	100	0.45	1	6	3 476
原木	m^3	783	100	0.45	1	6	875
锯材	m^3	1 092	100	0.45	1	6	1 203
水泥	t	345	100	0.32	1	6	398
沥青	t	2 697*	100	0.32	1	6	2 891

注:* 表示到岸价。

2. 土地影子费用

土地是项目的特殊投入物。在国民经济评价中,土地影子费用(LSP)包括土地机会成本(LOC)和新增资源消耗费用(IC),即:

$$LSP = LOC + IC$$

LOC 为按照拟建项目占用土地而使国民经济为此放弃的该土地"最好可行替代用途"的净效益测算,有如下关系式:

$$LOC = \sum_{t=1}^{n} NB_0 (1+g)^t (1+i)^{-t}$$

式中:NB_0——基年土地的"最好可行替代用途"的单位面积年净效益;

g——土地“最好可行替代用途”的年平均净效益增长率；

t——年序数；

n——项目占用土地的期限，取评价期的前20年。

本项目占用土地类别主要为耕地。耕地以种植 X 为“最好可行替代用途”。年亩产量400kg。X 作为外贸货物，到岸价格为118美元/t，生产成本为其价格的40%，土地净效益为422元/亩，考虑亩产量按2%递增，同时考虑与 Y 复种情况，Y 的每亩净效益值为172元。经计算，本项目土地的机会成本为2 491元/亩。IC是指国民经济为项目所用土地而新增加的资源消耗，如拆迁费用、剩余劳动力安置费、养老保险费等共计3 470万元。

3. 其他费用调整

本项目其他费用调整的内容是剔除投资估算中的税金、建设期物价上涨费等几项转移支付。

(二)周转费用

提出周转资金中的应收应付账款占用资金，取周转资金的75%，为3 997万元。推荐方案建设费用与周转费用调整结果见表7-4。

建设投资调整表 表7-4

费用名称	单位	数量	影子价格	经济费用
第一部分费用	公路公里	169.045		350 375
人工	工日	25 000 171	13	33 375
原木	m^3	7 218	875	632
锯材	m^3	15 685	1 203	1 887
钢材	t	20 017	3 476	6 325
水泥	t	812 086	398	32 321
沥青	t	109 287	2 891	31 595
其他费用	公路公里	169.045		244 241
税金	公路公里	169.045		0
第二部分费用	公路公里	169.045		7 198
设备购置费	公路公里	169.045		7 198
其中：税金				0
第三部分费用	公路公里	169.045		36 356
征地费	亩	19 790	4 836	9 571
耕地占用税	m^2	13 193 400		0
其他	公路公里	169.045		26 785
第四部分合计	公路公里	169.045		42 408
物价上涨费	公路公里	169.045		0
基本预备费	公路公里	169.045		42 408
总计	公路公里	185.96		436 338
建设期利息		169.045		0
周转费用				3 997
总计	公路公里	169.045		440 336

(三)运营费用调整

如前所述,增量经济运营费用为“有项目”经济运营费用减“无项目”经济运营费用。“有”减“无”后,老路的经济费用相互抵消,因此,本项目新增经济费用视为增量经济费用。同时:

(1)运营管理经济费用取财务评价中的费用,不做调整。

(2)养护及大修经济费用按建设费用中建筑安装工程费的影子价格换算系数0.94调整。

运营费用调整结果直接列入经济费用效益流量表中。

二、国民经济效益计算

本项目实施以后,使原有通道的运输压力得到极大缓解,运输条件得到改善,从而带来运输费用、运输时间的节约及交通事故的减少等多方面的效益。

(一)运输费用节约效益 B_1

运输费用节约效益 B_1 的计算公式如下:

$$B_1 = B_{11} + B_{12}$$

$$B_{11} = 0.5 \times (T_{1p} + T_{2p}) \times (VOC'_{1p} \times L' - VOC_{2p} \times L) \times 365$$

$$B_{12} = 0.5 \times (T'_{1p} + T'_{2p}) \times (VOC'_{1p} - VOC'_{2p}) \times L' \times 365$$

式中:B_{11}——拟建项目降低运营费用的效益;

B_{12}——原有相关公路降低营运费用的效益;

T_{1p}——“有项目”情况下,拟建项目的正常交通量,辆/日;

T_{2p}——“有项目”情况下,拟建项目的总交通量,辆/日;

VOC'_{1p}——“无项目”情况下,原有相关公路在正常交通量条件下,各车型车辆的加权平均运输费用,元/(车·km);

VOC'_{2p}——“有项目”情况下,拟建项目在总交通量条件下,各车型车辆的加权平均运输费用,元/(车·km);

L'——原有相关公路里程,km;

L——拟建项目里程,km;

T'_{1p}——“有项目”情况下,原有相关公路的正常交通量,辆/日;

T'_{2p}——“有项目”情况下,原有相关公路的总交通量,辆/日;

VOC'_{2p}——“有项目”情况下,原有相关公路在总交通量条件下,各车型车辆的加权平均运输费用,元/(车·km)。

项目评价期间各特征年汽车经济运输费用见表7-5。

特征年汽车经济运输费用(单位:元/(百车·km)) 表7-5

项目	年份	小客车	大客车	小货车	中货车	大货车	拖挂车
有项目	2008	79.82	180.84	92.72	125.59	169.55	153.25
	2017	79.83	180.84	92.73	125.60	169.59	153.26
	2027	79.82	180.84	92.72	125.59	169.57	153.26
无项目	2008	100.82	246.07	115.91	165.92	239.49	187.83
	2017	145.52	313.49	150.35	218.32	292.82	219.11
	2027	143.26	310.01	148.52	215.67	290.11	219.59

(二)节约时间的效益

1. 时间价值计算

经计算,项目所在地区人均时间价值为2元/h,(1994年价),2000年将达到2.58元/h。项目评价期间各特征年平均每车的乘车人数、出行者的时间价值及节约时间的利用系数和大客车、小客车的时间价值计算及结果见表7-6。

旅客时间价值计算　　表7-6

年份	车型	出行者人均时间价值(元/(人·h))	节约时间利用系数	平均每车人数(人/车)	时间价值(元/(车·h))
2008	小客车	2.58	0.6	4	6.19
	大客车	2.58	0.5	25	32.25
2017	小客车	3.81	0.5	4	7.62
	大客车	3.81	0.45	30	51.43
2027	小客车	5.64	0.4	4	9.02
	大客车	5.64	0.4	35	78.96

2. 时间效益计算

节约时间效益计算公式如下:

$$B_2 = B_{21} + B_{22}$$

$$B_{21} = 0.5 \times W \times E(T_{1pp} + T_{2pp}) \times (H'_{1p} - H'_{2p}) \times 365$$

$$B_{22} = 0.5 \times W \times E(T'_{1pp} + T'_{2pp}) \times (H'_{1p} - H'_{2p}) \times 365$$

式中:B_{21}——拟建项目旅客节约时间的效益;

B_{22}——原有相关公路旅客节约时间的效益;

T_{1pp}——“有项目”情况下,拟建项目客车正常交通量,辆/日;

T_{2pp}——“有项目”情况下,拟建项目客车总交通量,辆/日;

W——旅客单位时间价值,元/(人·h);

E——客车平均载人系数,人/辆;

H'_{1p}——“无项目”情况,原有相关公路在正常交通量条件下,分车型客车通过原有相关公路所需时间,h;

H'_{2p}——“有项目”情况下,拟建项目在总交通量条件下,分车型客车通过新路与原有相关公路的加权平均所需时间,h;

T'_{1pp}——“有项目”情况下,原有相关公路客车正常交通量,辆/日;

T'_{2pp}——“有项目”情况下,原有相关公路客车总交通量,辆/日;

H'_{2p}——“有项目”情况下,原有相关公路在总交通量条件下,分车型客车通过原有相关公路所需时间,h。

(三)交通事故减少的效益

(1)减少交通事故的效益 B_3 的计算公式为:

$$B_3 = B_{31} + B_{32}$$

$$B_{31} = 0.5 \times (T_{1p} + T_{2p})(r_{1b}LC_b - r_{2p}LC_p) \times 365 \times 10^8$$

$$B_{32} = 0.5 \times (T'_{1p} + T'_{2p})(r'_{1b}LC_b - r'_{2p}LC'_p) \times L \times 365 \times 10^8$$

式中:B_{31}——拟建项目减少交通事故的效益,元/年;

B_{32}——原有相关公路减少交通事故的效益,元/年;

C_b——"无项目"情况下,原有相关公路单位事故平均经济损失费,元/次;

C_p——"有项目"情况下,拟建项目单位事故平均经济损失费,元/次;

r_{1b}——"无项目"情况下,原有相关公路在正常交通量条件下的事故率,次/(亿车·km);

r_{2p}——"有项目"情况下,拟建项目在总交通量条件下的事故率,次/(亿车·km);

C'_p——"有项目"情况下,原有相关公路单位事故平均经济损失费,元/次;

r'_{2p}——"有项目"情况下,原有相关公路在总交通量条件下的事故,次/(亿车·km)。

(2)事故率计算公式如下:

$$\text{高速公路:}\quad R = 40 + 0.005AADT$$

$$\text{二级公路:}\quad R = 133 + 0.007AADT$$

式中:R——事故次数,次/(亿车·km);

$AADT$——年平均日交通量,辆/日(中型车)。

参考"PPK 报告",本项目影响区内高速公路和二级公路的平均事故损失费差值为 2000 年为 13 356 元/次,2009 年为 21 510 元/次,2019 年为 31 650 元/次。

最终通过表 7-7 汇总新建项目所带来的效益。

效益汇总表(单位:万元)　　表 7-7

序　号	效 益 项 目	2008 年	2017 年	2027 年
1	运输费用节约效益	30 408	86 803	197 890
2	时间节约效益	7 987	39 445	126 008
3	交通事故减少效益	1 031	4 278	10 443
4	合计(行 1 + 行 2 + 行 3)	39 498	130 526	334 342

三、国民经济评价指标计算

根据表 7-8 计算可得,经济内部收益率($EIRR$) = 15%,经济净现值($ENPV$)(i_S = 8%) = 233 166 万元。

项目投资经济费用效益流量表(单位:万元)　　表 7-8

年份	效益流量	项目直接效益	资产余值回收	项目间接效益	费用流量	建设投资	维持运营投资	流动资金	经营费用	项目间接费用	净效益流量
2003	0	0			65 546	65 546					-65 546
2004	0	0			87 394	87 394					-87 394
2005	0	0			131 089	131 089					-131 089
2006	0	0			87 394	87 394					-87 394
2007	0	0			65 548	65 548					-65 548
2008	39 498	30 480		9 018	9 596			3 997	5 599		29 901
2009	47 387	34 384		13 003	5 768				5 768		41 619
2010	51 790	38 787		13 003	5 941				5 941		45 849

续上表

年份	效益流量	项目直接效益	资产余值回收	项目间接效益	费用流量	建设投资	维持运营投资	流动资金	经营费用	项目间接费用	净效益流量
2011	59 373	43 756		15 617	6 118				6 118		53 254
2012	71 887	49 360		22 527	6 302				6 302		65 585
2013	78 210	55 683		22 527	6 491				6 491		71 719
2014	89 871	62 816		27 056	6 686				6 686		83 185
2015	103 358	70 861		32 497	6 886				6 886		96 472
2016	118 969	79 937		39 032	7 094				7 094		111 876
2017	130 526	86 803		43 723	7 306				7 306		123 220
2018	143 241	94 260		48 981	7 526				7 526		135 715
2019	157 230	102 356		54 874	7 751				7 751		149 479
2020	172 627	111 148		61 479	7 984				7 984		164 644
2021	189 581	120 696		68 884	8 224				8 224		181 357
2022	208 248	131 063		77 185	8 470				8 470		199 778
2023	228 814	142 321		86 493	8 724				8 724		220 090
2024	251 473	154 547		96 927	8 986				8 986		242 487
2025	276 447	167 822		108 625	9 255				9 255		267 191
2026	303 980	182 237		121 743	9 533				9 533		294 447
2027	556 824	197 890	222 483	136 452	9 820				9 820		547 005
合计	3 279 333	1 957 207	222 483	1 099 644	591 432	436 971	0	3 997	150 464		2 687 902

由表7-9可得,项目的内部收益率均在社会折现率8%以上,并且经济净现值均为正值,说明项目的经济风险很小。

国民经济敏感性分析表　　表7-9

序号	项　目	经济内部收益率(%)	经济净现值(万元)
1	固定资产投资增加15%	13.33%	183 562
2	项目效益减少15%	13.12%	149 156
3	投资增加15%,效益减少15%	11.82%	99 552

第五节　案例分析——港口建设项目经济评价

该案例项目是我国长江下游某市一个综合性港口的新作业项目。该港口所在地经国务院批准已设立保税区。根据保税区的发展计划,主要是来料加工及转口贸易,通过港口进口原料及出口成品,大部分为适箱货物,本港口新开辟的国外航线每年也将增加一定量的集装箱吞吐量。根据码头吞吐量及设计船型和吨级,本项目新作业区拟建设一个 2.5 万 t 级集装箱专用泊位，停靠第二代集装箱船，年设计吞吐量为 10 万 TEU（合 80 万 t）。

一、基本概况

该项目 2005 年开始施工，工期 2 年，2007 年投产，年设计吞吐量为 4 万 TEU，2008 年 6 万 TEU，2009 年 8 万 TEU，2010 年达到设计能力 10 万 TEU。预计营运期为 20 年。项目评价期 22 年。

该项目概算投资为 13 098.39 万元（不包括建设期利息），老港区调拨设备折合 1 658.3 万元，共计 14 756.69 万元。建设期二年，分别投入 30%，70%。其中自有资金 9 202.35 万元，其余资金筹措为国家开发银行贷款，贷款年利率为 12.49%。投资计划与资金筹措详见表 7-10。

投资计划与资金筹措表（单位：万元）　表 7-10

序号	项　目	合计人民币	1	2	3	4	5	6
1	总投资	15 645.61	4 532.98	10 802.16	124.05	62.14	62.14	62.14
1.1	固定资产投资	14 756.69	4 427	10 329.69				
1.2	建设期利息	578.45	105.98	472.47				
1.3	流动资金	310.47			124.05	62.14	62.14	62.14
2	资金筹措	15 645.61	4 532.98	10 802.16	124.05	62.14	62.14	62.14
2.1	自有资金	9 202.35	2 730	6 370	102.35			
	其中：用于流动资金	102.35			102.35			
2.2	借款	6 443.26	1 802.98	4 432.16	21.7	62.14	62.14	62.14
2.2.1	长期借款（含利息）	6 235.14	1 802.98	4 432.16				
2.2.2	流动资金借款	208.12			21.7	62.14	62.14	62.14

按有无项目对比原则采用影子价格，对有项目和无项目付出的费用进行比较，两者费用之差即为国民经济效益。无本项目时，所有的货运量均由老港区相应泊位来完成。

二、费用的调整

（一）第一部分费用调整

1. 建设投资

对主体工程水工部分投资调整的费用有：人工费、材料费、船机费、航道费及各项取费（包括冬雨季施工增加费、材料二次倒运费、施工辅助费、施工队伍进退场费、临时设施费、现场管理费、企业管理费、财务费用、计划利润、税金等项）。具体费用项目调整如下：

1）钢材、木材、水泥均按规定的影子价格调整

三大材用量采用工程估算用量数据，地方材料为当地市场价，供需平衡，视市场价为影

子价格，调整系数为1。

三大材及燃料费用调整表见表7-11。

三大材及燃料费用调整表　　表7-11

名　称	原　木	水　泥	钢　材	燃　料
预算单价（市场价）	999.6元/m^3	250元/t	3 000元/t	2 030元/t
影子价格	1 128元/m^3	440元/t	2 700元/t	1 087元/t
用量	996.63m^3	19 932.1t	3 240.27t	387t
价差	128.4元/m^3	190元/t	-300元/t	-943元/t

2）税金及财务费用的扣除

项目向国家交纳的税金及财务费用属于国民经济部门间的转移支付费用，并不发生实际资源的增加和耗用，因此应予扣除。该项目税金及财务费用为358.86万元，在工程投资中扣除。

3）人工工资调整

各类职工工资的综合影子工资换算系数为1，即国民经济评价中工资及福利费按财务评价不变，因此水工部分的人工费不变。

4）水工部分的船机费、航道费（挖泥费等）及其他费用的调整

水工部分投资合计2 300.68万元，其中税金为75.05万元，财务费用19.14万元，税金及财务费用共计94.19万元予以扣除。

水工部分船机费用为451.81万元，占水工部分投资的19.64%。

（1）船机费调整

打桩船，船舶折旧修理费用占全部船机费用的71.7%，但打桩船大多为旧船，较目前价格偏低，价格调整系数取1.45，即船机费用应上调32.27%。

（2）燃料费调整

燃料油市场价2.03元/kg，影子价格为1.087元/kg，即市场价比影子价格高出943元/t。

（3）航道费调整

其调整系数为1.053 6。

按以上调整后投资估算见表7-12。

码头部分建设投资1 630.64万元，增加三材及燃料油价差17.23万元，增加航道费0.36万元，增加船机费100.65万元，扣除财务费用及税金66.7万元，加上其他部分费用8.05万元，调整后码头部分费用1 690.26万元。

2. 装卸设备费调整

装卸设备中进口设备，按1∶8.5进行换算，国内设备取目前市场价格，按此调整后装卸设备投资为5 271.84万元。

（二）第二部分费用调整

征地拆迁赔偿费中的三大材费用增加19.74万元，调整后费用为954.20万元。

（三）第三部分费用（预备费用）

由于以上费用已按影子价格进行计算，因此扣除物价上涨费，仅对预备费进行调整，调整后预备费为667.90万元。

按以上调整后，全部投资为14 025.80万元，见表7-12。

按影子价格调整后投资估算表 表 7-12

序 号	工程或费用名称	全部投资(万元)	序 号	工程或费用名称	全部投资(万元)
一	工程费用(第一部分)	12 003.15	1	给水排水环保	248.14
(一)	主要生产工程项目	11 025.57	2	供电照明	414.52
1	码头部分	1 690.26	3	通信	22.16
2	平台部分	589.64	4	绿化	39.10
3	引桥部分	72.68	(四)	临时工程	24.01
4	驳岸部分	41.48	1	临时工程	24.01
5	施工挖泥	19.73	二	其他费用(第二部分)	1 354.76
6	道路	452.96	1	征地拆迁赔偿费	954.20
7	堆场	1 656.53	2	建设单位管理费	43.37
8	构筑物	319.73	3	联合试运转费	7.28
9	陆域形成	404.35	4	扫海费	2.30
10	软基处理	506.59	5	工器具生产家具购置	41.60
11	装卸设备	5 271.84	6	生产职工培训费	66.01
(二)	辅助生产工程项目	229.66	7	办公生活家具购置费	33.01
1	综合楼	169.80	8	前期工作费	28.75
2	变电所	38.57	9	设计费	178.25
3	闸门房	4.81	三	预备费(第三部分)	667.90
4	自行车棚及围墙	16.48	1	预备费	667.90
(三)	公用设施工程项目	723.91		合计	14 025.80

1. *流动资金*

按财务评价计算的流动资金可参照营运费用进行调整,此处不作调整。

2. *营运费用*

国民经济计算中的营运费用指项目有无对比中增加或减小的费用。

(1)新作业区单位装卸费用比无项目时提高 11.5 元/TEU,计 115 万元。

(2)新作业区的航道维护费每年分摊 20 万 m^3,每立方挖泥费为 17.5 元,每年为 345 万元。

(3)新作业区增加管理费支出 59.41 万元。

以上共计支出营运费用 519.41 万元/年。

三、国民经济效益计算

(一) 船舶待泊费用的节约

1. *老港区船舶待泊现状分析*

根据老港统计,原有集装箱码头进出口平均船舶载重量 607 TEU,平均装卸时间 3.0 天/艘次,其他在港服务时间 0.4 天,船舶在港总时间为 3.5 天/艘次。

2. *无项目时老港船舶待时分析*

根据货运量预测,至 2010 年为 18 万 TEU,其中 0.7 万 TEU 由公路转运其他港口,即无项目时老港一个专用泊位应完成 17.3 万 TEU。经计算,即使利用相邻杂货泊位装卸集装箱作为过渡,泊位利用率亦高达 100% 以上,按泊位利用率 90% 作为标准,即老码头最多只能完成 11.30 万 TEU,因此其他运量 6 万 TEU 只能通过河运转运其他港口装卸。

2007 ~ 2010 年无项目时老港船舶艘次数;

2007 年:$(3.3+8)\times10^4$TEU/607 = 186(艘次);

2008 年、2009 年均为 186 艘次。

集装箱码头为专业化码头，按 $E_2/E_2/n$ 系统排队的船舶平均等泊时间，待泊系数为 2.00，即无项目时待泊艘天数如下：

3.5 天/艘次 ×186 艘次 ×2 = 1 302（艘天）

3. 有项目时船舶待时分析

有项目时，原有集装箱泊位船舶进港艘次数：

8×10^4TEU/607 = 132（艘次）（2007 ~ 2010 年）；

泊位利用率 64%，待泊系数 0.3；

待泊时间：3.5 天/艘次 ×132 艘次 ×0.3 = 138.6 艘天（泊位年工作天为 330 天）；

新集装箱泊位 2010 年应完成 10 万 TEU，进港集装箱船平均实载 1 200 TEU，每艘次服务时间 3.344 天。

各年船舶艘次数如下：

2007 年 4 万 TEU：$\dfrac{4}{0.12 \times 0.8 \times 2} = 21$（艘次）

2008 年 6 万 TEU：$\dfrac{6}{0.12 \times 0.8 \times 2} = 31$（艘次）

2009 年 8 万 TEU：$\dfrac{8}{0.12 \times 0.8 \times 2} = 42$（艘次）

2010 年 10 万 TEU：$\dfrac{10}{0.12 \times 0.8 \times 2} = 52$（艘次）

各年泊位利用率 P 计算如下：

2007 年：$P = \dfrac{21 \times 3.344}{330 \times 1} = 21.3\%$

2008 年：$P = 31.4\%$

2009 年：$P = 42.6\%$

2010 年：$P = 53\%$

查泊位待泊系数分别为 0.08、0.20、0.32、0.60。

新集装箱码头船舶待泊时间：

2007 年：3.444 天 ×21 艘次 ×0.08 = 6 艘天

2008 年：3.444 天 ×31 艘次 ×0.20 = 21 艘天

2009 年：3.444 天 ×42 艘次 ×0.32 = 45 艘天

2010 年：3.444 天 ×52 艘次 ×0.60 = 104 艘天

4. 有无项目对比待泊时间节约：

有无项目对比待泊的时间节约为：

1 302 艘天 − 138.6 艘天 − 104 艘天 = 1 059 艘天

船舶艘天费用按 4.0 万元计算，船舶待泊费用节约如下：

2007 年：4.0 ×（1 302 − 138.6 − 6）= 4 630（万元）

2008 年：4.0 ×（1 302 − 138.6 − 21）= 4 570（万元）

2009 年：4.0 ×（1 302 − 138.6 − 45）= 4 474（万元）

2010 年：4.0 ×1 059 = 4 236（万元）

（二）船舶在泊费用节约

新集装箱码头船舶在泊时间为 3.344 天/艘次，老港原有集装箱码头船舶在港时间为 3.5 天，其在泊时间节约为：

2007 年 4 万 TEU：$\frac{3.5}{0.4859}\times4\times8-\frac{3.344}{0.96}\times4\times8=119$（艘天）

2008 年 6 万 TEU：185（艘天）

2009 年 8 万 TEU：238（艘天）

2010 年 10 万 TEU：298（艘天）

各年在泊船舶费用节约数额分别如下：

在泊船舶费用节约数额 = 4.0 万元/艘天 × 在泊时间节约

2007～2010 年各年数额分别为 476 万元、740 万元、952 万元、1 192 万元。

（三）公路转运费节约

无项目时 0.7 万 TEU 必须通过公路转运，2007～2010 年各年相同，每标准箱的公路转运费为 504 元（已调整为影子价格）。

公路转运费 = 504 元/TEU × 0.7 万 TEU = 352.8 万元。

1. 水运转运费节约

无项目时 2004～2007 年各年通过水运转运其他港口运量分别为 0、2、4、6 万 TEU，水运运费为 560 元/TEU（影子价格）。相应的运费节约分别为 0、1 120、2 240、3 360 万元。

2. 货物在港停滞时间缩短费用的节约

新集装箱码头建成后，因减少货物在港积压时间所取得的节约，各参数数据为：

（1）货物平均单价：3 000 元/t。

（2）社会折现率：8%。

（3）船舶在港时间，t_1 为无项目时货物在港停滞时间，t_2 为有项目时货物在港停滞时间。

2007 年：$t_1=3.5\times2=7.0$（天）

$t_2=3.344\times0.08-0.154=0.114$（天）

2008 年：$t_1=7.0$ 天，$t_2=0.515$（天）

2009 年：$t_1=7.0$ 天，$t_2=0.916$（天）

2010 年：$t_1=7.0$ 天，$t_2=1.85$（天）

建设新集装箱泊位减少货物在港时间费用节约：

2007 年：$3\,000\times4\times8\times\frac{7.0-0.114}{365}\times0.10=181.11$（万元）

2008 年：$3\,000\times6\times8\times\frac{7.0-0.515}{365}\times0.10=296.48$（万元）

2009 年：$3\,000\times8\times8\times\frac{7.0-0.916}{365}\times0.10=320.04$（万元）

2010 年：$3\,000\times10\times8\times\frac{7.0-1.85}{365}\times0.10=338.63$（万元）

建设新集装箱码头使原有集装箱码头货物积压时间减少产生的费用节约 BC：

$BC=3\,000\times8\times8\times3.5\times(2-0.284)\times0.10\div365=315.93$（万元）（各年相同）

上述各项目效益汇总表如表 7-13 所示。

效益汇总表(单位:万元)　　表 7-13

序　号	效益项目	2004 年	2005 年	2006 年	2007 年
1	船舶待泊费用节约	4 630	4 570	4 474	4 236
2	船舶在泊费用节约	476	740	952	1 192
3	货物货值利息节约	497.04	612.41	635.97	654.56
4	公路转运费节约	352.8	352.8	352.8	352.8
5	水运转运费节约	0	1 120	2 240	3 360
	合计(1+2+3)	5 603.04	5 922.41	6 061.97	6 082.56
	合计(1+2+3+4+5)	5 955.84	7 395.21	8 654.77	9 795.36

四、评价指标

通过国民经济效益费用流量表(表 7-14)的计算,经济净现值为 60 215 万元,内部收益率为 47%,说明本项目从国民经济角度评价效益很好。

国民经济效益费用流量表(单位:万元)　　表 7-14

序号	效益流量			费用流量				净现金流量
	效益	资产余值回收	合计	建设投资	维持运营投资	经营费用	合计	
1				4 207.74			4 207.74	-4 207.74
2				9 818.06			9 818.06	-9 818.06
3	5 955.84		5 955.84			293.41	293.41	5 662.43
4	7 395.21		7 395.21			373	373	7 022.21
5	8 654.77		8 654.77			448.67	448.67	8 206.1
6	9 795.36		9 795.36			519.41	519.41	9 275.95
7	9 795.36		9 795.36			519.41	519.41	9 275.95
8	9 795.36		9 795.36			519.41	519.41	9 275.95
9	9 795.36		9 795.36			519.41	519.41	9 275.95
10	9 795.36		9 795.36			519.41	519.41	9 275.95
11	9 795.36		9 795.36			519.41	519.41	9 275.95
12	9 795.36		9 795.36			519.41	519.41	9 275.95
13	9 795.36		9 795.36			519.41	519.41	9 275.95
14	9 795.36		9 795.36			519.41	519.41	9 275.95
15	9 795.36		9 795.36			519.41	519.41	9 275.95
16	9 795.36		9 795.36			519.41	519.41	9 275.95
17	9 795.36		9 795.36			519.41	519.41	9 275.95
18	9 795.36		9 795.36		5 982.07	519.41	6 501.48	3 293.88
19	9 795.36		9 795.36			519.41	519.41	9 275.95
20	9 795.36		9 795.36			519.41	519.41	9 275.95
21	9 795.36		9 795.36			519.41	519.41	9 275.95
22	9 795.36	6 513.89	16 309.25			519.41	519.41	15 789.84
合计	188 526.94	6 513.89	195 040.83	14 025.8	5 982.07	9 945.05	29 952.92	165 087.91
计算指标:经济内部收益率(*EIRR*) = 47%;经济净现值(*ENPV*)(i_S=8%) =60 215 万元								

五、敏感分析

从国民经济角度评价本项目,如固定资产投资增加15%或效益减少15%,该项目的内部收益率均超过社会折现率8%,说明该项目风险很小的。表7-15为国民经济敏感性分析表。

国民经济敏感性分析表　　表7-15

序号	项　目	经济内部收益率(%)	经济净现值(万元)
1	固定资产投资增加15%	42%	58 367.58
2	项目效益减少15%	44%	58 419.79
3	投资增加15%,效益减少15%	40%	56 572

1. 什么是国民经济分析?试分析为什么对投入物和产出物的价值计算要用影子价格?

2. 建设项目的国民经济分析和财务分析的主要区别有哪些?

3. 直接效益和直接费用、间接效益和间接费用的概念及主要区别是什么?

4. 属于国民经济内部的转移支付在项目的国民经济评价时为什么既不作为效益,也不作为费用?

5. 运输基础设施项目的效益和费用与工业生产性项目的效益和费用有哪些差别?

6. 什么是影子价格?影子价格测定的方法有哪些?

7. 国民经济效果评价的指标主要有哪些?如何进行计算?

8. 建设项目国民经济分析可行的标准有哪些?

9. 为什么可能出现项目的国民经济分析与财务分析的结论不一致?出现不一致时如何处理?

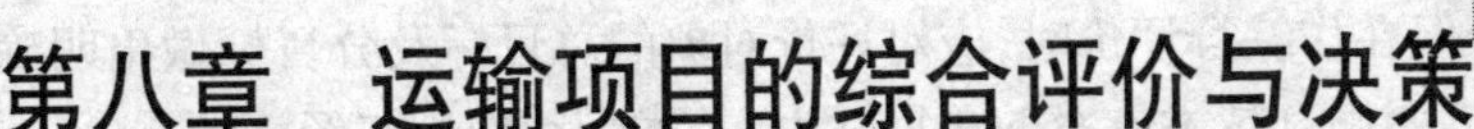

第八章　运输项目的综合评价与决策

第一节　运输项目综合评价与决策

一、运输项目综合评价原理

(一)综合评价的概念

运输项目的综合评价是对评价对象的社会、经济、技术、环境等因素的综合价值进行权衡、比较、优选和决策的活动,是一种重要的优化方法。任何系统都有自身的有机构成、属性及功能,并形成系统的目标。综合评价的目的是通过对系统属性和功能的分解,找出它们对系统总目标的作用与联系,再通过系统综合,对系统的综合价值做出评价,以揭示系统的状态和发展规律。运输项目的实施,是为了达到一定的技术的、经济的、社会的及资源的多种目标。为此,要针对预期的目标,构造多种可供选择的技术方案,以便从中优选。每个技术方案都是一个技术与经济结合的技术经济系统。对多方案进行综合评价,就可以为实现预期目标选择一种最佳的方案。因此,综合评价对科学决策具有重要的意义。

(二)综合评价原则

综合评价的结果将直接影响决策的效果。因此,综合评价应遵循下列原则。

1. 科学性

综合评价的科学性主要体现在评价目标的确立、评价指标体系的建立、各指标值的测定,以及指标的合理合并等关键环节上。为处理好这些环节,必须遵循系统观点,对评价对象作系统分析,包括评价对象的构成要素,以及各构成要素之间的相互联系与作用。

2. 客观性

客观性是综合评价的生命。评价的目的是为寻求系统真实的价值状态。离开了客观性,评价就失去了意义。实现客观性的难点是对那些模糊的难以量化指标的处理。应切忌主观随意性。影响客观性的另一个难点是对系统逻辑结构、层次及因果关系的正确分析。逻辑关系搞错了,就失去了真实性。

3. 可比性

综合评价通常是对若干备选方案作横向分析比较,因此,评价目标、评价指标体系、评价模型、指标价值的测定以及合并方法,都要具备可比性,只有这样,才能做出公平的评价结果。

4. 可行性

可行性是指综合评价的一整套方法应具有可操作性。

（三）综合评价与决策的程序

尽管评价对象种类繁多，特性、目标各异，但综合评价的程序大体上是一致的。

1．确定评价目标

在第一章中已说明如何确定技术经济分析的目标和工作程序，综合评价的目标与技术经济分析的目标是一致的。但在作综合评价时，应对评价对象的总目标及分目标做出明确定义，使其内涵外延边界清晰，如明确其技术方案的总目标为"技术带动作用与经济效益最优"。

2．建立综合评价指标体系

指标是目标内涵的体现及衡量测定的尺度。关于如何建立评价指标体系，将在下面介绍。

3．确定指标标值

确定指标标值有两项内容：一是将指标定义数量化；二是将指标值归一化。确定指标标值是一件困难的工作，后面有专节讨论。

4．确定指标权重

由于各指标对目标的相对重要程度不同，或者说各指标对目标的贡献不同，因此，对不同指标应赋予不同的权值。关于权值的确定方法也将有专节讨论。

5．构造综合评价模型

综合评价结果不是各指标值的简单加和，需要根据一定的数学方法进行处理，其数学方法称为评价模型。

6．综合评价结果排序与决策

对被评价的各个方案按综合评价结果进行排序，做出方案的选择和决策。

二、综合评价指标体系

评价指标体系是被评价对象的目标及衡量这些目标的指标按照其内在的因果和隶属关系构成的树状价值结构。指标的名称和指标值是指标质和量的规定。

（一）综合评价指标的分类

不同种类的项目评价指标具有不同的用途，项目的评价指标最主要的分类有：

1．描述性指标与评价性指标

顾名思义，描述性指标用于描述评价对象的各个特性或属性，它们多数是定量化的指标。相反，评价性指标用于给出对于评价对象好坏的评价，它们既有定量化的指标，也有定性化的指标。

2．计划性指标与度量性指标

计划性指标多数是一种要求性指标，它们一般是根据人们对于评价对象的预测和推断给出的。度量性指标则多是评价对象的实际统计信息指标，它们是通过统计和度量得到的。

3．定性指标与定量指标

综合评价中的定性指标是对于评价对象质的描述或度量，定量指标是对于评价对象量的描述或度量。在综合评价中这两种指标都会用到，但是一般以定量评价指标为主。

4．客观指标与主观指标

综合评价中的客观指标是评价对象实际情况的客观反应，它们有具体的客观事实作为其实际依据，主观性指标是人们根据客观实际情况所做出的主观判断和预测，它们是人们的某种期望。

5．经济指标和非经济指标

综合评价中的经济性指标用于评价评价对象的经济特性，而非经济指标则用于评价评价对象的技术和社会等方面的特性。前者多数是价值量的指标,后者多数是实物量或定性的指标。

(二)建立评价指标体系的原则

为了全面、真实地反映被评价对象的价值构成,并使评价指标体系便于操作运算,建立评价指标体系时应遵循下列原则:

1. 目的性和完备性原则

指标体系应是对被评价对象价值结构及其构成要素的客观描述,同时又是评价主体目的的体现。因此,目标及指标应紧紧围绕这两方面的要求设置,并应有较强的完备性,特别是反映主要影响因素的指标不可遗漏。

2. 科学性和实用性原则

指标体系应能正确反映评价对象各价值构成要素的因果、主辅、隶属关系及客观机制,在满足完备性要求的前提下,指标的设置应力求简练、含义明确和便于操作。

3. 互斥性与有机结合原则

指标之间不应有很强的相关性,不应出现过多的信息包容、涵盖而使指标内涵重叠。但指标完全独立无关就构不成一个有机的整体,因此指标之间应有逻辑关系。

4. 动态与稳定性原则

为了进行综合的、历史的比较,指标设置应是静态、动态相结合,并具有相对稳定性,以便借助指标体系探索系统发展变化的规律。

(三)评价指标体系的建立

实际上,根据运输项目综合评价的对象、内容和方法不同,运输项目综合评价的指标体系也会千差万别。其中,运输项目综合评价的目标是运输项目综合评价指标体系建立的基础,人们首先需要根据运输项目综合评价的目标去确定运输项目综合评价所包括的内容,然后根据运输项目综合评价的目标和内容来确定项目综合评价的指标和指标体系。

一般情况下,指标体系是一个递阶层次结构。为了说明运输项目综合评价指标体系所包括的主要指标及其系统性和层次性结构,本书给出了由图8-1所示的一个运输项目综合评价的指标体系示例。

图8-1从上到下共分了4层。最上面一层只有一个方框,叫目标层;第二层有4个评价因素,叫准则层;第三层是第二层评价因素的构成因素,可以称为次准则层;最下面一层,叫方案层。

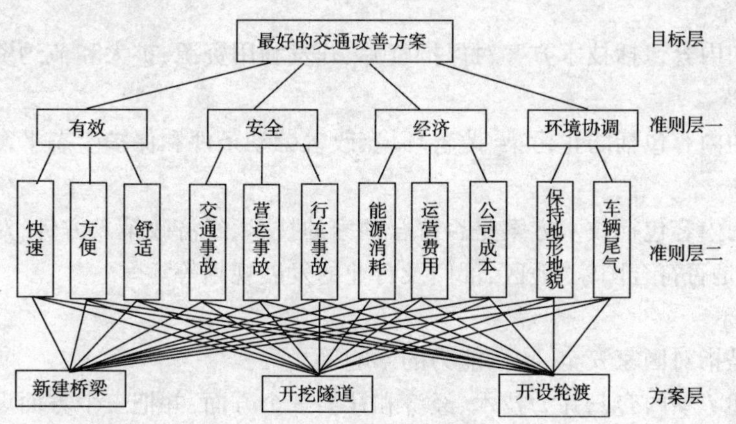

图8-1 AHP评价模型

三、综合评价的内容

运输项目的技术方案在其构思、规划、设计、实施的每一阶段都需要进行评价。各阶段评价的内容由该阶段主要完成的任务而定。这里针对技术方案构思、规划确定以后,设计之前,作为可行性研究的组成部分,介绍其综合评价的内容。

一个大型而复杂的对国民经济有重大影响的技术方案,其评价内容一般包括以下7个方面:技术评价、经济评价、社会评价、资源评价、环境评价、政治评价和国防评价。不同方案由于涉及的范围不同,7个方面不一定都包括。下面就7个方面的评价内容作扼要介绍。

1. 技术评价

技术评价是以技术方案中所采用的技术措施为评价对象,如技术、工艺路线、生产设备、生产组织方式等。评价的目的是考核技术措施能否实现系统的整体功能及实现的程度。评价的内容包括技术的先进性、可行性、适用性、可靠性、成功率、标准化、系列化、技术的带动辐射作用、技术的负效应、实现技术措施的生产技术条件、协作条件及物资供应条件等。不同的技术方案有不同的技术评价内容,应结合专门技术进一步具体化。

2. 经济评价

经济评价是以技术和其他投入要素对经济的发展与增长为评价对象,并以一组经济指标作出定量描述。技术的先进性将直接表现在产品的功能、质量和结构工艺方面,最终将反映到产品的成本费用和收益上,即经济的合理性上。

经济评价的内容包括财务评价和国民经济评价。财务评价是围绕提高产品产量、质量,减少消耗、降低成本,增加方案的经济收益为目标,可用一组时间性、价值性和比率性指标来衡量(详见第六章)。国民经济评价是以国家的生产力布局、资源合理利用、经济结构优化为目的,也可用一组经济指标来描述(详见第七章)。

3. 社会评价

对技术方案的评价不能仅着眼于它的技术效果和经济效益,必须同时考虑它对社会带来的利益和影响,如劳动就业、人民生活、文明建设等。

4. 资源评价

资源评价的内容包括技术方案对保护资源、开发利用资源、扩大和节约资源等的作用。

5. 环境评价

环境评价的内容包括防止污染、改善环境、改善劳动条件和保护生态平衡等。

6. 政治评价

政治评价的内容包括技术方案是否符合国家的技术、经济政策及方针,对国家政治地位及国力的影响;是否符合国家、地区、部门及行业的发展规划等。

7. 国防评价

国防评价是指对国家安全、防御能力的影响等。

如果将上述7项内容归并为技术、经济和社会三个方面,并把三个方面设想为一个三维空间,某技术方案的技术价值、经济价值和社会价值就对应于三维空间的一个点,这样,综合评价就变成了选择一个最接近于理想点的最佳方案。

第二节 多目标评分综合评价方法

一、评价步骤

多目标综合评价的困难在于，不同目标的指标的性质不同，比如耐久与美观，难以相互比较；不同指标的计量单位互异，比如钢筋与木材的计量单位，难以彼此换算；用不同指标衡量同一方案可能会得出相反的结论等。

为了把定性指标定量化，并使性质和计量单位不同的多个指标能够进行综合评价，最基本而又易行的方法是采用评分综合评价法。

这种方法的基本思路是使不同指标具有运算性，将多指标转化为一个综合单指标，以其评分值的大小作为评价的依据。

评分综合评价法的步骤是：根据不同方案对各个指标所规定的标准的满足程度，采用百分制、十分制、五分制或某种比数予以评分；根据各个指标在综合评价中的重要程序给予权重值；采用某种计算方法得出每个方案的单指标评分值；根据综合单指标分值的大小选优。

综合单指标评分值的计算，只是为了达到综合评价的目标，数值本身并无实际意义。

二、计算综合单评分值的一般方法

1. 加法

加法计算公式如下：

$$F_1=\sum_{i=1}^{n}w_if_i \tag{8-1}$$

或

$$\overline{F}_1=\frac{1}{n}\sum_{i=1}^{n}w_if_i \tag{8-2}$$

式中：f_i——第 i 项指标得分；

w_i——第 i 项指标的权重值；

n——评价指标数目；

$F_1,\overline{F}_1$——加法综合单指标评分值。

用加法计算综合单指标评分值，适合于各项指标重要程度和得分差异都不大，或者重要程度差异很大而得分差异程度不大的情况。

2. 乘法

乘法计算公式如下：

$$F_2=\prod_{i=1}^{n}w_if_i \tag{8-3}$$

或

$$\overline{F}_2=[\prod_{i=1}^{n}w_if_i]^{\frac{1}{n}} \tag{8-4}$$

式中：$F_2,\overline{F}_2$——乘法综合单指标评分值。

用乘法计算综合单指标评分值，适合于各项指标重要程度和得分差异都不大，或者得分差异较大而重要程度差异不大的情况。因为采用乘法计算，即使各项指标的权重值差距很小，综合单指标评分值所受的影响仍很敏感。另外，若某个方案有某项指标得分为零，其综合单指标评分值必为零，就等于该方案被否定。

3. 加乘混合法

加乘混合法计算公式如下：

$$F_3 = F_1 + F_2 \tag{8-5}$$

或

$$\overline{F}_3 = \overline{F}_1 + F_2 \tag{8-6}$$

用加乘混合法计算综合单指标评分值，兼有加法和乘法的优点，故适合于各种情况。尤其是当各项指标的重要程度和得分差异都很大时，更宜采用这种方法。

4. 除法

设置多项指标对技术方案进行综合评价时，常常有一些指标要求越大越好，如反映使用价值的指标，而另一些指标则要求越小越好，如反映劳动消耗和劳动占用的指标。在这种情况下，采用除法计算综合单指标评分值，能更加直观地反映评分值的大小。除法计算公式为

$$F_4 = \frac{\sum_{i=1}^{m} w_i f_i}{\sum_{j=1}^{n} w_j \cdot f_j} \tag{8-7}$$

式中：F_4——除法综合单指标评分值；

f_i, w_i——分别表示要求越大越好的指标的得分和权重值；

f_j, w_j——分别表示要求越小越好的指标的得分和权重值；

m, n——分别表示要求越大越好和要求越小越好的指标的数目。

采用除法计算综合单指标评分值，评价方案的指标应能区分出越大越好和越小越好两类。

5. 最小二乘法

这种方法是先对每个指标设定一个理想值，然后按式(8-8)计算综合单指标评分值。计算结果数值越小，说明方案越好。

$$F_5 = \sqrt{\sum_{i=1}^{n} w_i \left(\frac{A_i - A_{i0}}{A_{i0}} \right)^2} \tag{8-8}$$

式中：F_5——最小二乘法综合单指标评分值；

A_{i0}——第 i 项指标的理想值；

A_i——第 i 项指标的实际值。

最小二乘法既反映了指标的重要程度，又反映了指标实际值与理想值之间的差距，用来进行方案综合评价是比较准确的。但是这种方法要求各目标都得预先确定出理想值。

在综合评价时，应根据具体情况灵活运用以上所介绍的方法，按照评价对象的性质，选择综合单指标评分值最大或最小的方案。

三、权重值的确定

由于每个指标在具体评价中的权重值对评价结果影响很大，因此，必须正确选择衡量系统中各项指标相对重要性的方法，以便确定它们的相对权重。权重值确定的方法有许多，主要分为主观赋权法、客观赋权法以及综合集成赋权法等。

（一）主观赋权法

1. 04 评分法

将所有指标一对一地进行比较，非常重要的一方给 4 分，另一方给 0 分；比较重要的一方给 3 分，另一方给 1 分；双方同样重要，各给 2 分。以上每种情况里双方都共得 4 分。然后，按每一指标的评分值占所有指标评分总和的百分比确定其权重。

【例 8-1】 系统中有 A、B、C、D、E 五个指标,用 04 评分法确定相对权重如表 8-1 所示。例如,C 和 E 比,C 得 3 分,记在表中 C 行 E 列位置上;E 得 1 分,记在表中 E 行 C 列上。

04 评分法确定相对权重 表 8-1

指 标	一对一比较结果					评分值	权重值
	A	B	C	D	E		
A	—	1	2	2	3	8	0.200
B	3	—	3	3	4	13	0.325
C	2	1	—	2	3	8	0.200
D	2	1	2	—	3	8	0.200
E	1	0	1	1	—	3	0.075
合计						40	1.000

2. 比例分配法

用比例分配法确定权重时,采用五级分制或十级分制评分。当用五级分制时,两个指标对比按其重要程度分别给分,但两个指标得分之和必须为 5 分。相对权重确定的步骤是:先以第一个指标与其他指标对比,将每组中两个指标按其重要程度分别给分,并算出每组指标的比值;然后用同样方法确定其他指标与以后各指标的比值,如遇小数采取四舍五入以简化计算;最后以每个指标与其他指标对比所得总分占所有指标共得分数的比重确定其权重值。

【例 8-2】 系统中有 A、B、C、D、E 五个指标,按五级分制对比其相对重要性。指标 A 与指标 B、C、D、E 对比给分分别为 1∶4、2∶3、3∶2、4∶1。采用比例分配法确定所有指标相对权重如下:

先计算指标 A 与其他指标的比值:

$$\frac{A}{B}=\frac{\frac{1}{5}}{\frac{4}{5}}=\frac{1}{4};\frac{A}{C}=\frac{\frac{2}{5}}{\frac{3}{5}}=\frac{2}{3};\frac{A}{D}=\frac{3}{2};\frac{A}{E}=\frac{1}{4}$$

再计算其他指标与以后指标的比值:

因为$\frac{B}{C}=\frac{A}{C}\times\frac{B}{A}=\frac{2}{3}\times\frac{4}{1}=\frac{8}{3}$ 所以 $B=\frac{8}{8+3}\times 5=4;C=1$

因为$\frac{B}{D}=\frac{A}{D}\times\frac{B}{A}=\frac{3}{2}\times\frac{4}{1}=\frac{6}{1}$ 所以 $B=\frac{6}{7}\times 5=4;D=1$

因为$\frac{B}{E}=\frac{A}{E}\times\frac{B}{A}=\frac{4}{1}\times\frac{4}{1}=\frac{16}{1}$ 所以 $B=\frac{16}{17}\times 5=5;E=0$

因为$\frac{C}{D}=\frac{A}{D}\times\frac{C}{A}=\frac{3}{2}\times\frac{3}{2}=\frac{9}{4}$ 所以 $C=\frac{9}{13}\times 5=3;D=2$

因为$\frac{C}{E}=\frac{A}{E}\times\frac{C}{A}=\frac{4}{1}\times\frac{3}{2}=\frac{6}{1}$ 所以 $C=\frac{6}{7}\times 5=4;E=1$

因为$\frac{D}{E}=\frac{A}{E}\times\frac{D}{A}=\frac{4}{1}\times\frac{2}{3}=\frac{8}{3}$ 所以 $D=\frac{8}{11}\times 5=4;E=1$

权重值确定结果如表 8-2 所示。例如,因为 A∶B = 1∶4,故 A 得 1 分,B 得 4 分;又如,A∶C = 2∶3,故 A 得 2 分,C 得 3 分。

比例分配法确定相对权重　　表 8-2

指　标	A	B	C	D	E	总　分	权重值
A	—	1	2	3	4	10	0.20
B	4	—	4	4	5	17	0.34
C	3	1	—	3	4	11	0.22
D	2	1	2	—	4	9	0.18
E	1	0	1	1	—	3	0.06
合计						50	1.000

3. 集值迭代法

设指标集为 $X=\{x_1,x_2,\cdots,x_m\}$，并选取 $L(L\geqslant 1)$ 位专家，分别让每一位专家（如第 $k(1\leqslant k\leqslant L)$ 位专家）在指标集 X 中任意选取他认为最重要的 $s(1\leqslant s\leqslant m)$ 个指标。易知，第 k 位专家如此选取的结果是指标集 X 的一个子集 $X^k=\{x_1^{(k)},x_2^{(k)},\cdots,x_s^{(k)}\}(k=1,2\cdots,L)$。

作（示性）函数

$$u_k(x_j)=\begin{cases}1, 若\ x_j\in X^{(k)}\\0, 若\ x_j\notin X^{(k)}\end{cases} \tag{8-9}$$

记

$$g(x_j)=\sum_{k=1}^{L}u_k(x_j)\quad(j=1,2,\cdots,m) \tag{8-10}$$

将 $g(x_j)$ 归一化后，并将此比值 $g(x_j)\Big/\sum_{k=1}^{L}g(x_k)$ 作为指标 x_j 相对应的权重系数 w_j，即：

$$w_j=g(x_j)\Big/\sum_{k=1}^{m}g(x_k)\quad(j=1,2,\cdots,m) \tag{8-11}$$

为了使如此得到的结果更符合实际，可在此基础上建立如下运算：

即取定一正整数 $g_k(1\leqslant g_k<m)$ 为初值，让每一位（如第 k 位）专家依次按下述步骤选择指标：

第 1 步　在 X 中选取他认为最重要的 g_k 个指标，得子集：

$$X_{1,k}=\{x_{1,k,1},x_{1,k,2},\cdots,x_{1,k,g_k}\}\subset X$$

第 2 步　在 X 中选取他认为最重要的 $2g_k$ 个指标，得子集：

$$X_{2,k}=\{x_{2,k,1},x_{2,k,2},\cdots,x_{2,k,2g_k}\}$$

第 3 步　在 X 中选取他认为最重要的 $3g_k$ 个指标，得子集：

$$X_{3,k}=\{x_{3,k,1},x_{3,k,2},\cdots,x_{3,k,3g_k}\}$$

…… …… …… ……

第 4 步　在 X 中选取他认为最重要的 s_kg_k 个指标，得子集：

$$X_{s_k,k}=\{x_{s_k,k,1},x_{s_k,k,2},\cdots,x_{s_k,k,s_k,g_k}\}$$

若自然数 s_k 满足 $s_kg_k+r_k=m(0\leqslant r_k<g_k)$，则第 $k(k=1,2,\cdots,L)$ 位专家在指标集 X 中依次选取他认为重要指标的选取过程结束并得到 s_k 个指标子集，接下来是计算指标 x_j 的权系数 w_j。

计算（示性）函数：

$$g(x_j)=\sum_{k=1}^{L}\sum_{i=1}^{S_k}u_{ik}(x_j)\quad(j=1,2,\cdots,m) \tag{8-12}$$

其中：

$$u_{ik}(x_j)=\begin{cases}1,若\ x_j\in X_{i,k}\\0,若\ x_j\notin X_{i,k}\end{cases}(i=1,2,\cdots,s_k;k=1,2,\cdots,L) \tag{8-13}$$

将 $g(x_j)$ 归一化后，即得与指标 x_j 相对应的权系数为：

$$w_j=g(x_j)\Big/\sum_{k=1}^{m}g(x_k)\quad(j=1,2,\cdots,m) \tag{8-14}$$

若考虑某一指标一直未被选中（实际上，这种情况很难出现），则权重系数应做如下调整：

$$w_j=\frac{g(x_j)+\dfrac{1}{2m}}{\sum_{k=1}^{m}\left(g(x_k)+\dfrac{1}{2m}\right)}\quad(j=1,2,\cdots,m) \tag{8-15}$$

从上述选取过程可见，当每位专家的初值 $g_k(k=1,2,\cdots,L)$ 选得较小，权系数 w_j 就较切合实际，但选取步骤较多、计算量较大。

（二）客观赋权法

1. 逼近理想点法

设理想系统为 $s^*=(x_1^*,x_2^*,\cdots,x_m^*)^{\mathrm{T}}$，任一系统（即任一被评价对象）$s_i=(x_{i1},x_{i2},\cdots,x_{im})^{\mathrm{T}}$ 与 s^* 间的加权欧氏距离为：

$$h_{ii}=\sum_{j=1}^{m}[w_j(x_{ij}-x_j^*)]^2=\sum_{j=1}^{m}w_j^2(x_{ij}-x_j^*)^2(i=1,2,\cdots n) \tag{8-16}$$

现在，求使所有的 h_i 之和取最小值的权重系数 $w_j(j=1,2,\cdots,m)$，即求优化问题：

$$\begin{aligned}&\min\sum_{i=1}^{n}h_i=\sum_{i=1}^{n}\sum_{j=1}^{m}w_j^2(x_{ij}-x_j^*)^2\\&\text{s. t.}\ \ w_1+w_2+\cdots+w_m=1\\&\qquad w_j>0\quad(j=1,2,\cdots,m)\end{aligned} \tag{8-17}$$

值得指出的是，由于评价指标体系的建立与筛选原则，应有 $w_j>0(j=1,2,\cdots,m)$。建立 Lagrange 函数：

$$\begin{aligned}&L(w_1,w_2,\cdots,w_m,\lambda)\\&=\sum_{i=1}^{n}\sum_{j=1}^{m}w_j^2(x_{ij}-x_j^*)^2+2\lambda(w_1+w_2+\cdots+w_m-1)\end{aligned} \tag{8-18}$$

分别求偏导数 $\partial L/\partial w_j$，$\partial L/\partial\lambda$，并令其均为0，得方程组：

$$\begin{aligned}&w_j\sum_{i=1}^{n}(x_{ij}-x_j^*)^2+\lambda=0\quad(j=1,2,\cdots,m)\\&w_1+w_2+\cdots+w_m=1\end{aligned} \tag{8-19}$$

由方程组式(8-19)，可解出：

$$w_j=\frac{\dfrac{1}{\sum_{i=1}^{n}(x_{ij}-x_j^*)^2}}{\sum_{j=1}^{m}\dfrac{1}{\sum_{i=1}^{n}(x_{ij}-x_j^*)^2}}\quad(j=1,2,\cdots,m) \tag{8-20}$$

以上，是在各项指标 x_j 相对于评价目标的重要程度都相等的前提下，讨论了权重系数向量 w 的求法及其有关问题。值得注意的是：如此求出的 w 只是反映各系统之间的整体“差异”，是通过指标观测值在最大限度地体现出各被评价对象之间的差别的原则下计算出来的，并不反映其相应指标的重要程度。这一点在今后的实际应用中尤为注意。

2. 均方差法

取权重系数为:

$$w_j = \frac{s_j}{\sum_{k=1}^{m} s_k} \quad (j=1,2,\cdots,m) \tag{8-21}$$

式中

$$s_j^2 = \frac{1}{n}\sum_{i=1}^{n}(x_{ij}-\bar{x}_j)^2 \quad (j=1,2,\cdots,m) \tag{8-22}$$

而

$$\bar{x}_j = \frac{1}{n}\sum_{i=1}^{n}x_{ij} \quad (j=1,2,\cdots,m) \tag{8-23}$$

3. 极差法

取权重系数为

$$w_j = \frac{r_j}{\sum_{k=1}^{m} r_k} \quad (j=1,2,\cdots,m) \tag{8-24}$$

式中

$$r_j = \max_{\substack{i,k=1,\cdots,n \\ i\neq k}} \{|x_{ij}-x_{k,j}|\} \quad (j=1,2,\cdots,m) \tag{8-25}$$

(三)综合集成赋权法

1. "加法"集成法

设 p_j、q_j 是分别根据主观赋权法和客观赋权法生成的指标 x_j 的权重系数,则称

$$w_j = k_1 p_j + k_2 q_j \quad (j=1,2,\cdots,m) \tag{8-26}$$

是具有同时体现主客观信息特征的权重系数。式中 k_1、k_2 为待定常数($k_1>0,k_2>0$ 且 $k_1+k_2=1$)。

显然,综合集成赋权法的关键问题是待定系数 k_1、k_2 的确定。下面给出由数学模型生成 k_1、k_2 的方法。

这时,系统 s_i 的综合评价值为:

$$y_i = \sum_{j=1}^{m} w_j x_{ij} = \sum_{j=1}^{m}(k_1 p_j + k_2 q_j)x_{ij} \quad (i=1,2,\cdots,n) \tag{8-27}$$

确定 k_1、k_2,使

$$\sum_{i=1}^{n} y_i = \sum_{i=1}^{n}\sum_{j=1}^{m}(k_1 p_j + k_2 q_j)x_{ij} \tag{8-28}$$

取值最大。

在满足条件

$$k_1^2 + k_2^2 = 1$$

$$k_1>0, k_2>0$$

下,应用 Lagrange 条件极值原理,可得:

$$k_1 = \frac{\sum_{i=1}^{n}\sum_{j=1}^{m} p_j x_{ij}}{\sqrt{(\sum_{i=1}^{n}\sum_{j=1}^{m} p_j x_{ij})^2 + (\sum_{i=1}^{n}\sum_{j=1}^{m} q_j x_{ij})^2}} \tag{8-29}$$

$$k_2 = \frac{\sum_{i=1}^{n}\sum_{j=1}^{m} q_j x_{ij}}{\sqrt{(\sum_{i=1}^{n}\sum_{j=1}^{m} p_j x_{ij})^2 + (\sum_{i=1}^{n}\sum_{j=1}^{m} q_j x_{ij})^2}} \tag{8-30}$$

这也是体现被评价对象之间(整体)最大差异的一种主客观信息综合集成的赋权法。当然,k_1、k_2 也可由体现决策者(或评价者)的偏好信息来确定。

$$w_j = (p_i + q_j) \Big/ \sum_{i=1}^{m} (p_i + q_i) \quad (j = 1, 2, \cdots, m) \tag{8-31}$$

当然,如果要"平滑"因主客观赋权法而产生(对各被评价对象)的"差异",也可在满足条件 $k_1^2 + k_2^2 = 1, k_1 > 0, k_2 > 0$ 下,确定 k_1、k_2,使:

$$\sum_{i=1}^{n} y_i^2 = \sum_{i=1}^{n} (\sum_{j=1}^{m} (k_1 p_j + k_2 q_j) x_{ij})^2 \tag{8-32}$$

取值最小。

2. "乘法"集成法

即取

$$w_j = p_j q_j \Big/ \sum_{i=1}^{m} p_i q_i \quad (j = 1, 2, \cdots, m) \tag{8-33}$$

上述思路可推广至群组评价的情形。

第三节　模糊集综合评价方法

一、模糊集基本概念

(一)模糊集的概念

普通集合可以表达概念,如{1,2,…}表达了自然数这一概念。但普通集合不能表达所有的概念,例如"好"、"较好"、"适当"……就不能用普通集合表达,因为这种概念具有一种外延的不确定性。当对一个技术方案进行评价时,有时很难作出肯定或否定的回答,比如说在"较好"和"一般"之间就没有一个确定的界限。这种概念外延的不确定性称为模糊性。要表达这些模糊概念,以解决具有模糊性的实际问题,就必须把普通集合的概念加以推广,这就是模糊子集(简称模糊集合)。

(二)模糊矩阵的概念及运算

1. 模糊矩阵

矩阵 $\boldsymbol{R} = (r_{ij})_{n \times m}$ 叫做一个模糊矩阵,如果对于任意的 $i \leqslant n$ 及 $j \leqslant m$ 都有 $r_{ij} \in [0,1]$。

2. 模糊矩阵的合成

定义:一个 n 行 m 列模糊矩阵 $\boldsymbol{Q} = (q_{ij})_{n \times m}$,一个 m 行 l 列的模糊矩阵 $\boldsymbol{R} = (r_{jk})_{m \times l}$ 的合成 $\boldsymbol{Q} \circ \boldsymbol{R}$ 为一个 n 行 l 列的模糊矩阵 $\boldsymbol{S}$,$\boldsymbol{S}$ 的第 i 行第 k 列的元素等于 $\boldsymbol{Q}$ 的第 i 行元素与 $\boldsymbol{R}$ 的第 k 列元素的对应元素两两先取较小者,然后再在所得的结果中取较大者,即:

$$S_{ik} = \bigvee_{j=1}^{m} (q_{ij} \wedge r_{jk}) \quad (1 \leqslant i \leqslant n; 1 \leqslant k \leqslant l) \tag{8-34}$$

其中,∨、∧均为扎德算子,"∨"表示取最大,"∧"表示取最小。"∘"为运算符,模糊矩阵的合成 $\boldsymbol{Q} \circ \boldsymbol{R}$ 也叫做 $\boldsymbol{Q}$ 对 $\boldsymbol{R}$ 的模糊乘积。

3. 隶属度的概念

要对 u_0 是否属于 $\underset{\sim}{A}_*$ 做 n 次模糊统计试验(如对"60 岁的人"是否属于"老年人"做一次意见调查),就可以得出 u_0 对 $\underset{\sim}{A}_*$ 的隶属频率 $\underset{=}{\Delta} \dfrac{\text{“}u_0 \in \underset{\sim}{A}_* \text{的次数”}}{n}$。只要试验次数 n 足够大,

该隶属度频率就会稳定地趋于某一个值，这个值就称为 u_0 对 $\underset{\sim}{A}_*$ 的隶属度，记为：$\mu_{\underset{\sim}{A}_*}$。

最大隶属度原则：若有 $i \in \{1,2,\cdots,n\}$，使

$$\mu_{\underset{\sim}{A}_i}(u_0) = \max(\mu_{\underset{\sim}{A}_1}(u_0),\cdots,\mu_{\underset{\sim}{A}_n}(u_0)) \tag{8-35}$$

则认为 u_0 相对隶属于 $\underset{\sim}{A}_i$

二、模糊综合评价

模糊综合评价就是一个模糊变换，其模型可分为一级和多级模型。

（一）一级模型

利用一级模型进行模糊综合评价的步骤大致如下：

1. 确定评价对象的因素集

确定评价对象因素集 $X = \{x_1, x_2, \cdots, x_n\}$，亦即确定指标体系。

例如，对某种住宅建筑体系进行综合评价时，可以从设计、施工、使用等方面考虑，对设计单位、施工单位和用户进行调查分析。由于三方面考虑的着眼点不同，可以建立如下评价指标集合。

施工单位：X_1 = {工期，造价，施工单位难易程度，人工用量}

设计单位：X_2 = {造价，工期，材料消耗，人工用量，使用年限，美观}

用户：X_3 = {使用面积，舒适程度，房租}

2. 确定评价集

评价集 $Y = \{y_1, y_2, \cdots, y_m\}$ 又称决策集、评语集，就是对各项指标的满足程度确定可能出现的几种不同的评价等级，例如：

$$Y = \{很好, 较好, 一般, 不好\}$$

3. 单因素模糊评价

单因素模糊评价就是建立一个从 x 到 y 的模糊映射

$$f: X \rightarrow f(Y)$$

$$x_i \rightarrow r_{i1}/y_1 + r_{i2}/y_2 + \cdots + r_{im}/y_m$$

$$0 \leqslant r_{ij} \leqslant 1 \quad (i=1,2,\cdots,n; j=1,2,\cdots,m)$$

由 $\underset{\sim}{f}$ 可导出模糊关系，用矩阵

$$\underset{\sim}{\boldsymbol{R}} = \begin{pmatrix} r_{11} & r_{12} & \cdots & r_{1m} \\ r_{21} & r_{22} & \cdots & r_{2m} \\ \vdots & \vdots & & \vdots \\ r_{n1} & r_{n2} & \cdots & r_{nm} \end{pmatrix}$$

表示，称 $\underset{\sim}{\boldsymbol{R}}$ 为单因素模糊评价矩阵。

例如针对前述某种住宅建筑体系的综合评价，可邀请若干有经济的施工管理人员、技术人员和工人从施工单位的角度进行单因素评价。比如对工期这项指标，有50%的人认为很好，30%的人认为较好，20%的人认为一般，没有人认为不好，则得出统计结果：

工期 $\mapsto$ (0.5, 0.3, 0.2, 0)

若对造价、施工难易程度、人工用量三项指标的统计结果为

造价 $\mapsto$ (0.6, 0.2, 0.1, 0.1)

施工难易程度↦(0.3,0.2,0.4,0.1)

人工用量↦(0.2,0.3,0.2,0.3)

便可得到单因素模糊评价矩阵：

$$\underset{\sim}{\boldsymbol{R}}_1=\begin{pmatrix}0.5 & 0.3 & 0.2 & 0\\0.6 & 0.2 & 0.1 & 0.1\\0.3 & 0.2 & 0.4 & 0.1\\0.2 & 0.3 & 0.2 & 0.3\end{pmatrix}$$

4. 确定权重值

这是指对因素集中的各因素(即指标体系中各项指标)的重要程度作出权重分配。

仍按上例,假定我们采用本章第二节中介绍的权重值确定方法得知从施工单位考虑的权重分配为：

$$\underset{\sim}{\boldsymbol{A}}_1=(0.2,0.4,0.2,0.2)$$

对应着因素集：

$$x_i=\{\text{工期,造价,施工难易程度,人工用量}\}$$

5. 模糊综合评价

按照模糊综合评价数学模型进行模糊合成,就可得出综合评价结果。

前面的例子中,施工单位对某种住宅建筑体系的模糊综合评价为

$$\underset{\sim}{\boldsymbol{B}}_1=\underset{\sim}{\boldsymbol{A}}_1\circ\underset{\sim}{\boldsymbol{R}}_1=(0.2,0.4,0.2,0.2)\begin{pmatrix}0.5 & 0.3 & 0.2 & 0\\0.6 & 0.2 & 0.1 & 0.1\\0.3 & 0.2 & 0.4 & 0.1\\0.2 & 0.3 & 0.2 & 0.3\end{pmatrix}$$

$$=(0.4,0.2,0.2,0.2)=(0.4/\text{很好},0.2/\text{较好},0.2/\text{一般},0.2/\text{不好})$$

由于 max(0.4,0.2,0.2,0.2)=0.4,即对“很好”这一评价的隶属度最大。根据最大隶属度原则,得到施工单位对该种住宅建筑体系的评价结果为“很好”。

采用同样的方法,还可以得到设计单位和用户的综合评价结果$\underset{\sim}{B}_2$、$\underset{\sim}{B}_3$。

将三方面的综合评价提供给最高决策者参考,就可做出总的综合评价结论。

(二)多级模型

1. 问题的提出

假定有某种预制构件,其质量由 9 个指标 $X_1,X_2,\cdots,X_9$ 确定,构件的级别分为一级、二级、等外、废品,由有关专家、检验人员、用户组成一个单因素评价小组,得单因素模糊评价矩阵：

$$\underset{\sim}{\boldsymbol{R}}=\begin{pmatrix}\underset{\sim}{\boldsymbol{R}}_1\\\underset{\sim}{\boldsymbol{R}}_2\\\underset{\sim}{\boldsymbol{R}}_3\end{pmatrix}$$

其中,$\underset{\sim}{\boldsymbol{R}}_1=\begin{pmatrix}0.36 & 0.24 & 0.13 & 0.27\\0.20 & 0.32 & 0.25 & 0.28\\0.40 & 0.22 & 0.26 & 0.12\end{pmatrix}$ $\underset{\sim}{\boldsymbol{R}}_2=\begin{pmatrix}0.30 & 0.28 & 0.24 & 0.18\\0.26 & 0.36 & 0.12 & 0.26\\0.22 & 0.42 & 0.16 & 0.10\end{pmatrix}$

$$\underset{\sim}{R}_3 = \begin{pmatrix} 0.38 & 0.24 & 0.08 & 0.20 \\ 0.34 & 0.25 & 0.30 & 0.11 \\ 0.24 & 0.28 & 0.30 & 0.18 \end{pmatrix}$$

若按指标的重要性给出的权重分配为：

$$\underset{\sim}{A} = (0.10, 0.12, 0.07, 0.07, 0.16, 0.10, 0.10, 0.10, 0.18)$$

采用一级模型进行模糊综合评价：

$$\underset{\sim}{B} = \underset{\sim}{A} \circ \underset{\sim}{R} = (0.18, 0.18, 0.18, 0.18)$$

则得不出结果。原因是由于 $\underset{\sim}{B}$ 是由 $\underset{\sim}{A}$ 和 $\underset{\sim}{R}$ 的对应行列先取小后取大得到的，而权重 $\underset{\sim}{A}$ 的因素必须满足 $\sum_{i=1}^{9} a_i = 1$，当指标数量多时，每个 a_i 一般说都很小，这样在取小运算中就容易被取上；另外，指标数量多时，要使各指标间的权重分配做到合理比较困难。

2. 利用多级模型进行模糊综合评价的一般步骤

1）将因素集 X 分成若干子集

因素集 X 按某种属性分成 s 个子集，记作：

$$X_1, X_2, \cdots, X_s$$

满足 $\bigcup_{i=1}^{s} \boldsymbol{X}_i = \boldsymbol{X}, \boldsymbol{X}_i \cap X_j = \varnothing (i \neq j)$。∪、∩分别为集合运算中并和交的运算符号，$\varnothing$ 表示空集，即 X_i 与 X_j 不相交。

设每个子集 $\boldsymbol{X}_i = \{X_{i1}, X_{i2}, \cdots, X_{in}i\} (i = 1, 2, \cdots, s)$

$$\sum_{i=1}^{s} n_i = n$$

其中，n 为因素集中全部因素数目。

2）对每个子集 X_i 利用一级模型分别进行模糊综合评价

假定评价集 $Y = \{y_1, y_2, \cdots, y_m\}$，$X_i$ 中的各指标的权重分配为 $\underset{\sim}{A}_i = (a_{i1}, a_{i2}, \cdots, a_{in_i})$ 这里只要求 $\sum_{j=1}^{n_i} a_{ij} = 1$。$X_i$ 的单因素模糊评价矩阵为 $\boldsymbol{R}_i$，于是第一级模糊综合评价为：

$$\underset{\sim}{B}_i = \underset{\sim}{A}_i \circ \underset{\sim}{R}_i = (b_{i1}, b_{i2}, \cdots, b_{im}) \quad (i = 1, 2, \cdots, s)$$

3）进行多级模糊综合评价

将每个 X_i 当作一个因素对待，用：

$$\underset{\sim}{R} = \begin{pmatrix} \underset{\sim}{B}_1 \\ \underset{\sim}{B}_2 \\ \vdots \\ \underset{\sim}{B}_s \end{pmatrix} = (b_{ij})_{s \times m}$$

作为 $\{X_1, X_2, \cdots, X_s\}$ 的单因素模糊评价矩阵，而每个 X_i 作为 X 中的一部分，反映 X 的某种属性，并按相对重要性给出权重分配 $\underset{\sim}{A} = \{\boldsymbol{A}_1^*, \boldsymbol{A}_2^*, \cdots, \boldsymbol{A}_s^*\}$，于是二级模糊综合评价：

$$\underset{\sim}{B} = \underset{\sim}{A} \circ \underset{\sim}{R} \tag{8-36}$$

二级模糊综合评价的模型框如图 8-2 所示。

对于三级、四级以至更多级的模糊综合评价，均是在 $\underset{\sim}{R}_i$ 的基础上再细分来完成的。此时可将指标利用模糊聚类分析先进行分类，然后从最低一级评价逐步做到最高一级评价，从

而得出结论。

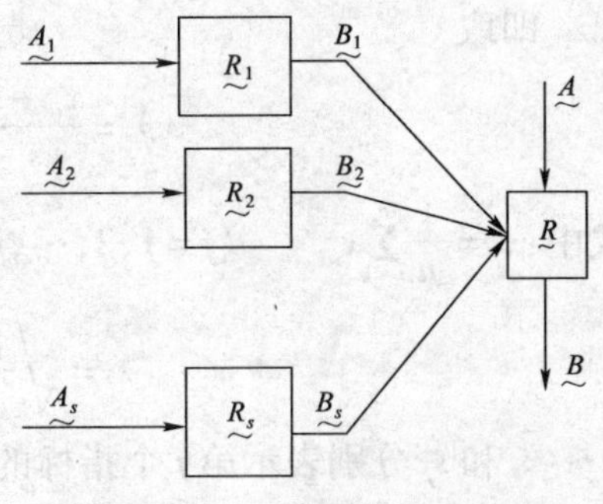

图 8-2 二级模糊综合评价模型框图

现将前面所述某种预制构件的级别评定问题改用多级模型来解决。该问题的因素集 $X=\{x_1,x_2,\cdots,x_9\}$，评价集 $Y=\{$一级，二级，等外，废品$\}$，单因素模糊评价矩阵为：

$$\underset{\sim}{\boldsymbol{R}}=\begin{pmatrix}\underset{\sim}{\boldsymbol{R}}_1\\ \underset{\sim}{\boldsymbol{R}}_2\\ \underset{\sim}{\boldsymbol{R}}_s\end{pmatrix}_{9\times 4}$$

假定按某种属性将 X 分为 $X_1=\{x_1,x_2,x_3\}$，$X_2=\{x_4,x_5,x_6\}$，$X_3=\{x_7,x_8,x_9\}$，它们所对应的单因素模糊综合评价矩阵分别为 $\underset{\sim}{\boldsymbol{R}}_1$，$\underset{\sim}{\boldsymbol{R}}_2$，$\underset{\sim}{\boldsymbol{R}}_3$，得出第一级模糊综合评价结果如表 8-3 所示。

预制构件质量级别评定的第一级模糊综合评价 表 8-3

因 素 集	权 重 分 配	第一级模糊综合评价 $\underset{\sim}{\boldsymbol{B}}_i=\underset{\sim}{\boldsymbol{A}}_i\circ\underset{\sim}{\boldsymbol{R}}_i$
X_1	$\underset{\sim}{\boldsymbol{A}}_1=(0.3,0.42,0.38)$	$\underset{\sim}{\boldsymbol{B}}_1=\underset{\sim}{\boldsymbol{A}}_1\circ\underset{\sim}{\boldsymbol{R}}_1=(0.3,0.32,0.26,0.27)$
X_2	$\underset{\sim}{\boldsymbol{A}}_2=(0.2,0.5,0.3)$	$\underset{\sim}{\boldsymbol{B}}_2=\underset{\sim}{\boldsymbol{A}}_2\circ\underset{\sim}{\boldsymbol{R}}_2=(0.26,0.36,0.2,0.2)$
X_3	$\underset{\sim}{\boldsymbol{A}}_3=(0.3,0.3,0.4)$	$\underset{\sim}{\boldsymbol{B}}_3=\underset{\sim}{\boldsymbol{A}}_3\circ\underset{\sim}{\boldsymbol{R}}_3=(0.3,0.28,0.3,0.2)$

取 $\underset{\sim}{\boldsymbol{R}}=\begin{pmatrix}\underset{\sim}{\boldsymbol{B}}_1\\ \underset{\sim}{\boldsymbol{B}}_2\\ \underset{\sim}{\boldsymbol{B}}_s\end{pmatrix}$ 为 $X=\{x_1,x_2,x_3\}$ 的单因素模糊综合评价矩阵，若采用本章第二节中权重值确定方法得出权重分配 $\underset{\sim}{\boldsymbol{A}}_1=(0.2,\ 0.35,\ 0.45)$。

第二级综合评价

$$\underset{\sim}{\boldsymbol{B}}=\underset{\sim}{\boldsymbol{A}}\circ\underset{\sim}{\boldsymbol{R}}=(0.2,0.35,0.45)\begin{pmatrix}0.3 & 0.32 & 0.26 & 0.27\\ 0.26 & 0.36 & 0.2 & 0.2\\ 0.3 & 0.28 & 0.3 & 0.2\end{pmatrix}=(0.3,0.35,0.3,0.2)$$

根据最大隶属度原则，该种预制构件属于二等品。

第四节 综合评价函数法

综合评价函数法是一种利用统计分析进行综合评价的方法。这种方法的基本思路是：通过对每个技术方案各项指标值的统计分析，形成一个被称之为综合评价函数的数学模型；然后将每个方案的各项指标值代入综合评价函数，求得每个方案的综合评价函数值作为综合单指标评价值；根据该值的大小来比较各方案的优劣，为决策提供科学的依据。

（一）评价指标的无量纲化

设有 m 个定量评价指标 $x_1,x_2,\cdots,x_m$，且已取得 n 个技术方案 m 项评价指标的观测数据 $x_{ij}(i=1,2,\cdots,n;j=1,2,\cdots,m)$ 作为以下研究的基础。

为了尽可能地反映实际情况，排除由于量纲不同带来的困难以及数据大小悬殊对计算精度的影响，可先将指标无量纲化。下面介绍几种常用的指标无量纲化方法。

1. “标准化”处理法

即取

$$x_{ij}^{*}=\frac{x_{ij}-\bar{x}_{j}}{s_{j}}\quad(i=1,2,\cdots,n;j=1,2,\cdots,m)\tag{8-37}$$

式中：$\bar{x}_{j}=\frac{1}{n}\sum_{i=1}^{n}x_{ij}\qquad(j=1,2,\cdots,m)$。

$$s_{j}=\sqrt{\frac{1}{n}\sum_{i=1}^{n}(x_{ij}-\bar{x}_{j})}\quad(j=1,2,\cdots,m)$$

$\bar{x}_j$ 和 s_j 分别表示第 j 个指标的样本平均值和样本均方差。显然，x_{ij}^{*} 的样本平均值为 0，样本均方差为 1，以后仍记 x_{ij}^{*} 为 x_{ij}，并称为“标准观测值”。

2. 极值处理法

如果令 $M_j=\max\limits_{i}\{x_{ij}\},m_j=\min\limits_{i}\{x_{ij}\}$，则：

$$x_{ij}^{*}=\frac{x_{ij}-m_{j}}{M_{j}-m_{j}}\tag{8-38}$$

是无量纲的，且 $x_{ij}^{*}\in[0,1]$。

特别地，当 $m_j=0(j=1,2,\cdots,m)$ 时，有：

$$x_{ij}{}^{*}=\frac{x_{ij}}{M_{j}},(x_{ij}^{*}\in[0,1])$$

若采用非线性加权综合评价模型，当评价指标均为极大型且 $m_j>0(j=1,2,\cdots,m)$ 时，可取：

$$x_{ij}^{*}=\frac{x_{ij}}{m_{j}},(x_{ij}^{*}\in[1,\infty])$$

3. 功效系数法

即令

$$x_{ij}^{*}=c+\frac{x_{ij}-m_{j}}{M_{j}-m_{j}}\times d$$

式中 M_j、m_j 分别为指标 x_j 的满意值和不允许值，c、d 均为已知正常数，c 的作用是对变换后的值进行“平移”，d 的作用是对变换后的值进行“放大”或“缩小”。通常取 $c=60$，$d=40$，即：

$$x_{ij}^{*}=60+\frac{x_{ij}-m_{j}}{M_{j}-m_{j}}\times 40,x_{ij}^{*}\in[60,100]$$

为书写方便起见，以下仍记 x_{ij}^{*} 为 $x_{ij}(i=1,2,\cdots,n;j=1,2,\cdots,m)$。如无特殊说明，指标观测值 x_{ij} 均假定为极大型的无量纲化的标准观测值。

这时，容易看出：若采用综合评价的线性模型，则称与 $\max\limits_{i}\{y_i\}$ 相对应的系统的运行（或发展）状况是最好的；若采用综合评价的非线性模型，则称与 $\max\limits_{i}\{y_i\}$ 相对应的系统的运行（或发展）状况是最好的。

（二）综合评价函数的构造

取指标向量 $\boldsymbol{x}=(x_1,x_2,\cdots,x_m)^{\mathrm{T}}$ 的线性函数：

$$\boldsymbol{y}=\sum_{j=1}^{m}b_{j}x_{j}=\boldsymbol{b}^{\mathrm{T}}\boldsymbol{x}\tag{8-39}$$

为技术方案的综合评价函数。$\boldsymbol{b}=(b_1,b_2,\cdots,b_m)^{\mathrm{T}}$ 是 m 维待定向量。如用第 i 个技术方案的 m 个观测值 $x_i=(x_{i1},x_{i2},\cdots,x_{im})^{\mathrm{T}}$ 代替(8-39)式中的 x,则第 i 个技术方案的综合单指标评价值 y_i 为:

$$y_i=\boldsymbol{b}^{\mathrm{T}}\boldsymbol{x}_i \quad (i=1,2,\cdots,n) \tag{8-39'}$$

令

$$\boldsymbol{y}=\begin{pmatrix} y_1 \\ y_2 \\ \vdots \\ y_n \end{pmatrix} \qquad \boldsymbol{X}=\begin{pmatrix} x_{11} & x_{12} & \cdots x_{1m} \\ x_{21} & x_{22} & \cdots x_{2m} \\ \vdots & \vdots & \vdots \\ x_{n1} & x_{n2} & \cdots x_{nm} \end{pmatrix}$$

则(8-39′)式可写成:

$$\boldsymbol{y}=\boldsymbol{X}\boldsymbol{b} \tag{8-40}$$

确定向量 $\boldsymbol{b}$ 的准则是:能最大限度地体现出“质量”不同的技术方案之间的差异,用数学语言来说,就是求指标向量 $\boldsymbol{x}$ 的线性函数 $\boldsymbol{b}^{\mathrm{T}}\boldsymbol{x}$,使此函数对 n 个技术方案取值的分散程度或方差尽可能地大。而变量 $\boldsymbol{y}=\boldsymbol{b}^{\mathrm{T}}\boldsymbol{x}$ 按 n 个技术方案取值构成的样本方差为:

$$\sigma^2=\frac{1}{n}\sum_{i=1}^{n}(y_i-\bar{y})^2=\frac{1}{n}\boldsymbol{y}^{\mathrm{T}}\boldsymbol{y}-\bar{y}^2$$

将 $\boldsymbol{y}=\boldsymbol{X}\boldsymbol{b}$ 代入上式,并注意到原始数据标准化处理使 $\bar{y}=0$,于是有:

$$n\sigma^2=\boldsymbol{b}^{\mathrm{T}}\boldsymbol{X}^{\mathrm{T}}\boldsymbol{X}\boldsymbol{b}=\boldsymbol{b}^{\mathrm{T}}\boldsymbol{H}\boldsymbol{b} \tag{8-41}$$

式中,$\boldsymbol{H}=\boldsymbol{X}^{\mathrm{T}}\boldsymbol{X}$,$\boldsymbol{H}$ 为对称正定矩阵。

显然,对 b 不加限制时,式(8-41)可取任意大的值。这里限定 $\boldsymbol{b}^{\mathrm{T}}\boldsymbol{b}=1$,求式(8-41)的最大值,实际上就是求

$$\boldsymbol{b}^{\mathrm{T}}\boldsymbol{H}\boldsymbol{b}/\boldsymbol{b}^{\mathrm{T}}\boldsymbol{b}$$

取值最大的向量 $\boldsymbol{b}$。

可以证明,取 $\boldsymbol{b}$ 为对称正定矩阵 $\boldsymbol{H}$ 的最大特征值所对应的特征向量时,方差 $\boldsymbol{b}^{\mathrm{T}}\boldsymbol{H}\boldsymbol{b}$ 取值最大。

(三)运算步骤框图

如果待评价比较的方案很多,且每一方案涉及的指标也很多时,宜用计算机来帮助解决计算上的困难。综合评价函数法计算机计算程序框图如图 8-3。

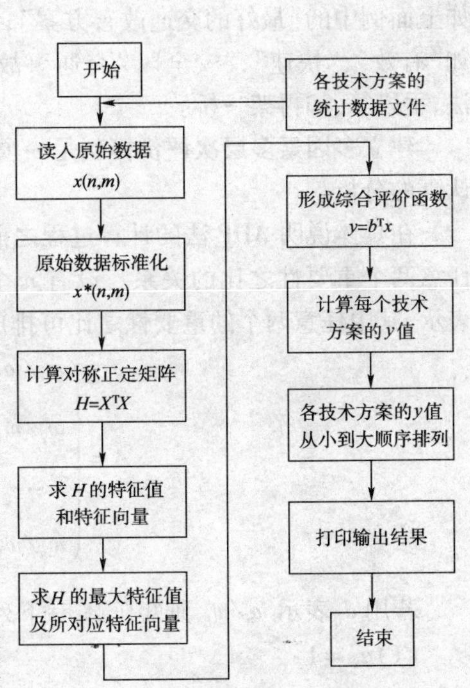

图 8-3　综合评价函数计算程序框图

(四)方法的特点

综合评价函数法是一种加权综合评价法,但其权重分配 $\boldsymbol{b}$ 是按照观测数据在最大限度内体现方案之间差异的原则下产生的,因此,不依赖于人们的主观意识,而是充分利用客观数据所提供的信息进行客观的评价,因而结果更具有说服力。

此外,这种方法主要适用于技术方案定量指标的综合评价,如果方案涉及定性指标,则可采用本章第二节中所介绍的方法将定性指标转化为定量的描述,然后再运用此法进行评价。

第五节　层次分析法

层次分析法也是一种多方案多评价因素的评价方法，又叫 AHP 法。AHP 法是 20 世纪 70 年代提出的，从 80 年代开始在我国流行。时至今日，仍有许多人对此法进行改进和完善。AHP 法是一种定性与定量评价相结合的方法，特别适用于评价因素难以量化且结构复杂的评价问题。

AHP 法的基本做法是，首先把评价因素分解成若干层次，接着自上而下对各层次诸评价因素两两比较（类似于环比评分法），得出评价结果。然后，通过计算，自下而上把各层次的评价结果综合在评价目标下，即可得到诸系统方案的优劣顺序，供决策者决策时参考。

【例 8-3】 某城市被一河流分为两部分，两岸间的交通需要改善。现提出了 3 个方案：再架一桥；在河床下挖一隧道和建设渡轮码头。这 3 个方案中要选出最好的一个实施。因此评价目标是"最好的交通改善方案"。那么怎样才算是最好的呢？可以提出下述 4 个评价因素：有效、安全、经济和环境协调。那么，如何才算有效呢？快速、方便、舒适；安全又应怎样理解呢？交通事故要少，营运事故、行车事故等也要少。同样，经济的含义也有几个方面。这样就可以把该问题的 3 个备选方案的评价问题用图表示出来（如图 8-1 所示）。

一般说来，要处理这样复杂的评价问题，AHP 的做法是，先对问题所涉及的因素进行分类，然后构造一个各因素之间相互的联结的层次结构模型。因素可分 3 类。第一是目标类，如上面例中的"最好的交通改善方案"；第二为准则类，是衡量各方案是否符合目标的标准，如"有效"，"快速"，"安全"，"交通事故少"等；第三是方案措施类，即实现目标的方案、方法、手段等，如再架一桥。

建立多因素多层次评价模型是一项很细致的工作，要有丰富的知识和一定经验，要进行认真的分析。

在具体说明 AHP 法的计算过程之前，先介绍一下 n 个因素的重要性程度的排序与其中任意两个重要性之比的关系。设有 n 个因素 $F_1,F_2,\cdots,F_n$，其重要性大小用 $w_1,w_2,\cdots,w_n$ 表示，其中任意两个的重要性之比可排成一个 $n\times n$ 的矩阵 A，即：

$$\boldsymbol{A}=\begin{pmatrix} w_1/w_1 & w_1/w_2 & \cdots & w_1/w_n \\ w_2/w_1 & w_2/w_2 & \cdots & w_2/w_n \\ \cdots & \cdots & \cdots & \cdots \\ w_n/w_1 & w_n/w_2 & \cdots & w_n/w_n \end{pmatrix}$$

若用 a_{ij} 表示 w_i/w_j，则矩阵 $\boldsymbol{A}$ 有下列性质：

(1) $a_{ii}=1$

(2) $a_{ij}=1/a_{ji},1\leqslant i,j\leqslant n$

(3) $a_{ij}=a_{ik}/a_{kj},1\leqslant i,j\leqslant n$

另外，若用 $\boldsymbol{W}=(w_1,w_2,\cdots,w_n)^{\mathrm{T}}$ 表示这 n 个因素的重要性程度向量，则有

$$AW=\begin{pmatrix} w_1/w_1 & w_1/w_2 & \cdots & w_1/w_n \\ w_2/w_1 & w_2/w_2 & \cdots & w_2/w_n \\ \cdots & \cdots & \cdots & \cdots \\ w_n/w_1 & w_n/w_2 & \cdots & w_n/w_n \end{pmatrix}\begin{pmatrix} w_1 \\ w_2 \\ \vdots \\ w_m \end{pmatrix}=n\begin{pmatrix} w_1 \\ w_2 \\ \vdots \\ w_m \end{pmatrix}=nW \tag{8-42}$$

或

$$(A-nI)W=0$$

这就是说，W 是 A 的特征向量，n 是特征值。若 W 事先未知，则可根据决策者对 n 个评价因素之间两两相比的关系，主观作出比值的判断矩阵 $\overline{A}$。

若判断矩阵 $\overline{A}$ 具有上述性质(1)～(3)，则 $\overline{A}$ 具有唯一非零的最大特征值 $\lambda_{max}=n$。然而，人们对复杂的 n 个因素，两两比较时，不可能做到判断的完全一致性，这必然会造成特征值及特征向量中的偏差，这对 $AW=nW$ 变成了 $\overline{A}W'=\lambda_{max}W'$，这里 λ_{max} 是 $\overline{A}$ 的最大特征值，一般不会等于 n，W'是带有偏差的重要程度向量。

为了衡量两两比较的一致性，就要定义一致性指标 CI：

$$CI=\frac{\lambda_{max}-n}{n-1} \tag{8-43}$$

当完全一致时，$\lambda_{max}=n$，$CI=0$；CI 值越大，判断矩阵的一致性越差。一般只要 $CI\leqslant 0.1$，就可以认为判断的一致性可以接受，否则重新进行两两比较判断。

因为评价因素越多，即判断矩阵的维数 n 越大，判断的一致性将越差，故应放宽对高维判断矩阵一致性的要求。于是引入修正值 RI，见表 8-4。修正后的一致性指标用 CR 表示，则：

$$CR=CI/RI$$

表 8-4

维数	1	2	3	4	5	6	7	8	9
RI	0	0	0.58	0.96	1.12	1.24	1.32	1.41	1.45

为了量化各因素间的两两比较结果，需要引入 1～9 标度的概念。根据心理学家的研究结果，人们区分信息等级有极限能力为 7±2，因此采用表 8-5 中的 1～9 标度。从表 8-5 中可以看到，在构造判断矩阵 A（为了简化，省略 A 顶上的一横）时只要给出 $n(n-1)/2$ 个判断数值就行了。

除了表 8-5 中的 1～9 标度法外，还有许多其他的标度法。

表 8-5

标度 a_{ij}	定　义	标度 a_{ij}	定　义
1	i 因素与 j 因素同等重要	9	i 因素比 j 因素极端重要
3	i 因素比 j 因素稍微重要	2,4,6,8	介于以上两种判断之间的状态的标度
5	i 因素比 j 因素明显重要	倒 数	若 j 因素与 i 因素比较，得到的结果为 $a_{ji}=1/a_{ij}$
7	i 因素比 j 因素强烈重要		

介绍完了判断矩阵及标度法之后，就可以讨论 W（为了方便，省略 W'右肩上的一撇）和 λ_{max}的计算了。

一般而言，AHP 法中判断矩阵 A 的最大特征值与特征向量用近似方法计算就行了。下面只介绍其中最简单的一种。

$$W=(w_1,w_2,\cdots,w_N)^{T}$$

$$w_i\approx\sum_{j=1}^{n}a_{ij}/\sum_{i=1}^{n}\sum_{j=1}^{n}a_{ij},1\leqslant i\leqslant n$$

$$\lambda_{max}=\frac{1}{n}\sum_{i=1}^{n}\frac{(AW)_i}{w_i} \tag{8-44}$$

以上 $\boldsymbol{W}$ 只是AHP评价模型某一层次上各因素相对于一层某一具体因素的重要性向量,最终都要自下而上组合起来,变成各系统方案相对于评价目标的重要性向量,组合方法通过下面一个具体例子来说明。

【例8-4】 某投资公司有一笔资金可用于4种方案:投资房地产,购买股票,投资工业实业和高技术产业。这4个投资方案哪个最好?所谓好,指收益大,风险低和周转快。

解 此例的AHP评价模型不难构造,已画在图8-4中。

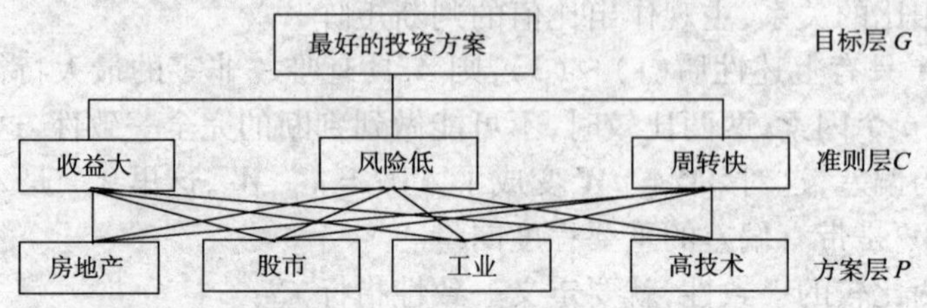

图 8-4

第一步,先形成准则层3个因素相对于目标层的判断矩阵 $\boldsymbol{G}$

$$\boldsymbol{G}=\begin{pmatrix}1 & 1/3 & 3\\ 3 & 1 & 5\\ 1/3 & 1/5 & 1\end{pmatrix}$$

第二步,再分别形成方案层4个方案相对于准则层3个因素的判断矩阵 $\boldsymbol{C}_1$、$\boldsymbol{C}_2$、$\boldsymbol{C}_3$

$$\boldsymbol{C}_1=\begin{pmatrix}1 & 1/7 & 3 & 5\\ 7 & 1 & 9 & 7\\ 1/3 & 1/9 & 1 & 1/2\\ 1/5 & 1/7 & 2 & 1\end{pmatrix},\boldsymbol{C}_2=\begin{pmatrix}1 & 5 & 3 & 7\\ 1/5 & 1 & 1/5 & 1/2\\ 1/3 & 5 & 1 & 3\\ 1/7 & 2 & 1/3 & 1\end{pmatrix},\boldsymbol{C}_3=\begin{pmatrix}1 & 1/7 & 3 & 5\\ 7 & 1 & 9 & 7\\ 1/3 & 1/9 & 1 & 1/2\\ 1/5 & 1/7 & 2 & 1\end{pmatrix}$$

第三步,分别计算 G、C_1、C_2、C_3 的特征向量和特征值,得到

式中

$$\boldsymbol{W}_G=(w_1,w_2,w_3)^{\mathrm{T}}$$

$$w_1=(1+1/3+3)/(1+1/3+3+3+1+5+1/3+1/5+1)=0.291\ 5$$

$$w_2=(3+1+5)/(1+1/3+3+3+1+5+1/3+1/5+1)=0.605\ 4$$

$$w_3=(1/3+1/5+1)/(1+1/3+3+3+1+5+1/3+1/5+1)=0.103\ 1$$

$$\boldsymbol{GW}_G=\begin{pmatrix}1 & 1/3 & 3\\ 3 & 1 & 5\\ 1/3 & 1/5 & 1\end{pmatrix}\begin{pmatrix}0.291\ 5\\ 0.605\ 4\\ 0.103\ 1\end{pmatrix}=\begin{pmatrix}0.802\ 6\\ 1.995\ 4\\ 0.321\ 3\end{pmatrix}$$

$$\lambda_G=\frac{1}{3}\left(\frac{0.802\ 6}{0.291\ 5}+\frac{1.995\ 4}{0.605\ 4}+\frac{0.321\ 3}{0.103\ 1}\right)=3.055\ 4$$

$$\boldsymbol{W}_1=(w_{11},w_{12},w_{13},w_{14})^{\mathrm{T}}$$

式中

$$w_{11}=(1+1/7+3+5)/(1+1/7+3+5+7+1+9+7+1/3+1/9+1+1/2+1/5+1/7+2+1)$$
$$=0.237\ 9$$

$$w_{12}=0.624\ 5$$

$$w_{13}=0.050\ 6$$

$w_{14} = 0.870$

$$C_1 W_1 = \begin{pmatrix} 1 & 1/7 & 3 & 5 \\ 7 & 1 & 9 & 7 \\ 1/3 & 1/9 & 1 & 1/2 \\ 1/5 & 1/7 & 2 & 1 \end{pmatrix} \begin{pmatrix} 0.2379 \\ 0.6245 \\ 0.0506 \\ 0.870 \end{pmatrix} = \begin{pmatrix} 0.9139 \\ 3.3542 \\ 0.2428 \\ 0.3250 \end{pmatrix}$$

$$\lambda_{C1} = \frac{1}{4}\left(\frac{0.9139}{0.2379} + \frac{3.3542}{0.6245} + \frac{0.2428}{0.0506} + \frac{0.3250}{0.0870}\right) = 4.4366$$

以下省去 C_2,C_3 特征向量 W_2,W_3 的计算过程,得:

$$W_2 = (w_{21}, w_{22}, w_{23}, w_{24})^{\mathrm{T}} = (0.5210, 0.0619, 0.3039, 0.1132)^{\mathrm{T}}$$

$$C_2 W_2 = \begin{pmatrix} 1 & 5 & 3 & 7 \\ 1/5 & 1 & 1/5 & 1/2 \\ 1/3 & 5 & 1 & 3 \\ 1/7 & 2 & 1/3 & 1 \end{pmatrix} \begin{pmatrix} 0.5210 \\ 0.0619 \\ 0.3039 \\ 0.1132 \end{pmatrix} = \begin{pmatrix} 2.5346 \\ 0.2835 \\ 1.1267 \\ 0.4127 \end{pmatrix}$$

$$\lambda_{C2} = \frac{1}{4}\left(\frac{2.5346}{0.5210} + \frac{0.2835}{0.0619} + \frac{1.1267}{0.3039} + \frac{0.4127}{0.1132}\right) = 4.1195$$

$$W_3 = (w_{31}, w_{32}, w_{33}, w_{34})^{\mathrm{T}} = (0.2379, 0.6245, 0.0506, 0.0870)^{\mathrm{T}}$$

$$C_3 W_3 = C_1 W_1 = \begin{pmatrix} 0.9139 \\ 3.3542 \\ 0.2428 \\ 0.3250 \end{pmatrix}$$

$$\lambda_{C3} = \lambda_{C1} = 4.4366$$

第四步,对各级各因素判断矩阵进行一致性检验,得:

G:$CR = \frac{3.0554 - 3}{3 - 1} \times \frac{1}{0.58} = 0.05 < 0.1$,可以。

C_1:$CR = \frac{4.4366 - 4}{4 - 1} \times \frac{1}{0.96} = 0.15 > 0.1$,一致性差一些,按理应重新构造判断矩阵,但在本例中,要求放松些,就算一致性检验通过。

C_2:$CR = \frac{4.1955 - 4}{4 - 1} \times \frac{1}{0.96} = 0.07 < 0.1$

C_3: 情况与 C_1 相同。

第五步,自下而上组合评价结果

$$W = w_1 W_1 + w_2 W_2 + w_3 W_3 = 0.2915 \times \begin{pmatrix} 0.2379 \\ 0.6245 \\ 0.0506 \\ 0.0870 \end{pmatrix} + 0.6054 \times \begin{pmatrix} 0.5210 \\ 0.0619 \\ 0.3039 \\ 0.1132 \end{pmatrix} +$$

$$0.1031 \times \begin{pmatrix} 0.2379 \\ 0.6245 \\ 0.0506 \\ 0.0870 \end{pmatrix} = \begin{pmatrix} 0.4093 \\ 0.2839 \\ 0.2040 \\ 0.1028 \end{pmatrix}$$

根据 **W** 中各方案的相对重要性大小可知，在我国目前（1990 年以来）房地产投资是收益大、风险低、资金周转快最好的投资方案，而投资股市次之，投资工业第三，投资高技术最差。当然，如果换一个人，而不是本书编者来构造判断矩阵，结论会有所不同。

从上面对 AHP 法的介绍和本节例 8-4 可以看出，AHP 法的评价结果是强烈依赖该法使用者个人的知识、经验和判断的。现在有不少人在研究如何使该法更客观。但无论如何，AHP 法是一个很好的评价方法，其主要优点就是把其他方法难以量化的评价因素通过两两比较加以量化，把复杂的评价因素构成化解为一目了然的层次结构，使评价过程程序化，易于使用。正因为如此，AHP 法在我国得到了广泛使用。

1. 什么是综合评价？综合评价应遵循哪些原则？

2. 什么是评价指标体系？评价指标的分类有哪些？建立评价指标体系应遵循哪些原则？

3. 层次分析法的基本思想是什么？

4. 层次分析法的基本步骤有哪些？

5. 什么是模糊综合评价？

6. 模糊综合评判主要分哪两步？

7. 确定道路交通安全宏观评价的层次结构为：总目标 A：道路交通安全情况（宏观评价）；准则层 C：C_1 人的因素，C_2 车的因素，C_3 路的因素，C_4 环境因素；指标层 R：R_1 每 10 万人死亡率，R_2 每 10 万人受伤率，R_3 机动车万车死亡率，R_4 机动车万车受伤率，R_5 百公里死亡率，R_6 百公里受伤率。构造的道路交通安全宏观评价层次分析模型如图 8-5 所示。构造出的判断矩阵见表 8-6 ~ 表 8-10。试分别计算各判断矩阵的特征向量和特征值；对各判断矩阵进行一致性检验；对上述指标相对重要性进行排序。

判断矩阵 $A—C$ 表 8-6

A	C_1	C_2	C_3	C_4
C_1	1	1	2	3
C_2	1	1	2	3
C_3	1/2	1/2	1	2
C_4	1/3	1/3	1/2	1

判断矩阵 $C_1—R$ 表 8-7

C_1	R_1	R_2	R_3	R_4	R_5	R_6
R_1	1	5	2	6	4	9
R_2	1/5	1	1/3	2	1/2	3
R_3	1/2	3	1	4	2	6
R_4	1/6	1/2	1/4	1	1/2	2
R_5	1/4	2	1/2	2	1	4
R_6	1/9	1/3	1/6	1/2	1/4	1

判断矩阵 C_2—R　　　　表 8-8

C_2	R_3	R_4
R_3	1	5
R_4	1/5	1

判 断 矩 阵 C_3—R　　　　表 8-9

C_3	R_5	R_6
R_5	1	5
R_6	1/5	1

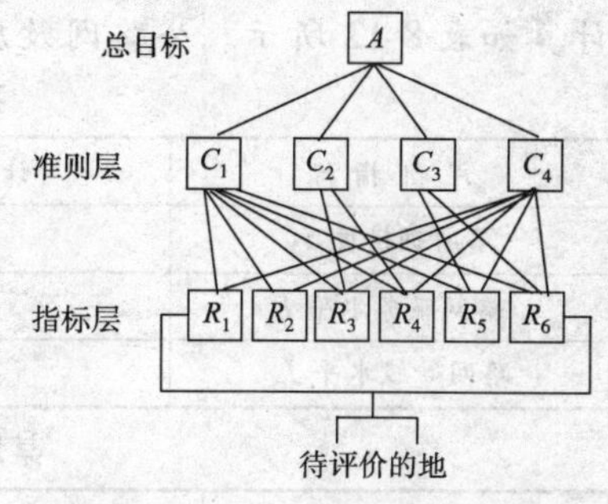

图 8-5　道路交通安全层次分析模型

判 断 矩 阵 C_4—R　　　　表 8-10

C_4	R_1	R_2	R_3	R_4	R_5	R_6
R_1	1	6	3	7	5	9
R_2	1/6	1	1/4	3	1/3	4
R_3	1/3	4	1	5	3	7
R_4	1/7	1/3	1/5	1	1/3	3
R_5	1/5	3	1/3	3	1	5
R_6	1/9	1/4	1/7	1/3	1/5	1

8. 假设道路交通安全宏观评价标准定为五级，第一级表示道路交通安全情况最好，第五级则表示道路交通安全情况最差，评价标准建议值列于表 8-11。

道路交通安全宏观评价标准建议值　　　　表 8-11

指标 \ 等级	一	二	三	四	五
10 万人死亡率 R_1	$R_1<4$	$4\leqslant R_1<6$	$6\leqslant R_1<8$	$8\leqslant R_1<10$	$R_1\geqslant 10$
10 万人受伤率 R_2	$R_2<70$	$70\leqslant R_2<90$	$90\leqslant R_2<110$	$110\leqslant R_2<130$	$R_2\geqslant 130$
机动车万车死亡率 R_3	$R_3<20$	$20\leqslant R_3<30$	$30\leqslant R_3<40$	$40\leqslant R_3<50$	$R_3\geqslant 50$
机动车万车受伤率 R_4	$R_4<400$	$400\leqslant R_4<500$	$500\leqslant R_4<600$	$600\leqslant R_4<700$	$R_4\geqslant 700$
10 万自行车死亡率 R_5	$R_5<10$	$10\leqslant R_5<15$	$15\leqslant R_5<20$	$20\leqslant R_5<25$	$R_5\geqslant 25$
10 万自行车受伤率 R_6	$R_6<200$	$200\leqslant R_6<300$	$300\leqslant R_6<400$	$400\leqslant R_6<500$	$R_6\geqslant 500$
百公里死亡率 R_7	$R_7<20$	$20\leqslant R_7<30$	$30\leqslant R_7<40$	$40\leqslant R_7<50$	$R_7\geqslant 50$
百公里受伤率 R_8	$R_8<200$	$200\leqslant R_8<300$	$300\leqslant R_8<400$	$400\leqslant R_8<500$	$R_8\geqslant 500$

某市交通局欲评价 2005 年本市的安全情况。已知安全情况与人、车、路、环境等因素有关。各因素对安全的影响程度不同，假设各因素的权重分别为 $W=(0.3509,\ 0.3509,\ 0.1891,\ 0.1091)$，备择集即为评价标准，一级～五级。单因素评判矩阵为：

$$\underset{\sim}{R}=\begin{bmatrix} 0.2 & 0.1 & 0.4 & 0.3 & 0 \\ 0.1 & 0.4 & 0.3 & 0 & 0.2 \\ 0.4 & 0.3 & 0 & 0.2 & 0.1 \\ 0.3 & 0 & 0.2 & 0.1 & 0.4 \end{bmatrix}$$

试采用模糊综合评价方法来确定该市 2005 年度交通安全等级。

9. 根据某地区历年交通统计资料,用以下 6 个评价指标对公路网效应进行评价,各指标计算如表 8-12 所示。公路网效应的评价指标的评价标准可参考表 8-13。

某地区公路网评价指标计算结果 表 8-12

评价指标	计算结果	评价指标	计算结果
路网拥挤度 S_N	0.97	路网密度 δ	1.91km/km^2
路网服务水平 F	1.33	路网铺装率 R_p	0.745
路网等级水平 J_N	3.48 级	路网通达深度 T_N	98.25%

某地区公路网效应评价指标评价标准 表 8-13

评价指标	评价指标				
	超前	适应	基本适应	不适应	很不适应
路网拥挤度 S_N	<0.6	0.6~0.7	0.7~0.9	0.9~1.20	>1.20
路网等级水平 J_N	<2.8	2.8~3.2	3.2~3.6	3.6~4.0	>4.0
路网服务水平 F	<0.75	0.75~1.0	1.0~1.25	1.25~1.50	>1.50
路网铺装率 R_P(%)	100~95	95~90	90~80	80~60	<60
路网密度 δ	>30	30~25	25~20	20~6.5	<6.5
路网通达深度 T_N(%)	100~95	95~90	90~85	85~80	<80

设有指标论域:

$$X = [X_1 X_2 X_3 X_4 X_5 X_6] = [S_N \quad J_N \quad F \quad R_P \quad \delta \quad T_N]$$

评语论域为:$y = [y_1 y_2 y_3 y_4 y_5]$ = [很不适应,不适应,基本适应,适应,超前],关系矩阵(单因素评判矩阵)为

$$R = \begin{bmatrix} r_{11} & r_{12} & \cdots & r_{15} \\ r_{21} & r_{22} & \cdots & r_{25} \\ \vdots & \vdots & \cdots & \vdots \\ \vdots & \vdots & \cdots & \vdots \\ \vdots & \vdots & \cdots & \vdots \\ r_{61} & r_{62} & \cdots\cdots & r_{65} \end{bmatrix} = \begin{bmatrix} 0.25 & 0.50 & 0.25 & 0 & 0 \\ 0 & 0.25 & 0.5 & 0.25 & 0 \\ 0.25 & 0.50 & 0.25 & 0 & 0 \\ 0.25 & 0.50 & 0.25 & 0 & 0 \\ 0.67 & 0.33 & 0 & 0 & 0 \\ 0 & 0 & 0 & 0.33 & 0.67 \end{bmatrix}$$

各指标的权重分别为 $A = [a_1 a_2 a_3 a_4 a_5 a_6] = [0.35, 0.20, 0.08, 0.12, 0.10, 0.15]$。采用模糊综合评判方法对该地区的公路网状况进行综合评价。

第九章　运输项目后评价

第一节　概　　述

项目后评价既是基本建设程序的重要组成部分,也是运输项目科学、系统地建设管理工作的重要组成部分;通过对运输项目从立项到投产营运各阶段的全面而又系统的分析评价和后评价报告的编制,可以全面总结和不断提高决策、设计、施工、管理水平,为项目建设合理利用资金、提高投资效益、改进管理工作、制定相关政策等提供科学依据。运输项目后评价一般是在运输项目建成投入生产营运二三年后,用系统工程的方法,对建设项目的立项决策、设计、施工和营运各个阶段工作及其变化的原因,以及成功的经验与失误的教训进行全面地跟踪、调查、分析与评价,检验项目是否达到预期目标。概括地说,运输项目后评价是从投资项目实践中吸取经验与教训,再运用到以后的运输项目建设实践中去。

一、运输项目后评价的任务与运输项目周期

(一)运输项目后评价的任务

运输项目后评价的主要任务是:

(1)根据运输项目的建设进程,审核在项目准备和立项阶段评价文件中所确定的目标是否已经达到。

(2)确定运输项目在项目实施各阶段实际完成的情况并找出其中的变化。

(3)通过实际与预期的对比,分析运输项目成功与失败的原因。

(4)评价运输项目实施的效率和管理水平。

(5)分析运输项目的经济效益。

(6)分析与评价运输项目对社会和环境的作用与影响。

(7)从被评价的项目中总结经验与教训,提出建议,供未来待建项目借鉴。

运输项目后评价的重点在于对项目的效益评价和影响评价:效益评价主要是对国民经济效益和财务效益的评价;影响评价是指项目对宏观经济发展影响的评价、区域经济发展影响的评价、国家资源及环境影响的评价和社会影响的评价等。

(二)运输项目后评价与运输项目周期

根据目前国家有关固定资产投资项目的现行规定和实际情况,项目周期可分为下述3个时期,即项目建设前期、项目建设时期和项目使用时期,这3个时期又大致可以分为6个阶段,如图9-1所示。

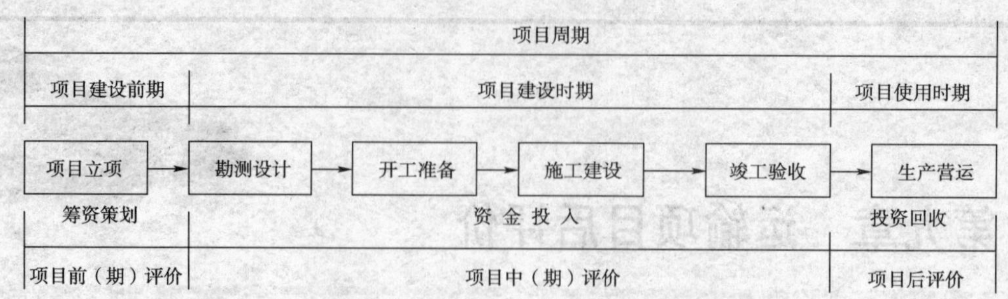

图9-1　项目后评价与项目周期的关系

1. 项目建设前期

项目建设前期主要涉及项目立项阶段,即项目的评价选择阶段,其研究工作包括项目建议书、预可行性研究、工程可行性研究(国外分为投资机会研究、预可行性研究、技术经济可行性研究3个阶段)及项目评估(包括对可行性研究报告的评估、社会影响评估、环境影响评估等);通过研究评估、审批,最后确立项目。从时间角度来讲,这一时期的评价又可以称为项目前期评价,经过项目前期评价项目投资者将进行筹资策划。

2. 项目建设时期

项目建设时期包括设计阶段、开工准备阶段、施工建设阶段和竣工验收阶段。

(1)设计阶段,工作内容包括项目设计任务书的编制、设计招标投标、项目初步设计、技术设计和施工图设计及设计图纸的审查或评审等。

(2)开工准备阶段,工作内容包括土地征用、征地拆迁等施工准备工作;招标投标、合同签订、施工许可、工程报建、工程报监(质量监督)等。

(3)施工阶段,包括设备采购、安装、建筑施工等。

(4)竣工验收阶段,包括竣工验收、竣工报告及其批准文件。

项目通过竣工验收,正式投入使用,便进入项目使用期。

对这一时期各阶段工作的评价可以称为项目中期评价,经过项目中期评价项目投资者会大量地投入建设资金。

3. 项目使用时期

项目使用时期主要为项目生产营运阶段,即项目竣工投入生产营运至项目使用期满或使用寿命终结。这一时期的评价即项目的后评价,从投资资金的运动过程来看,它是投资者投资的回收时期。

项目后评价阶段,即项目建设和营运经验教训的总结阶段,从时间长度来看,它应包括从项目立项到项目生产营运的全过程评价以及对项目未来发展趋势的预测和建议。

项目后评价位于项目周期的最后一个时期,因此又可看作是一个新的项目周期的"前期",它处于"承前启后"的位置。在项目周期中,后评价的一个基本功能就是要通过项目经验教训的反馈,改进和调整投资项目及其相关计划或规划、政策措施和管理机制等,从而提高投资的决策水平。因此,项目后评价是投资计划和管理的一个重要阶段。

(三)项目后评价与项目周期中其他阶段的关系

项目后评价虽然是在项目竣工投产后进行的,但它与项目周期中其他各个阶段密不可分,其他阶段积累的资料是后评价的基础信息。因此,为了进行后评价,国家和有关运输主管部门规定了对此的管理制度,如交通部在《公路建设项目后评价报告编制办法》、《公路建设项目后评价工作管理办法》中规定要建立"公路建设项目综合管理卡"和"公路建设项目投资管理卡”;并规定后评价的主要依据文件有项目建议书、可行性研究报告、初步设计、施工图设计及其审查意见和批复文件;施工阶段重大问题的请示及批复;工程竣工报告、工程验收报告和审计后的工程决算及主要图纸等;并应对项目通车后的交通流量、车辆运行特征、车辆运输费用、工程质量、项目财务状况、社会经济效果、环境等进行调查。有的项目还要有开工评价、中期评价和项目监测等资料,所有这些资料都是项目后评价的重要依据。

二、运输项目后评价的原则

运输项目后评价的一般原则表现为评价的独立性、公正性、科学性、可信性、实用性、透明性和反馈性等,其重点是后评价的独立性和反馈性(反馈功能)。

(一)独立性和公正性

项目后评价的独立性是指评价不受项目决策者、管理者、执行者和前评价人员的干扰,不同于项目决策者和管理者自己评价自己的情况。它是评价的公正性和客观性的重要保障。没有独立性,或独立性不完全,评价工作就难以做到公正和客观,就难以保证评价结论的客观性及评价者的信誉。为确保评价的独立性,必须从机构设置、人员组成、履行职责等方面综合考虑,使评价机构既保持相对的独立性又便于运作,独立性应自始至终贯穿于评价的全过程,包括从项目的选定、任务的委托、评价者的组成、工作大纲的编制到资料的收集、现场调研、报告编制、审查和信息反馈等。只有这样,才能使评价的分析结论不带任何偏见,才能提高评价的可信度,才能发挥评价在项目管理工作中不可替代的作用。

项目后评价的公正性是指为保证项目后评价的价值和信誉,在后评价过程中对发现问题、分析原因和作出结论都要客观公正,并给予其恰当的评价。为了确保做到这一点,后评价的独立性是不可缺少的。独立性一方面标志着后评价的合法性,另一方面体现着不受干扰性,后评价人员从项目投资者和执行者以外的第三者角度进行评价,可避免项目决策者和管理者“自己评价自己”而产生的主观性;杜绝“只报喜不报忧”的现象。

独立性和公正性应贯穿于后评价的全过程,即从后评价的计划,任务的委托和后评价组织的建立到后评价工作结束。

(二)科学性与可信性

科学性是指在项目后评价中采用的方法应具有科学性、评价指标及指标体系的科学性和评价结论的科学性等。

项目后评价的可信性表现在评价结论的可信度上,这也是后评价的价值所在。没有可信度的后评价是无价值可言的,而是只有投入费用没有产出效益的一堆废纸。后评价结论的可信度取决于评价者的经验水平和独立性;取决于评价过程的透明度以及信息资料的完整性、可靠性及后评价采用方法的科学性。后评价可信度的一个重要标志就是既要能反映出项目的成功经验,也要能反映出其失败(误)之处。为此,进行项目后评价的组成人员要由精通各方面专业知识和经验丰富的人员组成;同时项目的建设和管理人员,包括项目的投资、设计、施工、地方政府和行业主管部门等人员的参与也是必要的。项目后评价一般是在项目建设单位自我评价的基础上进行的,这就不可避免地会在独立的后评价人员和项目参与人员之间产生某些分歧,因此需要双方进行讨论和协调以求达成共识。为了增加项目评价人员的责任感,后评价报告要注明引用资料的来源或出处及评价采用的方法;同时,后评价报告要把所发现的问题与评价所提出的建议严格区分开来,两者不能混为一谈。

(三)实用性与反馈性

后评价的实用性表现在后评价成果能对决策发挥作用。后评价报告应具有针对性,要实用、文字简明、易懂;后评价报告要能满足项目有关方面的要求。实用性的另一个标志是后评价报告应具有时间性,应力求在最短的时间内完成。评价报告要重点突出,无需面面俱到,必要的细节只需简要描述即可。

后评价的反馈性表现在信息反馈上。也就是说,后评价的最终目标是要将评价结果反馈到决策部门,作为新项目立项和评估的基础,作为调整投资规划和政策的依据。因此,评价的反馈机制、手段和方法便成了评价成败的关键环节之一。国外一些国家建立了"项目管理信息系统",通过项目周期各个阶段的信息交流和反馈,系统地为评价提供资料和向决策机构提供评价的反馈信息。在可能条件下,后评价报告(或针对不同的对象提供不同类型的报告文本)应分发到相关单位或采取举行报告会、研讨会等形式,使后评价成果扩展,使其在项目建设管理中发挥更大的作用。

三、运输项目后评价的基本理论

运输项目后评价的基本理论为现代系统工程理论与反馈控制理论等。在后评价中要运用系统工程理论与反馈控制理论,对项目决策、实施和运营结果进行科学地分析和判定并运用于指导今后的项目建设管理中。

运输项目是一个十分复杂的系统工程,是由多个可区别但又相关的要素组成的具有特定功能的有机整体,项目系统的整体功能就是要实现预定的项目目标。项目系统通过与外部环境进行信息交换及资源和技术的输入,通过实施完成,最后向外界输出其产品;同时,项目系统的各项状态参数随时间变化而产生动态变化。

项目的控制系统是由"施控系统"和"受控系统"构成。反馈控制过程是:"施控系统"将输入信息转换成控制信息,并作用于"受控系统"后将产生的结果反馈回原输入端,起到控制作用。在控制系统的反馈控制中,需要克服环境变化的干扰,减少或消除系统偏差,使受控系统在运行中处于较稳定的状态,从而达到对项目系统进行控制和管理的作用。

为了保证经济的良性循环,在对建设项目的管理中,应具有系统的观点,将反馈控制理论运用于项目的后评价工作中。项目管理的反馈控制过程是:投资决策者根据经济环境需要,通过决策评价确定项目目标,以目标制定实施方案,通过对方案的可行性分析和论证,把分析结果反馈给投资决策者,这种局部反馈能使投资决策者在项目决策阶段中及时纠正偏差,改进完善目标方案,进行正确的决策并付诸实施;在项目实施阶段,执行者要将实施信息及时反馈给决策者、管理者,并通过项目中间评价提出分析意见和建议,使决策者掌握项目施工全过程的动态,及时调整方案和实施计划,使项目顺利实施并投入运营;当项目运营一段时间后,通过项目后评价将建设项目产生的经济效益、社会效益等与决策阶段的目标相比较,对建设和运营的全过程进行科学、客观地评价,反馈给投资决策者,从而对今后建设项目的目标进行正确的决策,以提高投资效益。

第二节　运输项目后评价程序与方法

一、运输项目后评价程序

运输项目后评价工作程序如下:

(一)接受后评价任务、签订评价合同或评价协议

项目后评价单位应为具有资格的社会咨询单位,接受和承揽到后评价任务委托后,首要任务就是要与项目“业主”或其主管部门签订评价合同或相关协议,以明确各自在后评价工作中的权利、责任和义务。

(二)成立后评价小组、制定评价计划

项目后评价合同或协议签订后,后评价单位应及时任命项目负责人,成立后评价小组,制定后评价计划。项目负责人必须保证评价工作客观、公正,因而不能由“业主”单位的人担任负责人;后评价小组的成员应具有一定的后评价工作经验及执业资格;后评价计划必须说明评价对象、评价内容、评价方法、评价时间、工作进度、质量要求、经费预算、专家名单、报告格式等。

(三)设计调查方案、聘请评价专家

调查是评价的基础,调查方案是整个调查工作的纲要,它对于保证调查工作顺利进行具有重要的指导作用。一个设计良好的调查方案不但要有调查内容、调查范围、调查对象、调查方式、调查计划、调查经费等内容,还应包括科学的调查指标体系,因为只有用科学的指标才能科学地表达所评项目的目标、目的、效益和影响。

每个评价项目都有其自身的专业特点,评价单位除依靠内部专家外,还可能需要从社会上聘请一定数量的评估专家参加调查评价工作。

(四)阅读文件、收集资料

对于一个在建或已建成项目来说,业主单位在评价合同或协议签订后,都要围绕被评项目给评价单位提供材料,这些材料一般称为项目文件。评价小组应组织专家认真阅读项目文件,从中收集与未来评价有关的资料。如项目的建设资料、运营资料、效益资料、影响资料,以及国家和行业有关的规定和政策等。

(五)开展调查、了解情况

在系统收集项目资料的基础上,为了核实情况、进一步收集评价信息,必须进行现场调查。通过现场调查了解项目的真实情况——不但要了解项目的宏观情况,而且要了解项目的微观情况。宏观情况是项目在国民经济发展中的地位和作用,在地区、社会发展中的地位和作用;微观情况是项目自身的建设情况、运营情况、效益情况、可持续发展以及对地区经济发展、生态环境的作用和影响等。

(六)分析资料、形成报告

在阅读文件和现场调查的基础上,要对已经获得的大量信息进行消化吸收,形成总体概念,写出报告。需要形成的总体概念是:项目的总体效果如何——是否按预定计划建设或建成?是否实现了预定目标?投入与产出是否成正函数关系?项目的影响和作用如何——对国家、地区、生态、环境有什么影响和作用?项目的可持续性如何?项目有哪些经验和教训等。对被评项目的认识形成总体概念之后,便可着手编写项目后评价报告。项目后评价报告是调查研究工作最终成果的体现,是项目实施过程阶段性或全过程的经验、教训的汇总,同时又是反馈评价信息的主要文件形式。对后评价报告的编写总的要求是:

(1)后评价报告的编写要真实反映情况,客观分析问题,不断总结经验,认真吸取教训。为了让更多的单位和个人受益,评价报告的文字要求准确、清晰、简练,少用或不用过分专业化的词汇。评价结论要与未来的规划和政策制定紧密联系起来。为了提高信息反馈速度和反馈效果，让项目的经验、教训在更大的范围内起作用，在编写评价报告的同时，还应编写并分送评价报告摘要。

(2)后评价报告是反馈经验、教训的主要文件形式，为了满足信息反馈的需要，便于计算机录入，评价报告的编写需要有相对固定的内容、格式。被评价的项目类型不同，评价报告所要求书写的内容和格式也不完全一致。

(七)提交后评价报告、反馈信息

后评价报告草稿完成后，送项目评价执行机构高层领导审查，并向委托单位简要通报报告的主要内容，必要时可召开小型会议研讨有关分歧意见。项目后评价报告的草稿经审查、研讨和修改后定稿。正式提交的报告应有"项目后评价报告"和"项目后评价摘要报告"两种形式，根据不同对象上报或分发这些报告。

二、运输项目后评价方法

运输项目后评价方法，原则上应采用定量与定性相结合的方法。根据评价的对象和内容，通常采用对比法和逻辑框架分析法。

(一)对比法

对比法可分为"前后对比法"(before and after comparison)和"有无对比法"(with and without comparison)。

1. 前后对比法

"前后对比法"是指将项目实施前的情况与实施后的情况加以对比，找出项目的作用和效益。在项目后评价中则是指将项目前期的可行性研究和评估的预测结论与项目竣工投产营运后某一时点(后评价时确定的年份)的实际结果相比较，从中找出变化和原因。这种对比可用于揭示计划、决策和实施的质量。这是项目过程评价应遵循的原则。但是，一个建设项目，特别是像公路运输类建设项目的实施，是在整个国家和地区社会和经济的大环境中进行的，项目的外部作用往往起着重大影响，然而"前后对比法"这种简单的对比方式往往很难将外部作用与项目本身的作用区别开来。

2. 有无对比法

"有无对比法"是指将项目实际发生的情况与若无项目可能发生的情况进行对比，以度量项目的真实效益、影响和作用。对比的重点是要分清项目作用的影响与项目以外作用的影响。这种对比用于项目的效益评价和影响评价，是项目后评价的一个重要原则。这里说的"有"与"无"指的是评价的对象，即计划，规划或项目；评价是通过项目的实施所付出的资源代价与项目实施后产生的效果进行对比来得出项目实施结果的好坏。方法运用的关键是要求投入的代价与产出的效果口径一致，也就是说，所度量的效果要真正归因于项目。但是，很多项目，特别是大型社会经济项目、公共工程、公用事业项目，实施后的效果不仅仅是项目的效果和作用，还有项目以外多种因素的影响，因此，简单的有无对比不能得出真正的项目效果的结论。

在公路建设项目后评价中，应根据"前评估"(可行性研究时的评估)时用"有无对比法"所做的国民经济评价以及区域经济影响分析和社会影响分析的预测结果与项目投产营运后的实际结果进行对比，找出其变化和产生的原因，进行分析。

(二)逻辑框架分析法

逻辑框架法(logical framework approach)，是美国国际开发署(USAID)在1970年开

发并使用的一种设计、计划和评价的工具。目前已有三分之二的国际组织把逻辑框架法作为援助项目的计划管理和后评价的主要方法。该法不是一种机械的方法程序,而是一种综合、系统地研究、分析问题的思维框架,是一种概念化论述项目的方法,即用一张简单的框图来清晰地分析一个复杂项目的内涵和关系,将几个内容相关、必须同步考虑的动态因素组合起来,通过分析其间的关系,从设计策划到目的、目标等方面来评价一项活动或工作。在项目后评价中采用逻辑框架法有助于对关键因素和关键问题进行系统的、合乎逻辑的分析,使之更易理解。它为项目计划者和评价者提供了一种分析框架,用以确定工作的范围和任务,并通过对项目目标和达到目标所需的手段进行逻辑关系的分析。

逻辑框架法的核心概念是事物的因果逻辑关系,即"如果"提供了某种条件,"那么"就会产生某种结果;这些条件包括事物内在的因素和事物所需要的外部因素。

1. 逻辑框架法的结构模式

逻辑框架法的结构模式如表9-1所示,它由4×4阶矩阵模式组成。

逻辑框架法结构模式 表9-1

目标层次	验证指标	验证方法	重要假定条件
目标	测定达到目标的指标	监测、监督方法及手段	目的—目标链的条件
目的	测定达到目的的指标	监测、监督方法及手段	产出—目的链的条件
产出	产出物指标	监测、监督方法及手段	投入—产出链的条件
投入	投入物指标	监测、监督方法及手段	项目的原始基本条件

2. 逻辑框架法的常规应用

逻辑框架法通过对项目设计的清晰描述,以便更清楚地了解项目的目的和内容,从而改进和完善项目的决策立项、项目准备和评估程序。该方法立足于项目的发展变化,为获取项目满意的结果,必须进行多方案比较、综合分析。主要包括:

1)由结果来判断其管理水平

立项主要立足于项目的目的和目标,具体建设内容是次要的。项目成功与否的测定主要是判断项目目标的实现程度,项目的结果是对管理的最好判别。

2)从项目实践中学习

由于项目实践中不确定因素很多,不断地从项目实施结果中学习是项目实施过程中的一项重要任务,就此而言,项目实施过程就是一个不断学习的过程。

3)进行系统、全面的分析

项目不是孤立的,而是社会、经济系统的一部分。项目的实施必然与外界环境有着千丝万缕的关联,与各种机构和其他项目关系密切,对项目的分析应该是系统的、全面的。

4)项目目标与条件

各种项目的基本特征是相同的,主要包括:投入与产出,内、外部条件,实现的目标等。

5)原因和后果

逻辑框架法的核心是分析事物发生的原因和后果之间的关系,即项目不同层次目标间因果关系,包括垂直逻辑关系和水平逻辑关系。

应用逻辑框架法进行计划和评价时的一项主要任务是必须对项目最初确定的目标进行清晰地定义。因此,在应用逻辑框架时要对项目的以下内容清楚地作出描述:

(1)清晰并可度量的目标。

(2)不同层次的目标和最终目标之间的联系。

(3)确定项目成功与否的测量指标。

(4)项目的主要内容。

(5)计划和设计时的主要假设条件。

(6)检查项目进度的办法。

(7)项目实施中要求的资源投入等。

3. 逻辑框架法的层次和逻辑关系

1)层次

如表9-1所示,逻辑框架法把因果关系划分为4个层次,即:

(1)目标(goal)

它通常是指高层次的目标,即宏观计划、规划、政策和方针等,该目标可由几个方面的因素来实现。宏观目标一般超越了项目的范畴,是指国家、地区、部门或投资组织的整体目标。这个层次目标的确定和指标的选择一般由国家或行业部门负责。

(2)目的(objectives or purposes)

目的是指"为什么"要实施这个项目,即项目直接的效果和作用。一般应考虑项目为受益目标群体带来什么,主要是社会和经济方面的成果和作用。这个层次的目标由项目和独立的评价机构来确定,其指标由项目确定。

(3)产出(outputs)

这里的"产出"是指项目"干了些什么",即项目的建设内容或投入的产出物,一般应提供出项目可计量的直接结果。

(4)投入和活动(inputs and activities)

该层次是指项目的实施过程及内容,主要包括资源的投入量和时间等。

2)垂直逻辑关系(vertical logic)

以上4个层次由下而上形成了3个逻辑关系。第一级是如果保证一定的资源投入,并加以很好地管理,则预计有怎样的产出;第二级是项目的产出与社会或经济的变化之间的关系;第三级是项目的目的对整个地区、甚至整个国家更高层次目标的贡献关联性。其逻辑关系称为"垂直逻辑",可用来阐述各层次的目标内容及其上下间的因果关系,如图9-2所示。

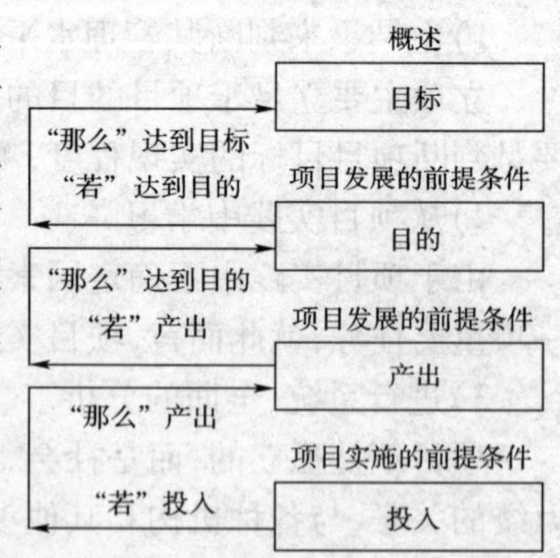

图9-2 垂直逻辑中的因果关系图

3)水平逻辑关系(horizontal logic)

逻辑框架法的垂直逻辑分清了评价项目的层次关系。每个层次的目标水平方向的逻辑关系则由验证指标、验证方法和重要的假定条件所构成,从而形成了逻辑框架法的4×4阶逻辑框架。水平逻辑的3项内容主要包括:

(1)客观验证指标(objective verifiable indicators)

各层次目标应尽可能地有客观地可度量的验证指标,包括数量、质量、时间及人员等。

在项目后评价时，一般每项指标应具有三个数据，即原来预测值、实际实现值、预测值与实际达到值间的变化或差异值。

(2)验证方法(means of verification)

它包括主要资料来源、监测和监督手段和验证所采用的方法等。

(3)重要的假定条件(important assumptions)

重要的假定条件主要是指可能对项目的进展或成果产生影响，而项目管理者又无法控制的外部条件，即风险。这种失控的发生有多方面原因，首先是项目所在地的特定自然环境及其变化，例如公路交通项目的建设，管理者无法控制的一个重要外部因素是运输市场(运输方式、运输量、交通量等)的变化，其变化可能使项目失败，也可能使项目十分成功。这类风险还包括地震、洪水、异常恶劣的气候条件等。

其次，政府在政策、计划、发展战略等方面的失误或变化也会给项目带来严重的影响。例如，有的国家有些产品价格极不合理，即使项目的设计和实施完成得很好，经济效果也可能会很不理想。

第三种不确定因素是管理部门体制问题，可能会使项目的投入产出与其目的、目标相分离。

项目的假定条件很多，一般应选定其中几个最主要的因素作为假定的前提条件。通常项目的原始背景和投入/产出层次的假定条件较少；而产出/目的层次间所产生的不确定因素往往会对目的/目标层次产生重要影响；由于宏观目标的成败取决于一个或多个项目的成败，因此最高层次的前提条件是十分重要的。

4. 逻辑框架法的应用

在国际上，逻辑框架法已广泛应用于项目策划设计、风险分析、评估、实施检查、监测评价和可持续性分析的实践中，成为一种通用的方法。

为了建立逻辑框架法的目标层次，可用“问题树”和“目标树”的方法来进行分析。在后评价中建立目标树的目的是为了分析问题，找出问题间的因果关系；分清各目标的层次关系，确定项目的主要目标。换言之，某个建设项目的目标是为了解决实际存在的某个问题。一般应采用“思维旋风”(brainstorming)技术对目标问题进行分析，以确定问题的原因和后果。对问题的分析可以形象地用一棵树的模型来表示。而解决问题是项目的目的，因此可以与问题树一一对应地建立一棵目标树。有些问题可能与项目没有直接的关系，但项目的目标一旦实现，问题就可以解决，关键取决于其他外部条件或风险，需要从战略上采取措施。当然这些措施不可能由项目自身来实现，而需要对项目的工作进行密切监督和监测，甚至包括需要政府或其他机构采取措施予以干预，在逻辑框架法中则表现为“重要的外部条件”。

问题树和目标树的建立是编制逻辑框架结构的基础，可以作为后评价分析中的一个步骤。目标树的建立可分为两步：问题分析和目标分析。

1)问题分析

问题分析的步骤包括：记录下所有的问题、选择核心问题、在核心问题下列出问题的直接原因、在核心问题上列出问题的直接效果、在直接原因下和直接效果上列出间接原因和间接效果。这样就构成了以核心问题为中心的“树”和“树枝”。

2)目标分析

用上述同样的方法建立目标树，项目的目的一般应在设计文件中有所表述。项目要解决的主要问题应是目标树的核心,要按因果关系来确定目标的层次。在目标树中应以目的——达到目的需采用的手段的逻辑关系来表示其因果关系。

5. 项目后评价中的逻辑框架

项目后评价的主要任务之一是分析评价项目目标的实现程度,以确定项目的成败。项目后评价通过分析项目原定的预期目标、各种目标的层次、目标实现的程度和原因,用以评价效果、作用和影响。

1)指标的对比

与项目计划阶段的逻辑框架法不同,项目后评价逻辑框架法的客观验证指标一般应反映出项目实际完成情况及其与原预测指标的变化或差异。因此,在编制项目后评价的逻辑框架之前应建立一张指标对比表,以找出在逻辑框架中应填写的主要内容。其对比表如表9-2所示。

项目后评价逻辑框架指标对比表 表9-2

指标 / 层次	原预测指标	实际实现指标	变化或差异
目标			
目的			
产出			
投入			

2)主要分析评价对象

建立项目后评价逻辑框架的目的是依据其中的资料,确立目标层次间的逻辑关系,用以分析项目的效率、效果、影响和持续性。

(1)效率(efficiency)

效率主要反映项目投入与产出的关系,即反映项目把投入转换为产出的程度,也反映出项目的管理水平。效率分析的主要依据是项目监测报表和项目完成报告。项目的监测系统主要是为改进效率提供信息反馈而建立的;项目完成报告主要反映项目实现产出的管理业绩,核心是效率。分析和审查项目的监测资料和完工报告是后评价的一项重要工作,是用逻辑框架进行效率性分析的基础。

(2)效果(effectiveness)

效果主要反映项目的产出对目的和目标的贡献程度。项目的效果性主要取决于项目对象群对项目活动的真实反映。对象群对项目的行为是分析的关键。在用逻辑框架进行项目效果分析时要找出并查清产出与效果间的主要因素,特别是重要的外部条件。

(3)影响(impact)

项目的影响评价主要反映项目的目的与最终目标间的关系。影响分析应评价项目对外部经济、环境和社会的作用和效益。应用逻辑框架进行影响分析时要分清并反映出项目对当地社区的影响和项目以外因素对社区的影响。通常,项目的影响分析应在项目的效率和效果评价的基础上进行,有时也可推迟几年单独进行。

表9-3为某高速公路项目后评价逻辑框架。

某高速公路项目后评价逻辑框架　　表 9-3

	原定目标	实际结果	原因分析	可持续条件
宏观目标	通过提供××公路基础设施、帮助××贫困地区发展经济，增加当地人民收入	公路沿线4个贫困县基本脱贫，3个县发展较快，部分实现了原定目标	国家支持贫困地区发展的政策正确，但项目决策论证仍然存在不足之处	坚持正确的政策，完善决策机制，提高决策论证水平
项目目的	(1)支持某地区经济发展规划 (2)每年公路运送货物800万t，旅客40万人次 (3)项目主要效益指标为 *FIRR*：6.2%；*EIRR*：12.4%	(1)支持规划的力度不够 (2)公路货运量不到预期的1/2，客运量不到预期的1/3 (3)项目效益差，*FIRR* = 0%，*EIRR* = 4.3%	(1)运量预测不准 (2)进、出货物运销问题 (3)铁路运输分流 (4)公路收费收入少，投资贷款负债重	(1)利用国家西部开发的优惠政策 (2)转变企业机制，实行股份制 (3)积极开拓公路运输市场、增加运输线路
项目产出	建设公路沿线车站7个，服务区5个	公路、车站、服务区建设质量尚可，工期延误，固定资产移交延误、投资额增加	项目的机构设置和管理存在一定问题，自然、地质因素影响，配套资金到位延迟	(1)提高管理水平 (2)完善配套设施，加强维护保养
项目投入	总投资25.85亿元(含亚行贷款9 000万美元、国内贷款9亿元)，分两期建设，计划工期4年	投资27.56亿元(含亚行贷款9 000万美元国内贷款10.5亿元)，实际工期4.5年	物价上涨，汇率变化大，自然、地质灾害严重，财务管理不力	3年之后进行再评价，当地政府政策支持，亚行提供资助，加强经营管理能力

(三)其他方法

项目后评价也可采用其他的方法进行，如德尔菲法、层次分析法、专家讨论法等。至于采用何种方法为宜，应根据项目条件和评价要求确定。

第三节　运输项目后评价的内容

运输项目后评价的基本内容包括过程评价、效益评价、影响评价和可持续性评价等4个方面。

一、运输项目过程评价

运输项目过程评价就是对运输项目的实施过程的评价，即对照项目立项时所确定的目标和任务，分析和评价项目的执行过程，从中找出原因，总结经验教训。过程评价是依据国家现行有关法令、制度的规定，对项目的工程技术水平、管理水平和决策水平进行分析。主要内容包括：前期工作评价、建设实施评价、生产营运评价、投资执行评价和管理工作评价等。

(一)项目前期工作评价

前期工作评价的主要内容有：

(1)立项条件：可行性研究的合理性和客观性，特别是多方案的比较和选择；前期评估的合法性和公正性;对不同意见和建议的处理等。

(2)勘察设计:勘察工作质量,设计的依据和规范化,设计方案和工艺技术选择,经济规模、设计水平等。

(3)准备工作:开工准备、开工条件和现状调查等。

(4)决策程序:决策程序是否符合规定,项目的目标和目的、决策水平等。

(二)项目建设实施评价

建设实施评价的内容有:

(1)设备采购:技术和设备的引进和采购是否符合国家有关规定和程序,设备的先进性和适用性是否符合国家或行业的相关技术政策;设备采购招投标和合同执行情况等。

(2)工程建设:施工建设、工程进度及建设期(包括开工时间、完工时间和投产时间)、工程质量、工程造价、建设程序等。

(3)竣工验收和生产准备:竣工验收的主要结论和意见,投入营运的准备和条件,包括资金、物资、技术、人员和机构等。

(三)项目生产营运评价

后评价中的生产营运评价是指从项目正式投产到后评价期间的生产营运状况。主要内容有项目的设计能力、实际能力及工程技术经济指标的验证;设备和装置的运转、操作和保养;项目的营运效益;资源、材料和人员等配套条件。

(四)项目投资执行情况评价

投资执行情况评价是根据原定的项目投资预算和资金投入计划,检查资金实际到位的时间和数量是否按施工计划或贷款协议计划执行;投资预算是否得到控制;项目财务执行状况如何;项目资金渠道和贷款条件是否发生变化、变化的原因和影响;项目超过或低于预算问题是如何解决的等。

(五)项目的服务评价

在项目的施工和营运中,相关部门的充分服务和投入是项目成功的重要因素,这方面应明确原定工程计划中应提出的服务和投入条件是什么,这些条件是否合理;如不合理,原因是什么;项目是否有特殊的服务要求,是否有漏掉的服务项目;是否按期提供这些服务;是否需要建立相应的管理机构并及时建立起来等。

(六)项目的管理水平评价

后评价要对项目实施全过程的各个阶段管理人员的工作做出评价,主要评价他们是否有效地进行项目管理,是否与政府机构和其他组织建立起必要的联系,人才和资源是否得到合理地使用;责任心是否强等。主要内容有:

(1)项目实施过程中各阶段的各项制度、规定和程序的管理等。

(2)各阶段执行者资格和资信的审查和管理,管理者的素质和能力等。

(3)各种管理机构的设置及其职能、组织形式和作用及管理信息系统等。

(4)决策管理水平,等等。

二、运输项目效益后评价

运输项目效益的后评价包括项目的国民经济评价和财务评价。运输项目效益后评价就是对已建成的运输项目的国民经济效益和财务效益指标(内部收益率、净现值等)进行重新计算,以确定是否同可行性研究时测算的经济指标一致,是否符合实际,并从中找出重大变化的原因及涉及的问题。

(一)国民经济后评价

项目后评价中的国民经济评价也和可行性研究中评价一样是按照资源合理配置原则，从国家整体角度考察项目直接的和间接的费用和效益，用投入品的影子价格、影子工资率、影子汇率和社会折现率等经济参数来分析，计算项目对国民经济的净贡献，评价项目的经济合理性。后评价的基本报表是国民经济效益费用流量表。

(二)财务后评价

项目的财务后评价与可行性研究评价一样，是从企业(项目)角度来分析财务状况，即项目的盈利能力分析和清偿能力分析。项目财务后评价的基本报表有现金流量表，损益表和资产负债表等。但应当注意的是项目后评估与可行性研究评估的区别：

(1)评价的目的：可行性研究评价的目的在于确定项目的可行性，重点是分析项目本身的条件，对项目未来的长远效益、作用和影响只能根据预测进行分析。后评价则侧重于项目的实施效果、影响和持续性，目的是总结经验教训，特别是总结宏观决策方面的得失。

(2)数据和参数：可行性研究评价采用的数据和参数是在项目建设前预测或颁布的，而后评价则是采用实际发生的数据和在后评价时所颁布的参数，即用实际数据来验证可行性研究评价时的预测数据。

(3)对比：后评价所得实际结果与可行性研究评价所确定的项目的目的和预测结果进行对照。后评价时要注意数据的可比性。在价格上可采用国家颁布的物价上涨指数逐年核算或按国家的不变价格计算。投资成本和收入均应折算为基准年的值(表9-4)。

运输项目评价指标对比表 表9-4

指　标	前期测算值	竣工核算值	后评价计算值	指　标	前期测算值	竣工核算值	后评价计算值
总投资额				资产负债率(%)			
营运成本				流动比率(%)			
营运收入				速动比率(%)			
财务净现值(万元)				经济净现值(万元)			
财务内部收益率(%)				经济内部收益率(%)			
建设期(年)				外汇兑换率(人民币元/美元)			
投资回收期(年)							

三、运输项目影响后评价

运输项目影响后评价是指运输项目对于其周围地区在经济、社会、技术和文化以及自然环境所产生的作用。项目的影响评价应从国家宏观上重点分析项目与整个社会发展的关系。它包括经济、社会和环境三个方面的评价。应将影响评价作为项目后评价内容的重点。

(一)经济影响评价

项目后评价中的经济影响评价主要是分析和评价项目对所在地区、省和国家等外部区域的经济发展的作用和影响。经济影响评价的主要内容包括项目的国内资源成本分析、公平分配、扶贫、技术进步、国家经济和区域经济发展(包括对经济结构调整的影响)等方面的影响分析与评价。

1. 对国内资源的成本分析

国内资源的成本分析是对运输项目建设和生产所用的国内资源价值的测算,用以对比项目的产品(服务)成本与国际市场价格的差别,以便从宏观上判断项目所用(配置)资源的合理性。在测算中,中间投入品应按国际市场价格计算,要素投入应按机会成本计算。

2. 对地区收入分配的影响

这里主要是指项目对不同地区收入分配的影响,即项目对公平分配和扶贫政策的影响。项目收入分配影响可用以下两个参数来表达:

1)贫困地区收益分配系数 D_i

$$D_i = (G/G_i)^m \tag{9-1}$$

式中:D_i——地区(省级)收益分配系数;

G——项目后评价时全国的人均国民收入;

G_i——特定项目所在省份在项目后评价时的人均国民收入;

m——国家规定的贫困省份的收入分配系数。

2)贫困地区收入分配效益

$$IDR = ENPV \times D_i = \sum_{t=0}^{n}(CI_t - CO_t)(P/F, i_s, t) \times D_i \tag{9-2}$$

式中:IDR——重新计算的经济净现值,即贫困地区取得的净现值。

通过上述计算可以判别贫困地区应享受的国家优惠政策。

(二)技术影响评价

运输项目技术影响评价,是指对项目采用的技术给本行业、本地区的技术进步带来的影响进行评价。其评价应参照国家制定的衡量技术进步的制度和测算方法以及部门的技术经济政策来进行,以评价其采用的技术是否先进、合理、适用;对国家、部门、行业、地方的技术进步有多大的推动作用,新技术的扩散、扩散速度及扩散的效果等。

(三)环境影响评价

运输项目后评价中的环境影响评价是根据项目建设前期评估时批准的《环境影响评价报告书》重新审查项目投产后的环境影响实际结果、环境管理决策措施、规定、规范、参数的可靠性和实际效果。环境影响后评价应根据国家和地方环境质量标准和污染物排放标准以及有关部门的环保规定进行。在审核已实施的环境影响评价报告和评价现状环境影响的同时,还要对未来的环境影响进行预测,对有可能产生突发事故的项目,要作环境影响的风险分析。如果项目会产生对人类和生态危害极大的剧毒物品,或项目位于环境高敏感的地区,或项目已发生严重的环境污染事件时,则需要单独编制一份项目环境影响后评价报告。

环境影响后评价的内容一般应包括下述 5 个部分:

(1)对项目的污染控制。

(2)对区域的环境质量影响。

(3)对自然资源的利用和保护。

(4)对区域生态平衡的影响。

(5)环境管理能力。

目前,国家环保局、交通部等国家主管部门对项目影响评价的上述内容、方法和程序都有具体规定。项目后评价时除应遵照上述规定外,要侧重分析随着项目的进程和时间的推移所发生的变化。由于项目所在地区的环境背景差异很大,工程废弃物各不相同,因此,评价人员要分析特定项目的不同点，找出影响因素中的污染因子，选择合适的权重系数，全面地进行综合，得出环境影响评价的结论。

（四）社会影响评价

运输项目社会影响评价是指对项目在经济、社会和环境方面产生的有形和无形的效益和结果所进行的分析。从社会的发展观点来看，社会影响评价是分析项目对国家（或地区）社会发展目标的贡献和影响，包括项目本身及其对周围地区社会的影响，考虑到中国社会现状以及项目的经济评价和环境影响评价已单独进行，这里的社会影响评价的重点是项目对项目所在地区和周围地区的影响评价，其评价内容主要包括下述几方面：

1. 对区域（地方）经济的影响

这种影响主要是对区域经济结构、资源利用、工农业生产和第三产业的影响以及对交通运输项目相关产业或部门的影响以及对当地国民收入和财政的影响等。

2. 对就业的影响

就业分为项目直接产生的就业和间接产生的就业。直接就业为项目建设期和营运期的新增就业人数；间接就业是与项目相关的或直接为项目建设和营运服务的就业人数。在项目后评价中，应对实际发生的就业人数与预测的就业人数进行比较。

3. 对地区居民生活条件和生活质量的影响

对地区居民生活条件和生活质量的影响包括社区居民收入的变化，人口流动情况、居住条件、服务设施、文化教育、卫生保健、生活习惯、娱乐、生活质量等的变化和影响。

4. 利益主体范围及其变化

利益主体是指项目的受益者和受损者（集团、群体、个人）。要分析项目实施前和实施、营运后的利益主体范围及其变化情况。应分析谁是真正的受益者和受损者（分布和人数）、受益和受损的程度，受损者是否得到补偿；并与实施前估计的情况进行比较，找出变化的原因。

5. 地方和社区的发展

要分析项目对当地城镇和社区基础设施建设和未来发展的影响，对社区的社会稳定、社区的福利设施、社区的组织机构、管理体制的影响等。

6. 参与与支持

参与与支持包括相关部门、当地政府和居民对项目计划、建设和营运的参与、支持程度和态度、参与的机制是否建立起来等。

7. 妇女、民族和宗教信仰

这里包括对妇女的社会地位、民族团结、风俗习惯和宗教信仰的影响等。

四、运输项目可持续性评价

运输项目可持续性评价是在项目建成投入营运之后，对项目是否可以持续地营运，能否继续维持项目的既定目标，业主是否愿意并依靠自己的能力继续实现既定目标以及项目是否具有可重复性做出分析。

（一）项目可持续性涉及的问题

项目可持续性涉及以下 4 个方面问题：

（1）项目今后效益的可持续性。项目今后效益的可持续性是可持续性的核心。国家和省市一级的行政干预主要是为保持决策者和受益者的利益。

(2)投资者为获得持久的利益,会对项目进行特别干预,继续支持项目的营运活动和维持其管理机制。

(3)为了国家和地方的发展目标,根据投资和营运成本及机构的能力,确定合理的收益水平和营运期。

(4)若主要的外部投资和技术支持一旦中断,就需要国家或地方政府提供财务、技术和管理方面的支持,以维持项目的继续营运。

(二)项目可持续性的影响因素

在进行项目可持续性分析时,应进一步对项目可持续性的影响因素进行分析。通常,项目可持续性的影响因素有以下几方面:

1. 政府政策因素的影响

政府政策因素中主要有哪些政府部门(如计划、财政部门等)参与了项目,它们的目的和作用是什么;对项目目标,各部门是如何理解和表述的;各部门根据各自的目的所提出的条件和政策是否符合实际,如果不符合实际,需要做哪些修改,其理由是什么;政策的变化是否会影响到项目的可持续性等。

2. 管理、组织和参与因素的影响

后评价要从项目各个机构的管理能力和效率来分析可持续性的条件,如项目管理人员的素质和能力,管理的组织机构、制度和组织形式的作用、人员培训、地方政府和群众的参与和作用等。其中管理人员的素质和能力最为重要,因为没有好的管理者,再好的管理体制也难奏效。

3. 财务因素的影响

对项目财务持续能力的分析,要对照可行性研究报告或评估报告的各项财务报表进行。对任何不一致的地方都要找出其原因。在财务持续性分析中,有两个重点:一是要通过项目的资产负债表和借款还本付息计算表来分析项目的资金结构和投资偿还能力;二是要通过项目未来的不确定性分析来确定项目可持续性的条件和要求。

4. 技术因素影响

技术因素影响分析,首先是对照投资前期的评估来确定要分析的关键技术内容和条件,其次是从技术培训和当地的维修条件来分析所选技术装备是否满足项目的需要,并分析技术选择及其运行费用,包括汇率、新产品和技术的潜力和可推广性,以及引进技术和新开发技术成果对财务和管理持续性的影响等。

5. 社会文化因素的影响

要分析社会文化因素对项目可持续性的影响。

6. 环境和生态圈

要分析环境和生态圈对可持续性的影响。可持续性分析中应重点注意环境和生态圈的影响和社会文化因素的影响对项目可持续性可能产生的负面作用和影响,防止导致项目的终止,并应借鉴其他项目的经验教训。

7. 外部因素的影响

项目外部的经济、政治、社会、文化和自然因素有时影响和决定着项目的可持续性。这些外部因素如果预先能预测,就可以针对这些因素在项目计划和设计方面保持一定的弹性,有备无患;但实际上,这些因素的影响一般预先难以预测和评估,因此在可持续性分析时,应针对可能出现的情况,指出可能产生的正、负两方面的影响后果。

第四节　运输项目后评价报告的编制及案例

为使运输项目后评价报告编制工作规范化、科学化，各类运输项目的政府主管部门均制定有《项目后评价报告编制办法》。对后评价报告的编制时间、编制依据、评价方法、后评价报告的主要内容、后评价报告的组成等予以规定。如 1996 年交通部《公路建设项目后评价报告编制办法》对此就作了明确规定。

一、后评价报告的编制目的、编制时间、编制依据、编制方法

(一)编制目的

编制公路建设项目后评价报告的目的是通过全面总结，为不断提高决策、设计、施工、管理水平，合理利用资金，提高投资效益，改进管理，制定相关政策等提供科学依据。

(二)编制时间

公路建设项目后评价报告是在公路通车运营 2～3 年后，用系统工程的方法，对项目决策、设计、施工和运营各阶段工作及其变化的成因，进行全面的跟踪、调查、分析和评价。

(三)编制依据

公路运输项目后评价报告必须以项目各阶段的正式文件和项目建成通车 2～3 年内进行的各种调查及重要运行参数的测试数据为依据。

项目通车后需要进行的调查主要有交通量调查、车辆运行特征调查、车辆运输费用调查、工程质量调查、项目财务状况调查，社会经济效果调查、环境调查等。

项目各阶段的正式文件主要包括项目建议书、可行性研究报告、初步设计、施工图设计及其审查意见、批复文件 、施工阶段重大问题的请示及批复、工程竣工报告、工程验收报告和审计后的工程竣工决算及主要图纸等。

(四)编制方法

公路建设项目后评价的方法应采用综合比较法，即根据项目各阶段所预定的目标，从项目作用与影响、效果与效益、实施与管理、运营与服务等方面追踪对比、分析评价。前期工作的评价技术原则上可用于项目的后评价。

二、项目后评价报告的主要内容

公路建项项目后评价报告的主要内容包括：

(一)建设项目的过程评价

依据国家现行的有关法令、制度和规定，分析和评价项目前期工作、建设实施，运营管理等执行过程，从中找出变化原因，总结经验教训。

(二)建设项目的效益评价

根据实际发生的数据和后评价时国家颁布的参数进行国民经济评价和财务评价，并与前期工作阶段按预测数据进行的评价相比较，分析其差别和成因。

(三)建设项目的影响评价

分析、评价对影响区域的经济、社会、文化以及自然环境等方面所产生的影响，评价一般可分为社会经济影响评价和环境影响评价。

（四）建设项目目标持续性评价

根据对建设项目的公路网状况、配套设施建设、管理体制、方针政策等外部条件和运行机制、内部管理、运营状况、公路收费、服务情况等的内部条件分析，评价项目目标（服务交通量、社会经济效益、财务效益、环境保护等）的持续性，并提出相应的解决措施和建议。

三、公路项目后评价报告的组成

公路项目后评价报告由主报告及附件两部分组成。

主报告应按要求格式编制，包括封面、目录、正文；附件的内容应包括各种专题报告和项目管理卡。

（一）目录

目录的格式见图9-3。

第一章　概述
第二章　建设项目过程评价
第三章　建设项目效益评价
第四章　建设项目影响评价
第五章　建设项目目标持续性评价
第六章　结论
附件：
1．公路建设项目管理卡
2．有关委托、招标、评审、批复等主要文件的复印件
3．专题报告(包括交通量分析与预测、经济评价等)

图9-3　目录格式

（二）正文

正文中应包括如下几章内容：

1．概述

概述的主要内容包括：

(1)建设项目概况：项目的起讫点（位置），项目立项、决策、设计、开工、竣工、通车时间等，要突出反映项目的特点。

附图包括：项目竣工平、纵面缩图（比例为1/10万~1/20万，内容同初步设计文件要求）。

(2)建设标准、规模及主要技术经济指标。

(3)建设项目各阶段主要指标的变化情况。

(4)资金来源及使用情况。

(5)主要结论。

2．建设项目过程评价

建设项目过程评价的主要内容包括：

1)前期工作情况和评价

(1)前期工作基本情况。

(2)项目建设的必要性。

(3)前期工作各阶段审批文件的主要内容。

(4)前期工作各阶段主要指标的变化分析。

2)项目实施情况和评价

(1)施工图设计和项目实施情况:包括施工图设计单位及施工单位的选择、建设环境及施工条件、施工监理和施工质量检验、施工计划与实际进度的比较分析等。

(2)项目开工、竣工、验收等文件内容。

(3)工程验收的主要结论。

(4)实施阶段主要指标的变化分析:包括变更设计原因、施工难易、投资增减、工程质量、工程进度的影响等情况分析。

3)投资执行情况和评价

(1)建设资金筹措。若有变化,分析其变化的原因及影响。

(2)施工期各年度资金到位情况及投资完成情况(内资、外资数额及其当年利率或汇率)。

(3)工程竣工决算与初步设计概算、立项决策估算的比较分析(按单项工程分内资和外资)。

(4)工程投资节余或超支的原因分析。

4)运营情况和评价

(1)运营情况:包括运营交通量(含路段及各互通立交出入交通量)、车速等运行参数的调查情况。

(2)运营评价:评价建设项目是否达到预期的效果,分析实际交通量与预测交通量的差异及其原因,并对项目达到预期目标的情况进行分析。

5)管理、配套及服务设施情况和评价

(1)管理情况和评价:包括项目前期至实施全过程的各阶段各项制度、规定和程序的管理情况,各种管理机构的设置及其功能、组织形式和作用,并对其管理效果进行评价。

(2)配套及服务设施情况和评价:建设项目配套及服务设施(包括通信、收费、管理所、服务区、停车场、安全防护设施、标志标线、监控系统等)的设计、方案比选及其实施情况,并对其设置的必要性和适宜性进行分析评价。

3. 建设项目效益评价

1)国民经济效益评价

参照《公路建设项目经济评价方法》,根据通车运营的实际车速、经济成本等各项数据评价项目的国民经济效益,并与决策阶段预测的结论比较,分析其差别及原因。

2)财务效益评价

(1)对于收费公路(包括独立大桥、隧道),根据实际财务成本和实际收费收入,进行项目的财务效益分析,并与决策阶段预测的结论比较,分析其差别和原因。

(2)进一步做收费分析,明确贷款偿还能力,并分析物价上涨、汇率变化及收费标准变化对财务效益产生的影响。

3)资金筹措方式评价

根据建设资金来源,投资执行情况及财务效益分析,对项目的资金筹措方式进行评价。

4. 建设项目影响评价

1)社会经济影响评价

分析项目对所在地区社会经济发展所产生的影响,包括土地利用、就业、地方社区发展、生产力布局、扶贫、技术进步等方面的影响和评价。

2)环境影响评价

对照项目前期评估时批准的《环境影响报告书》,重点从项目建设所引起的区域生态平衡、环境质量变化及自然资源的利用和文物保护等方面评价项目环境影响的实际效果。

5. 建设项目目标持续性评价

(1)外部条件对项目目标持续性的影响:包括社会经济发展、管理体制、公路网状况、配套设施建设、政策法规等外部条件。

(2)内部条件对项目目标持续性的影响:包括运行机制、内部管理、服务情况、公路收费、运营状况等内部条件。

6. 结论

结论的格式如图 9-4 所示。

1. 结论
2. 存在问题
3. 经验与教训
4. 措施与建议

图 9-4　结论格式

项目后评价的结论是在综合分析基础上做出的,即把项目所有各个方面的因素汇总起来加以综合分析平衡,明确结果,发现问题,找到原因,得出结论。项目后评价总结的主要内容包括:结果和问题,成功度(或失败度)评价,建议和经验教训。后评价的结果和结论应能回答评价提出的问题。经验教训要把本项目与未来的发展以及相关政策联系起来。

1)结果和发现的问题

对于后评价所得的结果和提出的问题应该用实际数据和资料予以表述,并突出重点。在后评价总结阶段,即“诊断”阶段,必须回答两个问题:一是后评价发现的最重要的问题是什么? 二是根据项目的内容,实施和实绩,可以总结哪些要点?

2)成功度评价

在后评价的总结阶段,要定性评价项目的成功度。项目的成功度可分为下述 5 个等级。

(1)完全成功:项目原定的各项目标均已全面实现或超过;相对投入费用而言,项目取得巨大的经济效益和积极的社会影响。

(2)成功:项目在投入、产出和时间进度上全部实现了原定的目标;按投入费用计算,项目获得了预期的经济效益,项目对社会有良好的社会影响。

(3)部分成功:在项目投入产出和时间上实现了项目原定的部分目标;或投入费用过大或施工期延长;按项目投入费用计算,项目获得了部分的经济效益,未完全达到原定目标,但项目对社会发展的作用和影响是积极的。

(4)不成功:项目在投入、产出和时间上只实现原定的少部分目标,按投入费用计算,效益很小,得不偿失,或效益难以确定,项目对社会发展没有或只有极小的积极作用和影响。

(5)失败:项目的原定目标没有实现,项目效益为零或负值;项目对社会发展的作用和影响是消极的或有害的;或由于某种原因项目被终止或撤销等。

成功度评价也可按成功、部分成功和不成功(或失败)3 个等级用成功度评定表(见表 9-5)进行,其评定指标可根据项目具体情况而调整。

3)经验教训

项目存在的问题和总结应限于项目本身的范围,而项目的经验教训将会大大超出项目本身的界限。经验教训包括正反两方面,即肯定和否定的内容。因此,后评价应明确区分好的、正确的和积极的方面与坏处、缺点和不正确的方面。

项目成功度评定表　　表9-5

序号	评定指标	相关重要性	成功度	序号	评定指标	相关重要性	成功度
1	宏观经济影响			13	项目组织机构		
2	区域经济影响			14	工程进度管理		
3	扩大或增加能力			15	工程质量管理		
4	管理水平			16	工程投资管理		
5	对扶贫的影响			17	项目依托条件		
6	公平与效率			18	项目净现值		
7	教育			19	项目内部收益率		
8	公共卫生与健康			20	项目投资回收期		
9	对就业的影响			21	财务可持续性		
10	环境影响			22	组织机构持续性		
11	技术进步			23	项目可持续性		
12	社会发展			24	项目总成功度		

4)建议

项目后评价的建议是根据项目存在的问题的"诊断"和综合分析,对今后的工作提出改进意见。建议应是实事求是,简明易懂和可操作的。建议的要点一般包括:为完善项目需要做什么,由谁来做,什么时间做好;对未来同类新建项目或扩建项目应采取哪些具体措施等。

四、后评估案例

(一)概述

1. 项目概况

国道×××线是×市×县至×省×县唯一公路交通通道,全长43km,道路等级较低,已不适应两省之间的经济流通。为改善该省、市边界县际之间的交通状况,进一步完善两省、市之间的公路网,经2000年批准立项,修建一条二级路连接这两县。该二级路2003年7月1日动工,2004年12月31日建成投入使用,工期1.5年。

该道路改建后,为两省市之间的经济交流提供了一条快速通道,对两省市的经济发展起了积极的推动作用。

该项目的设计由×市的公路勘测设计院勘测、设计,道路路线全长57.6km。

2. 主要技术经济指标

可行性研究报告中该改建道路主要技术经济指标如表9-6所示。

可行性研究主要技术经济指标表　　表9-6

指标名称	单位	数量	备注
公路技术等级	二级路		
计算行车速度	km/h	40	
路线总长	km	59.00	
征用土地	亩	521	

指标名称	单位	数量	备注
旧路平面利用率	%	57	
路基土石方(挖)	1 000m³	1 574.1	天然密实方
路基土石方(填)	1 000m³	892.3	压实方
特殊路基处理	km	0.5	
路面	1 000 m²	332.68	
桥梁设计荷载		汽-20,挂-100	
大中桥	m/座	2 372/22	
小桥	m/座	347/8	
涵洞	道	182	
隧道	m/处	500.0/1	
路线交叉	处	5	平面交叉
环境保护	km	59.0	绿化
沿线设施:收费站	处	1	
投资总额	万元	25 261.8	
平均每 km 投资额	万元	428.17	

(二)建设项目过程评价

1. 前期工作情况和评价

1)前期工作基本情况

该项目立项阶段的项目可行行研究,由建设单位(×市高等级公路投资建设有限公司)委托具有甲级工程咨询资质和勘测设计资质的×省公路勘察设计研究院进行,可行性研究报告经过评审,报×市发展和改革委员会批准后正式立项。

2)项目建设的必要性

项目建设的必要性主要体现在下述方面:

(1)该项目是×市东北部的出市通道,改建、改善了出市通道的交通状况。

(2)该项目的改建具有完善并提升县域公路网技术等级的重要作用。

(3)该项目的改建是国家扶贫工作的需要。

(4)该项目的建设对该市×经济圈的经济发展具有重要作用。

(5)该项目的建设是×县旅游发展的需要。

(6)该项目的建设改善×县×发电厂的煤炭供应运输状况。

3)前期工作各阶段审批文件的主要内容

(1)项目立项审批文件,内容包括项目建设规模、批复投资估算金额、建设时间、工期要求等。

(2)项目初步设计由×省公路勘察设计研究院进行,初步设计文件由×市交通委员会组织审查,并对初步设计概算进行了批复,×市交通委员会批复的设计概算值比×市发展和改革委员会批复的投资估算值高约400万元,为25 661.3万元。

4)前期工作各阶段主要指标的变化情况

由于项目规模不是很大,技术不是很复杂,因此在前期工作阶段将预可行性研究与工程可行性研究合并进行。初步设计阶段主要指标的变化如表9-7所示。

初步设计阶段主要技术经济指标(变化)情况表　　表9-7

指标名称	单　位	数　量	备　注
公路技术等级	二级路		
计算行车速度	km/h	40	
路线总长	km	57.600	
征用土地	亩	521.5	
旧路平面利用率	%	56.7	
路基土石方(挖)	1 000m^3	1 587.0	天然密实方
路基土石方(填)	1 000m^3	899.8	压实方
特殊路基处理	km	0.5	
路面	1 000 m^2	332.70	
桥梁设计荷载		汽-20,挂-100	
大中桥	m/座	2 370/22	
小桥	m/座	340/8	
涵洞	道	179	
隧道	m/处	489.0/1	
路线交叉	处	5	平面交叉
环境保护	km	57.6	绿化
沿线设施:收费站	处	1	
可行性研究投资总额	万元	25 261.8	
平均每千米投资额	万元	428.17	
初步设计投资总额	万元	25 661.3	
平均每千米投资额	万元	445.51	

2. 项目实施情况和评价

1)施工图设计和项目实施情况

(1)施工图设计单位的选择(包括初步设计单位的选择)、施工单位的选择、监理单位的选择,建设单位均按照交通部的有关文件规定,采用招标的方式择优选择。

(2)项目建设中的建设环境良好,得到了当地乡、镇政府和居民的积极支持;由于是原有道路的改造,施工需要的水、电、路、通讯等基本条件具备;需要市场采购的原材料和地产材料能够满足工程建设需要;施工监理单位能够按照监理合同中约定的职责、权利和有关法律法规的规定认真进行质量监理、进度监理、费用监理、安全管理、合同管理,按照规定进行质量的独立抽检,并督促、检查承包人的质量检验和试验,使工程质量得到了保证;施工计划与实际进度比较,控制在了施工计划进度的要求范围以内,在合同工期(2年)内完成了项目建设。

2)项目开工、竣工、验收情况

项目开工,按照规定的管理程序由承包人申报,经过监理审查后,报建设单位(业主)同意,在合同约定的时间期限内开工;竣工验收由建设单位(业主)主持,有关单位人员参加,通过资料检查、现场检查、质量抽查,竣工图纸资料的验收,工程验收小组同意该工程通过竣工验收;有关工程技术档案资料完整、符合档案管理要求。

3)工程验收的主要结论

工程设计符合地形、地质、水文等现场实际,所取技术指标满足设计规范的技术指标要求,项目功能符合使用要求;交工验收中提出的修复、补救工程已处理完毕并符合质量要求;项目施工质量满足《公路工程质量检验评定标准》(JTJ 071—98)的要求;竣工文件已编制且符合要求;施工中的管理状况良好,施工单位、监理单位、设计单位、建设单位、质量监督单位提交的汇报材料符合工程建设管理实际。工程验收小组同意该工程通过竣工验收,质量等级评定为优良。

4)实施阶段主要指标的变化分析

(1)设计变更。在施工过程中,设计变更主要产生于大桥基础的地质情况变化而引起的基础埋置深度的变化和不良地质地段开挖后防护工程的增加。

(2)施工难度。除大桥的施工、深切坡施工的难度稍大外,其余施工的难易程度一般;由于要维持原有交通的畅通,在施工组织中有一定难度。

(3)工程质量。工程质量严格按照有关施工技术规范的要求进行施工,各项检测项目和指标经过检测或试验,符合质量要求,质量等级评定为优良。

(4)工程进度。工程进度虽然受雨季对路基挖填的影响及维持交通通畅对路基施工的影响,但经过有关各方的协调努力,最终在合同工期内完成了项目的建设。

(5)投资增减。由于地质情况的变化引起的设计变更增加的费用、维持交通通畅及安全增加的费用、市政府对土地征用费补偿标准的调整等原因,使投资额较设计概算额增加约600万元、比投资估算增加约1 000.0万元。实际投资额为26 261.0万元,单位造价为455.92万元/km。

3. 投资执行情况和评价

1)建设资金筹措

实际投资额和建设资金筹措,与初步设计、可行性研究报告中的投资额及筹资方案略有变化,主要表现在:①实际投资额较初步设计概算有所增加,其增加的主要原因是由于地质条件与原勘察情况有出入,导致设计变更使工程内容、项目及数量有所增加;维持交通通畅及交通安全费用增加;市政府对土地征用费补偿标准的调整。②自筹资金比例不变,仍然占投资总额的50%;向国家建设银行贷款的比例为50%,由于投资总额的增加,虽然向银行贷款的比例不变,但贷款及利息较可行性研究增加约500万元,其贷款额的增加将增加负债及贷款利息。有关对比数据如表9-8所示。

资金筹措情况对比表　　表9-8

项　目	投资额(万元)	自筹		建设期银行贷款		
		比例(%)	金额(万元)	比例(%)	金额(万元)	
					总额	2003年末(2004年初)
可行性研究报告	25 261.8	50	12 631.8	50	12 630	12 630
实际建设情况	26 261.0	50	13 131	50	13 130	13 130

2)施工期各年度资金到位情况及投资完成情况

在施工期中,无论是自筹资金或是银行贷款资金,均能基本按时到位。虽然贷款及利息较可行性研究报告中的投资估算增加了约500万元,但由于预先对投资额可能增加有所预计,事先联系了银行,确定了在万一增加投资情况下可进行贷款的意向,因此能够顺利地筹集到资金。贷款利率取贷款年限5年以上的年利率5.76%,不计复利;运营期间先还本期利息,剩余部分还建设期的利息,还有余额时再还本金,直到还完为止。自筹增加部分主要用业主在其他项目的利润来进行弥补。

3)工程竣工结算与初步设计概算、立项决策估算的比较分析

按《公路建设项目后评价报告编制办法》(1996年12月31日交通部交计发[1996]1130号文),其竣工结算与初步设计概算、立项决策估算的比较分析按单项工程分内资和外资分别进行。由于本项目仅为一单项工程,且均为内资,因此其对比按费用项目进行,如表9-9所示。

工程竣工结算与初步设计概算、立项决策估算的对比表(单位:万元) 表9-9

项目	第一部分费用建筑安装工程费	第二部分费用设备及工具、器具购置费	第三部分费用工程建设其他费用	预留费用	总额
可行性研究估算	21 005.5	12.8	2 783.5	1 460	25 261.8
工程竣工结算	22 937	15.0	3 309	0	26 261.0

4)工程超支的原因分析

工程超支的情况如表9-10所示。其超支的原因如本小节之1)中所述。

工程超支幅度表 表9-10

比较项目	增加的绝对额(万元)	增加的百分率(%)
工程竣工结算—初步设计概算	599.7	2.3
工程竣工结算—可行性研究估算	999.2	4.0

由表9-10可见,竣工结算额与可行性研究报告的投资估算额比较,增加了4%的投资额。通常认为,其差额的百分率控制在±10%以内是正常的。

4. 运营情况及评价

1)运营情况

该项目建成后,极大地改善了道路交通条件,包括路面、纵坡、平曲线、竖曲线等道路参数均较原有道路有较大改善。因此车速有很大提高,往往达到甚至超过了设计车速40km/h。特别是超过设计车速过多的情况下,容易诱发交通事故,因此应严格限速。

由于通行条件的改善,交通量较原可行性研究报告中预测的交通量有所增加。

2)运营评价

该项目建成后,运营状况良好。由于该路为收费路,其运营状况的好坏直接与每天通过的车辆数有关,根据一年来的运营,每天通过该路的交通流量较原可行性研究报告中预测的交通流量增加约10%左右,主要原因是公路的改造带动了该地区经济的发展,加快了人员和物资的流动,导致客、货运量均有不同程度地增加;同时,经过政府主管部门审批的车辆收费标准较原可行性研究报告中估计的收费标准约高5%左右。

5. 管理、配套、服务设施情况及评价

1)管理情况和评价

管理情况可以分为两个阶段,一是项目建设期间的管理,二是项目运营期间的管理。

(1)项目建设期间的管理

在项目建设期间,建设单位(业主)严格按照基本建设程序及国家、交通部的有关法律、

法规进行项目的建设管理。实行了招标投标制、工程监理制、合同制，通过招投标择优选择了施工单位、监理单位，并分别与其签订了施工合同和监理合同，使施工期间的管理"有法可依、有章可循"。

在施工期间，由于地方政府的大力支持，因此在征地、拆迁方面几乎没有什么阻力，能够按时完成征地、拆迁工作，为工程顺利开工创造了条件。项目开工后，参与工程建设的有关各方基本能够按照合同约定履行自己的职责，出现问题时能够及时协商解决，因此在施工过程中的管理是有成效的，主要体现在工程质量得到了保证、工程按时完工、投资在控制范围内、没有出现安全事故，达到了预期的管理目标。在建设期间的管理主要经验为：

①项目建设有关参与各方均建立、健全了管理机构和管理制度，作到规范化管理；部门之间分工明确、职责清楚，内、外部的协调及时，确保工程顺利实施。

②重视前期工作的质量，加强对工程基础资料的分析。例如，对地质灾害的分析预估，在可行性研究阶段就开始进行，随着设计阶段展开而继续深入进行，虽然与实际地质变化仍然有差距，但基本在预估的范围内，没有出现大的偏差，因此对项目投资额变化的影响较小。

③充分发挥专家的作用，聘请了经验丰富的地质专家、项目管理专家作咨询顾问，对确保工程质量、施工进度、施工安全、控制投资起了较好的作用。

④加强对地方材料的管理。如在招标文件中就明确地采材料，业主可以协调提供临时用地供投标人开办采石场，其投标人自办采石场的材料价格就比市场价低约20%，降低了合同价。

⑤认真进行施工合同管理。承包合同采用六材定价（钢材、木材、水泥、沙子、石料、黏土），在合同中约定不调价，避免了施工单位的调价要求。

⑥加强发挥监理的作用。在监理合同和项目实施过程中，真正给监理单位和监理人员以责、权，而不是将其看作一种形式或摆设，以充分发挥监理在质量、安全、进度、投资控制和管理中的作用。

（2）项目运营期间的管理

在项目运营期间，建设单位（业主）为加强对该项目（路段）的管理，成立了专门的管理机构（项目管理公司）。该项目管理公司主要承担两方面的任务，一是涉及与通行费收取有关的工作，包括收费系统的维护、收费人员的教育培训、有关管理制度的建立和执行、具体进行收费等；二是维持正常的道路通行能力方面的工作，即对道路进行日常维护、修理。道路的大中修由建设单位（业主）统一安排。

其管理模式经过1年多的实践，能够满足项目在运营期间的管理要求，符合本项目的实际。

2）配套、服务设施情况及评价

由于本公路工程项目等级不高，未封闭，不像高速公路那样需要有加油站、服务区、通讯、监控等较为完善的配套及服务设施，本项目除收费站用房、收费亭、办公用房、日常维修用房等外，基本无其他配套及服务设施。其配套及服务设施能够满足项目正常使用的要求。

（三）建设项目效益评价

1. 国民经济效益评价

项目后评价中的国民经济效益项主要有运输费用节约效益、运输时间节约效益、提高交通安全效益、提高运输质量效益、包装费用节约效益等及对当地国民经济增长的推动作用；其费用项主要有工程建设费用、运营及养护费。其效益和费用的计算口径和范围按照与可行性研究中的国民经济效益与费用项同口径计算并进行国民经济评价（具体计算过程此处略），其评价指标的变化如表9-11所示。

指标对比表　　表 9-11

项　目	净现值 *ENPV*（万元）	内部收益率 *EIRR*（%）	效益费用比 *EBCR*	投资回收期（含建设期）（年）
项目可行性研究报告	18 771.5	14.5	1.48	10.2
项目后评估	17 652.6	13.6	1.37	11.3

注：运营期社会折现率仍按原可行性研究阶段的取值，为12%。

项目通车后实际运营中，由于道路等级的提高、路况的改善，行车速度均能达到设计车速，并使运营成本均有明显下降；虽然建设期中的建设成本有所增加，但运营期中对该地经济增长的推动作用是十分明显的。

2. 财务效益评价

1）年财务成本、效益预测

根据2005、2006年实际收费收入和2005～2006年收费增长的发展势头及该县国民经济发展规划中的经济增长率，对收费进行估计结果如表9-12所示。项目开始使用时投入流动资金500万元；按使用10年进行路面大修，估计费用为1230万元；营业税及附加按收入的5.5%计，按《企业所得税暂行条例》（1993国务院令137号）第五条，当期利息为扣除额、固定资产折旧为扣除额，本项目此处假设按20年平均计提折旧、残值按结算造价的10%计，年折旧额为1181.75万元；所得税率为33%；公积金按净利润的10%提取，公益金按净利润的5%提取；所得税后净利润首先用于偿还建设期借款，先还利息（年利率按5.76%计）、后还本金；按20年进行评价。具体数据如表9-12～表9-13所示。

后评价损益表（单位：万元）　　表 9-12a）

年份	收费收入	营业税及附加（5.5%）	成本费用				利润总额	应纳税利润	所得税（33%）
			总成本	运营成本（含大修）	折旧	运营期利息（利率5.76%）			
1	2	3	4	5	6	7	8	9	10
2005	4 988	274.34	2 310.79	390.00	1 181.75	739.04	2 402.87	2 402.87	792.95
2006	5 242	288.31	2 320.35	417.57	1 181.75	721.03	2 633.34	2 633.34	869.00
2007	5 511	305.31	2 262.72	446.32	1 181.75	634.65	2 942.97	2 942.97	971.18
2008	5 794	318.67	2 196.02	476.16	1 181.75	538.11	3 279.31	3 279.31	1 082.17
2009	6091	335.01	2 119.48	507.19	1 181.75	430.54	3 636.51	3 636.51	1 200.00
2010	6 364	350.02	1 974.92	539.53	1 181.75	253.64	4 039.06	4 039.06	1 332.89
2011	6 648	365.54	1 875.98	573.07	1 181.75	121.16	4 406.48	4 406.48	1 454.14
2012	6 946	382.03	1 784.2	602.45	1 181.75	—	4 779.77	4 779.77	1 577.32
2013	7 255	399.03	1 826.06	644.31	1 181.75	—	5 029.91	5 029.91	1 659.87
2014	7 577	416.74	1 863.88	682.13	1 181.75	—	5 296.38	5 296.38	1 747.81
2015	7 871	432.91	2 903.14	1 721.39	1 181.75	—	4 534.95	4 534.95	1 496.53
2016	8 177	449.74	1 943.96	762.21	1 181.75	—	5 783.30	5 783.30	1 908.49
2017	8 494	467.17	1 986.44	804.69	1 181.75	—	6 040.39	6 040.39	1 993.33
2018	8 823	485.27	2 030.60	848.85	1 181.75	—	6 307.13	6 307.13	2 081.35
2 019	9 165	504.08	2 076.45	894.70	1 181.75	—	6 584.47	6 584.47	2 172.88
2020	9 256	509.08	2 116.43	934.68	1 181.75	—	6 630.49	6 630.49	2 188.06
2021	9 356	514.58	2 157.2	975.45	1 181.75	—	6 684.22	6 684.22	2 205.79
2022	9 456	520.08	2 398.96	1 217.21	1 181.75	—	6 536.96	6 536.96	2 157.20
2023	9 556	525.58	2 450.2	1 268.45	1 181.75	—	6 580.22	6 580.22	2 171.47
2024	9 656	531.08	2 497.11	1 315.36	1 181.75	—	6 627.81	6 627.81	2 187.18

表 9-12b)

年份	利润总额	所得税	税后利润	公积金公益金（15%）	可分配利润	用利润还贷		本金余额	未分配利润
						利息	本金		
1	8	10	11	12	13	14	15	16	17
2005	2 402.87	792.95	1 609.92	241.49	1 368.43	756.29	612.14	12 517.86	0
2006	2 633.34	869.00	1 764.34	264.65	1 499.69	0	1 499.69	11 018.17	0
2007	2 942.97	971.18	1 971.79	295.77	1 676.02	0	1 676.02	9 342.15	0
2008	3 279.31	1 082.17	2 197.14	329.57	1 867.57	0	1 867.57	7 474.58	0
2009	3 636.51	1 200.00	3 436.51	365.48	3 071.03	0	3 071.03	4 403.55	0
2010	4 039.06	1 332.89	2 706.17	405.93	2 300.24	0	2 300.14	2 103.41	0
2011	4 406.48	1 454.14	2 952.34	442.85	2 509.49	0	2 103.41	0	406.08
2012	4 779.77	1 577.32	3 202.45	480.37	2 722.08	0	0	0	2 722.08
2013	5 029.91	1 659.87	3 770.04	168.50	3 601.54	0	0	0	3 601.54
2014	5 296.38	1 747.81	3 548.57	532.29	3 016.08	0	0	0	3 016.08
2015	4 534.95	1 496.53	3 038.42	455.76	2 582.66	0	0	0	2 582.66
2016	5 783.30	1 908.49	3 874.81	581.22	3 293.59	0	0	0	3 293.59
2017	6 040.39	1 993.33	4 047.06	607.06	3 440	0	0	0	3 440.00
2018	6 307.13	2 081.35	4 225.78	633.87	3 591.91	0	0	0	3 591.91
2019	6 584.47	2 172.88	4 411.59	661.74	3 749.85	0	0	0	3 749.85
2020	6 630.49	2 188.06	4 442.43	666.36	3 776.07	0	0	0	3 776.07
2021	6 684.22	2 205.79	4 478.43	671.76	3 806.67	0	0	0	3 806.67
2022	6 536.96	2 157.20	4 379.76	656.96	3 722.80	0	0	0	3 722.80
2023	6 580.22	2 171.47	4 408.75	661.31	3 747.44	0	0	0	3 747.44
2024	6 627.81	2 187.18	4 440.63	666.09	3 774.54	0	0	0	3 774.54

后评价财务现金流量表 1（单位：万元） 表 9-13a)

年份	折现系数（利率 8%）	收费收入及回收	支出（投资、税、费）					净现金流量	现 值	净现值（现值和）
			合计	投资	经营费	营业税	所得税			
2003	1.166	—	13 131.0	13 131.0	—	—	—	−13 131.0	−13 131.00	−13 131.00
2004	1.080	—	13 130.0	13 130.0	—	—	—	−13 130.0	−12 157.41	−25 288.41
2005	0.925 9	4 988	1 957.29	500.00	390.00	274.34	792.95	3 040.71	2 606.92	−22681.49
2006	0.857 3	5 242	1 574.88	—	417.57	288.31	869.00	3667.12	2911.08	−19 770.41
2007	0.793 8	5 511	1 722.81	—	446.32	305.31	971.18	3788.19	2 784.43	−16 985.98
2008	0.735 0	5 794	1 877.00	—	476.16	318.67	1 082.17	3 917.00	2 665.84	−14 320.13
2009	0.680 6	6 091	2 042.2	—	507.19	335.01	1 200.00	4 048.80	2 551.43	−11 768.70
2010	0.630 2	6 364	2 222.47	—	539.53	350.02	1332.89	4 141.53	2 416.54	−9 352.16
2011	0.583 5	6 648	2 271.50	—	573.07	365.54	1 454.14	4 376.50	2 364.49	−6 987.67
2012	0.540 3	6 946	2 561.80	—	602.45	382.03	1 577.32	4 384.20	2 193.19	−4 794.48

续上表

年份	折现系数（利率8%）	收费收入及回收	支出（投资、税、费）					净现金流量	现　值	净现值（现值和）
			合计	投资	经营费	营业税	所得税			
2013	0.500 2	7 255	2 703.21	—	644.31	399.03	1 659.87	4551.79	2 108.36	-2 686.12
2014	0.463 2	7 577	2 846.68		682.13	416.74	1 747.81	4730.32	2 028.75	-657.37
2015	0.428 9	7 871	3 880.83	1 230.00	721.39	432.91	1 496.53	3 990.17	1 584.55	927.18
2016	0.397 1	8 177	3 120.44	—	762.21	449.74	1908.49	5 056.56	1 859.29	2 786.47
2017	0.367 7	8 494	3 265.19	—	804.69	467.17	1 993.33	5 228.81	1 780.21	4 566.68
2018	0.340 5	8 823	3 415.47	—	848.85	485.27	2 081.35	5 407.53	1 704.68	6 271.35
2019	0.315 2	9 165	3 571.66	—	894.70	504.08	2 172.88	5 593.34	1 632.64	7 904.00
2020	0.291 9	9 256	3 631.82	—	934.68	509.08	2 188.06	5 624.18	1 520.04	9 424.04
2021	0.270 3	9 356	3 695.82	—	975.45	514.58	2 205.79	5 660.18	1 416.45	10 840.49
2022	0.250 2	9 456	3 894.49	—	1 217.21	520.08	2 157.20	5 561.51	1 288.67	12 129.16
2023	0.231 7	9 556	3 965.5	—	1 268.45	525.58	2 171.47	5 590.50	1 199.43	13 328.59
2024	0.214 5	12 782.1	4 033.62	—	1 315.36	531.08	2 187.18	8 748.48	1 876.55	15 205.14

后评价财务现金流量表 2（单位：万元）　　表 9-13b）

年份	折现系数（利率12%）	收费收入及回收	支出（投资、税、费）					净现金流量	现　值	净现值（现值和）
			合计	投资	经营费	营业税	所得税			
2003	1.254 4	—	13 131.00	13 131.00	—	—	—	-13 131.0	-16 471.53	
2004	1.120 0	—	13 130.00	13 130.00	—	—	—	-13 130.0	-14 705.60	-31 177.13
2005	0.892 9	4 988	1 957.29	500.00	390.00	274.34	792.95	3 040.71	2 715.05	-28 462.08
2006	0.797 2	5 242	1 574.88	—	417.57	288.31	869.00	3 667.12	2 923.43	-25 538.65
2007	0.711 8	5 511	1 722.81	—	446.32	305.31	971.18	3 788.19	2 696.43	-22 842.22
2008	0.635 5	5 794	1 877.00	—	476.16	318.67	1 082.17	3 917.00	2 489.25	-20 352.97
2009	0.567 4	6 091	2 042.2	—	507.19	335.01	1 200.00	4 048.80	2 297.29	-18 055.68
2010	0.506 6	6 364	2 222.47	—	539.53	350.02	1 332.89	4 141.53	2 098.10	-15 957.58
2011	0.452 3	6 648	2 271.50	—	573.07	365.54	1 454.14	4 376.50	1 979.45	-13 978.13
2012	0.403 9	6 946	2 561.80	—	602.45	382.03	1 577.32	4 384.20	1 770.78	-12 207.35
2013	0.360 6	7 255	2 703.21	—	644.31	399.03	1 659.87	4 551.79	1 392.85	-10 814.5
2014	0.322 0	7 577	2 846.68	—	682.13	416.74	1 747.81	4 730.32	1 523.16	-9 291.34
2015	0.287 5	7 871	3 880.83	—	721.39	432.91	1 496.53	3 990.17	1 147.17	-8 144.17
2016	0.256 7	8 177	3 120.44	—	762.21	449.74	1 908.49	5 056.56	1 298.02	-6 846.15
2017	0.229 2	8 494	3 265.19	—	804.69	467.17	1 993.33	5 228 81	1 198.44	-5 647.71
2018	0.204 6	8 823	3 415.47	—	848.85	485.27	2 081.35	5 407.53	1 106.38	-4 541.33
2019	0.182 7	9 165	3 571.66	—	894.70	504.08	2 172.88	5 593.34	1 021.90	-3 519.43
2020	0.1631	9 256	3 631.82	—	934.68	509.08	2 188.06	5 624.18	907.18	-2 612.25
2021	0.145 6	9 356	3 695.82	—	975.45	514.58	2 205.79	5 660.18	824.12	-1 788.13
2022	0.130 0	9 456	3 894.49	—	1 217.21	520.08	2 157.20	5 561.51	723.00	-1 065.13
2023	0.116 1	9 556	3 965.5	—	1 268.45	525.58	2 171.47	5 590.50	649.06	-416.07
2024	0.103 7	12 782.1	4 033.62	—	1 315.36	531.08	2 187.18	8 748.48	907.22	491.15

注：评价期末，残值回收为 2626.1 万元，流动资金回收为 500 万元。

由表 9-12、表 9-13 可见，该项目的财务状况较好，但与可行性研究报告中的财务评价指标相比，略差；其指标的对比如表9-14所示。

财务指标对比表 表9-14

项目	财务净现值 FNPV(万元)	财务内部收益率 FIRR(%)	回收期(年)	效益费用比
项目可行性研究	18 970.44	14.23	10.1	1.45
项目后评价	15 205.14	12.02	12.4	1.26

注：财务基准收益率取为8%。

2）收费分析，明确偿还能力

收费标准参照邻近收费路和收费桥的标准确定，根据近两年的收费情况看，基本符合目前的情况；对以后的收费预计，按照通行量、并适当考虑收费增加予以确定，基本符合该路收费实际情况。

贷款偿还能力的分析由表9-12-2可见，用未分配利润来偿还贷款，在运营的7年时间内，就能够将本金、利息全部偿还。因此该项目的贷款偿还能力是较强的。

3）资金筹措方式评价

资金筹措为向国家银行贷款，利率仍然按可行性研究报告中的利率取值。对于交通基础设施建设，国家贷款有一定的优惠政策；当然，也应该注意到，国家也存在将利率上调的可能，因此也存在贷款利率风险。从总体上看，选择国家银行贷款，应是资金筹措的最佳选择。

（四）建设项目影响评价

1. 社会经济影响评价

项目的建成，推动了该县的社会经济发展，使得两省、市交界区域之间的运输更加顺畅，推动了两地之间的经济往来；改善了该市边远区域的公路网布局，提升了该区域的公路网技术等级；对该县旅游资源的开发起了积极的推动作用；对该县的资源外运、农副土特产品的外运销售起到了积极的推动作用；路况的改善减少了交通事故的发生。

项目的建成对该县的招商引资起到了一定推动作用，对公路沿线的土地开发起到了积极推动作用。

由此可见，该项目的社会效益和影响是好的。

2. 环境影响评价

该项目的建设，在设计的时候，就考虑了对环境、生态的保护，对水土的保持及对道路两旁的绿化；在施工的时候，注意控制了扬尘，在路基开挖时注意了对水土的保持和防护；项目按设计实施后，虽然交通量的上升会增加废气的排放和噪声，由于采取了有效的环境保护措施，因此对该地区的环境不会构成不利影响。

（五）建设项目目标持续性评价

1. 外部条件对项目目标持续性的影响

1）社会经济发展的影响

社会经济的发展对项目效益的发挥影响较大，社会经济发展水平越高，社会经济的交换就越频繁，对交通的需求就越大；经济萎缩，对交通运输的需求也相应会减少。因此，社会经济的发展对项目目标持续性的影响是深远的。

2）管理体制的影响

该项目属于国有资产投资，管理上实行公司化运作和管理；由于属于国有资产，在如何保持国有资产的持续性增值方面可能不如私有企业;管理制度难以避免国有企业的通常弊端,企业缺少运营活力,对项目的持续性发展可能会有一定障碍。

3)公路网状况的影响

本项目的建成,完善了该区域的高等级公路网。目前项目的效益是好的,但交通量预测是将本项目作为省、市在该区域的唯一进出通道而言的,从长远来看,并不排除有可能会修建一条高速公路来进一步改善该地区的进出通道、完善该市的高速公路网。这样一来就有可能会影响本项目目标持续性。

4)配套设施建设

由于本项目路程较长,配套设施还不十分完善,主要是如加油站的数量偏少,沿线的服务设施数量偏少、服务等级偏低,这对项目的持续性发展会构成一定不利影响,应予以改善。

5)政策法规等外部条件

对于收费路、收费桥的建设,交通部和地方政府均有政策可依,相应的政策法规是完善的,只要政策法规没有大的根本性改变,对项目的持续性发展是有利的。

2. 内部条件对项目目标持续性的影响

本项目的运行机制、内部管理、服务情况、公路收费、运营状况等内部条件基本能够符合目前本项目持续性的要求。

(六) 结论

1. 结论

项目的建设实现了原定的目标,符合该地区公路网的发展规划和该地区的社会经济发展需要;项目的经济效益和社会效益是好的,项目是成功的。

该项目的综合评价如表9-15 的逻辑框架所示。其成功度评价如表9-16 所示。表9-15和表9-16 分析的结果如下。

项目后评价逻辑框架(单位:万元) 表9-15

层次目标	验证指标	资料来源	外部条件
目标: (1)把该道路改建成省、市在该地区进出的快速通道 (2)为该区域经济发展提供服务 (3)完善该区域的公路网 (4)为开发该地区的旅游资源提供条件	(1)完善了该地区公路网,提高了道路等级,该区域路面硬化率提高30% (2)两年来,车辆保有量年均增加40% (3)两年来,客、货运量年均增加约51%与46% (4)旅游资源得到开发 (5)促进了该区域的经济社会发展	调查、该县统计局资料	(1)政府安排项目 (2)政策支持 (3)当地居民拥护
项目目的: 改善交通基础设施,适应社会经济发展需要	该区域道路等级大幅提高、通行条件有大的改善,旅游事业发展迅速,社会经济发展速度加快(年经济增长达12.3%)	可行性研究报告 项目自评报告 现场调查资料	货源及运量基本稳定 外部风险较小 地方经济发展迅速

续上表

层次目标	验证指标	资料来源	外部条件
主要产出： 完成道路57.6km的改造，提高了道路等级	按工期完工，投资略有增加；工程质量良好，*FIRR* = 12.02%，借款偿还期12.4年，财务净现值(*FNPV*)为15205.14万元，基本符合预期值，社会效益和影响很好	设计文件 统计资料 竣工验收报告 项目自评报告 现场调查报告	立项决策正确 政府支持 群众拥护 社会经济发展需要
主要投入： 各种资源	总投资26 261万元，其中固定资产投资22 937万元，流动资金500万元；2003年1月开工，总工期2年	工程可行性研究报告 竣工验收报告 项目自评报告 设计文件 现场调查资料	利用世界银行贷款 地方政府安排部分资金 国家银行贷款 物价基本稳定 地质条件变化

评价结果表 表9-16

评价内容	相关重要性	成功度等级	评价内容	相关重要性	成功度等级
技术水平	次重要	A	营运状况	重要	A
技术进步	次重要	B	工程财务效益	重要	A
工程进度控制	重要	A	工程国民经济效益	重要	A
工程质量控制	重要	A	社会影响	重要	A
工程造价控制	重要	A	工程总成功度		A
工程安全控制	重要	A			

2. 存在问题

(1)在地质条件复杂地区应加强设计阶段的地质勘察，以避免设计变更引起工程费用增加。

(2)改建道路施工中，原有交通通畅的维持应进一步加强，以避免交通事故的发生。

(3)改建道路施工的进度安排应更注意均衡性、连续性、协调性。

(4)应注意原有道路与新修道路衔接部位的质量控制；由于车辆、行人多，在施工中应将安全看得与质量同等重要。

3. 经验与教训

主要经验有：

(1)采取有效措施节约开支，严格控制了工程造价。主要做法包括：建立专门的管理机构和完善的制度；重视前期工作的资料分析；实行公开招标和施工监理的管理方法，抓好合同管理；注重中期支付和最终结算。

(2)重视质量、安全。在项目建设中，由于注重事前控制、过程控制、目标控制，在质量、安全控制方面效果显著，没有发生大的质量问题和安全事故。

(3)重视对进度计划的动态管理。根据进度总目标适时调整进度计划，保证了工期目标的实现。

项目的主要教训有：

(1)设计阶段对项目地质变化的风险重视不够。

(2)对改造道路交通的组织难度估计不足。

(3)项目标段划分过小,施工单位多,协调难度大。

4. 建议

(1)加强项目前期工作中的市场预测和风险分析。我国目前正处在经济改革过程中,机构和政策的变化较大,现行项目可研报告和评估缺乏对相关变化的分析,增加风险分析等内容是必要的、紧迫的。现阶段风险分析的重点应包括市场、价格和汇率等。

(2)加强对基础设施项目的国民经济评价和财务评价结论的审查、评估,实事求是地估价项目的发展潜力和建设的必要性,特别是对重点基础设施项目,如交通、能源、通信等项目的建设。

1. 项目后评价的概念及项目周期的划分是什么?
2. 项目后评价的原则及项目后评价的程序是什么?
3. "前后对比法"与"有无对比法"的概念及差异是什么?
4. 根据逻辑框架法的概念,试确定某种运输项目后评价的逻辑框架。
5. 项目后评价的内容是什么?
6. 试根据某具体运输项目列出影响项目可持续性的主要因素。
7. 项目后评价报告应包含的主要内容是什么?

第十章 运输设备更新的经济分析

设备是运输企业生产的重要物质和技术基础，也是影响运输企业和国民经济各项技术经济指标的重要因素和判断运输企业市场竞争能力、技术创新能力的重要标准。随着经济的发展，设备的作用日益突出。

设备使用一定时期，由于物理损坏或因陈旧落后，就不能继续使用或不宜继续使用。这时就需要更新。技术进步的速度越快，设备更新的速度也越快。设备更新已是运输企业投资决策的组成部分。为了使设备保持高效能的运行状态和先进的技术水平，使运输企业在竞争中处于有利地位，提高经济效益，需要对设备整个运行期间的技术经济状况进行分析和研究，以做出正确的决策。

第一节 运输设备更新的基本原理

一、设备的磨损

设备在使用和闲置过程中，会逐渐磨损。这里的“磨损”，是一种广义的磨损，是指设备原始价值的降低。由于造成设备原始价值降低的原因有两大类，故设备磨损也分为两类。

1. 设备的有形磨损

设备在使用和闲置过程中所发生的实体磨损，称为有形磨损或物质磨损。按引起磨损的原因分为两类：设备在使用中的实体磨损是第Ⅰ类有形磨损，主要由于设备零部件的摩擦、振动、疲劳和腐蚀而产生，通常表现为零部件原始尺寸和形状的改变，公差配合性质的改变，加工精度下降，效率降低，故障增多等，它主要与使用时间和使用强度有关；设备在闲置中的实体磨损是第Ⅱ类有形磨损，主要由于自然环境的作用及管理不善造成的，通常表现为设备锈蚀、材料老化变质、功能下降等，它在一定程度上与设备闲置时间长短和设备的维护好坏有关。有形磨损伴随产生的是设备功能的下降，劳动生产率下降及一系列操作费用的增加，如燃料、动力、台时消耗增加，维修费用上升，废品损失及设备停工损失增加等等。设备的有形磨损降低其使用价值。

2. 设备的无形磨损

设备的无形磨损是由于技术进步引起的原有设备技术上的陈旧与贬值，也称精神磨损或经济磨损。它不是一般物理意义上的磨损，不表现为设备实体的变化，而表现为设备原始价值的降低。无形磨损按形成原因也分为两类：由于技术进步而使生产同种设备的社会必要劳动耗费减少,成本降低,价格下降,导致原有设备价值降低,是第Ⅰ类无形磨损。这种无形磨损的后果,只是现有设备的原始价值部分贬值,设备本身的技术特性和功能即使用价值并未发生变化,故不会影响现有设备使用;由于技术进步,市场上出现了性能更完善、效率更高、耗费原材料和能源更少的新型设备,而使原设备在技术上相对陈旧落后,导致原有设备相对贬值,这是第Ⅱ类无形磨损。它不仅可以使原有设备相对贬值,而且由于用原有设备生产出来的产品成本过高,会使其局部或全部丧失其使用价值。第Ⅱ类无形磨损虽然使设备贬值,但它是社会生产力发展的反应,这种磨损越大,表明社会技术进步越快。

3. 设备的综合磨损

机器设备在使用期内,既要遭受有形磨损,又要遭受无形磨损,所以设备遭受的磨损是双重的、综合的。两种磨损都会引起设备原始价值的贬低,这一点两者是相同的。不同的是,遭受有形磨损的设备,当有形磨损严重时,在修理之前,往往不能正常工作;而遭受无形磨损的设备,即使无形磨损很严重,仍然可以使用,只不过继续使用它,在经济上是否合算,需要分析研究。

一般情况下,当设备的有形磨损期小于无形磨损期时,仅需对遭到有形磨损的设备进行大修或换一台相似的设备就可以了;若无形磨损期小于有形磨损期时,企业面临的选择是:继续使用原有设备还是选用先进的新设备更换尚未折旧完的旧设备;若设备的有形磨损期与无形磨损期接近,则是一种理想的"无维修"设计,也就是说,当设备需要进行大修时,恰好到了更换的时刻,但这种情况在实际中是很少见的。

二、设备磨损的补偿

要维持企业生产的正常进行,必须对设备的磨损及时进行补偿。由于机器设备遭受的磨损形式不同,补偿磨损的形式也不一样。补偿分局部补偿和完全补偿:修理是对有形磨损的局部补偿,现代化改装是对无形磨损的局部补偿;有形磨损和无形磨损的完全补偿是更新,即用新设备更换旧设备,它也有两种形式:一种是原型更新,即用结构、性能完全相同的新设备更换旧设备,这是对原有设备有形磨损的完全补偿;另一种是新型更新,即用结构更先进、技术更完善、效率更高、性能更好的新型设备更换旧设备,这是对第Ⅱ类无形磨损的完全补偿,也是技术进步的表现之一,是目前设备更新的主要方式。设备磨损形式与补偿方式的关系如图 10-1 所示。

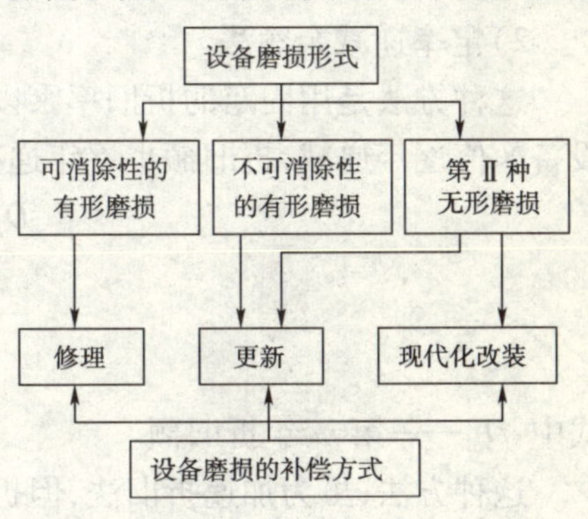

图 10-1 设备磨损形式与补偿方式的关系

设备磨损的补偿方式不同,补偿的资金来源也不同:大修费用是采用预提或直接分配计入产品成本,随着产品的销售,这部分专用资金得到回收;设备更新的资金来源是提取折旧基金。

三、设备折旧

1. 设备折旧的概念

折旧是指固定资产在使用过程中,由于磨损而转移到产品成本中去的价值。从产品销售收入中收回的这部分资金,叫做基本折旧基金。基本折旧基金的测算一般是通过折旧率

来计算的。折旧率是指一年内的固定资产折旧基金占固定资产原始价值的百分比。

折旧率是由国家有关部门按照同类型固定资产制定的。正确的折旧率应该既反映设备的有形磨损,又反映设备的无形磨损,应该与设备的实际损耗相符合。若折旧率规定得太低,则把部分投资当收入,人为地扩大利润,虚假地夸大积累,税金增加,设备得不到及时更新和大修,妨碍企业生产的发展;若折旧率太高,则人为地缩小利润,税金降低,使企业的正常积累虚假。

合理的折旧制度和正确的折旧率,有利于设备的更新,促进现有设备技术水平的提高,加速技术的进步。

2. 设备折旧的计算方法

1)直线折旧法

直线折旧法是在设备的规定期限内,平均地分摊设备价值。用公式表示:

$$D = \frac{K_0 - S}{T} \tag{10-1}$$

$$d = \frac{D}{K_0} \tag{10-2}$$

式中:D——年设备折旧额;

d——设备折旧率;

K_0——设备的原始价值;

S——设备残余价值;

T——设备最佳使用年限,在我国用规定年限代替。

直线折旧法计算简便,但折旧速度慢。如果在设备使用期内,设备负荷、开动时间与利用强度等基本相同,由设备得到的经济效益也较均衡时,使用直线折旧法较适宜。而对某些使用期内磨损量变化较大,使用不均衡的设备,这种方法不甚合理。

2)定率递减余额法

这种方法是用固定的折旧率乘以扣除累计折旧额后的设备净值。计算中,折旧率不变,设备净值逐年递减,折旧额也逐年递减,最后有一个余额。计算公式为:

$$D_m = K_0(1-d)^{m-1} \times d \tag{10-3}$$

$$d = 1 - \sqrt[T]{\frac{S}{K_0}} \tag{10-4}$$

式中:D_m——第 m 年折旧额。

这种方法,虽为加速折旧法,但折旧率计算较麻烦,且有余额。

3)双倍递减余额法

这种方法,采用的折旧率按直线法残值为零时的折旧率的两倍即 $2/T$ 计算,逐年的折旧基数按设备的原值减去累计折旧额后的净值计算。计算公式为:

$$D_m = K_0\left(1 - \frac{2}{T}\right)^{m-1} \times \frac{2}{T} \tag{10-5}$$

这种方法,为了使折旧总额分摊完,到一定年数后,要改用直线法。当设备使用年数为奇数时,改用直线法的年数为 $T/2+3/2$;当设备使用年数为偶数时,改用直线法的年数为 $T/2+2$。

4）年数总和法

这种方法，是根据折旧总额乘以递减系数来确定折旧额。设备在最佳使用期内第 m 年度的递减系数（即当年折旧率）为：

$$d_m=\frac{T+1-m}{T(T+1)/2} \tag{10-6}$$

第 m 年的折旧额为： $$D_m=(K_0-S)\times d_m \tag{10-7}$$

这种方法，适用于设备修理及维修费，随使用年数而有规律增加的情况。

定率递减余额法、双倍递减余额法及年数总和法属加速折旧法，其共同特点是：在整个使用期内，前期设备效能高，经济效益好，多提折旧；后期设备效能低，经济效益下降，少提折旧。加速折旧法不仅符合设备的实际情况，而且使企业成本分摊趋于均匀，成本与收益更好地配合；能够较快地回收资金，减少或少冒投资风险，推迟交纳所得税；在使用设备早期，具有较多自我改造和自我发展的潜力，而后期具有较大吸收消化物价上涨的能力和较强的竞争能力。

5）偿债基金法

这是一种动态折旧法。把每年的折旧额看作年金，折旧完毕时，各年折旧额本利之和即为折旧总额。计算公式为：

$$D=(K_0-S)\times\frac{i}{(1+i)^T-1} \tag{10-8}$$

式中：i——年利率。

6）年金法

这也是一种动态折旧法。将残值折算成现值，利用年金系数计算每年折旧提取额，公式为：

$$D=\left[K_0-\frac{S}{(1+i)^T}\right]\times\frac{i(1+i)^T}{(1+i)^T-1} \tag{10-9}$$

以下举例说明各种折旧方法的应用及特点。

【例 10-1】 某型号数字控制装置价值为 20 000 元，残值率为 10%，使用年限为 6 年，计算年折旧额、折旧率如下。

（1）按直线折旧法计算：

年折旧额 $$D=\frac{K_0-S}{T}=\frac{20\ 000-2\ 000}{6}=3\ 000$$

年折旧率 $$d=\frac{D}{K_0}\times 100\%=\frac{3\ 000}{20\ 000}\times 100\%=15\%$$

（2）按双倍递减余额法计算：

双倍递减余额法的折旧率取直线折旧法的两倍，即 $d=30\%$，改用直线折旧法的年数为 $6/2+2=5$（年）。各年折旧额计算见表 10-1。

（3）按年数总和法计算：各年折旧额计算见表 10-2。

（4）按定率递减余额法计算：

年折旧率： $$d=1-\sqrt[T]{S/K_0}=1-\sqrt[6]{2\ 000/20\ 000}=32\%$$

各年折旧额计算见表 10-3。

双倍递减余额法计算表(单位:元)　　表 10-1

年　度	设备净值	折　旧　额
1	20 000	20 000 × 30% = 6 000
2	20 000 - 6 000 = 14 000	14 000 × 30% = 4 200
3	14 000 - 4 200 = 9 800	9 800 × 30% = 2 940
4	9 800 - 2 940 = 6 860	6 860 × 30% = 2 058
5	6 860 - 2 058 = 4 802	(4 802 - 2 000) × 1/2 = 1 401
6	4 802 - 1 401 = 3 401	1 401

年数总和法计算表(单位:元)　　表 10-2

年　度	递减系数	折　旧　额
1	6/21	18 000 × 6/21 = 5 142.9
2	5/21	18 000 × 5/21 = 4 285.7
3	4/21	18 000 × 4/21 = 3 428.6
4	3/21	18 000 × 3/21 = 2 571.4
5	2/21	18 000 × 2/21 = 1 714.3
6	1/21	18 000 × 1/21 = 857.1
合计	21/21	18 000

定率递减余额法计算表(单位:元)　　表 10-3

年　度	年初设备净值	折　旧　额
1	20 000	20 000 × 32% = 6 400
2	20 000 - 6 400 = 13 600	13 600 × 32% = 4 352
3	13 600 - 4 352 = 9 248	9 248 × 32% = 2 959.4
4	9 248 - 2 959.4 = 6 288.6	6 288.6 × 32% = 2 012.4
5	6 288.6 - 2 012.4 = 4 276.2	4 276.2 × 32% = 1 368.4
6	4 276.2 - 1 368.4 = 2 907.8	2 907.8 × 32% = 930.5

表 10-4 分别比较 4 种折旧方法前 3 年折旧额之和及前 3 年可回收投资比例。由此可比较各种折旧方法速度快慢。

各种方法前 3 年可回收投资比例比较　　表 10-4

项　目	直线折旧法	双倍递减余额法	年数总和法	定率递减余额法
前 3 年折旧额之和(元)	9 000	13 140	12 857.2	13 711.4
前 3 年可回收投资比例	45%	65.7%	64.29%	68.56%

四、设备的寿命

1. 设备的物理寿命

设备的物理寿命是指一台设备从全新状态开始使用,直到不能保持正常生产状态,以至不能再使用而予以报废为止的全部时间过程,也称物质寿命、自然寿命。它是由有形磨损决定的,与维修的好坏有关,又可通过恢复性的修理来延长其物理寿命,但不能从根本上避免设备的磨损。

2. 设备的技术寿命

设备的技术寿命是指从设备开始使用到因技术落后而被淘汰,所延续的时间。它是由无形磨损决定的，与技术进步的速度有关，技术进步越快，设备技术寿命越短。通过现代化改装，可延长设备的技术寿命。技术不断发展进步情况下，技术寿命一般短于自然寿命，当更先进的设备出现或生产过程对原有设备的技术性能提出更高要求时，原有设备在其自然寿命尚未结束前就被淘汰。

3．设备的折旧寿命

设备的折旧寿命是指按照某个规定提取折旧，从设备开始使用到设备的账面价值接近于零所延续的时间。它并不等于设备的物理寿命，是由国家统一规定的。

4．设备的经济寿命

设备的经济寿命是指设备从投入使用开始至其平均年使用费用最低的年限所经历的时间，是从经济角度确定的设备最合理使用期限。一项设备可供使用的年限越长，则分摊到每年的设备购置费用（包括购价、运输费和安装调试费用）越少，同时设备的运行费用（操作费、维修费、材料费及能源消耗费等）越多。一种费用增加，另一种费用减少，其年平均成本是随着使用时间变化的。在设备的整个使用年限内会出现年平均总成本的最低值，而能使年均总成本最低的年数，就是经济寿命。设备的经济寿命是设备最佳更新时机的具体表现，是设备更新经济分析中的一个十分重要的概念。

五、设备更新分析的比较原则

在对设备更新进行经济分析时，除利用前面介绍的技术经济分析原理和方法外，还应遵循以下几个原则：

（1）不管是购置新设备，还是改造旧设备，在设备经济分析中一般只分析其费用。通常设备更新或大修，其生产能力不变，所产生的收益相同（若生产能力变化了，可经过等同化处理，将生产能力的不同转化为费用的不同）。这样一来，设备更新方案的评价，就是在相同收益情况下对费用进行比较，这是费用型方案的分析。可以使用的经济评价方法有年成本法、现值费用法及追加投资经济效果评价法。

（2）不同的设备，其服务寿命不同。在对设备进行更新分析时，分析期必须一致。在实际工作中，通常多采用年成本法来进行方案比较。

（3）不考虑沉没成本。通常旧设备更新，往往未到其折旧寿命期末，账面价值和转售价值之间存在差额，故存在沉没成本，即未收回的设备价值。在购置新设备时，沉没成本是一种投资损失，但这一损失是过去决策造成的，不应计入新设备的费用中，可以在企业盈利中予以扣除，但在进行新设备购置决策中，不予考虑。

（4）旧设备应以目前可实现的价格与新设备的购置价格相比。在进行更新分析时，应将新旧设备放在同一位置上进行考虑。对于旧设备，应采用最新资料，看作是一个以目前可实现价格购买，以剩余使用寿命为计算期的设备，从而与以现在价格购买，以使用寿命为计算期的新设备相比。这样，在更新分析中，才不至于发生失误。

第二节　设备的大修及其技术经济分析

一、设备大修的概念

如前所述，设备在使用过程中，不断地经受着有形磨损，而设备的零件、部件又是由不同物质的材料制成的，这些零件、部件在设备中各自承担着不同的功能，工作条件、使用条件也各不相同，设备使用一段时间之后，有的零件易于损坏，已经磨损，要求修复或更新，而有的则相对耐久可正常工作，所以，对整个设备的零部件来说，有形磨损是非均匀性的。在任何条件下，机器制造者都不可能制造出各个组成部分的寿命期完全一样的机器。

修理，就是为保持设备在寿命期限内的完好使用状态而进行的局部更换或修复工作。它分为日常维护、小修、中修和大修等几种形式，其中大修是维修工作中规模最大，花费最多的一种设备维修方式。它是通过对设备的全部解体，修理耐久部分，更换全部损坏的零部件，修复所有不符合要求的零部件，全面消除缺陷，以使设备在大修之后，无论在生产效率、精确度、速度等方面达到或基本达到原设备的出厂标准。它是在原有实物形态上的一种局部更新。因此，对维修经济性的研究，主要是就大修而言。

在设备寿命期限内，对设备进行适度的大修，一般在经济上是合理的。尽管大修过的设备，不论在生产效率、精确度、速度等方面，还是使用中的技术故障频率、有效运行时间等方面，都比同类型的新设备逊色，但是，大修能够利用原有设备中保留下来的零部件，这一点，同购置新设备相比，具有很大的优越性，而且这部分比重越大，大修就越合理。但是，长期无休止的大修，却是不经济的。一方面，大修间隔期会随修理次数的增加而缩小，另一方面，大修的费用越来越高，从而使大修的经济性逐渐降低，优越性不复存在，这时设备的整体更新将取而代之。

二、设备大修的经济界限

设备寿命期满前所必需的维修费用总额可能是个相当可观的数字，有时可能超过设备原值的几倍。其中，设备大修所花费的费用，又占了很大一部分，而且随着设备使用时间的延长，大修费用越来越高。那么，在什么条件下，进行大修在经济上才是合理的呢？

首先，某次大修费用不能超过同种设备的重置价值，这样的大修在经济上才是合理的，所以把这一标准称为大修的最低经济界限。即

$$K_r \leqslant K_n - S_{ol} \tag{10-10}$$

式中：K_r——本次大修费用；

K_n——同种设备的重置价值（即同一种新设备在大修时的市场价格）；

S_{ol}——旧设备被替换时的残值。

如果在大修之后，设备的生产技术特性与同种新设备没有区别，则公式（10-10）对衡量修理的经济性便是充分的。但实际情况并非如此，设备在大修之后，常常缩短了下次大修的间隔期，同时修理后的设备与新设备相比，技术上的故障会增多，日常维修费用会增加，与设备使用有关的费用也相应增加。因此，还应补充另外一个条件，即设备大修后，使用该设备完成单位工作的成本，在任何情况下，都不能超过使用新设备完成单位工作的成本，这时，大修在经济上才是合理的。即：

$$C_{zoj} \leqslant C_{zn} \tag{10-11}$$

式中：C_{zoj}——用第 j 次大修后的设备完成单位任务的计算费用；

C_{zn}——用具有相同用途的新设备完成单位任务的计算费用。

只有同时满足这两个条件的大修在经济上才是合理的。对技术上进步较快，无形磨损期较短的设备来说，很可能用新设备完成单位任务的单位费用更低，这时，式（10-11）的条件作为经济界限，则更为重要。

另外,在不同的大修周期,C_{zoj}的值是不相等的。因此,进行大修经济评价时,必须注意大修的周期数。

三、设备大修周期数的确定

大修可消除有形磨损,使设备得以正常使用,从经济角度讲,有一定的合理性。但设备并不能无休止的进行大修。那么,一台设备到底大修到第几个周期最为合适?现分析如下:

设设备第 j 个大修间隔期内单位工作总费用为 C_{zj},不考虑资金时间价值则有:

$$C_{zj} = \frac{\Delta V_j + C_j}{Q_j} \tag{10-12}$$

式中:ΔV_j——第 j 个大修间隔期内应分摊的设备价值损耗,$\Delta V_j = V_{j-1} - V_j + K_{rj-1}$;

V_{j-1}、V_j——分别为第 $j-1$、j 个大修间隔期末的设备余值。两者之差,表示了第 j 个间隔期的设备价值损耗;

K_{rj-1}——第 $j-1$ 次大修费用,当 $j=1$ 时,则 K_{r0} 表示设备购入时的价值;

Q_j——第 j 个大修间隔期内完成工作总量;

C_j——第 j 个大修间隔期内设备运行成本。

由式(10-12)可知,在任何大修周期的 C_{zj} 是由两部分组成的。第一部分是分摊到单位工作量上的设备价值的损耗 $\Delta V_j/Q_j$,分子 ΔV_j 对每个大修周期来说,可视为常数,分母 Q_j 则是一个变量。因此,随着完成工作总量的增大(即修理周期的增加),分摊到单位工作量上的设备价值的损耗逐渐减少。第二部分是分摊到单位工作量上的设备运行成本。图 10-2 所示为设备大修间隔周期及大修次数与设备运行费用之间的关系。

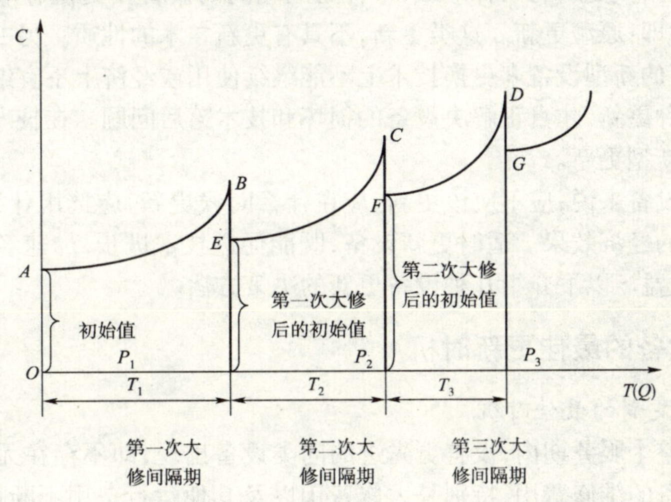

图 10-2 修理间隔期与运行费用的关系

设备投入使用以后,由于有形磨损,运行费用逐渐升高,临近大修时达到最大值,进行大修后,各项技术经济指标都会有不同程度的改善,运行费用显著下降。图中,经过第一次大修,运行费用由 B 降至 E。进入下一个大修间隔期后,随着使用时间的延长,运行费用又会逐渐增加,再次大修后,又会有显著下降;第二次大修使运行费用由 C 降至 F,第三次大修后,由 D 降至 G。尽管每次大修都会使运行费用下降,但后一次大修后与前一次大修后相比,运行费用总是要有所升高,且修理间隔期要缩短,即:$P_3G > P_2F > P_1E > OA$,$T_3 < T_2 < T_1$。这就是说,随着大修次数的增加,修理费用和设备运行费用都会不断增加。设备使用时间越

长，大修次数越多，运行费用越高。

如果把同一大修周期内的这两部分费用 $\Delta V_j/Q_j$ 及 C_j/Q_j 加起来可表示各个大修周期内设备的单位工作费用，不同的大修周期，其费用是不同的。

第一个大修周期为：$\Delta V_1/Q_1 + C_1/Q_1$

第二个大修周期为：$\Delta V_2/Q_2 + C_2/Q_2$

在计算几个周期之后，就可以进行比较，看哪一个大修周期内它们的这两项费用之和最小。这个最小费用对应的大修周期，就是设备大修的经济年限，超过这个周期进行大修，经济上是不合算的。

上述分析表明，设备长期无止境的大修，在经济上是不合算的。要提高设备使用经济性，必须找出设备大修的最佳周期数，超过这个经济界限，就应考虑用新设备代替旧设备了。

第三节　运输设备更新及其技术经济分析

一、设备更新的概念

设备更新，就是用新设备代替原有的旧设备完成相同的工作（或服务）。

一台设备随着使用时间不断增加，由于物质磨损，其效率不断降低，运行和维修费用不断增加，产品质量不断下降，越来越不能满足生产的要求，这时原有设备就需要更新。另外随着科学技术的迅速发展，多功能、高效率的设备不断出现，使得继续使用原有设备不够经济，这时也需要更新。更新有两种形式：一种是用相同的设备去更换有形磨损严重、不能继续使用的旧设备，即：原型更新。这类更新，不具有更新技术的性质。另一种是用效率高、功能多、经济效益好的新型设备来更换技术上不能继续使用或经济上不宜继续使用的旧设备，即新型更新。这种更新，才真正解决设备的损坏和技术落后问题。在技术进步很快的今天，设备更新主要是新型更新。

对一台具体设备来说，应不应该更新，应在什么时候更新，应选用什么样的设备来更新主要取决于更新的经济效果。适时更新设备，既能促进技术进步，加速经济增长，又能节约资源，提高经济效益。以下介绍几种设备更新的决策方法。

二、运输设备的最佳更新时机

1. 设备原型更新的最佳时机

有些设备在整个服务期内，没有更先进的同类设备出现，即不存在无形磨损的影响，只有有形磨损使设备的维修费用，特别是大修费用以及其他运行费用不断增加。当继续使用旧设备还不如再购置一台原型新设备合算时，就应及时更新，这就是原型更新问题。在这种情况下，可以通过分析设备的经济寿命进行更新决策，即在设备年均费用最小时更新最经济。也就是说，设备原型更新问题就是计算设备经济寿命问题。

计算设备的经济寿命有以下几种方法：

1）低劣化数值法

运输企业设备主要是车辆。车辆随着行驶里程的不断增加，车辆的技术性能不断下降，这种现象叫做车辆的低劣化。同时，随着行驶里程的不断增加，车辆的磨损不断加剧，车辆的经营费用也不断增加。假定车辆的燃料费、保修费、大修费等经营费用每千公里以一个定值增加,并且残值是一次性的,这时,就可以考虑用低劣化数值法计算车辆的经济寿命。我们把这个定值称为单位行程低劣化增加值,用符号 λ 表示。

车辆的总费用包括两部分:随行驶里程变化的折旧费用(单位行程车辆的投资费用)和经营费用。经营费用又包括两部分:变动经营费(燃料费、保修费和大修费)和不随行驶里程变动的固定经营费用(工资及提取的职工福利基金、企业管理费、轮胎费,为简化,假定其不变)和养路费。则车辆行驶里程为 L 时的单位里程经营费可表示为 $C_1+(L-1)\lambda$。

那么运行里程 L 内的单位里程平均经营成本:

$$C_0=C_1+\frac{L-1}{2}\lambda$$

车辆的总费用计算公式为:

$$AC=D_L+C_0=\frac{K_d}{L}+C_1+\frac{L-1}{2}\lambda$$

式中:AC——车辆单位行程的总费用;

D_L——车辆的折旧费;

C_0——车辆在行驶里程 L 时的单位行程平均经营费;

K_d——车辆折旧总额($K_d=K_0-K_w-V_L$);

K_0——车辆的原值;

K_w——车装轮胎价值;

L——车辆的行驶里程;

V_L——残值;

C_1——单位里程经营费用初始值。

随着车辆行驶里程的增加,单位里程分摊的车辆费用(即折旧费用)是逐渐减少的,而单位变动经营费用却随着行驶里程的增加而变大。综合考虑这两方面的因素,一般来说,随着车辆行驶里程的增加,车辆的单位行程平均总费用的变化规律是先降后升,即U形曲线,如图10-3所示。用求极值的方法,可求出车辆的经济寿命里程,亦即车辆原型更新的最佳时机。

设 K_d 为一常数,令 $\frac{dAC}{dL}=0$,则:

$$\frac{dAC}{dL}=-\frac{K_d}{L^2}+\frac{1}{2}\lambda=0$$

即

$$\frac{1}{2}\lambda=\frac{K_d}{L^2}$$

所以,车辆的经济寿命里程为:

(当 $L=L_e$ 时):

$$L_e=\sqrt{\frac{2K_d}{\lambda}} \qquad (10\text{-}13)$$

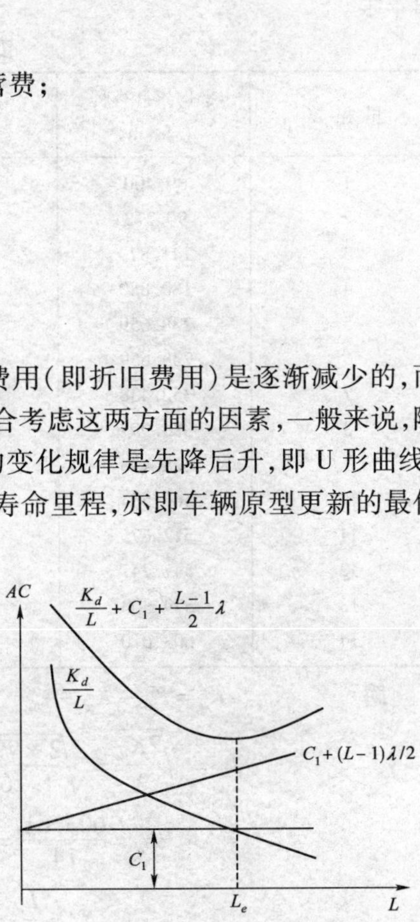

图 10-3

式(10-13)是不考虑资金时间价值,经营费用按某一固定值 λ 增加,且残值是一次性的经济行驶里程的计算公式。式中单位行程低劣化增加值 λ 是计算车辆经济寿命的关键,常用数理统计的方法对变动经营费用的数据进行回归分析,求解 λ 值。

用行驶里程确定最佳更新时机，反映了车辆的真实使用强度，但未考虑运行条件和第Ⅱ类有形磨损。作为行驶里程指标的补充指标——折算年限，它既考虑了车辆的使用强度，又考虑了运行条件和第Ⅱ类有形磨损的影响。按折算年限指标计算经济寿命年限的公式为：

$$T_c = \frac{L_e}{L_a} \tag{10-14}$$

式中：T_c——经济寿命折算年限；

L_a——年平均行驶里程。

年平均行驶里程是用统计方法确定的，与车辆的技术状况、完好率、平均技术速度、公路和地区等使用条件有关，目前我国公路运输车辆的年平均行驶里程一般为5万~6万km。

【例10-2】 某汽车原值为85 167元，车装轮胎价值5 000元，车辆最终残值1 000元，经营费用增加额为1.262 99元/千km，有关数据见表10-5，试求该车的经济寿命里程和年限。

变动经营费用统计数据 表10-5

里程数	平均累计行程（千km）	燃料费（元/千km）	大修均摊费（元/千km）	保修费（元/千km）	合计（元/千km）
1	39.400	2012.6	—	802.8	2 815.4
2	90.373	1 879.7	—	885.0	2 764.7
3	141.879	1 669.0	—	1 007.8	2 676.8
4	180.880	1 786.4	—	1 239.0	3 025.4
5	238.659	1 714.5	—	1 043.8	2 758.3
6	238.659	1 826.6	332.2	924.8	3 083.6
7	352.438	1 828.8	332.2	999.1	3 160.1
8	386.997	2 068.2	332.2	1 094.8	3 495.2
9	428.498	2 012.5	332.2	1 171.0	3 515.7
10	460.504	2 114.2	415.3	1 105.6	3 635.1
11	512.675	2 191.8	415.3	984.3	3 591.4
12	547.747	2 202.1	415.3	1 135.8	3 753.2
13	579.303	2 335.6	415.3	1 269.8	4 020.7
14	603.610	2 613.5	415.3	1 414.8	4 443.6

解 $K_d = K_0 - K_w - V_L = 85\ 617 - 5\ 000 - 1\ 000 = 79\ 167$（元）

$$L_e = \sqrt{\frac{2K_d}{\lambda}} = \sqrt{\frac{2 \times 79\ 167}{1.262\ 99}} = 354.068（千\ km）\approx 35（万\ km）$$

$$L_a = \frac{603.61}{14} = 43.115（千\ km）\approx 4.3（万\ km）$$

$$T_c = \frac{L_e}{L_a} = \frac{354.608}{43.115} = 8.21 \approx 8（年）$$

这种确定车辆经济寿命的方法，也同样适用于运输企业其他设备，所不同的只是车辆采用的是行驶里程指标，而其他设备采用使用年限指标；也同样是假定机器设备在使用过程中发生的燃料动力费、保养费、修理费（包括大修费）、停工损失等运行成本，随着设备使用期的增加，每年以某种速度呈线性增加，这种运行成本的逐年递增称为设备的劣化。设设备每年运行成本的劣化增加额为 λ，且残值是一定的，则：设备使用年数为 T 年时，第 T 年的运行成本为：

$$C_T = C_1 + (T-1)\lambda$$

则 T 年内运行成本的平均值为：

$$C_1 + \frac{T-1}{2}\lambda$$

除运行成本外，在使用设备的年总费用中还有每年分摊的设备购置费用，其金额为：

$$\frac{K_0 - S}{T}$$

式中：K_0——设备的原始价值；

S——设备处理时的残值。

则设备年均总费用的计算公式为：

$$AC = \frac{K_0 - S}{T} + C_1 + \frac{T-1}{2}\lambda$$

设 S 为一常数，同样可用求极值的方法，找出设备的经济寿命。令 $\mathrm{d}(AC)/\mathrm{d}T = 0$，则设备经济寿命为：

$$T_{opt} = \sqrt{\frac{2(K_0 - S)}{\lambda}} \tag{10-15}$$

设备的最小年费用为：

$$AC_{\min} = \sqrt{2(K_0 - S)\lambda} + C_1 - \frac{\lambda}{2} \tag{10-16}$$

【例 10-3】 某设备原始价值 53 000 元，预计残值 5 000 元，运行成本初始值为 8 000 元/年，年运行成本劣化值为 1 500 元，试确定其经济寿命及最小年度费用。

解

$$T_{opt} = \sqrt{\frac{2(53\ 000 - 5\ 000)}{1\ 500}} = 8(\text{年})$$

$$AC_{\min} = \sqrt{2 \times 1\ 500(53\ 000 - 5\ 000)} + 8\ 000 - \frac{1\ 500}{2} = 19\ 250(\text{元})$$

如果有的设备可靠性很好，运行费随时间增加而增加的趋势不十分明显，也就是说低劣化数值很小，此时，按公式计算出来的经济寿命将很长。低劣化数值法，主要考虑消耗指标，需要掌握大量原始资料，且它有一定的适用范围。

2）面值法

如果设备残值不能视为常数，运行成本不能视为常数，各年不同，且无规律可循，这时，可根据企业的记录或者同类型设备的统计资料或者通过对设备将来实际运行情况的预测，用列表法来判断设备的经济寿命。面值法的计算公式为：

$$C_j = \frac{K_0 - S_j + \sum_{t=1}^{j} C_{ot}}{j} \tag{10-17}$$

式中：C_j——设备使用 j 年的年均总成本；

C_{ot}——第 t 年的年运行成本；

S_j——设备第 j 年的实际残值。

具体计算也可利用 Excel 电子表格很方便地计算出结果。

【例 10-4】 某公司购置了一台设备，购价为 80 000 元，年运行成本及年末残值如表 10-6所示，试确定其经济寿命。

某设备运行成本及残值(单位:元)　　表 10-6

年　限	1	2	3	4	5	6	7
年运行成本	10 000	12 000	14 000	18 000	23 000	28 000	34 000
年末残值	60 000	50 000	40 000	33 000	28 000	10 000	5 000

解　根据经济寿命的定义，找年平均成本最低时，所对应的年数，列表(表 10-7)计算如下：

年总费用计算表(单位:元)　　表 10-7

年限 (1)	年运行成本 (2)	累计运行成本 (3) = ∑(2)	年平均运行费 (4) = (3) ÷ (1)	年末残值 (5)	年折旧费 (6) = [80 000 - (5)] ÷ (1)	年总费用 (7) = (4) + (6)
1	10 000	10 000	10 000	60 000	20 000	30 000
2	12 000	22 000	11 000	50 000	15 000	26 000
3	14 000	36 000	12 000	40 000	13 333	25 333
4	18 000	54 000	13 500	33 000	11 750	25 250
5	23 000	77 000	15 400	28 000	10 400	25 800
6	28 000	105 000	17 500	10 000	11 667	29 167
7	34 000	139 000	19 857	5 000	10 714	30 571

也可利用 Excel 电子表格列表进行计算，具体可按照表 10-7 的形式，将横轴、纵轴项目依次输入，并在表的第一年对应的横栏部分输入相应计算公式，即计算出第一年的相应数值。第二、三、四、五、六、七年只要复制、粘贴相应第一年的公式，就可很方便的计算出各年的数值。

事实上，如果将折旧寿命当作设备的自然寿命，静态计算出来的年均购置费用，就是按直线折旧法计算出的折旧额。

通过计算，使用该设备的年平均总费用在使用年限为 4 年时最低，其值为 25 250 元，故该设备的经济寿命为 4 年，即第 4 年更新最经济。

3）考虑资金时间价值的计算方法(动态 AC 法)

上述两种方法对设备经济寿命的计算，忽略了资金的时间价值。如果考虑资金时间价值，则使用设备的年平均总费用计算公式如下：

$$AC_j = [K_0 - S_j(P/F,i,j)](A/P,i,j) + \sum_{t=1}^{j}[C_{ot}(P/F,i,t)](A/P,i,j) \qquad (10\text{-}18)$$

式中：AC_j——设备使用 j 年的总费用。

若设备运行成本低劣化值呈线性变化，则：

$$AC_j = [K_0 - S_j(P/F,i,j)](A/P,i,j) + C_1 + (A/G,i,j)\lambda \qquad (10\text{-}19)$$

式中：C_1——设备第一年的运行成本；

λ——设备低劣化增加值。

在给定基准贴现率 i 时，令 AC 最小的使用年限 j，即为设备的经济寿命。

具体计算也可利用 Excel 电子表格很方便地计算出结果的说明。

仍以例 10-4 为例，假定基准贴现率 $i = 10\%$，上述的数据变化见表 10-8 所示。

某设备贴现率为10%时经济寿命计算表(单位:千元)　　表10-8

年限 ①	年运行费 ②	现值系数 ③	年运行费现值 ④=②×③	资金回收系数 ⑤	年末残值 ⑥	残值现值 ⑦=⑥×③	折旧总额 ⑧=K_0-⑦	年均运行费 ⑨=Σ④×⑤	年均折旧费 ⑩=⑧×⑤	年均总费用 ⑪=⑨+⑩
1	10	0.909	9.1	1.100	60	54.5	25.5	10.0	28.0	38.0
2	12	0.826	9.9	0.576	50	41.3	38.7	10.9	22.3	33.2
3	14	0.751	10.5	0.402	40	30.0	50.0	11.9	20.1	32.0
4	18	0.683	12.3	0.316	33	22.5	57.5	13.2	18.2	31.4
5	23	0.621	14.3	0.264	28	17.4	62.6	14.8	16.5	31.3
6	28	0.565	15.8	0.230	10	5.7	74.4	16.5	17.1	33.6
7	34	0.513	17.4	0.250	5	2.6	77.4	18.3	15.9	34.2

从表10-8中第(11)栏可以看出,该设备年均总费用最低的使用寿命是5年,即经济寿命为5年。

也可利用Excel电子表格列表进行计算,具体可按照表10-8的形式,将横轴、纵轴项目依次输入,并在表的第一年对应的横栏部分输入相应计算公式,即计算出第一年的相应数值。第二、三、四、五、六、七年只要复制、粘贴相应第一年的公式,就可很方便的计算出各年的数值。

上述面值法和动态AC法,都是通过列表来计算的,都是将设备的使用时间定为1年、2年……N年(N为自然寿命期年数),得到几个方案,然后计算每个方案的年费用,并选出年费用最小的方案,这个年费用最小方案的使用时间,就是该设备的经济寿命。

2. 设备新型更新的最佳时机

用经济寿命来决定设备的最佳更新时机,只考虑了设备的有形磨损,而未计无形磨损的影响。这种情况多用于设备在使用期内不发生技术上的过时和陈旧,没有更好的新型设备出现,只是由于有形磨损的影响,造成运行成本的不断提高,这时使用原型设备替换往往要比继续使用旧设备更为经济。但在技术不断进步的条件下,多数设备不仅受第Ⅰ类无形磨损和有形磨损的影响,还要受新型设备的挑战,由于受第Ⅱ类无形磨损的作用,很可能在设备运行成本尚未升高到该用原型设备替代之前,即还未使用到经济寿命年,市面上就已经出现了性能更好、效率更高、消耗费用更省、经济效果更好的新设备,这时就存在一个继续使用旧设备,还是购置新设备的问题。若更新,又在什么时候更新最为经济?这也是一个最佳更新时机的选择问题。

当市场上出现同类功能的新型设备时,选择旧设备合理使用年限的原则是:当旧设备再继续使用一年的年费用(即旧设备的年边际成本)超过新型设备的最小年费用时,就应立即更新。

具体计算也可利用Excel电子表格很方便地计算出结果。

【例10-5】 有旧设备一台,预计目前市场价格为40 000元,估计还可使用4年。目前市场上出现的同类新型设备的价格为100 000元。两种设备的年运行成本及残值如表10-9所示,计算$i=10\%$时,旧设备的合理使用年限。

两种设备的年运行成本及残值(单位:元)　　表 10-9

使用时间	旧设备			新设备		
(年)	年运行费	残值	年费用	年运行费	残值	年费用
1	30 000	30 000	44 000	20 000	75 000	55 000
2	35 000	20 000	45 905	22 500	56 200	52 050
3	40 000	10 000	47 744	26 000	43 000	49 862
4	45 000	0	49 528	29 600	33 000	48 583
5				34 000	21 000	48 697
6				38 500	10 000	46 159
7				50 000	1 000	46 458

旧设备与新设备年费用的计算见表 10-9,旧设备使用 3 年时年费用超过了新设备的最小年费用,即 47 744 >46 159,因此,旧设备的合理使用年限为 2 年,说明旧设备只能再使用 2 年就应更换为新设备。

也可以利用 Excel 电子表格列表进行计算,具体可按照表 10-9 的形式,将横轴、纵轴项目依次输入,并在新旧设备年运行费、残值项下分别输入相应的数据,再在第一年新、旧设备年费用项下,分别输入相应公式,即可计算出第一年新旧设备年费用的相应数值。新旧设备第二、三、四、五、六、七年的年费用只要复制、粘贴相应第一年的公式,就可很方便地计算出各年的年费用数值,再加以比较,得出结论。

三、设备更新的技术经济分析

设备更新的经济评价除确定设备经济寿命及更新时机外,还包括设备投资经济合理性研究,不同设备购置及更新改造方案的比较和选择,设备更新、改造和修理的经济分析,设备更新改造经济效果评价等。

1. 继续使用旧设备与立即更新的方案选择分析

在旧设备能继续使用的情况下,市场上出现了同类新型设备,这时,是否更新?这类问题实际上是方案选优问题,常用的方法有动态年成本法和更新收益率法等。下面介绍动态年成本法。

在旧设备能继续使用情况下,是否应更新?实际上相当于一个用目前价格购买旧设备的方案与一个购买新设备的方案相比较的问题,这类问题简便易行的求解方法是年成本法。

【例 10-6】 某公司于 4 年前花 86 000 元购置了一台设备,使用寿命 10 年,残值为 3 000元,年运行费 16 000 元。目前市场上售价为 40 000 元,现在市场上出现了同类新型设备售价为 80 000 元,使用寿命 10 年,残值 5 000 元,年运行费只有 9 000 元,若贴现率 5%,问是否应立即更换新设备?

解 求解这类问题时,应站在重新购置立场上建立现金流量图。否则,将导致决策失误。旧设备继续使用,相当于以市场价格买了一台旧设备,这样,新旧设备的现金流量图如图 10-4 所示。

解 $AC_{旧}=16\,000+40\,000\times(A/P,5\%,6)-3\,000\times(A/F,5\%,6)$

$=24\,697$(元)

$AC_{新}=9\,000+80\,000\times(A/P,5\%,10)-5\,000\times(A/F,5\%,10)$

$=18\,962.5$(元)

因为 $AC_{新} < AC_{旧}$，故应当立即更新旧设备。

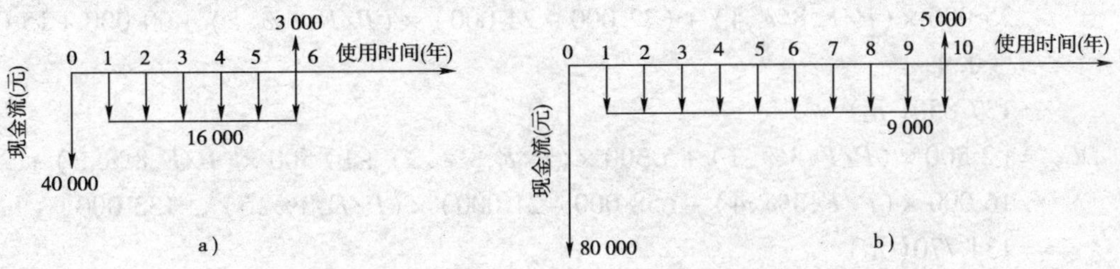

图 10-4 新、旧设备的现金流量图

2. 大修与更新的方案选择分析

在旧设备有形磨损严重，只有大修才能继续使用的情况下，大修还是更新实际上也是一个方案的选优问题。两种补偿方式，花费的资金与产生的经济效益是不同的。常采用的现值法是一种动态分析方法。它是通过分别计算大修后设备的总费用现值和购置新设备的总费用现值加以比较，来进行方案的比选的。因此有两种不同的情况，应分别用不同的方法决策。

1）设备所需的服务年限较长，超过大修后的设备寿命期和新购设备的使用寿命期

这种情况，如果大修后的设备寿命与新购设备相同，可直接算出大修或更新在寿命期内总费用现值，加以比较，费用小者为优。但正如前面所分析的，绝大多数设备大修后的寿命与新设备并不相同，这就需要取一个共同的分析期，再加以计算、比较，因此可以采用第四章介绍的最小公倍数法或年费用法。

2）设备所需服务年限较短，短于大修后设备寿命和新购设备使用寿命中短的寿命期

这类方案的选择与设备的服务年限有关，不同的服务年限，决定不同的最优方案。在方案比较中，根据各方案的现金流量，按规定的服务年限，计算各方案的费用现值，就可选出该服务年限时的最优方案。

【例 10-7】 某旧设备目前市场价 15 000 元，需要进行大修。现有 3 种方案可供选择：大修、原型更新、新型更新，各方案的原始资料见表 10-10，$i = 8\%$，若需要设备服务年限为 5 年，试选出最优方案？

解 根据已知条件及表 10-10，可做如下计算：

某设备三种更新方案的原始资料（单位：元） 表 10-10

方案	大修		原型更新		新型更新	
初始投资	60 000		133 000		162 500	
生产能力扩大倍数	0.90		1.00		1.30	
寿命	5 年		8 年		7 年	
年份	年运行费	残值	年运行费	残值	年运行费	残值
1	3 000	60 000	2 500	110 000	2 000	140 000
2	10 000	50 000	5 300	96 000	5 000	125 000
3	17 500	40 000	10 500	82 000	10 000	110 000
4	25 000	32 000	16 000	70 000	15 000	95 000
5	32 000	24 000	21 000	58 000	20 000	80 000
6			27 000	46 000	26 000	65 000
7			34 000	35 000	32 000	50 000
8			42 000	25 000		

$$PC_1 = [3\,000 \times (P/F,8\%,1) + 10\,000 \times (P/F,8\%,2) + 17\,500 \times (P/F,8\%,3) + 25\,000 \times (P/F,8\%,4) + (32\,000 - 24\,000) \times (P/F,8\%,5) + 60\,000 + 15\,000] \div 0.9$$

$$= 137\,850(\text{元})$$

$$PC_2 = [2\,500 \times (P/F,8\%,1) + 5\,300 \times (P/F,8\%.2) + 10\,500 \times (P/F,8\%,3) + 16\,000 \times (P/F,8\%,4) - (58\,000 - 21\,000) \times (P/F,8\%,5) + 133\,000] \div 1.0$$

$$= 134\,770(\text{元})$$

$$PC_3 = [2\,000 \times (P/F,8\%,1) + 5\,000 \times (P/F,8\%,2) + 10\,000 \times (P/F,8\%,3) + 15\,000 \times (P/F,8\%,4) - (80\,000 - 20\,000) \times (P/F,8\%,5) + 162\,500] \div 1.3$$

$$= 112\,900(\text{元})$$

$$PC_1 > PC_2 > PC_3$$

所以，当设备所需服务年限为 5 年时，应当进行新型更新。

四、运输设备租赁的经济分析

运输企业扩充设备，其目的是为了利用这些设备来发展生产，提高经济效益。从这个观点出发，设备是否是自有，对企业来说，并不重要，重要的是有适用的设备可供使用。所以，企业在购置设备的同时，还应考虑利用租赁来获取设备使用权的可能性和经济性。

设备租赁和自有相比具有很多优点。首先，它可以避免拥有设备所带来的许多责任，其中包括可免除维修、损失与毁损，以及设备性能的衰退、过时和更新等，这些麻烦是设备拥有者操心的事；其次，租赁不需筹资，也无需占用企业资金，投入的有限资金还可以和得到的利润同时发生，且所得的设备也不作为资产出现在账面上；再次，可避免技术落后的风险。当前科学技术发展迅速，设备更新换代很快，设备的技术寿命缩短。如果企业自己购置设备，而利用率又不高，则设备技术落后的风险很大。此外，企业如果在偿还能力或借款能力方面有问题的话，租赁还可以作为一种额外的资金来源。

设备租赁虽具有很大优势，但也必须考虑到设备租赁与自有相比的不足，主要表现在：

(1)比自己直接拥有的设备费用高，租金中包括有出租者的管理费和边际利润。

(2)不如其他可供选择的财务形式更合算，如利用银行透支或专项贷款等。

(3)不管企业的现金流量和经营状况如何，都需按时计付租金。

近年来，随着我国经济的发展，设备租赁业务不断扩大，一些专营设备租赁业务的企业相继建立。为了充分利用设备，每个运输企业在设备的配置上，也就不一定要样样齐全，一些不经常使用，或周转率很低的设备，可以考虑采用租赁的方式加以解决。

企业在具体决定是否租用设备时，可参照前面章节介绍的经济分析方法，对设备租赁进行经济分析。在设备技术性能相同的条件下，需要将购置设备和租赁设备的使用成本进行比较。

购置设备的使用成本包括折旧费、维修费、耗用能源费、设备投资利息、操作人员工资等。租用设备的使用成本根据租赁方式不同有不同的内容，有的是由出租单位提供设备，租用单位自己使用，这时的使用成本除租金以外，还包括使用设备的维修费、耗用的能源费、操作人员工资等。

【例 10-8】 一辆已使用 2 年的载货车有 30 000 元的净变现价值，估计在其剩下的 3

年寿命结束时，有9 000元残值。税款、保险与注册的年运行费用合计为1 600元。检查、维修的年费用：第一年为1 500元，以后每年递增500元。一辆相似的载货车能以每千米3元加上每天150元的费用租到，只要占用汽车一天，无论是否运行，这150元均需支付。企业估计每年需载货车运行2 000km共30天，假定公司无论是自购还是租赁，均由同一个驾驶员驾驶，最低希望收益率为15%。试对两种方式作出选择。

解
$$AC_{拥有}=(30\,000-9\,000)(A/P,15\%,3)+9\,000\times15\%+1\,600+1\,500+500\times(A/G,15\%,3)=14\,100(元)$$

$$AC_{租赁}=2\,000\times3+30\times150=10\,500(元)$$

因此，在此情况下，租赁比自有要经济。

从这个例子可以看到，高的初始成本结合低的利用率，怎样造成一种经济上有利于租赁的局面。因而，在企业建设和运营中，为满足特殊的需要，租赁一些大型的专用的运输设备、装卸设备比购置这些设备更加经济。

1. 设备的磨损有哪几种形式？各有何特点？其产生原因、造成危害及补偿方式怎样？

2. 理解下列概念：设备有形磨损、无形磨损、设备物理寿命、设备技术寿命、设备折旧寿命、设备经济寿命、折旧、沉没成本。

3. 结合实际谈谈设备更新有哪些方式？

4. 设备折旧率过高或过低有什么影响？加速折旧法有什么优点？

5. 某设备原值110 000元，折旧期8年，8年后的残值为10 000元，试用直线折旧法、双倍递减余额法、年数总和法计算该设备各年的折旧额。

6. 某汽车原值为75 000元，车装轮胎价值为3 500元，估计车辆最终残值2 000元，经营费用增加额1.214元/千km，该车运行15年，累计行程56万km，试求该车辆平均的经济寿命里程和年限。

7. 某设备购价为8 000元，不论使用多久，其残值都是零，其第一年使用费为2 000元，以后每年增加1 000元，假定不计利息，计算该设备的经济寿命和最小年度费用。

8. 某运输公司新购置了一台设备，其购入价为30 000元，估计可使用10年，并预测到各年的运行费和年末残值，如表10-11所示。试确定该设备的经济寿命，若考虑资金的时间价值（$i=6\%$）时，其经济寿命如何变化？

某设备各年运行费用及残值（单位：元） 表10-11

年 份	1	2	3	4	5	6	7	8	9	10
年运行费	3 200	3 850	4 300	4 700	5 200	5 600	6 100	6 500	7 000	7 200
残值	25 000	20 000	15 000	10 000	8 000	6 000	4 000	3 000	2 000	1 000

9. 某运输企业现有一部旧车，还可使用3年，现在处理可获残值10 000元，若以后处理其年运行费用及残值见表10-12。该车原型新车初始购置费为76 000元，年运行费用3 600

元，经济寿命12年，残值5 000元，若$i=8\%$，问现在更新是否经济？何时更新最经济？

车辆各年运行费用及残值(单位:元)　　表10-12

使用年数	1	2	3
年运行费用	43 000	52 000	62 000
残值	7 000	5 000	3 500

第十一章　价 值 工 程

价值工程是第二次世界大战之后发展起来的一门现代管理技术。它充分融技术和经济分析于一体，在新技术、新产品开发等方面具有独特的作用。价值工程应用于各行业所带来的促进作用已日益为人们所普遍关注。本章将以价值工程的推广应用为目标，重点介绍价值工程的概念、工作步骤、功能分析、功能评价、改进与创新等内容。

第一节　价值工程概述

一、价值工程的产生和发展

价值工程是从合理利用资源开始发展起来的一门软科学技术。第二次世界大战期间，美国军火工业有了很大的发展，但同时出现了资源的紧张和短缺。这在客观上提出了合理利用和节约原材料的问题。美国通用电气公司当时在生产中所需用的石棉板，材料短缺，价格昂贵。该公司工程师L·D·麦尔斯对产品的成本和原材料的选用问题产生了兴趣，对当时生产中所需石棉板的短缺和价格成倍上涨问题进行了研究。他通过分析石棉板的使用功能发现，石棉板通常是铺在地上，在产品喷刷涂料时使用以避免玷污地板和引起火灾。在石棉板短缺的情况下，L·D·麦尔斯找到了同样满足这种功能要求，而且不燃烧，价格又便宜的一种纸，代替了石棉板，既保证了使用功能，又节约了大量费用开支。当所使用的某种原材料短缺时，能不能找到另外一种或几种其他材料，同样可以满足生产需要呢？他认为是可能的。

L·D·麦尔斯把这种思想运用到产品设计上。他在实际工作中发现，用户购买物品时，不是购买产品本身，而是购买产品的功能以满足某种需要，并且购买时希望费用最低。L·D·麦尔斯根据这个发现把产品设计问题归结为用最低成本费用向用户提供所需功能的问题。因为用户是按照产品的功能满足程度来付款购买产品的，并把它看成产品的价值。L·D·麦尔斯的研究获得了一系列的成果。麦尔斯把他创造的这种方法叫做“价值分析”(Value Analysis)简称VA，于1947年发表，从此产生了价值分析。1954年美国海军舰船局把这种方法定名为“价值工程”(Value Engineering)简称VE。L·D ·麦尔斯研究的成果归纳起来有以下几点：

(1)用户购买的不是产品，而是产品所具有的功能。

(2)用户购买功能时，希望花的钱最少。

(3)从功能和购买功能所花费用之间的关系，提出了“价值”的概念。

(4)研究产品的功能和实现这种功能时所投入的资源之间的关系,并提高其价值,就是价值工程。

1956 年美国海军舰船局在签订订货合同时除规定产品价格外,还规定企业应用 VA/VE 进行设计,能达到节约目标时,可从节约额中提取 20% ~30% 作为超额利润奖,所以第一年就节约了 3 500 万美元。由于 L · D · 麦尔斯在价值工程方面的贡献,美国通用电气公司和美国海军都向他颁发了奖状。继海军之后,空军、陆军等部门也相继采用了价值工程技术,不仅军工产品,而且民用产品也自发地应用了 VA/VE,并在内政部垦荒局系统、建筑施工系统、邮政科研工程系统、卫生系统等得到应用。价值工程不仅为工程技术部门所关心,也成为美国政府所关注的内容之一。1977 年美国参议院有关文件中,说明 VE 是节约能量,改善服务和节省资金的有效方法,呼吁各部门尽可能采用 VE。1979 年卡特总统在给 SAVE 年会的信中说:"价值工程在降低成本、节约能源、改进服务以及提高工业和政府劳动生产率方面,已成为一种行之有效的分析方法。"

1955 年价值分析传到日本(日本习惯称"价值分析"),并在一些企业中开始应用。首先在物资和采购部门得到应用,后来发展到老产品更新、新产品设计、系统分析等方面。

20 世纪 50 年代至 60 年代,价值工程纷纷传到其他国家。特别是 70 年代以后,价值工程获得迅速发展。现在,不仅在产品设计、生产领域,而且在工程、组织、预算、服务等领域都有广泛的应用。据日本 1981 年抽样调查结果,价值工程在几个行业的实施率为:机械 82.4%,电机电器 95.4%,运输 94.1%,精密制造 83.3%。价值工程在我国宣传推广是在 1978 年以后,时间虽短,但推广速度快、普及面大,已为不少企业所采用。

价值工程得到迅速发展不是偶然的,可以说是技术和经济发展的必然产物。它抓住产品成本 70% 以上由设计决定这一事实,从设计改进入手,成为内涵式发展生产的有力工具;它针对技术和经济脱节这一普遍弊病,促进二者的有机结合。这一先进管理技术从它诞生的那一天起就显示了强大的生命力,并获得了显著的经济效益。

二、价值工程的概念

(一)价值的定义

人们从事某种生产活动或购买某种物品的时候,首先考虑的是,需要花多少钱,以及能取得多大的效果和使用价值。经过权衡,得出值得与否的结论。如果值得,则认为有价值,反之,则认为得不偿失。若生产某种产品,其耗费较少、成本低、取得的效果和使用价值大、则认为该产品价值高。由此可知,在价值工程的概念中所讲的"价值"是指产品的功能(效用)和生产费用(成本)之间的比值,即:

$$\text{价值}=\frac{\text{功能(效用)}}{\text{成本(费用)}},\text{或 } V=\frac{F}{C} \tag{11-1}$$

从完整意义上讲,产品的价值是用户购买、使用产品时支付单位费用所能取得产品的功能的数量。企业生产的产品只有通过消费才能实现其经营目的,那么,用户(消费者)之所以购买企业生产的产品,并不是为了占有产品本身,而是产品能满足消费者一定的需要,即产品具有某一特殊的功能或一些特殊的功能。消费者需要得到的满足,必须有一定的代价(费用)作为基础,起码应包括拥有该产品的所有权及使用该产品的有关费用支出。因此,从市场角度分析,消费者购买产品通常考虑到该产品功能与费用之间的关系。

对上面公式的理解应注意以下几点:

(1)产品的功能就是产品为社会所提供的使用价值或效果。任何产品都具备某些特有的功能,正因为如此,人们才需要它。产品的功能取决于产品的设计,而产品的设计不仅决定着产品的功能,还决定着取得这些功能所需要的成本。

(2)产品的功能只有在使用过程中才能体现出来,因此,某一产品的功能大小、高低,是消费者所承认、所需要的必要功能,而不是设计者、生产者所主观想象的。

(3)产品的成本就是为实现某种功能所需支付的全部费用。这里所讲的成本是指寿命周期成本,即实现某种功能和使用某种功能所需支付的全部费用。成本包括制造部门的生产成本和使用部门的使用成本,具体来说,有研究费、设计试制费、制造费、安装费、调试费、使用维修费以及报废拆除等费用。

(4)价值工程中的产品"价值",也可以理解为消费者所需要产品的必要功能与产品的寿命周期成本的比值。所以,价值工程不是单纯地追求产品在生产过程中的经济效益,而是以提高产品在整个寿命周期内的经济效益为目的。

(二)价值工程的定义

"价值工程"可定义如下:着重于功能分析,力求用最低的寿命周期成本可靠地实现必要功能的有组织的创造性活动。

虽然价值工程也叫做价值分析(简称VA),但是严格地讲,只有在产品的研究、设计、试制过程中,对产品的功能和成本所进行的分析研究,才称之为价值工程。对于为改进产品,提高产品的价值所进行的分析工作,则称为价值分析。

价值工程的定义包括以下3项内容:

(1)价值工程以提高产品的价值为目标,从满足用户的需要出发,以最低的费用来保证实现产品必要的功能。

(2)价值工程以功能分析为核心。它不是单纯地通过减少原材料费、人工费、管理费等一般性措施降低产品的成本,而是通过对各种功能的系统分析,找出其中存在的问题,剔除不必要的功能,用更好的办法保证主要功能的实现,从而达到降低成本和提高价值的目的。

(3)价值工程是以有组织的集体活动为基础的。这是因为,任何产品的生产过程都是相当复杂的,从研究、设计、试制到生产、销售和使用,这中间不仅涉及到企业内部的许多部门,而且还要涉及到一些外单位的有关部门。所以,在研究如何提高产品价值的过程中,必须要和本单位、外单位的各有关部门密切配合,有计划有组织地开展活动。

(三)价值工程的特点

价值工程是一种行之有效的降低成本的科学方法。价值工程着重研究用最低费用向用户提供必要功能。其特点有以下6个方面:

1. 坚持用户第一的观点

任何一种产品或者一项服务工作,如果没有用户或服务对象,那么这种产品或者服务工作就没有存在的必要。如果这种产品的用户少,用户不大爱用,或者一项服务工作,顾客少,顾客不大欢迎,那么,这种产品或者服务工作就是不景气的,它也没有什么发展前途。所以,一切从用户出发,一切为用户着想,是价值工作的特点之一。

2. *以功能分析为核心*

价值工程的核心是进行产品功能和所需费用的分析。这是价值工程独特的一种研究方法。因为用户要求的不是产品本身,而是产品所提供给他们的功能。价值工程所要研究的,就是用户所需必要功能的内容,和如何用最低费用实现必要功能的途径。

3. *以提高技术经济效益为目的*

应用价值工程的目的是提高社会和企业的技术经济效益。这正是企业生产和经营的目的,也是我国经济建设中迫切需要解决的问题。价值工程通过研究产品(或作业)的功能和所需费用,达到提高产品价值的目的,以取得较好的技术经济效益。

4. *技术与经济工作相结合*

价值工程是一种把技术和经济工作结合起来,综合分析问题的方法。它指导技术人员要关心自己所从事工作的成本费用,经济工作人员要关心自己所从事经济工作的技术问题,而管理人员要善于把这两者紧密地结合好,这是提高企业技术经济效益的一个重要方面。技术与经济是一个统一体的两个方面,缺一不可。价值工程把技术工作和经济工作结合起来,综合研究问题,克服了过去技术与经济脱节的现象。

5. *进行有组织的活动*

应用价值工程要采取有组织的活动,发挥集体的智慧。价值工程的运用,涉及企业的经营管理、产品设计、试验研究、产品制造、物资供应、协作配套、生产组织、产品销售、技术服务等各个方面。需要运用产品设计、材料选择、制造工艺、技术经济分析、信息等各门学科的知识。因此,依靠各方面专家的智慧和经验,组织起来,进行有目的活动才能获得成功。

6. *采用系统分析的方法*

价值工程在分析研究对象时,采用系统分析的方法。价值工程创始人 L·D·麦尔斯曾指出:价值分析/价值工程是一个完整的系统,这个系统运用各种已有的技术知识和技能,有效地识别那些对用户的需要和要求没有贡献但增加成本费用的因素,来改进产品、工艺流程或服务工作,以提高价值。

三、价值工程的工作程序

应用价值工程的过程,实质上就是提出问题、解决问题并不断变革和创新的过程。那么,在运用价值工程对某种产品或某项业务进行分析时,应该提哪些问题呢?一般来说,这些问题是:

(1)分析的对象是什么?

(2)它的用途是什么?

(3)它的成本是多少?

(4)它的价值是多少?

(5)有无其他新的方案?

(6)新方案的成本是多少?

(7)新方案能否满足要求?等等。

在运用价值工程的过程中,要逐项回答上述问题,就必须按以下价值工程工作程序找出最理想的解决办法。为清楚起见,把价值工程工作程序和对应问题列表 11-1 所示。

价值工程工作程序及对应问题　　表 11-1

<table>
<tr><th rowspan="2">分析过程</th><th colspan="2">价值工程工作程序</th><th rowspan="2">对应问题</th></tr>
<tr><th>基本步骤</th><th>详细步骤</th></tr>
<tr><td rowspan="4">分析</td><td rowspan="2">功能定义</td><td>1. 对象的选择
2. 收集信息</td><td>这是什么?</td></tr>
<tr><td>3. 功能定义
4. 功能整理</td><td>这是干什么用的?</td></tr>
<tr><td rowspan="2">功能评价</td><td>5. 功能成本分析</td><td>它的成本是多少?</td></tr>
<tr><td>6. 功能评价
7. 确定对象范围</td><td>它的价值是多少?</td></tr>
<tr><td>综合</td><td rowspan="2">制定改进方案</td><td>8. 创造革新</td><td>有其他方法能实现这些功能吗?</td></tr>
<tr><td>评价</td><td>9. 评价
10. 调查、具体化
11. 详细评价
12. 提案</td><td>新方案的成本是多少?
新方案能满足功能要求吗?</td></tr>
</table>

第二节　对象选择和信息收集

对象选择和信息收集是价值工程工作程序的基本环节,也是价值工程的基础。价值工程就是要通过科学的方法选准分析对象,在掌握大量信息的基础上,进行改进和创新,完成功能的再实现。

一、价值工程对象选择的方式

能否正确地选择对象是价值工程收效大小的关键,所以对选择对象要慎重考虑。从一个企业范围来讲,并不是针对所有的产品全部进行价值工程活动,对一个产品来讲,也并不是针对所有的部件、组件、零件进行活动,而是要适当的挑选一下,使得采用同样的工作量取得最佳的效果。

在选择分析对象时,可从设计、制造、销售和成本几个方面进行初步分析,然后加以确定。

(一)从设计方面选择

考虑产品的结构、组件、部件和零件是否复杂?它的设计水平怎样?改变设计的可能性是否存在?是否便于维修?例如:有的产品结构复杂,而实现的功能却又比较简单,则这种结构就有简化的可能。

(二)从生产制造方面选择

首先要考虑是否属于量大面广的产品,因为产品批量大,虽然略有改进、节约了点滴成本,但其总的积累数仍是相当可观的。其次还应考虑是否长期以来使用相同的加工方法?工艺有无改进的可能?产品质量好不好?用户意见怎样?

(三)从产品销售方面选择

在产品的销售过程中可以看出产品的寿命周期究竟处于哪一阶段,市场占有率怎样?是否属于市场销售量大的产品?盈利率怎样?用户要求赔偿的事例多吗?原因何在?凡此种种情况,经过对产品销售方面的了解,可以做出选择。

(四)从产品成本方面选择

产品寿命周期中,成本是否高于同类产品？与具有相同功能的产品相比,它的成本是否高(包含单位产品成本、单位重量成本、单位功能成本、各道工序成本等)？

二、价值工程对象选择的方法

选择价值工程对象,一般有以下几种方法:

(一)经验分析法

经验分析法是凭借VE人员和专家经验来选择确定VE对象的一种方法。VE人员和专家凭借经验,在既考虑需要又考虑可能和区别轻重缓急的情况下,进行综合分析。为提高选择工作的质量,应选调熟悉业务、经验丰富的人员,集体研究,共同商定。

经验分析法是一种常用的方法,它的好处是简便易行,不需特殊训练,考虑问题综合全面。缺点是受VE人员的工作态度和经验水平的影响较大,有时难以保证分析质量。在选择对象的过程中,可将这种方法与其他方法结合使用。比如利用经验法进行对象粗选,再用其他方法进行精选,或者将用其他方法选出的对象,再利用经验分析法,通过对有关方面的综合分析加以修正。

(二)价值测定(提问)法

这种方法是通过对产品(或零部件、作业)进行价值测定或提出一些问题来选择VE对象的方法,是美国通用电气公司最早开始推行VE时使用的一种方法。共有下列10个方面的问题:

(1)使用这种材料(或零部件、工艺)能提高产品的价值吗?

(2)这种产品的功能同它的费用相称吗?

(3)产品的各种特性和性能全部都是必需的吗?

(4)有更好的办法来实现这个目的或用途吗?

(5)有更便宜的方法来生产目前使用的这些零部件吗?

(6)能找到可使用的标准产品吗?

(7)从使用数量上来考虑,是否需要使用适当的专用工具来生产?

(8)材料费、工时费、间接费和利润的总和等于它的价格吗?

(9)能从其他可靠的专业化的工厂里以更便宜的价格买到这些材料或零件吗?

(10)有人以更低廉的价格从别的地方买到过这种产品吗?

(三)百分比分析法

此方法是根据各个对象所花费的某种费用占该种费用总额的比重大小来选择VE对象的方法。如某企业要降低能源消耗费用,则可利用各有关因素所占总费用比重,优先选择比重大的做VE对象。

(四)ABC重点管理法

ABC重点管理法也称ABC分析法。它是通过统计的方法,对事物、问题进行分类排队,以便抓住事物的主要矛盾的一种定量的科学分类管理方法。这种方法是意大利经济学家巴雷特提出来的。

在利用ABC分析法选择对象时,要将零部件(或项目) 按其成本大小进行排队,优先选择成本大的少数零件(或项目)作为VE的对象。

三、信息收集

在确定了价值工程对象之后,应该围绕分析对象,搜集有关信息。如果不了解国内外同行在材料、产品、工艺、设备等方面的技术,不了解整体技术发展现状和发展趋势,就难以进行技术创新。不了解市场,不了解用户意见,不了解同类产品的成本水平、获利水平等,就难以应用价值工程进行分析。

对企业而言,价值工程工作的进行对信息收集的要求包括两个方面,即企业外部信息和企业内部信息。其各自的具体内容可分别用图 11-1、图 11-2 表示。

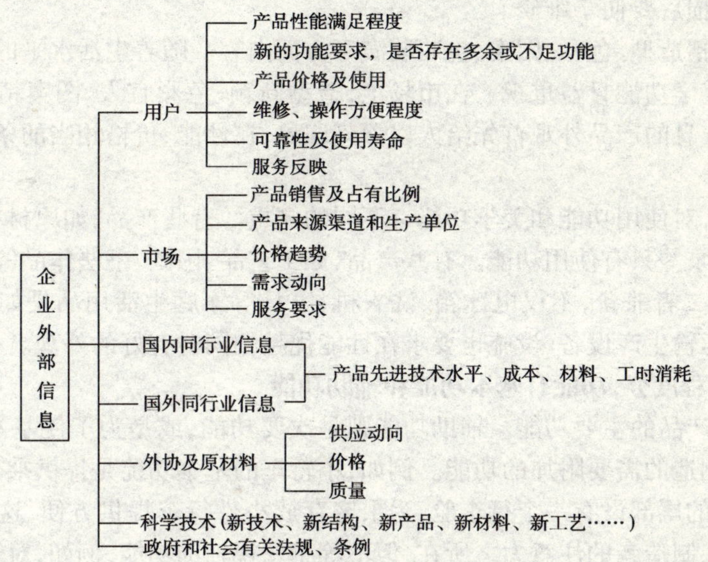

图 11-1　企业外部信息图解

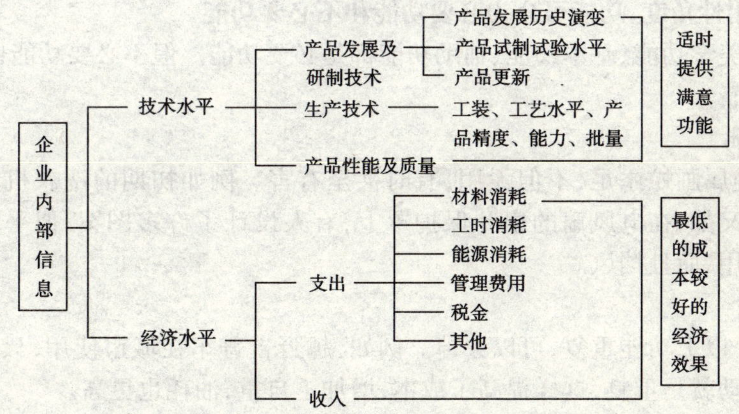

图 11-2　企业内部信息图解

第三节　功能分析

价值工程的本质,不是以产品为中心,而是以功能为中心。因此,功能分析在价值工程中起着至关重要的作用。功能分析的主要内容包括功能分类、功能定义、功能整理和功能评价。限于本节篇幅,功能评价将在第四节介绍。

一、功能的分类

价值工程中所讲的"功能"是指功用、效用和能力等。由于其包含的范围较广,可以从不同角度进行分类。

(一)按性质上分,功能可分为使用功能和美学功能

使用功能不仅要求产品的可用性,还要求产品的可靠性、安全性、维修性等。例如,一辆汽车,不仅要能开动,而且要故障少、转弯灵活、制动可靠、操纵方便,保证乘客安全、舒适、出了故障或机件磨损后要便于维修。

美学功能包括造型、色彩、图案、包装装潢等方面内容。随着生活水平的提高,人们要求产品多样化,对美学功能日益重视。在市场上,造型新颖、色彩宜人、图案精美、包装装潢美观、能体现时代气息的产品外观首先给人以深刻印象,在性能、价格相当的条件下,这样的产品更具竞争力。

不同的产品,对使用功能和美学功能有不同的侧重。有些产品,如原材料、燃料、地下管道、潜水泵、潜油泵等只有使用功能。有些产品,如工艺品、国画、书法作品等只有美学功能。多数产品则要求二者兼备,不仅电冰箱、洗衣机、家具等家庭生活用品是如此,就是载重汽车、运输场站等运输生产设备、设施也要求在性能优越的同时有好的外观。

(二)按重要程度分,功能有基本功能和辅助功能

基本功能是产品的主要功能。辅助功能则是次要功能,或是为了使基本功能更好地实现或由于设计、制造的需要附加的功能。例如,小轿车的基本功能是提供乘坐舒适的快速交通工具,同时,车的尾部设有一个行李舱,为乘客存放小件行李提供方便,这就是辅助功能。基本功能是设计、制造者的注意力之所在,但不等于忽视辅助功能,例如,对于汽车客运站来说,站内问询服务处的服务功能只能算是辅助功能,但其影响却非常大。

(三)从有用性角度,功能可分为必要功能和不必要功能

使用功能、美学功能、基本功能、辅助功能都是必要功能。但不必要功能也并不少见,其表现有3个方面:

1. 多余功能

有些功能纯属画蛇添足,不但无用,有时甚至有害。例如初期的洗衣机上曾设计有脸盆,并无必要。又如,在电风扇的扇叶保护罩上,有人设计了许多图案,似乎增加了美学功能,其实不仅无用,而且挡风。

2. 重复功能

两个或两个以上功能重复,可以去掉。例如,越野吉普车在城市使用,只要单桥驱动就足够了,双桥驱动就是重复,这样提高了成本,增加了自重,油耗也更高。

3. 过剩功能

功能虽是必要的,但满足需要有余,这是最常见的一种不必要功能。如过高的安全系数、过大的拖运动力、结构寿命不匹配等,造成产品结构笨重,原材料和能源浪费严重。

二、功能定义

(一)功能定义的概念

功能定义,就是用最简明的语言或文字,来对分析对象的功能进行确切地描述。

一个产品的功能，是指这个产品所具有的特定职能，也就是产品总体的功用或用途；而产品的组成部分即零件的功能，则是指该零件本身的职能或用途。给"功能"下定义，是为了限定功能概念的内容，明确功能概念所包含的本质，以与其他功能概念相区别。因此，在进行"功能定义"时，既要对产品总的功能下定义，又要对每个零件的功能下定义。

一个产品的设计方案就是要把达到用户要求功能的手段加以具体化。在设计之初，对"功能"的概念往往是抽象的，只有通过设计实践才逐步形成既定功能的具体结构。"功能定义"，就是为了弄清楚设计的出发点。如果设计者不能准确地把握住这一点，就不可能设计出高价值的产品。

（二）功能定义的目的

1. 明确设计的依据

价值分析要求人们把注意力从对产品本身的思考中解脱出来，转移到产品功能的研究上。因为用户追求的是功能，所以功能是设计或确定改进方案的出发点和根据。如果偏离用户要求的功能，那么，设计出来的产品，是不会使用户满意的。因此彻底弄清用户要求的功能，并正确加以掌握，是设计成功的基础。

2. 开阔设计思路

由于用户所要求的是功能，不是具体产品结构，而各种结构方案又都是实现功能的具体手段，于是就存在各种方案的比较问题。比较的结果，可能发现现行方案未必是实现功能的价值最高的手段。为了设计出高价值的实现功能的手段，不应仅仅研究现行方案，而应回过头来去研究功能。进行功能定义可以帮助设计者拓宽思路，最终找到价值最高的设计方案。

3. 便于实现功能评价

功能评价是站在用户的立场上，对现有实现功能的手段进行评价和对比，以确定提高价值的目标。为了进行功能评价，首先应对功能进行明确的定义，并用定量的方法加以表示。

（三）功能定义的方法

对功能下定义，要根据功能定义的目的，把问题细分到最小单位，用简明准确的语言来表达特定的内容。在实践中常用一个动词加一个名词的办法给"功能"下定义。例如：保持位置、传递力矩、防止振动、承受冲击力、增大压力、加大动作、形成摩擦、维持密封、改变运动方向等。

三、功能整理

经过定义的功能可能很多，它们之间不是孤立的，而是有内在联系的，为了把这种内在联系表现出来就必须将其系统化。这种将各部分功能按一定逻辑排列起来，使之系统化的工作就叫功能整理。

产品都是由许多相互密切联系的零件组成的，而这些零件又往往具有几个功能并同时发挥作用。产品越复杂，功能数量就越多，功能之间的关系也越加复杂。要从大量定义了的功能中把握住必要的功能，是进行价值分析的关键要求。为了达到这个目的，必须进行功能整理。在功能整理过程中，要找出哪些是产品的基本功能，哪些是产品的辅助功能，哪些是必要的功能，哪些是不必要的功能，以便在实现功能过程中设计出更合理的方案。

（一）功能系统图

功能整理结果的基本格式可用功能系统图来表示。功能系统图的一般格式如图 11-3 所示。

上述功能系统图中涉及如下术语：

(1)“级”：每一分枝形成一级。

(2)“功能域”或“功能范围”：某功能和它的分枝全体。例如 F_{11} 和 F_{21}、F_{22}、F_{23} 是一个功能域；F_{26} 和 F_{31}、F_{32} 构成一个功能域；F_{13} 和 F_{26}、F_{27} 以及 F_{31}、F_{32} 也构成一个功能域。

(3)“位”：同一功能域中的级别用位表示，高一级功能称为“上位”，低一级功能称为“下位”，同级功能称为“同位”。例如：F_{11} 是 F_{21}、F_{22}、F_{23} 的上位功能；F_{21}、F_{22}、F_{23} 是 F_{11} 的下位功能；F_{21}、F_{22}、F_{23} 之间则是同位关系。功能系统图中不再细分的功能称为“末位”功能，如 F_{21}、F_{31}、F_{27} 等。

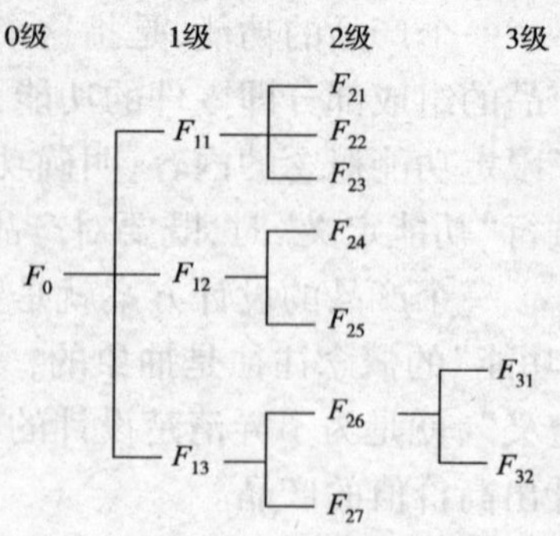

图 11-3　功能系统图的一般格式

功能整理采取的逻辑是：目的—手段。上位功能是目的，下位功能是手段。因此，上位功能也称为“目的功能”，下位功能便称为“手段功能”。

功能系统图表明了整个功能系统的内部联系，更进一步地阐明了分析对象的“功能是什么”的问题，它反映了设计意图和构思。功能系统图为功能评价和改进创新提供了基础，使功能评价得以按功能域逐级进行，也给改进创新提供了可供选择的全部功能域。

(二)功能整理方法

功能整理是按“目的—手段”关系进行的。方法之一是由手段寻求目的，从而把所有手段功能联系起来；方法之二则是由目的寻找手段，将所有手段功能排列起来。

1. 由手段寻找目的

零部件功能均属手段功能，不具有目的功能的性质。因此，只要定义得当，功能系统图上的末位功能必能与零部件功能相对应。就是说，从零部件功能开始向目的功能追寻，就能建立全部系统图。

由于已定义的功能较多，为防止遗漏、重复和混乱，可以把所有功能一一制成卡片，一张卡片代表一种功能。卡片格式如图 11-4 所示。

<table>
<tr><td colspan="2">功能：</td></tr>
<tr><td>编号：</td><td>零件名称：
成　　本：</td></tr>
</table>

图 11-4　功能卡片的一般格式

利用功能卡片进行功能整理的方法如下：

(1)将写有相同功能的卡片集中在一起，得到一组卡片，这就是一个末位功能。为便于下一步整理，可将各组卡片分别用口袋装好，并在口袋上注明功能。

(2)将各组卡片和未集中的单张卡片放在一起，任取一组或一单张卡片，追寻其目的，可找到上位功能。逐一追寻各组和各单张卡片，将有相同目的功能的放在一起，组成一大组，这就是上一级功能，大组中的各小组和各单张卡片的功能则是同位功能，上、下位功能构成了一个功能域。依照上面的办法，将有相同的上位功能的一大组卡片装入口袋，并注明功能。

(3)仿照以上办法，逐级进行组合，直到追问到零功能为止。每进行一次组合，就形成一个高一级的功能域，组合完毕，全部功能域也就形成了。

从大到小逐一打开各个口袋，顺序排列，功能之间的关系就一目了然，用文字记录下来就得到了完整的功能系统图。

2. 由目的寻找手段

由手段追寻目的的功能整理办法适用于不太复杂的现有产品。复杂产品有成千上万个零件，从零件功能开始进行功能整理实际上是不可能的。对于设计中的产品，由于设计尚未定型,从零件功能开始整理也是不现实的。在这两种情况下,可以采取另一种整理方法:"目的→手段"。

这种方法是从零级功能开始,逐级向下追问手段功能。例如,载重汽车的功能是"运载货物"。从原理上看,运载货物至少应有两个手段:提供货厢和移动货厢,如图 11-5 所示。

对于"提供货厢"这一功能可暂不细分。现在来研究"移动货厢"的手段。要想移运货厢,必须有行驶机构(具体实物是车轮),还要驱动行驶机构(用动力机和传动机构实现),并且要把行驶机构和货厢联成整体,如图 11-6 所示。

再往下,重点是分析"驱动行驶机构"这一功能。逐级往下,就可以大致勾画出载重汽车的功能系统图,再加以修改补充。图 11-7为载重汽车的功能系统图,供参考,括号内为对应的部件实体。

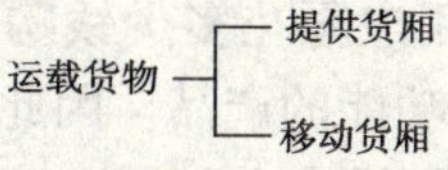

运载货物 —— 提供货厢 / 移动货厢

图 11-5　载重汽车的零级和 1 级功能

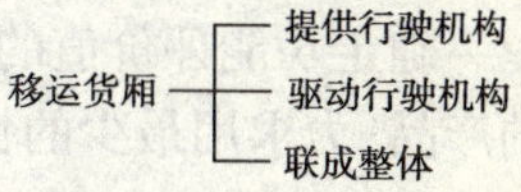

移运货厢 —— 提供行驶机构 / 驱动行驶机构 / 联成整体

图 11-6　由上位功能追寻功能域的下位功能

功能系统图复杂程度和粗细程度可根据需要而定。不同的系统图可有很大差别,粗的只到大部件,如变速器,甚至只到一部机器,如发动机;细的到小零件,如发动机中的活塞,甚至将一个零件的功能再进行细分到工艺结构。就是在同一个系统中,细化程度也有差别。对于像汽车这样复杂的产品,细化到所有零件是不可能的,必要时可将某些功能(如"产生动力")单独抽出另画更细的图。

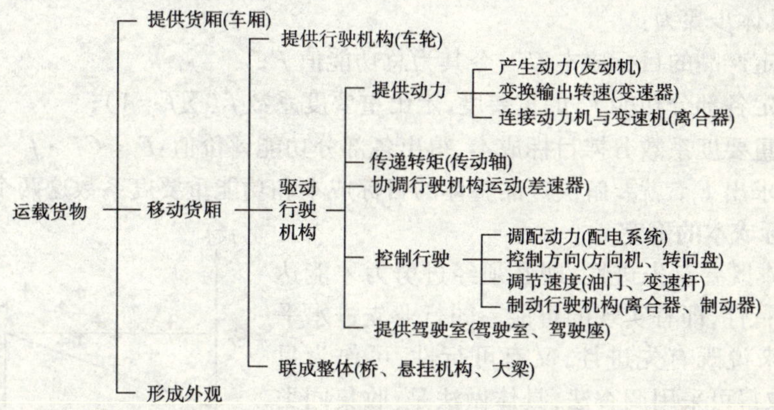

图 11-7　载重汽车的功能系统图

(三)功能系统图的检查

功能整理过程是对产品功能进一步理解的过程。如果说,功能定义要强调对单一功能本质的深入理解的话,那么功能整理则要强调对整个产品功能系统的深入理解。功能整理是功能定义的继续、深化和系统化。

功能系统图的表达方式具有多样性,但由于功能系统图是功能系统内在联系的反映,它又有严密性的一面。在画功能系统图时,以下几点需予以注意:

(1)功能系统图中的功能要与产品的构件实体相对应,其含义是:系统图中的功能应能包容全部有用构件的功能;系统图中的功能要由构件实体来实现。

(2)下位功能的全体应能保证上位功能的实现,具有等价性。在所画功能系统图中,若全部下位功能不能保证上位功能的实现,则说明下位功能不完全。

(3)上下位功能要有"目的—手段"关系;同位功能之间不存在"目的—手段"关系,是互相独立的。这一点直接涉及到功能之间的相互关系。

第四节 功能评价

功能评价就是用功能评价值和实际成本作比较来评价价值的高低,来判断方案的好坏,通过比较,找出改善价值对象的一系列工作的总称。实际分析时,对功能评价值和实际成本取同样计量单位。

一、功能评价值的确定

确定功能评价值的原则是:"用户愿花多少钱购买这一功能?"用户总是要挑物美价廉的产品,力求用最少的钱买到同样功能的产品。因此,质量好、价格便宜、成本低就成了人们追求的目标,这一"最低消耗"或"最低成本"就视为该产品的功能评价值。现实分析时,常用目标成本来代表,即目标成本就是功能评价值。确定功能评价值就是确定每一种功能的目标成本。

确定功能评价值的方法较多,如直接评价法、直接公式法、间接评价法等。间接评价法是应用最多的一种方法。

间接评价法也称功能重要度法或功能比重法,即首先求出每个零件的功能评价系数(功能重要度系数),再将该系数与产品的目标成本相乘,从而求出每个零件(工序)的功能评价值。其具体步骤为:

第一,确定产品的目标成本 C^*,令其为总功能值 F;

第二,确定各部分功能 F_i 的重要度,定出重要度系数 f_i($\sum f_i = 1$);

第三,按重要度系数分摊目标成本,得出各部分功能评价值:$F_i = C^* \cdot f_i$

因此,要求出 F_i,就要解决产品整体的目标成本和功能重要度系数这两个问题。

(一)目标成本的确定

目标成本既要有先进性,即必须经过努力才能达到,又要有可行性,即有实现的可能。同行业先进水平对多数企业来说既有先进性,又有可行性,可作为目标。数据的取得可采用调查法,具体做法是:收集同类产品的性能指标和成本资料,画在同一直角坐标上,如图 11-8 所示。横坐标表示功能完好度,可由产品技术性能指标评价得出,纵坐标表示各性能产品对应的成本。不同厂家的成本是不同的,将最低成本连成一条曲线,称为最低成本线。找出所分析对象功能完好程度,如 F_p,使其与最低成本线相交点对应的成本 C_p^* 即为该产品的目标成本。

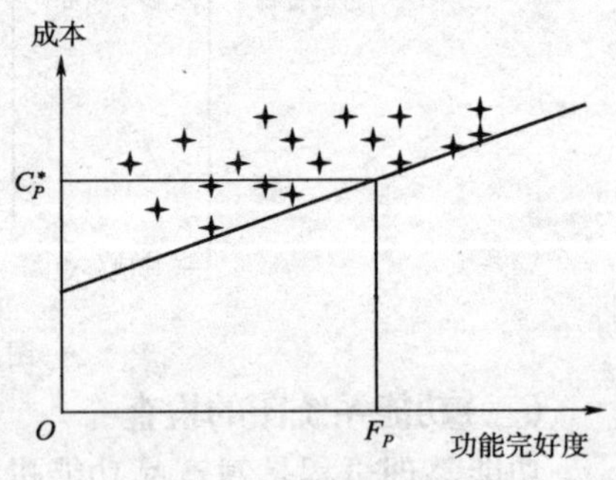

图 11-8 最低成本曲线

对于已处于先进水平的企业,可根据企业经营目标例如打入国际市场的要求,对比国外先进水平,确定一个先进、可行的目标。另外,根据统计,价值工程普遍可降低成本 5% ~ 30%,这一统计亦可作为确定目标成本时的参考。

(二)功能评价系数的确定

功能评价系数也称功能重要度系数。目前这一系数的确定主要靠经验判断,常用方法是 0-1 评分法。

0-1 评分法就是将选作价值工程对象的产品的主要功能排列起来,然后,一个一个地进行对比，重要的打 1 分，次要的记 0 分，全部对比之后，算出每个功能的总得分，再将每个功能总得分除以全部功能总得分，这个比值就是功能评价系数，可用公式表示如下：

$$\text{功能评价系数} = \frac{\text{某功能得分数}}{\text{全部功能得分数}} \tag{11-2}$$

例如，某产品包括有 6 个主要功能，对这些功能进行一对一的比较之后，每个功能得分数以及由此而计算出的各功能评价系数均列在如表 11-2 所示的表中。

功能评价系数计算表 表 11-2

项目	F_1	F_2	F_3	F_4	F_5	F_6	得分	功能评价系数
F_1	×	1	1	1	1	1	5	0.333
F_2	0	×	1	1	0	1	3	0.200
F_3	0	0	×	1	1	1	3	0.200
F_4	0	0	0	×	1	1	2	0.133
F_5	0	1	0	0	×	1	2	0.133
F_6	0	0	0	0	0	×	0	0
合计							15	1.0

（三）功能评价值的确定

按照式（11-2）先求出功能评价系数，再按式（11-3）算出功能评价值。

$$\text{功能评价值} = \text{功能评价系数} \times \text{目标成本} \tag{11-3}$$

若上例产品的目标成本为 60 元，则 $F_1, F_2, \cdots, F_6$ 的功能评价值就分别为 19.98，12，12，7.98，7.98，0。

二、功能成本分析

功能成本分析是指所分析功能的现实成本额的求法。企业的成本计算与分析，一般是以产品或零部件为对象。而功能成本分析则是以功能为基准，来计算分析它的成本，但是这种功能的成本往往不好计算。一般来讲，功能总是通过某些零件来实现，因此功能的成本，又往往可以把它转化为零件、部件来加以计算。从理论上来说，可以把完成各种功能的零件、部件或某项操作加以分析，估算它们的成本。通过对零、部件成本的计算，再估算各种功能的成本。

但是产品中有些零件往往不只完成一个功能，甚至超过好几个功能。一个好的设计，应该尽量减少产品的零件数量，使多数零、部件都同时完成好几个功能。产品中担负着多种功能的零件是很多的，我们称这些零件为具有复数功能。一个好的设计应使多数零件具有复数功能。这样，就可以减少产品中零件的数量。

（1）如果零部件具有两个以上独立功能，那么就将零部件成本按功能的重要程度加以分配，其功能成本如表 11-3 所示。

计算时先将零部件成本填入零件成本栏中，再将功能系统图中独立的功能（如 F_1、F_2、F_3……）记入功能范围中，表中 A 零件成本为 200 元，共完成 F_1、F_4、F_5 三种功能。

（2）如果功能是上下位关系，如图 11-9 所示，则零件 2 的成本应在功能 F_2、F_3 之间进行摊配，然后将 F_1、F_2 成本相加，加入到它

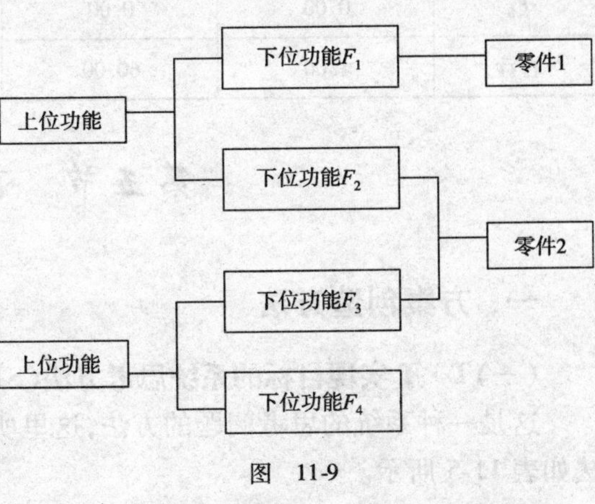

图 11-9

们上位功能的成本中去。

零部件功能成本分配表

表 11-3

产品的组成			功能范围				
序号	零件名称	零件成本	F_1	F_2	F_3	F_4	F_5
1	A	200	100			50	50
2	B	400	200		150		50
3	C	100			100		
4	D	300		200		100	
总计		1 000	300	200	250	150	100
百分比(%)		100.00	30	20	25	15	10

(3)如果有些结构较复杂,必须由几个零件同时完成一个功能,此时就比较容易计算,只要将几个零件成本相加,即为这一功能的成本。

三、价值计算及分析

有了功能评价值及其对应的现实成本,就可以计算价值(又称价值系数),同时也可以计算功能的成本降低幅额。

$$成本降低额 = 现实成本 - 功能评价值 \quad (11\text{-}4)$$

举例见表 11-4,其中功能评价系数、现实成本和产品的目标成本为 60 元等均已给出。

价值系数计算表

表 11-4

项目	功能评价系数	功能评价值	现实成本(元)	价值系数	成本降低额(元)
F_1	0.33	19.98	25	0.799	5.02
F_2	0.20	12.00	15	0.800	3.00
F_3	0.20	12.00	16	0.750	4.00
F_4	0.13	7.98	7	1.140	-0.98
F_5	0.13	8.04	10	0.804	1.96
F_6	0.00	0.00	5	0.000	5.00
合计	1.00	60.00	78		18.00

第五节　改进与创新

一、方案创造方法

(一)T·T实现目标的系统思考方法(STORM)

这是一种系统的思考问题的方法,这里所说的实现目标就是指要实现某个功能。其方法如表 11-5 所示。

T. T 实现目标的系统思考方法步骤表　　表 11-5

序号	步　骤	内　容	价值工程的应用
1	集中目标	深刻领会对象问题的真正目的，明确地给予定义	功能分析
2	广泛思考	发挥自由联想的效力，冲破现有方案框框，提出多种新方案	方案创造
3	探索相似点	为了进一步发展强制联想，抽出其中的关键词，开展强制联想，使这些方案得到发展	方案创造
4	系统化	把实现目标的各种方案进行具体化，并把这些方案添加到产品设计上	方案创造
5	排队	把提出的方案，按其价值大小顺序排列，并进行选择和分析	概略评价
6	具体和提炼	将概略评价后选出的各种设想方案具体化，并联想对比，以求出解决整个问题的方案	方案具体制定、试验及评价
7	制定模式	确定新方案的细节及实现功能的最有价值的具体方案	最优方案选择

这是日本经营合理化中心的武知考夫提出来的方法。T · T 是“武知考夫”罗马字拼音的字头。这是一种逻辑性很强的方法。

(二)会议研讨法

这种方法是利用会议的形式组织专家、内行，对需要改善的功能提出改进方案。

(1)一种方法是将所研究的对象，具体地提交给会议，请参加会议的各方面专家，各抒己见，集思广益，提出各种改进方案，这种方法在我国叫“诸葛亮”会，在国外叫“头脑风暴法”。

(2)另一种方法是把所研究的对象问题抽象化，向参加会议的人员作原则性介绍，不摊开具体内容。要求对抽象的问题自由地提出解决方案。

这种方法的优点在于把问题抽象化，提出的解决方案，不受现有事物的约束，可以广泛地考虑问题，提出比较重大的改进方案。这种方法是美国的哥顿提出来的，也叫哥顿法。

会议研讨法是发挥集体智慧的有效方法。但也有受专家权威人士意见的约束，妨碍独立思考能力发展的缺陷。

(三)传阅会签法

这种方法是由主管设计工程师提出改进方案，整理书面材料(包括设想的内容、技术经济效果、必要的图纸资料等)，按一定的传递路线，组织有关部门和各方面专家传阅会签，提出修改补充意见，最后由总工程师综合各方面意见决定取舍。这种方法在国外叫专家检查法。

(四)缺点列举与希望点列举法

人们提出的各种方案，是以解决存在的某个问题为目的的。所谓问题，就是某事物在本质上有什么缺点，把这些缺点都摆出来，想办法去消除它，就是缺点列举法。

希望点列举法与缺点列举法相反，是专门列举希望和可能，从而找出克服缺点，解决问题途径的方法。

这两种方法是互相联系的，其特点是抓住要害，目标集中。

(五)检查提问法

人们对存在的问题往往不知该从哪入手提出解决方案,这时可以提出一些事先准备的问题要点,以期启发思维,产生新方案。下面介绍奥斯本的事先提出要点的检查提问法。

(1)就现在这样或稍加变化,还能有别的用途和可能提高功能吗?

(2)能不能借用别的方案,有什么东西与这个相似?能借用参考其他的方案吗?过去有过相似的东西可以参考吗?可以模仿什么东西吗?模仿谁的?

(3)能不能变化,即根据用户的意愿,改变它的意义、颜色、运动、声音、味道、形状、款式等;能搞出一些适合用户需要的独出心裁的东西吗?

(4)能不能扩大,即增加一些什么东西,是否存在必须增加的不足功能?延长时间、增加次数、增加长度、增加强度、增加另外的价值、加倍、加大、综合。

(5)能不能缩小,即把某些东西取消、变小、压缩、变薄、降低、缩短、减轻、消除、分割、缩微;是否存在应该消去的多余功能?

(6)能不能代用,即有用什么具有同样功能(或功能更高)而价钱又便宜的别的东西来代用?如别的人、别的东西、别的元件、别的材料、别的工艺、别的动力、别的方法、别的声音等。

(7)能不能替换,如元件的替换、造型的变换、改变布置、改变顺序、因果互换、改变速度、改变日程等。

(8)能不能颠倒,即正反颠倒、里外颠倒、上下颠倒、次序颠倒等。

(9)能不能组合,如合金材料的组合、装配组合、目的组合、方案组合等。

检查提问法适合于新产品设计和老产品更新的价值分析。

(六)类比法

这种方法是由美国人哥顿提出来的。他搜集了物理、机械、生物、地质、化学和市场学等方面专家的发明创造方法,分类编组,成功地研究了这些创造过程。他发现专家们在研究课题中能够使创造活动取得成功的一些特殊技巧,就是把乍一看来是完全不同的、没有关系的东西联系起来,进行类比,这就是类比的方法。这种方法是把人们在解决各种各样的问题时所作的假设和解决办法加以综合类比,以便有效使用。这种方法应用于方案创造,可提高创造效率。

类比法要搜集同主题类似的事物、知识或技巧,从中得到暗示或启发,进行自由联想,提出解决问题的办法。类比法适合于新技术、新产品的开发工作。

二、分析对象的改进和创新

价值工程的工作过程就是"推倒—创造—再实现"的过程。所谓"推倒",是否定现有的实现功能的手段;"创造"是寻找实现功能的新手段;"再实现"不是简单重复,而是通过创造和提高达到功能重新实现。

价值工程的完整程序比较复杂,但其主要内容都体现在以上的过程中。从功能分析进入创造就是从发现问题过渡到解决问题。发现问题、为创造准备条件的功能分析三阶段(功能定义、功能整理、功能评价)具有相对的独立性,从其中的任一阶段开始进入创造都是可行的。当然,由于功能分析的深度不同、掌握的信息量不同,改进、创造的结果会有差别。但是,在初次开展这项工作而缺乏经验和专家指导的情况下,为简化步骤、便于实施,也不必拘泥于价值工程的完整程序,同时,有些简单的分析对象,也不必对其进行复杂的分析。

下面分别讨论如何从功能分析的不同阶段着手改进创新的问题。

(一)通过功能定义,着手改进创新

功能定义已经概括、抽象出了分析对象的功能,从而提供了创造的条件。从功能定义着手,进行改进创新是针对某一功能的,其对象可以是整个产品,也可以是某些零部件。这是价值工程最简化的程序。为便于进行,可采用提问方式,所列的问题要通俗、容易被人们理解。提问的多少和细化程度可根据具体情况确定。

用提问的方法,明确问题,引起思考,可以使价值工程程序通俗化,易于为人们掌握、应用,对于价值工程的普及很有意义。

(二)通过功能的定义和整理,着手改进创新

经过功能定义和功能整理,不仅弄清了分析对象的个别功能,而且对功能系统有了清楚的了解,这时的改进创新就能以系统图为基础进行。

1. 发现不必要功能

如第三节所述,功能系统图与零部件实体应有对应性。当功能与实体不能对应时,有几种可能:

(1)功能系统图画得不正确或零部件功能定义不恰当,此时应重新修正功能定义和功能系统图。

(2)原产品的功能不够完全,其表现是,系统图上的功能没有相应的零部件实体来实现。

(3)存在不必要的功能,其表现是,零件实体在系统图上找不到相应的位置。

对于上述第二种情况,应完善手段,达到所需要的功能要求。对第三种情况,可用以下方法检查出不必要的功能:

(1)在功能系统图的末位功能上注出对应的零件名称或代号,当功能系统图上找不到某一零件时,就应研究零件是否属于多余。

(2)分别研究功能与对应的实体,看是否存在重复或过剩功能。

2. 选择一部分功能域进行改进创新

当产品比较复杂、组成的零部件多、作全面改进研究困难时,可选择一个或几个功能域作为改进对象。这种选择可以借助一些粗略的定量分析进行,如"功能成本比较法",方法如下:

将产品功能按大小顺序排列,再将功能成本按大小顺序排列,将对应的功能和成本用箭头连起来。不难判断:箭头朝上的功能其价值较低,应优先进行分析。

(三)按功能评价结果,有重点地进行改进创新

功能评价完成后,功能系统分析就有了最后结果,分析这些结果,可以抓住薄弱环节,有目的、有重点地改进创新。这就是按价值工程的完整程序进行了。功能评价得出价值系数,价值系数有3种可能:即等于1、大于1、小于1。对这3种情况要区别对待。

(1)价值系数=1,这表明功能和成本匹配很好,是一种理想状况,对此可不重点研究改进。这种情况很少见。

(2)价值系数>1,即功能大于成本,从原理上讲,这是不可能的,但在功能评价中确有这种现象。它可能有以下原因引起:

①目标成本定得过高,致使与实际成本相近。

②对某些功能的重要度系数估计偏高,使功能值过高。

③用户对功能有更高的要求,从而在功能重要度系数分配时加大了比重。

(3)价值系数<1,表明实现功能所费的成本过高,或功能过低,需要提高功能或降低成本。这是改进创新的重点。从价值公式(11-1)可以看出,提高价值有以下途径:

①功能不变,成本降低;

②功能提高,成本不变;

③功能大大提高,成本略有提高;

④功能略有降低,成本大大下降;

⑤功能提高,成本下降。

实践中这几种途径都可运用,但要结合具体情况,灵活掌握,尤其对第④种途径要持慎重态度。

尽管在功能系统图上的任何一级改进都可以达到提高价值的目的,但是改进的多少、取得效果的大小却是不同的。越接近功能系统图的末端,改进的余地越小,越只能作结构上的小改小革;相反,越接近零级功能,改进就可以越大,就越有可能作原理上的改变,从而带来显著效益。

对一个产品来说,从设计上改进比从加工上改进效果更明显。因此,设计人员不仅要在技术上精益求精,同时应该树立经济观念,做到技术和经济的统一。

三、方案评价

经过创造阶段,得到了大量提案,需要进行筛选,因此要对方案作评价。方案评价一般分概略评价、详细评价两种。概略评价可采用定性分析法对方案进行粗选,舍弃明显不合理的方案。详细评价要将各提案和原方案一起评价经济性、技术特性等优劣,这是多目标决策问题,常用的方法有打分法、加权评分法等(参考第八章)。

例如,用加权评分法评价一产品改进提案。经方案粗选后还有 *A*、*B*、*C* 三个方案待评价。经分析,影响方案优劣的有成本(指标 1)和三个技术性能指标(2、3、4),进一步分析认为,这 4 个指标重要程度(即加权系数)为 40%、20%、10%、30%,各方案打分(百分制)及计算如下表 11-6 所示。

方案评价评分表 表 11-6

指 标	指标权数	方案 *A*		方案 *B*		方案 *C*	
		初评分	加权分	初评分	加权分	初评分	加权分
指标 1	0.40	80	32	90	36	70	28
指标 2	0.20	60	12	80	16	90	18
指标 3	0.10	70	7	60	6	80	8
指标 4	0.30	90	27	70	21	70	21
累计得分	1.00		78		79		75

其中"加权分"为用百分制的评分乘加权系数后计算。经评定,以方案 *B* 为最好。

经过评价选出的方案就可以组织实施,这需要多方面协同努力。一个有作为的企业应该在科学分析的基础上,勇于创新,克服障碍,创造条件,为先进管理技术的应用做出不懈的努力。

1. 概念解释:价值、价值工程、功能、功能系统图、功能定义。
2. 价值工程的特点及工作步骤是什么?
3. 结合所学专业实际说明功能整理的方法。
4. 为什么用目标成本代替功能评价值?
5. 为什么说价值工程的核心是功能分析?
6. 价值工程如何应用于运输及其管理活动?

第十二章　运输技术经济预测

第一节　技术经济预测的基本过程

一、技术经济预测的概念

预测，就是用一定的资料、方法和技巧对事物未来发展进行科学的估算和测定的过程。预测的目的就是要揭示事物的发展规律，更好地把握事物未来的发展动态，为决策提供必要的信息。

技术经济预测是在调查研究的基础上，依据所取得的资料，运用一定的方法和技巧对技术与经济的未来发展所作的科学分析、预测和推断。其主要目的是为了促进技术的进步和经济发展。因此，技术经济预测不仅包括对经济发展的预测，而且包括对技术发展的预测。

二、技术经济预测的目的和作用

进行技术经济预测的目的，完全是为了掌握技术经济发展的前景，更好地发展社会主义市场经济，满足国家经济建设和人民群众日益增长的物质文化生活需要。

1. 技术经济预测是对技术、经济方案做出决策的前提

技术问题与经济问题都是十分复杂的，如果事先不作周密细致的调查和预测，就很难选出合理的方案，做出正确的决策。要发展某种新技术，首先要知道这种新技术出现已有多长时间，在哪些领域已经得到应用，效果如何，生命期多长，是否宜于采用。只有对这些问题事先做过调查和预测，取得可靠的信息之后，才能做出正确决策。

2. 技术经济预测也是制定与执行规划、决定技术与经济发展方向和速度的重要依据

编制长远规划、短期计划时，应该发展什么产品，产量多大，速度多快，事先都要有个定量与定性的估计。技术经济预测，可以为制定发展规划和计划提供必要的依据。

3. 技术经济预测，可以增强产品竞争能力，为生产部门改进技术、提高经济效益而明确方向

为了发展我国社会主义市场经济，努力使我国的产品在国际市场上占有一定地位，就不能不参与国际竞争。因此，必须通过对国际市场情况的预测，掌握产品的技术发展动向与供求数量，采取相应的对策，以增强产品在国际市场上的竞争能力。在国内，由于存在着企业之间的市场竞争，生产企业为了保持和扩大产品的销售能力，增加盈利，也应该通过对市场

需求量的预测，来调节产品的构成和产量。

三、技术经济预测的特点

1．科学性

预测是应用调查和统计资料，通过一定的程序、方法和模型，取得未来事件的信息。这些信息反映了事物诸因素之间的相互联系和相互制约关系及其程度，基本上反映了事物发展的规律，所以预测具有科学性。

2．近似性

预测是对未来事件的估量和推测，处在事件发生之前。因为事物的发展不是简单的重复，总要受到各方面不断变化的因素影响，所以事前预计与推测事件的结果，总会与将来事件发生的实际结果存在一定的偏差。预测的数值同未来事件发生的实际数值不可能完全一致，仅仅是一个近似值，所以预测具有近似性。

3．局限性

预测对象的许多因素往往受到外部各种因素变化的制约，带有随机性。加上人们对未来事件的认识总有一定的局限，或者由于掌握的资料不准确、不全面，或者对具有许多复杂因素影响的事件进行预测时，为了建立模型，简化了一些因素和条件，以致预测的结果，往往不能表达事物发展的全部，所以预测出来的信息对事物性质的表达，具有一定的局限性。

四、技术经济预测的原则

人们经过长期实践和总结，认识到事物的发展都是按照一定规律进行的。下面列举的原则就是事物发展规律的体现，在进行技术经济预测时，应自觉地遵循这些原则。

1．惯性原则

惯性原则也称"慢性原则"，即"鉴往知来"的意思。过去一种事物随时间变化的形式，即为现在以及今后事物随时间变化的形式。任何事物的发展都带有一定的延续性。例如目前我国大城市的客运交通是以公共汽车为主，自行车和其他交通方式为辅。据预测，到2020年，尽管客运量和人们的生活水平会有较大的变化，但是这一交通模式仍然会延续下去。

2．类推原则

许多事物在发展变化中常有类似之处，利用事物与其他事物的发展变化在时间上有前后不同，但在表现形式上有相似之点这一特性，有可能把先发展事物的表现过程类推到后发展事物上去，从而对后发展事物的前景做出预测。例如过去我国货运汽车主要是中型车，其专用化程度很低，今后要发展一定数量小型车和大型车，还要发展专用车辆。但是各种类型车辆所占比例如何确定，就可以借鉴发达国家的经验，类推预测出我国发展各种类型车辆的规模和时间。在利用类推原则进行预测时，一定要注意两事物之间的发展变化的条件。例如使用国外资料类推时，必须考虑到社会制度、经济基础以及人们的生活习惯和观念形态上的差异，正确估计和修正条件不同所带来的偏差，并且应该预见到有时由于条件相差甚远，某些项目的预测是根本不能进行类推的。

3．相关原则

交通运输的发展与整个国民经济的发展密切相关，它涉及到土地资源的利用，能源的开发与使用，以及许多相关领域科学技术进步。

利用相关原则时，最重要的是要找到预测对象的发展变化与哪些因素相关，并且常常要从众多因素中找出最主要的若干因素。如果确认预测对象和某些因素相关，还要鉴别究竟是线性相关还是非线性相关，这样就可以恰当地建立相关模型，提高预测结果的准确程度。

4. 概率推断原则

由于各种因素的干扰，常常使预测变量的未来表现呈现随机变化的形式。随机变化的不确定性给预测工作带来了很大的困难。然而为了给决策工作提供依据，需要预测工作者对具有不确定性结果的预测对象提出较确定的结论，这就需要应用概率推断原则。当推断预测结果能以较大概率出现时，就认为这个结果是成立的、可用的。

五、技术经济预测的分类和程序

(一)预测的分类

技术经济预测是一个复杂的调查研究和分析判断的过程，涉及的内容非常广泛。按不同的划分标准，分为以下几类：

1. 按预测范围可分为宏观预测和微观预测

宏观预测是指对国民经济范围的有关指标所作的预测，如对国民生产总值及其增长、社会物价的总水平、工资水平、就业率、建设规模、资源开发和技术发展等等所作的预测。

微观预测则是对一个企业的发展、一种商品的供应和需求以及一项技术的经济效益等等所作的预测。

2. 按预测时期的长短可分为长期预测、中期预测、短期预测和近期预测

长期预测是指预测期在10年以上的预测，中期预测是指预测期在5～10年的预测，短期预测是指预测期在1～5年以内的预测，近期预测是指预测期在1年以内的预测。

预测的精度是预测时间长度的函数。预测精度随时间的延长而下降，一般说来，短期预测比中、长期预测误差要小。通常对技术发展的预测以中期预测为主。这是因为预测的时间(5～10年)与一项新技术从开发到用于生产所需的时间相当。经济预测一般以5年为主。这是因为长远规划是以5年为周期。也就是说，预测期限的长短，决定于预测对象的性质、内容和要求，并服从于决策的需要。

3. 按预测内容的性质可分为技术预测和经济预测

技术预测主要是预测技术的储备、扩散和发展趋势，预测新技术将在什么时候出现、突破和运用，将给其他方面带来什么变化等。

经济预测则主要是预测经济的发展、社会的需求、市场的购买力和市场的容量及其变化趋势和波动等。因为技术发展与经济发展联系很密切，所以技术预测与经济预测常常要同时进行。这两种预测在内容上虽然不同，但在所用的方法和程序上是基本相同的。

4. 按预测的方法又可分为定性预测、定量预测和综合预测

定性预测是在调查研究的基础上，人们根据自身的知识和经验，对事物未来的发展所做的分析和判断。定量预测则是在掌握比较充分的数据的基础上，运用能够近似地反映事物发展规律的数学模型进行定量计算，并把计算结果作为事物未来发展的预测值。任何一种预测方法都有一定的适用范围，都有一定的局限性。为了克服这种缺点，可以采用多种预测方法进行综合预测。综合预测兼有定性预测与定量预测的长处，并可弥补它们的缺点。进行综合预测的方法有两类，一类是用不同方法预测同一个问题，比较它们的结果，找出和消除其中的不肯定因素，以提高预测的可靠性；另一类是找出各种相关事件相互影响的规律

性，把它们结合起来进行综合预测，以提高预测的精度和可靠性。

（二）预测的程序

1. 明确预测目的

在预测过程中，首先要对预测对象及相关经济活动（或其他对象）进行必要的分析，确定预测对象及具体要求，包括具体的预测指标、预测期限、可能选用的预测方法、预测数量单位和要求达到的精确度等基本资料和数据。

2. 搜集和分析历史资料

根据可能选用的预测方法和预测指标，把有关的历史及现状资料、数据尽可能收集齐全，并进一步分析，去伪存真，整理为各种数据样本。搜集资料要注意资料的可靠性，要区分资料中的偶然因素和规律性因素，以确定可用的数据。

一般情况下，资料来源有：

(1)国家及有关部门的统计资料。

(2)国外技术进口项目的资料。

(3)国内外各种技术及经济刊物等资料。

(4)情报部门整理的参考资料。

(5)本系统企业实际活动的统计资料。

(6)各研究机构的研究成果资料等。

3. 选择预测方法

经济（或其他对象）预测的准确性，除了取决于对预测对象历史、现状的了解及其资料、数据的完整性以外，在很大程度上还取决于所选择预测方法的科学性、合理性。预测时，应根据不同预测对象的具体情况，选择适宜的预测方法。

4. 建立预测模型

预测对象的影响因素很多，影响关系又很复杂，根据经济理论（或其他学科、领域的理论）和数学、统计学原理，收集整理得到的样本数据及所选择的预测方法，确定预测模型、计算模型参数，对定量预测建立数学模型，对定性预测设定逻辑思维和推理程序，或把两者结合起来综合应用，然后根据建立的预测模型或程序，进行定量预测、定性预测或综合预测。

5. 模型检验、误差分析和模型修正

根据历史样本数据，运用数学方法建立的数学模型，是对预测的近似模拟，能否据此预测事物未来发展趋势，必须进行一系列检验。首先是参数的数理统计合理性检验、模型预测精度检验，其次是因变量与自变量间（对因果关系分析模型来说）经济关系的逻辑性检验。只有两种检验结果均符合要求时，该模型才能用于预测。最后运用一部分历史资料对建立的预测模型进行验证，分析其误差，并对误差较大的预测模型作出必要的修正，使其能真正反映预测对象的变化规律。

6. 计算与分析预测结果、提供预测方案

根据预测模型、预测期限及误差，对预测对象的各项指标进行实际预测，获得多种预测方案的数据。这一结果不能直接加以应用，还要进一步进行分析评价。经过分析评价，要对预测结果再进行修正才能选出最佳值，作为决策依据。进行修正时，也可建立一些数学模型，如用季节性指数修正或结合专家定性判断预测等因素，最终推荐可能性最大的方案为预测方案。

第二节　技术经济预测的方法

一、专家预测法

(一)专家预测法概述

专家预测法就是以专家为索取信息的对象,依靠专家的知识及经验进行预测。这种预测的准确性主要决定于专家知识和经验的广度和深度。因此,所选择和依靠的专家必须具有所需的较高学术水平和较丰富的实际经验。

专家预测要先向专家提出问题、提供信息,由专家经过分析综合,根据自己的知识与经验,对问题做出个人判断,然后再把专家的意见加以归纳和整理,形成预测结论。

专家预测的方式分为个人判断及专家会议两种。前者的优点是能最大限度地利用个人能力,并且意见易于集中。但是个人判断容易受到专家知识的深度和广度、专家占有资料的多少以及专家对预测的问题是否感兴趣等因素的影响,所以难免带有片面性。专家会议的优点是占有信息量大,考虑的因素比较全面和具体,专家之间可以互相启发,缺点是容易出现屈服大多数意见或权威人士意见的情况,而忽视少数人的正确意见。为了克服这种缺点,可用函询方式征集每个专家的意见,然后把专家们的判断进行归纳整理,作为参考资料(只列出判断的理由,不说明专家的姓名)印发给每个专家再次征询意见。如此多次往复,意见日趋一致,结论的可靠性也越来越大。

(二)特尔菲法

特尔菲法(Delphi)首先采用函询调查方式,向选定的专家发出调查征询表,以一定的回收率收回调查表,并把专家的应答意见进行统计、分析,做出下一轮征询意见表,匿名反馈上一轮的结果,然后再次征询意见。经过三轮到四轮的反复征询,得到逐步趋向一致的意见。

特尔菲法的工作程序:经典的特尔菲法一般分4轮进行。

第一轮:发给专家们的咨询表不作任何限制,只提出预测主题,围绕预测主题,由专家提出应预测的事件。预测领导小组要对专家填写后寄回的咨询表进行汇总整理,纳入同类事件,排除次要事件,用准确的术语提出一个应预测事件一览表,并作为第二轮咨询的反馈材料提供给每一位专家。

第二轮:专家们对第一轮咨询表所列的每一个预测事件做出评价并阐明理由。咨询回收后,由组织者对专家的意见进行综合分析,其结果在第三轮预测时反馈给参加预测的专家。

第三轮:根据第二轮预测结果的统计材料,专家们再进行一次评价和预测,并充分陈述理由。

第四轮:根据第三轮咨询的反馈信息,专家们再次进行评价和预测,在第四轮咨询中,根据组织者的要求,有些专家要对自己的观点重新做出论述。

(三)征询表的设计和处理

由于预测的目的、对象不同,征询表中的应答题的格式也有所差异,因此处理方法和成果表达形式也不相同。

1. 预测目标实现年份(或其他数值)的统计处理。

将一系列应答完毕的征询表按时序(或数值大小)排列,然后找出中位数、上四分位数和下四分位数。

按统计学定义：

中位数$\bar{x}$：是统计数列中占中间位置的数。设有若干个统计数据，则：

当n为奇数时，$\bar{x}=x_{\frac{n+1}{2}}$，例如$n=7$，$\bar{x}=x_4$；

当n为偶数时，$\bar{x}=\frac{1}{2}(x_{\frac{n}{2}}+x_{\frac{n}{2}+1})$，例如$n=8$，$\bar{x}=\frac{1}{2}(x_4+x_5)$。

上四分位数$x_{\frac{3}{4}}$：统计数列中占$\frac{3}{4}$位置的数，例如有下列以实现某技术方案的年份预测结果的统计数列：

1985 1987 1990 1990 1990 1990 1992 1995 1997 1997 2000 2012

↑ 下四分位数 $x_{\frac{1}{4}}$　　↑ 中位数 $\bar{x}$　　↑ 上四分位数 $x_{\frac{3}{4}}$

以中位数表示意见的集中点，以上、下四分位之差表示意见分散程度。

通常根据四分位数间距来判断意见一致性，从而决断是否还要进行下一轮调查如表12-1所示。

目标实现年份判断意见一致性　　表12-1

$x_{\frac{3}{4}}-x_{\frac{1}{4}}$	<10年	10~14年	15~19年	≥20年
评 价	优	良	尚 可	分散太大

一般统计结果用三角形图或截角三角形图表示，三角形顶点表示中位数，底边的左端和右端表示最早和最迟的估计实现年份（或估计数值）。截角三角形则截去下四分位数以左和上四位数以右的两只三角形，如图12-1所示。

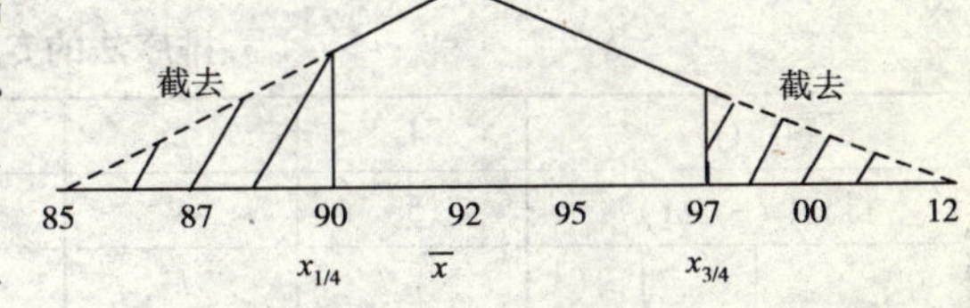

图12-1　中位数和四分位区

如果需要进行下一轮征询，将统计结果反馈给应答小组，让专家修改自己上一轮的估计。对那些做出的答复远离四分位区间的专家，请求他说明理由。如果四分位区间在向中位数收缩，则说明预测过程收敛良好，如图12-2所示。

综上所述，在征询表的设计和处理过程中，必须使专家给出明确的定量答复，统计简单，反馈清晰，结果明确，便于了解预测过程的收敛程度，以确定是否需要继续征询，最后输出的是一组有序中位数和一组有序的四分位区间。

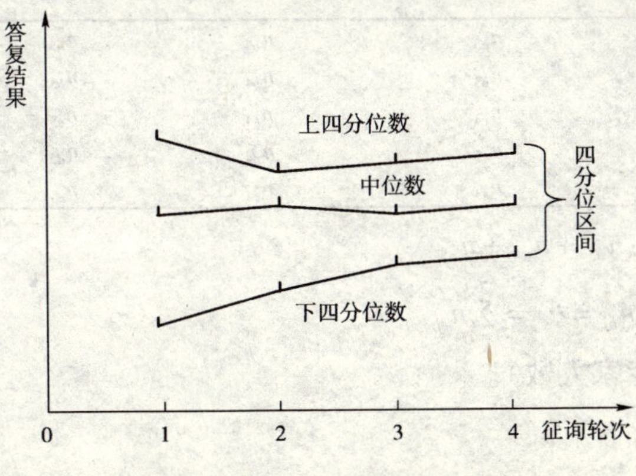

图12-2　四分位区间收敛的过程

2. 重要性评分的统计处理

一项课题提交专家评定，由专家在征询表上作上标记，例如：很重要、重要、不重要，表示专家认为该项课题的重要程度。

假设有N位专家参加评分，其中专家a认为很重要，专家b认为重要，专家c认为不重要。显然$N=a+b+c$。若以百分比表示，如表 12-2 所示。

重要性评分的统计处理　表 12-2

评　价	很　重　要	重　要	不　重　要
百分比(%)	$\frac{a}{N}$	$\frac{b}{N}$	$\frac{c}{N}$

若规定"很重要"为 5 分,"重要"为 3 分,"不重要"为 1 分,不难求得平均分数为:

$$F=\frac{1}{N}(5a+3b+c)$$

其重要性评分的统计处理示例如表 12-3 所示。

重要性评分的统计处理示例　表 12-3

F	$F\geqslant4.5$	$3.5\leqslant F<4.5$	$2\leqslant F<3.5$	$F<2$
评价	很重要	重 要	一 般	不重要
记号	★★	★	△	×

若分三组进行评分,还需判别三组意见的一致性。设得分分别为 F_1、F_2 和 F_3,定义:

$$D=|F_1-F_2|+|F_2-F_3|+|F_3-F_1|$$

D 的上界为 8,下界为 0。若 $D>2.5$,则认为三组意见不一致。

3. 排序法的统计处理

有时,希望专家们对 n 项研究课题进行比较,判定它们的开发顺序。

假设有 5 项课题 a、b、c、d 和 e。专家可以根据自己的判断,给出一定的顺序,例如顺序为 a、c、d、e、b,有 N 位专家作评分。评分的结果列于表 12-4 。评分结果排序的统计处理见表 12-5。

排序法的专家评分结果　表 12-4

顺序(j)		1	2	3	4	5	未排上队
得分($n-j-1$)		5	4	3	2	1	0
专家	1	a	b	c	d	e	
	2	a	c	d	e	b	
	3	a	b	d	e	c	
	…	…	…	…	…	…	
	N	a	c	d	e	b	

排序法的统计处理　表 12-5

统计表					
	n_{a1}	n_{a2}	n_{a3}	n_{a4}	n_{a5}
	n_{b1}	n_{b2}	n_{b3}	n_{b4}	n_{b5}
	n_{c1}	n_{c2}	n_{c3}	n_{c4}	n_{c5}
	n_{d1}	n_{d2}	n_{d3}	n_{d4}	n_{d5}
	n_{e1}	n_{e2}	n_{e3}	n_{e4}	n_{e5}

显然

$$N=n_{a1}+n_{a2}+n_{a3}+n_{a4}+n_{a5}$$

$$=\sum_{j=1}^{5}n_{aj}=\sum_{j=1}^{5}n_{bj}=\cdots=\sum_{j=1}^{5}n_{ej}$$

式中:n_{aj}——表示项目 a 被排在 j 位的次数(专家人数)。

则 a 方案的得分为:

$$F_a=\frac{1}{N}(5n_{a1}+4n_{a2}+3n_{a3}+2n_{a4}+n_{a5})$$

$$=\frac{1}{N}\sum_{j=1}^{5}(6-j)n_{aj}$$

以此类推可得 F_b、F_c、F_d、F_e。于是，就可按 F 的大小排出顺序，例如 a、b、c、d、e。

然后，必须判断这种顺序是否显著。为此要求算出相邻顺序的评分差异 ΔF，并使用表 12-6 所列符号。

排序法的显著性判断准则 表 12-6

ΔF	$\Delta F<0.1$	$0.1<\Delta F<0.8$	$\Delta F\geqslant 0.8$
符号	≈	>	> >
差异程度	几乎无差异	有差异	差异很大

定义 $D=\frac{1}{5}(F_{\max}-F_{\min})$，并认为 $D<0.3$ 时，次序不明显。

【例 12-1】 某研究所为探讨柴油机的开发项目和提高柴油机性能，成立了研究课题组。该课题组查阅了国内外柴油机发展水平和动态的有关资料，在此基础上拟定了 26 个题目，准备采用特尔菲法进行预测。若将被调查的专家分为三组：第一组为教师和研究人员；第二组为工程师；第三组为管理部门的干部和技术专家，则大多数题目可用“四性”（正确性、重要性、迫切性、可能性）评分法和“排序法”进行统计处理。

下面说明对其中某个题目的调查。

(1)调查表

表 12-7 所示为按“四性”进行调查设计的。

调查表格式 表 12-7

序号	组别	题　目	专家意见	
11	第一组	为了进一步改善柴油机工作过程，提高效率和减少污染，必须加强柴油机燃烧理论的研究。对此，您有何意见？	按“四性”要求，请您在认为合适条目的右边空格内用“√”标出。	
			很正确	
			正确	
			不正确	
			很重要	
			重要	
			不重要	
			很迫切	
			迫切	
			不迫切	
			很可能	
			可能	
			不可能	

(2)得分统计

按组对每位专家进行统计。例如第一组有 N 位专家，对“重要性”这一项有 a 人认为

“很重要”,b 人认为“重要”,其他人认为“不重要”,则得分(以 F 表示)为:

$$F = \frac{a+b}{N}$$

设 $N = 125, a = 67, b = 52$

$$F = \frac{67+52}{125} \approx 0.95$$

对“正确性”、“迫切性”、“可能性”按同样方法进行统计。待3组表格都填好收齐进行统计后就可得到如表12-8所示的统计表。

三组统计结果 表12-8

评 价	正 确 性	重 要 性	迫 切 性	可 能 性
第一组	0.95	0.95	0.92	0.84
第二组	1.00	1.00	1.00	0.97
第三组	1.00	1.00	1.00	1.00
总平均	0.97	0.97	0.96	0.90
	$D_{\Sigma} = 0.1 + 0.1 + 0.16 + 0.32 = 0.68$			

(3)分散度计算

由于分三个组进行调查,每一组的得分情况可能有偏差,这种偏差称为分散程度,用分散系数 D 表示。

$$D = |F_1 - F_2| + |F_2 - F_3| + |F_3 - F_1|$$

其中:F_1 为第一组的得分;

F_2 为第二组的得分;

F_3 为第三组的得分。

这里由于 $0 \leqslant F \leqslant 1$,故 $0 \leqslant D \leqslant 2$

$D_{\Sigma} = \sum_{1}^{4} D$ 所以 $0 \leqslant D_{\Sigma} \leqslant 8$

①在“正确性”统计中:

$$D_1 = |0.95 - 1| + |1 - 1| + |1 - 0.95| = 0.1$$

②在“重要性”统计中:

$$D_2 = |0.95 - 1| + |1 - 1| + |1 - 0.95| = 0.1$$

③在“迫切性”统计中:

$$D_3 = |0.92 - 1| + |1 - 1| + |1 - 0.92| = 0.16$$

④在“可能性”统计中:

$$D_4 = |0.84 - 0.97| + |0.97 - 1| + |1 - 0.84| = 0.32$$

表中 $D_{\Sigma} = D_1 + D_2 + D_3 + D_4 = 0.1 + 0.1 + 0.16 + 0.32 = 0.68$,规定当 $D_{\Sigma} > 2.4$ 时,表示各组意见分散较大,需进一步调查原因。现 $D_{\Sigma} = 0.68$,表明分散度较小。

二、趋势外推法

趋势外推法是根据历史统计资料,预测今后一段时间的发展趋向和可能达到的水平的方法。这种方法比较简单,只要给定了预测时间及数量,就可以进行预测。趋势外推法包括以下几种基本方法。

(一)移动平均法

移动平均法是在算术平均数的基础上发展起来的一种预测方法。它包括一次移动平均法和二次移动平均法。

1. 一次移动平均法

一次移动平均法的计算式为:

$$M_t^{(1)} = \frac{y_t + y_{t-1} + \cdots + y_{t-N+1}}{N} \tag{12-1}$$

式中:t——周期序号;

$M_t^{(1)}$——第 t 周期的一次移动平均数;

y_t——第 t 周期的实际值;

N——计算移动平均数所选定的数据个数。

如果实际时间序列没有明显的周期变化和倾向变动,即可用最近时间的一次移动平均数作为下一周期的预测值。

一次移动平均法使用说明:

(1)移动平均法可以削弱随机变动的影响,具有平滑数据的作用,移动平均数序列比实际数据序列平滑,能在一定程度上描述时间序列的变化趋势。

(2)合理地选择模型参数 N 值,是用好移动平均法的关键。N 越大,平滑作用越强,对新数据的反应越不灵敏;但抗干扰的能力较强,适应新水平的时间也相对较长;N 越小,则效果相反。通常根据实际序列的特征和经验选择模型参数 N,N 的取值范围为 3~20。

(3)在实际序列的线性增长部分,移动平均数的变化,总是落后于实际数据的变化,存在着滞后偏差。当 N 越大时,滞后偏差也越大。

2. 二次移动平均法

如果时间序列有明显的线性变化趋势,则不宜用一次移动平均法预测,原因是滞后偏差将使预测偏低,不能合理地进行趋势外推。二次移动平均法用于时间序列具有线性趋势的场合,它不是用二次移动平均数直接进行预测,而是在二次移动平均的基础上建立线性预测模型,然后再用模型预测。

二次移动平均法的计算公式为:

$$M_t^{(2)} = \frac{M_t^{(1)} + M_{t-1}^{(1)} + \cdots + M_{t-N+1}^{(1)}}{N} \tag{12-2}$$

式中:t——周期序号;

$M_t^{(1)}$——第 t 周期的一次移动平均数;

$M_t^{(2)}$——第 t 周期的二次移动平均数;

N——计算移动平均数所选定的数据个数。

二次移动平均数序列与一次平均数序列形成了滞后偏差,二次移动平均法正是利用这种滞后偏差的演变规律建立线性预测模型的,线性模型为:

$$Y_{t+T} = a_t + b_t \cdot T \tag{12-3}$$

式中:t——目前的周期序号;

Y_{t+T}——第 $t+T$ 周期的预测值;

a_t——线性模型的截距;

b_t——线性模型的斜率,即单位周期的变化量;

T——由目前周期到预测周期的周期间隔个数，即预测超前周期数。

其中：a_t、b_t 的计算公式为：

$$a_t = 2M_t^{(1)} - M_t^{(2)} \tag{12-4}$$

$$b_t = \frac{2}{N-1}[M_t^{(1)} - M_t^{(2)}] \tag{12-5}$$

二次移动平均法只适用于有线性趋势的数据。如果实际数据序列有曲线变化趋势时，就需要用三次移动平均法，因篇幅所限，这里不再赘述。

(二)指数平滑预测法

指数平滑预测法，是在加权平均法的基础上发展起来的，也是移动平均法的改进，指数平滑法可分为一次指数平滑法、二次指数平滑法和三次指数平滑法。

1. *一次指数平滑法*

一次指数平滑法，又称指数修匀法。它可以消除时间序列的偶然性变动，进而寻找预测对象的变化特征和趋势，一次指数平滑值的计算公式为：

$$S_t^{(1)} = \alpha y_t + \alpha(1-\alpha)y_{t-1} + \alpha(1-\alpha)^2 y_{t-2} + \cdots$$

式中：$S_t^{(1)}$——第 t 周期的一次指数平滑值；

y_t——第 t 周期的实际值；

α——平滑系数($0<\alpha<1$)。

上式略加变换，得：

$$S_t^{(1)} = \alpha y_t + (1-\alpha)[(\alpha y_{t-1} + \alpha(1-\alpha)y_{t-2} + \cdots]$$

$$S_t^{(1)} = \alpha y_t + (1-\alpha)S_{t-1}^{(1)}$$

式中：$S_{t-1}^{(1)}$——第 $t-1$ 周期的一次指数平滑值。

一次指数平滑法是以最近周期的一次指数平滑值作为下一周期的预测值。即

$$Y_{t+T} = S_t^{(1)} = \alpha y_t + (1-\alpha)S_{t-1}^{(1)} = S_{t-1}^{(1)} + \alpha(y_t - S_{t-1}^{(1)}) \tag{12-6}$$

式(12-6)称为一次指数平滑预测模型。

运用指数平滑法有两个关键问题：一是初始值的估计，二是 α 值的确定。

计算指数平滑值，必须先估算一个初始值 S_1。当实际数据较多(如 50 个以上)时，初始值的影响将逐步被平滑而降低到很小。可以取最早的数据作为初始值，即，$Y_1 = S_1$，如果较少(如 20 个以内)，初始值的影响较大，可以取最初几个实际值的平均值作为初始值。

平滑系数 α 的选择是直接影响预测效果的重要问题，一般根据实际数据序列的特点和经验来考虑。如果时间序列的长期趋势比较稳定，应取较小的 α 值(如 0.02 ~ 0.05)，使各观察值在现时指数平滑值中具有大小接近的权数，使较早的观察值亦能充分反映于指数平滑值中。如果时间序列具有迅速明显的变动倾向时，则应取较大的 α 值(如 0.3 ~ 0.7)，使新近数据对于现时的指数平滑值具有较大价值，从而使新近变动趋势能强烈地反映在预测中。

2. *二次指数平滑法*

如果实验数据序列具有较明显的线性增长倾向，则不宜用一次指数平滑法，因为滞后偏差将使预测值偏低。此时，可采用二次指数平滑法建立线性预测模型，然后再用模型预测，二次指数平滑是指对一次指数平滑值序列再作一次指数平滑。二次指数平滑值的计算公式为：

$$S_t^{(2)} = \alpha S_t^{(1)} + (1-\alpha)S_{t-1}^{(2)} \tag{12-7}$$

式中：$S_t^{(2)}$——第 t 周期的二次指数平滑值；

$S_t^{(1)}$——第 t 周期的一次指数平滑值；

$S_{t-1}^{(2)}$——第 $t-1$ 周期的二次指数平滑值；

α——平滑系数（$0<\alpha<1$）。

二次指数平滑值并不能直接用于预测，而是仿照二次移动平均法，根据偏差滞后的演变规律建立线性预测模型，线性预测模型为：

$$Y_{t+T}=a_t+b_tT \tag{12-8}$$

式中：t——目前的周期序号；

Y_{t+T}——第 $t+T$ 周期的预测值；

a_t——线性模型的截距；

b_t——线性模型的斜率；

T——预测超前周期数。

其中：a_t、b_t 的计算公式为：

$$a_t=2S_t^{(1)}-S_t^{(2)} \tag{12-9}$$

$$b_t=\frac{\alpha}{1-\alpha}[S_t^{(1)}-S_t^{(2)}] \tag{12-10}$$

3．三次指数平滑法

如果实际数据序列有非线性增长倾向，则一次、二次指数平滑法都不能适用了。此时应采用三次指数平滑法建立非线性预测模型，再用模型进行预测。

三次指数平滑法的计算公式为：

$$S_t^{(3)}=\alpha S_t^{(2)}+(1-\alpha)S_{t-1}^{(3)} \tag{12-11}$$

式中：$S_t^{(3)}$——第 t 周期的三次指数平滑值；

$S_t^{(2)}$——第 t 周期的二次指数平滑值；

$S_{t-1}^{(3)}$——第 $t-1$ 周期的三次指数平滑值；

α——平滑系数（$0<\alpha<1$）。

三次指数平滑建立的非线性预测模型为：

$$Y_{t+T}=a_t+b_tT+c_tT^2 \tag{12-12}$$

式中：t——目前的周期序号；

Y_{t+T}——第 $t+T$ 周期的预测值；

T——预测超前周期数。

其中：a_t、b_t、c_t 的计算公式为：

$$a_t=2S_t^{(1)}-3S_t^{(2)}+S_t^{(3)} \tag{12-13}$$

$$b_t=\frac{\alpha}{2(1-\alpha)^2}[(6-5\alpha)S_t^{(1)}-2(5-4\alpha)S_t^{(2)}+(4-3\alpha)S_t^{(3)}] \tag{12-14}$$

$$c_t=\frac{\alpha^2}{2(1-\alpha)^2}[S_t^{(1)}-2S_t^{(2)}+S_t^{(3)}] \tag{12-15}$$

各系数计算公式中的符号意义同前，但应注意到系数 a_t、b_t、c_t 均是指对应于目前周期 t 的系数。

【例 12-2】 某市公路客运量(万人次)的历史数据如表 12-9 所示,试用三次指数平滑法对其未来进行预测(预测 2008、2009、2010、2011、2012 年的值)。

某市公路客运量历史数据表　　表 12-9

年　份	原　值	年　份	原　值
1990	2 655	1998	4 606
1991	3 215	1999	4 860
1992	3 447	2000	5 252
1993	3 481	2001	5 525
1994	3 870	2002	5 832
1995	4 357	2003	5 605
1996	5 024	2004	6 359
1997	5 098		

解: 根据三次指数平滑法,并利用电子表格进行预测的步骤是:

第一步,建立电子表格,并输入相应的历史数据;如,A 列输入年份,B 列输入公路客运量的历史数据,C 列输入一次指数平滑值,D 列输入二次指数平滑值,E 列输入三次指数平滑值。每一行输入一个特征年的历史数值如图 12-3 所示。

第二步,运用指数平滑法进行一次,二次,三次指数平滑计算。

第三步,计算平滑系数 $a_t=6\ 208.8$,$b_t=261.7$,$c_t=4.6$。

第四步,利用三次指数平滑公式,可得该市公路客运量三次指数平滑模型如下($\alpha=0.3$):

$$Y_{t+T}=6\ 208.8+261.7T+4.6T^2$$

据此可得 2008 ~ 2012 年该市公路客运量预测值如表 12-10 所示:

Microsoft Excel - 第12章例子的附件

	A	B	C	D	E
1					
2	年份	公路旅客周转量	一次平滑值	二次平滑值	三次平滑值
3	1990	2655	2970	3033	3043
4	1991	3215	3044	3036	3041
5	1992	3447	3165	3075	3051
6	1993	3481	3260	3130	3075
7	1994	3870	3443	3224	3120
8	1995	4357	3717	3372	3195
9	1996	5024	4109	3593	3315
10	1997	5098	4406	3837	3471
11	1998	4606	4466	4026	3638
12	1999	4860	4584	4193	3804
13	2000	5252	4784	4371	3974
14	2001	5525	5007	4561	4150
15	2002	5832	5254	4769	4336
16	2003	5605	5359	4946	4519
17	2004	6359	5659	5160	4711

图 12-3　三次指数平滑法 Excel 表

某市公路客运量预测值(三次指数平滑法,单位:万人次)　　表 12-10

年　份	2008	2009	2010	2011	2012
公路客运量	7 329	7 633	7 945	8 267	8 598

(三)生长曲线法

一般说来,预测对象都有一个发生、发展到成熟,又随之衰退的过程,其每个阶段的延续时间和发展速度是不同的。在发生阶段速度较慢,发展阶段速度骤然加快,成熟阶段速度又趋减慢和稳定,衰退阶段速度加速下降。这一发展特点是一条近乎 S 形的曲线,用生长曲线法预测,要求把一组历史数据拟合成生长曲线的数学公式,这种拟合通常用最小二乘法来完成。对拟合得到的生长曲线进行外推,就可预计预测对象的发展。根据预测中生长曲线的特点和规律,得出一些曲线模型,从而简化了预测工作。生长曲线法一般可采用下面的模型进行预测。

1. 岗帕茨(Gompertz)曲线模型

岗帕茨是英国统计学家和数学家,他提出的生长曲线模型如下:

$$y = Le^{-be^{-at}} \tag{12-16}$$

式中：L——常数，生长曲线性能参数上限；

t——时间（自变量）；

e——自然对数的底；

a,b——常数。

该曲线如图 12-4 所示。

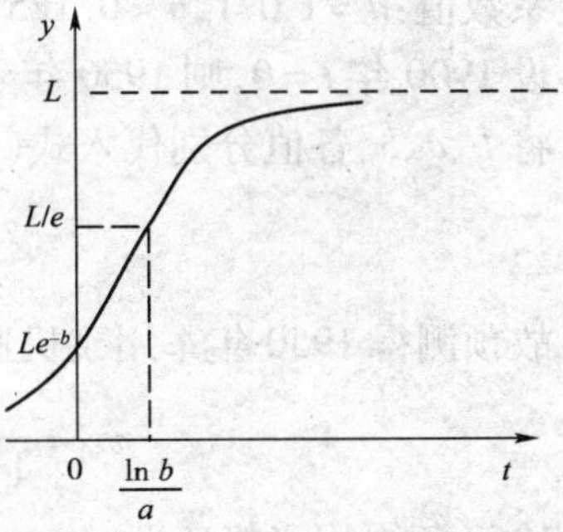

在用线性回归求得系数 b 和 a 之前，需要对岗帕茨曲线"直线化"。这是通过两次取对数来达到的。经变换后的方程如下：

$$Y = \ln[\ln(L/Y)] = \ln b - at \tag{12-17}$$

图 12-4　岗帕茨曲线

在式(12-17)中，在时间 t 上回归的直线斜率为 $-a$，截距为 $\ln b$。a 值必定为正值。这种转换的直线向右下方倾斜。

通过一元线性回归取得 b 和 a 的值后，代入式(12-16)，再代入未来的 t 值，就得到 y 的预测值。

2. 皮尔(Pearl)曲线模型

皮尔曲线模型是美国著名生物学家和人口统计学家皮尔从大量统计数据的整理和归纳中，得出的模型：

$$y = \frac{L}{1 + ae^{-bt}} \tag{12-18}$$

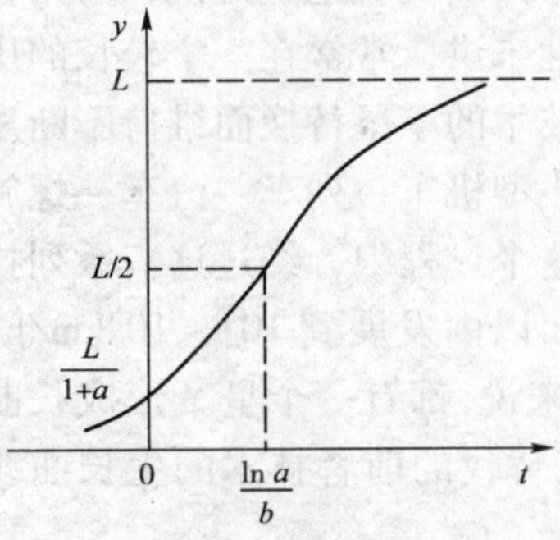

式中：t——时间（自变量）；

L——常数，生长曲线性能参数的上限；

a,b——常数，通过一组历史数据拟合成曲线得到的系数；

e——自然对数的底；

y——性能参数，自变量 t 的函数值。

该曲线如图 12-5 所示。

图 12-5　皮尔曲线

将一组历史数据拟合成一条皮尔曲线的过程，就是要求出式(12-18)中 a 和 b 的值，称这个过程为参数识别。为了使用线性回归方法进行参数识别，首先要对式(12-18)变换，把直线"取直"。根据上述要求，将式(12-18)进行代数变换成：

$$Y = \ln[(L-y)/y] = \ln a - bt \tag{12-19}$$

经过变换，式(12-19)具有了直线形式。$-b$ 为其斜率，$\ln a$ 为其截距。转换变量 Y 的含义为某项新技术未代换部分和已经代换部分之比，Y 值随 y 的增长而减小，因此 b 值一定是正的，这样才能使 Y 值随 t 的增加而减小。

式(12-19)的参数 $\ln a$ 和 b 可以用一元线性回归方法拟合历史数据得到。一旦 a 和 b 通过回归得到之后，代入式(12-18)就得到了皮尔曲线的方程。根据已经取得的生长曲线模型，用对数曲线外推的方法，可求得某个 t 时新技术性能参数的预测值。

对生长曲线的上限 L 的估算和使用，是一项非常重要而难度较大的工作。它必须建立在该项技术方法自然限度基础上，预测者应会同该项技术方面的专家，通过收集资料与调查研究，认真准确地予以确定。

【例 12-3】　以军用飞机为例，说明生长曲线模型的应用。

当使用皮尔曲线模型时,拟定飞机速度的上限值 $L=3\ 380\text{km/h}$,并通过一元回归取得待定系数值:$a=1\ 071$,$b=0.125\ 5$。

设 1900 年 $t=0$,则 1950 年、1960 年、1985 年时 t 的值分别为 $t=50$、60、85。

将 L、a、b、各值分别代入式(12-18),得:

$$v=\frac{3\ 380}{1+1071e^{-0.125\ 5t}}$$

故预测得 1950 年军用飞机速度:

$$v_{50}=\frac{3\ 380}{1+1071e^{-0.125\ 5\times 50}}=1\ 120\ (\text{km/h})$$

1960 年军用飞机速度:

$$v_{60}=\frac{3\ 380}{1+1071e^{-0.125\ 5\times 60}}=2145(\text{km/h})$$

1985 年军用飞机速度:

$$v_{85}=\frac{3380}{1+1071e^{-0.125\ 5\times 85}}=3\ 298(\text{km/h})$$

(四)包络曲线

上面所讲的生长曲线法，是描述某种特定技术的增长趋势，这种曲线模型可以完整地表示一种技术从初创到被广泛应用的全过程。随着科学技术的进步，任何一种技术都有可能被更先进、效益更高的技术所代替。这是因为任何一种技术的发展都是有极限的。某一种旧的技术趋向极限，即曲线接近平坦时，另一种新技术随之而出现。这就是说，对某种特定技术来说其发展是有极限的，但是对实用技术的某一特性来讲，常常在一个较长的历史时期内没有极限，因为其技术参数可通过不同领域的各种技术的零星替换而维持不断发展、不断提高的趋势。例如，运载工具的发展就经历了一个小型机车→列车→汽车→螺旋桨飞机→喷气式飞机→化学燃料火箭以及核火箭的过程。在这个过程中，经过这一系列技术的零星替换，其最大速度变得越来越大,从初始的 10^2km/h 以内发展到 $10^5\sim10^6\text{km/h}$,但对于其中的每一种具体技术(如火车、汽车、螺旋桨飞机等)来说,都有一个呈 S 形成长曲线的发展过程,并且后一种技术的生长曲线高峰总要高于被它替代的前者技术的生长曲线高峰。它们的更新与替代是使运载工具的速度不断得以提高的保证。像这样的例子还有很多,如电子计算机技术的发展经历了真空管→晶体管→集成电路→大规模集成电路的过程。粒子加速器加速能量的演变过程也经历了从直流电机到同步加速器的过程。对于某一个技术领域来说;由于每一种具体技术都对应有一条 S 形生长曲线,技术替换的结果就形成若干条 S 形生长曲线。若用一条相切于这些 S 形生长曲线的平滑包络线来描述这个替代过程,则可以得到表示一种技术特性发展总体趋势的曲线,图 12-6 表示运载工具发展过程的包络曲线。

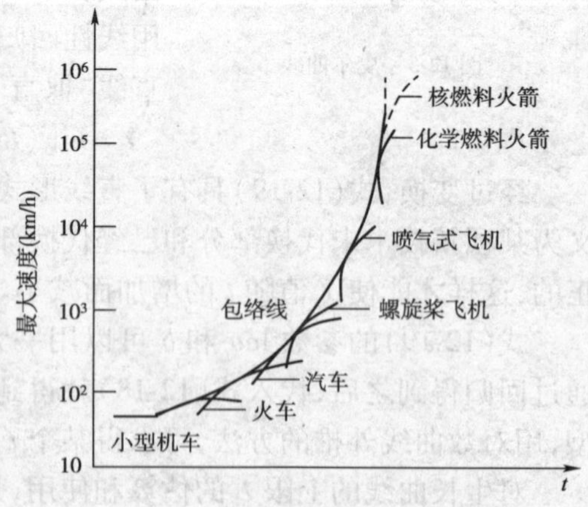

图 12-6　运载工具发展过程的包络线

当通过对技术发展的几个阶段进行分析和描述得到一条包络曲线之后,如果要进一步

预测某一技术特性的发展，可以利用包络曲线进行外推，但这种外推与一般的趋势外推不同。如简单的时间序列外推或生长曲线外推，是对某一特定的、已在发展中的具体技术发展前景进行预测，是通过对某项技术本身或其相关技术的参数，从过去到现在发展的连续轨迹来考察其基本趋势和规律的。这类方法都是以把过去、现在和未来看作一个连续的有机整体为前提，或者说它们的数学函数在时间序列上具有连续性。而利用包络曲线进行外推所预测的发展趋势，包含着技术突破的内容。这种突破不遵循技术发展的连续性，常常还不知道会用什么具体技术来实现这种突破。因此，在大多数情况下，要预测在包络曲线上某处的点是困难的，往往不知道使用哪种形式的曲线来拟合，必要时可请专家参加意见和判断。

在正常情况下，技术的发展过程总是一个技术阶段接着一个技术阶段连续出现的，这种阶段性和连续性使技术特性的发展呈现为包络曲线的趋势。这是所以能够利用包络曲线进行外推预测的基础。但是，技术阶段的连续出现是有条件的，即必须不断地有新的发明创造能够使技术特性得到不断的提高，这就需不断出现技术上的突破，而这一点实际上并不是总能实现的。因此，在利用包络曲线进行预测时，常常需要采用分支的方式进行外推。如图中曲线右上端的两条虚线部分，左面的一条是利用包络曲线进行的趋势外推，右面的一条是利用最后一种技术（如核燃料火箭）的生长曲线外推。前者称为预测上限，后者称为预测下限，上下限之间称为预测带。预测的时间越远，预测带就越宽，这是利用包络线预测的一个特点。

包络曲线法对于不断出现新发明和新技术的技术领域预测是一种较适用的方法。它主要具有以下用处：

（1）当某一技术阶段发展接近极限时，它的生长曲线与包络曲线的差距就会加大。这就可以提醒预测者注意，是否将有新的替代技术出现。这对分析两种技术阶段的替代时期很有参考价值。

（2）利用包络曲线外推，可以预测未来各个时期技术的特性参数将会增加到什么水平，从而可以大体上推测出将会产生何种相应的新技术。

（3）包络曲线外推得到的特性参数数据，可以为使用新技术确定规格参数提供指导。

（五）灰色系统预测法

灰色系统预测法是针对社会经济系统中既有已知信息、又有未知信息的实际情况，通过对系统已知信息进行一定数学处理来预测系统发展变化趋势的。常用的是 GM(1,1) 模型（一阶单序列的线性动态模型，主要用于时间序列预测）。

1. GM(1,1)模型的建立

设某预测对象的原始数据序列 $X^{(0)}(i)$ 共有 n 个观察样本（$i=1,2,\cdots,n$）。对其进行一次累加生成，得到一次累加序列，$X^{(1)}(i)$

$$X^{(1)}(i)=\sum_{m=1}^{i}X^{(0)}(m)\qquad(i=1,2,\cdots,n)\tag{12-20}$$

采用一阶单变量线性动态模型 GM(1,1)，视 $X^{(0)}(t)$ 的一阶微分方程为：

$$\frac{\mathrm{d}X^{(1)}(t)}{\mathrm{d}t}+aX^{(1)}(t)=u\tag{12-21}$$

其时间响应为：

$$X^{(1)}(t)=(X^{(1)}(0)-\frac{u}{a})e^{-at}+\frac{u}{a}$$

式中系数 a 与内生控制系数 u 构成的待定参数 A，可按最小二乘法求出。

$$A=(a,u)^{\mathrm{T}}$$

先计算：

$$B=\begin{bmatrix}-0.5[X^{(1)}(1)+X^{(1)}(2)] & 1\\ -0.5[X^{(1)}(2)+X^{(1)}(3)] & 1\\ \cdots & \cdots\\ -0.5[X^{(1)}(n-1)+X^{(1)}(n)] & 1\end{bmatrix} \tag{12-22}$$

$$Y_n=[X^{(0)}(2),X^{(0)}(3),\cdots,X^{(0)}(n)]^{\mathrm{T}}$$

根据最小二乘法原理有：

$$A=(B^{\mathrm{T}}B)^{-1}B^{\mathrm{T}}Y_n$$

则对应 a,u 值可以求出，GM(1,1)随即可以确定。

2. GM(1,1)模型精度检验

GM(1,1)模型精度检验，一般是通过计算后验差来进行，具体方法为：首先要求出原始数据 $X^{(0)}$ 的均方差 S_0 和残差数列 ε_i 的均方差 S_1，其次计算方差比 C 及小误差概率 P 并进行分析判断。

第一步：

$$S_0=\sqrt{\sum[X^{(0)}(i)-\bar{X}^{(0)}]^2/(n-1)}$$

$$S_1=\sqrt{\sum[\varepsilon^{(0)}(i)-\bar{\varepsilon}^{(0)}]^2/(n-1)}$$

第二步，计算判断值：

$C=\dfrac{S_1}{S_0}$是后验差比值，$P=\{|\varepsilon^{(0)}(i)-\bar{\varepsilon}^{(0)}|<0.674\,5S_0\}$是小误差概率。

灰色系统模型预测精度判断标准见表 12-11。

灰色系统模型预测精度判断标准 表 12-11

P 值	C 值	精度等级	P 值	C 值	精度等级
>0.95	<0.35	好	>0.7	<0.65	勉强合格
>0.8	<0.5	合格	≤0.7	≥0.65	不合格

当模型不符合精度要求时，可通过残差辨识对模型进行补充和修正。

3. 灰色系统模型的预测

将时间序列值代入灰色系统模型中，即可逐年计算出一次累加序列的预测值，再通过一次累减，还原成原始数据序列的预测值。

【例 12-4】 已知某市公路客运量历史数据(见表 12-9)，试用灰色系统模型进行预测(预测 2008、2009、2010、2011、2012 年的值)。

解： 依据灰色系统的建模方法，可按如下步骤进行：

第一步，建立电子表格，并输入相应的历史数据；如，A 列输入年份，B 列输入参数 t 值，C 列输入公路客运量的历史数据，D 列计算一次累加值，如图 12-7 所示。

第二步，计算参数 $C=0.27$ 和 $P=1.0$，与测精度判断标准值($C<0.35$，$P>0.95$，精度等级为

Microsoft Excel - 第12章例子的附件

文件(F) 编辑(E) 视图(V) 插入(I) 格式(O) 工具(T) 数

宋体 12 B I U

F3 fx

	A	B	C	D	E
1	年份	参数t	公路客运量	一次累加值	
2	1990	0	2655	2655	
3	1991	1	3215	5870	
4	1992	2	3447	9317	
5	1993	3	3481	12798	
6	1994	4	3870	16668	
7	1995	5	4357	21025	
8	1996	6	5024	26049	
9	1997	7	5098	31147	
10	1998	8	4606	35753	
11	1999	9	4860	40613	
12	2000	10	5252	45865	
13	2001	11	5525	51390	
14	2002	12	5832	57222	
15	2003	13	5605	62827	
16	2004	14	6359	69186	

图 12-7 灰色系统模型 Excel 表

好)进行比较,达到精度要求。

第三步,计算系数 $a = -0.046$ 和 $u = 327\ 4.05$。

第四步,建立灰色系统模型为:

$$X^{(1)}(t) = 7\ 423\ 9.40e^{0.046t} - 71\ 584.40$$

据此可得 2008 ~2012 年该市公路客运量预测值如表 12-12 所示:

某市公路客运量预测值(单位:万人次) 表 12-12

年 份	2008	2009	2010	2011	2012
公路客运量	7 560	7 914	8 285	8 672	9 078

三、回归预测法

回归预测方法是以相关原理为基础,回归分析预测的基本思路是通过相关分析,把事物发展变化的决定性的影响因素找出来,或者把主要因素找出来,然后再根据数学模型预测其未来状况。

(一)一元线性回归预测

一元线性回归预测模型的表达式是一个线性方程,其特点是预测对象主要受一个相关因素的影响,且两者呈线性相关关系。

一元线性回归方法在预测应用中一般可分为以下几步:

1. 画散点图

设预测对象为因变量 y, 相关因素为自变量 x, 已知收集到预测对象的 n 对历史数据为:

$$(x_1, y_1), (x_2, y_2) \cdots (x_n, y_n)$$

将这 n 对数据在平面直角坐标系上划出图形,这种图形称为散点图(图 12-8)。

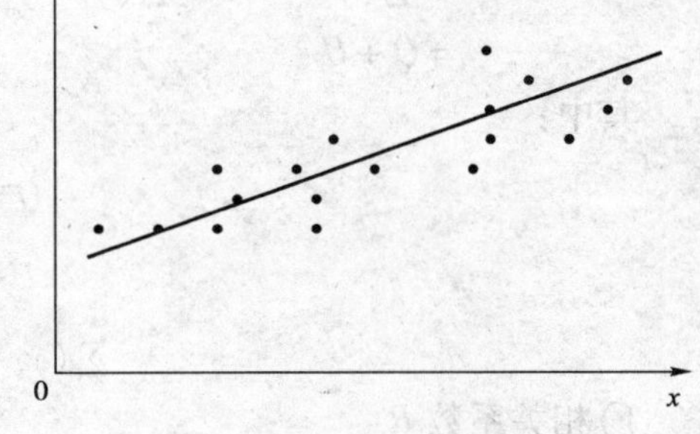

图 12-8 散点图

如果散点图的数据点是直线趋势分布时,则可考虑用直线方程来描述它们之间的相关关系,画散点图是为了初步判定。

2. 建立回归方程

一元线性回归方程的基本形式为:

$$y = a + bx \tag{12-23}$$

上式中回归系数 a、b 可利用最小二乘法求得;要使 $\sum \varepsilon^2 = \sum (y_i - \bar{y}_i)^2 = \sum (y_i - a - bx_i)^2$ 最小,依上式,分别对 a 和 b 偏微分:

$$\frac{\partial(\sum \varepsilon^2)}{\partial a} = -2\sum (y_i - a - bx_i) = 0$$

$$\frac{\partial(\sum \varepsilon^2)}{\partial b} = -2\sum x_i (y_i - a - bx_i) = 0$$

得联立方程式:

$$\sum (y_i - a - bx_i) = 0$$

$$\sum x_i (y_i - a - bx_i) = 0$$

即

$$na + b\sum x_i = \sum y_i$$

$$a\sum x_i + b\sum x_i^2 = \sum y_i x_i$$

解此联立方程组，得 a、b 与数据点 (x_i, y_i) 的关系如下：

$$\hat{b} = \frac{\sum x_i y_i - \bar{x}\sum y_i}{\sum x_i^2 - \bar{x}\sum x_i} \tag{12-24}$$

$$\hat{a} = \bar{y} - b\bar{x} \tag{12-25}$$

式中：n——数据点的数目；

$\bar{x}$，$\bar{y}$——分别为 x_i、y_i 的均值。

根据求得的 $\hat{a}$、$\hat{b}$，可得一元线性经验回归方程为：

$$\hat{y} = \hat{a} + \hat{b}x \tag{12-26}$$

3. 相关系数及其显著性检验

任何一组数据都可求得回归直线方程，但 y 与 x 是否确实有线性相关关系？必须加以检验判定。为方便叙述，下面介绍几个常用记号：

$$l_{xx} = \sum(x_i - \bar{x})^2$$

$$l_{xy} = \sum(x_i - \bar{x})(y_i - \bar{y})$$

$$\begin{aligned} l_{yy} &= \sum(y_i - \bar{y})^2 = \sum(y_i - \hat{y}_i)^2 + \sum(\hat{y}_i - \bar{y})^2 + 2\sum(y_i - \hat{y}_i)(\hat{y}_i - \bar{y}) \\ &= Q + U \end{aligned}$$

其中：

$$Q = \sum(y_i - \hat{y}_i)^2$$

$$U = \sum(\hat{y}_i - \bar{y})^2$$

$$\sum(y_i - \hat{y}_i)(\hat{y}_i - \bar{y}) = 0$$

1）相关系数 R

相关系数是描述两个变量线性关系的密切程度的数量指标（记为 R），其计算公式为：

$$R = \left\{1 - \frac{\sum(\hat{y}_i - \bar{y})^2}{\sum(y_i - \bar{y})^2}\right\}^{1/2} \tag{12-27}$$

或

$$R = \frac{l_{xy}}{\sqrt{l_{xx}l_{yy}}} = \frac{\sum(x_i - \bar{x})(y_i - \bar{y})}{\sqrt{\sum(x_i - \bar{x})^2\sum(y_i - \bar{y})^2}} \tag{12-28}$$

相关系数 R 的大小反映了 y 与 x 线性关系密切的程度。当 R 的绝对值较大时，用回归直线来近似描述 y 与 x 的相关关系，才有实用价值。实际检验时，查相关关系检验表（可参考有关数理统计教材），得相关系数 R_α，它表示对线性关系密切程度的最低要求数值（临界值）。

其中的 α 称为显著性水平，α 取值越小，显著程度越高。表中的 $n-2$ 称为自由度。当确定了显著水平 α 和自由度 $n-2$ 后，查相关系数表即可得到临界值 R_α，相关性检验的判断标准则是：

$R_\alpha \leqslant |R|$，y 与 x 存在显著的线性关系；

$R_\alpha > |R|$，y 与 x 不存在显著的线性关系。

2) t—检验和 F—检验

从另一个角度来说，$|b|$ 越大，表示 y 随 x 的变化而变化的趋势越明显，$|b|$ 越小，则趋势越不明显。特别，$b=0$，y 几乎不随 x 而变，就说明 y 与 x 没有线性相关关系，所以线性回归的显著性检验可以化为检验 $H_0:b=0$。

(1)检验法1(t—检验)在 H_0 下，由于：

$$t=\frac{\hat{b}}{S}\sqrt{l_{xx}}\sim t(n-2) \tag{12-29}$$

$$S=\sqrt{\frac{l_{xx}l_{yy}-l_{xy}}{(n-2)l_{xx}}} \tag{12-30}$$

当 $|t|>t_{1-\alpha/2}(n-2)$ 时，拒绝原假设。(在 H_0 不成立时，$|t|$ 有变大的趋势，故应取双侧否定域)。

(2)检验法2(F—检验法)在 H_0 下，由于：

$$F=(n-2)\frac{R^2}{1-R^2}\sim F(1,n-2) \tag{12-31}$$

当 $F>F_{1-\alpha}(1,n-2)$ 时，拒绝原假设。

4. *以回归方程为依据进行预测*

回归方程经相关性检验判断为显著后，即可用于预测。下面通过一个例子来说明一元线性回归的预测方法。

【例12-5】 某市国内生产总值和公路客运量数据如表12-13所示试建立一元回归模型预测2008~2012年客运量。

客运量历史资料表 表12-13

年　份	GDP(亿元)	客运量(万人次)	年　份	GDP(亿元)	客运量(万人次)
1990	64.84	2 655	1998	227.46	4 606
1991	71.78	3 215	1999	241.49	4 860
1992	83.14	3 447	2000	265.57	5 252
1993	103.82	3 481	2001	298.38	5525
1994	133.97	3 870	2002	329.28	5 832
1995	169.75	4 357	2003	385.34	5 605
1996	193.62	5 024	2004	427.73	6 359
1997	210.92	5 098			

解 第一步，建立电子表格，并输入相应的历史数据；如，A 列输入年份，B 列输入人口数，C 列输入公路客运量的历史数据，如图12-9所示。

第二步，调用 Excel 中的"工具"，选择其中的"数据分析"，进一步选择"回归"，单击"确定"。

第三步，输入 Y 值区域和 X 值区域；并选择置信度，如要选择95%，在其相应的框中打勾；输出项选择"新的工作表组"，单击"确定"，如图12-10所示

第四步，计算参数 F、t、R^2，本例中 $F=129.34$，$t=11.37$，R^2(Multiple R) $=0.95$，查多元

回归参数表可得,在 15 个样本的条件下,参数临界值为:$F=4.54$,$t=2.13$,计算值大于临界值,故可接受回归模型。

第五步,计算回归系数 a 和 b,其中 $a=2672.38$,$b=9.07$,一元线性回归模型为:

$$y=2\ 672.38+9.07x$$

	A	B	C
1		国内生产总值	公路客运量
2	年份	(亿元)	(万人次)
3	1990	64.84	2655
4	1991	71.78	3215
5	1992	83.14	3447
6	1993	103.82	3481
7	1994	133.97	3870
8	1995	169.75	4357
9	1996	193.62	5024
10	1997	210.92	5098
11	1998	227.46	4606
12	1999	241.49	4860
13	2000	265.57	5252
14	2001	298.38	5525
15	2002	329.28	5832
16	2003	385.34	5605
17	2004	427.73	6359

图 12-9　一元线性回归 Excel 表

	A	B	C	D	E	F	G	H	I
1	SUMMARY OUTPUT								
2									
3	回归统计								
4	Multiple	0.953243							
5	R Square	0.908672							
6	Adjusted	0.901646							
7	标准误差	338.0899							
8	观测值	15							
9									
10	方差分析								
11		df	SS	MS	F	gnificance F			
12	回归分析	1	14784575	14784575	129.3434	3.97E-08			
13	残差	13	1485962	114304.8					
14	总计	14	16270538						
15									
16		Coefficien	标准误差	t Stat	P-value	Lower 95%	Upper 95%	下限 95.0%	上限 95.0%
17	Intercept	2672.37	191.6219	13.94606	3.38E-09	2258.397	3086.344	2258.397	3086.344
18	X Variabl	9.073792	0.797841	11.37293	3.97E-08	7.350161	10.79742	7.350161	10.79742

图 12-10　一元线性回归参数计算

其中:

x——该市国内生产总值(亿元);

y——该市公路客运量(万人次)。

第六步,计算自变量预测值,自变量预测值往往可通过其规划值来替代(如国内生产总值的规划值),如果不能取得其规划值,也可用其年增长率来进行测算,本例取年均增长率为 10% 来测算,结果如附表所示。

第七步,运用已建立的回归模型进行预测,结果如表 12-14 所示。

某市公路客运量预测值(单位:万人次)　　表 12-14

年　　份	2008	2009	2010	2011	2012
公路客运量	8 352	8 920	9 545	10 232	10 988

(二)多元线性回归预测

如果影响预测对象变动的主要因素不止一个,可以采用多元线性回归预测法。多元回归原理与一元回归基本相同,但运算较为复杂,一般要借助计算机完成。

多元线性回归方程的一般形式为:

$$y=b_0+b_1x_1+b_2x_2+\cdots+b_mx_m \tag{12-32}$$

式中:y——因变量(预测对象);

$x_1,x_2,\cdots,x_m$——互不相关的各个自变量;

$b_0,b_1,b_2,\cdots,b_m$——回归系数,其中 $b_i(i=1,2,\cdots,m)$ 是 y 对 $x_1,x_2,\cdots,x_m$ 的偏回归系数,其含义是当其他自变量保持不变时,x_i 变化一个单位所引起的 y 的变化量。

设有一组反映因变量 y 与自变量 $x_1,x_2,\cdots,x_m$ 相关关系的数据:

$$
\begin{array}{lllll}
y: & y_1 & y_2 & \cdots & y_n \\
x_1: & x_{11} & x_{12} & \cdots & x_{1n} \\
x_2: & x_{21} & x_{22} & \cdots & x_{2n} \\
 & \cdots & \cdots & & \\
x_m: & x_{m1} & x_{m2} & \cdots & x_{mn}
\end{array}
$$

则 $b_0,b_1,b_2,\cdots,b_m$ 可根据以上数据按残差平方和最小的原则确定。$b_i(i=1,2,\cdots,m)$ 的值应为以下方程组的解：

$$
\begin{cases}
L_{11}b_1+L_{12}b_2+\cdots+L_{1m}b_m=L_{1y} \\
L_{21}b_1+L_{22}b_2+\cdots+L_{2m}b_m=L_{2y} \\
\cdots\cdots \\
L_{m1}b_1+L_{m2}b_2+\cdots+L_{mm}b_m=L_{my}
\end{cases}
\tag{12-33}
$$

式中：

$$L_{ij}=\sum_{t=1}^{n}(x_{it}-\bar{x}_i)(x_{jt}-\bar{x}_j) \quad (i,j=1,2,\cdots,m)$$

$$L_{iy}=\sum_{t=1}^{n}(x_{it}-\bar{x}_i)(y_{jt}-\bar{y}) \quad (i,j=1,2,\cdots,m)$$

$$\bar{x}_i=\frac{1}{n}\sum_{t=1}^{n}x_{it},\bar{y}=\frac{1}{n}\sum_{t=1}^{n}y_t$$

$$b_0=\bar{y}-\sum_{i=1}^{m}b_i\cdot\bar{x}_i \tag{12-34}$$

多元线性回归模型的相关检验可通过计算全相关系数进行，计算公式为：

$$R=\sqrt{\frac{U}{L_{yy}}} \tag{12-35}$$

式中：

$$U=\sum_{i=1}^{m}L_{iy}b_i$$

$$L_{yy}=\sum_{t=1}^{n}(y_t-\bar{y})^2$$

R 值接近 1，回归模型的预测效果好。

在取置信度 $1-\alpha=0.95$ 的情况下，对应于自变量 $x_{i0}(i=1,2,\cdots,m)$ 的预测值 y_0 的置信区间近似为：$\hat{y}_0\pm 2S$

$$S=\sqrt{\frac{Q}{n-k}} \tag{12-36}$$

式中：$Q=L_{yy}-U,k=m+1$。

第三节　运输需求预测

运输需求是运输市场的基本因素之一，运输需求是运输供给产生的根源。运输供给（包括：运输线路、运输工具、运输场站、运输服务设施等）均取决于运输需求，因此，运输需求预测是作好运输规划、进行运输决策的重要的基础工作。

一、运输需求预测的原理

运输需求预测就是把运输需求作为预测对象,结合运输需求的特殊性,运用适当的预测方法,测算未来运输需求的做法。

前已述及,运输需求是一种派生需求,同时它具有一定的规律性。因此,运输需求预测一般从两个方面入手,一是寻求运输需求的本源需求,同时探索运输需求与本源需求之间的关系,通过预测本源需求,并结合运输需求与本源需求之间的关系,预测未来的运输需求。二是通过一定的方法,直接找寻运输需求自身的历史变化规律,建立运输需求模拟模型,依此进行预测。

二、运输需求预测的内容

运输需求按不同目的和要求,可以从不同的侧面来描述,进行运输需求预测时,预测内容包括:运输需求量、运输流量、运输距离、运输需求结构(货运需求按货物品种,旅客需求按公务、商务、探亲、旅游等,不同运输方式按长途、中途、短途等),运输需求空间分布等。

三、运输需求量预测方法

运输需求量从原理上说是国民经济和人民生活对运输的总需求量,不区分运输方式。然而,在实际运输过程中,运输需求量总是具体体现在某种运输方式上,表现为对某种运输方式的需求量。在预测过程中,就需要事先制定相应的运输需求预测方案,一般有两种方案:一是先预测运输总需求量,然后考虑某种运输方式的特性及在所预测区域的特点,分离出某种运输方式的需求量;二是直接预测某种运输方式的需求量。对于运输需求的地区分布一般也可按上述两种方案预测。近年来在运输需求量预测过程中,常采用多种方法结合在一起,共同构成运输需求预测的综合方法。

四、运输需求预测的步骤

运输需求预测可按以下步骤进行:

(一)确定预测目标

在运输需求预测过程中,首先要确定运输需求预测的目标:包括预测的内容、预测的期限、预测数量单位和要求达到的精确度等基本资料和数据。如在制定某省公路运输业发展规划时,要求对公路客、货运输需求量进行预测,预测特征年分别为2010年、2015年,预测精度要求置信度为5%。

(二)搜集和分析历史资料

根据预测内容和预测要求及可选用的预测方案和预测方法,设计调查方案。一般来说,历史数据包括两个方面:一是反映国民经济和社会发展的,主要指标有:总人口(x_1)、非农业人口(x_2)、国内生产总值(x_3)、工农业总产值(x_4)、工业总产值(x_5)、农业总产值(x_6)、居民人均可支配收入(x_7)、农牧民人均纯收入(x_8)、主要工业产品产量(可根据实际取几种 x_9)、主要农业产品产量(亦可根据实际选取 x_{10})等。二是反映运输需求的,主要指标有:公路客运量(y_1)、公路货运量(y_2)、铁路客运量(y_3)、铁路货运量(y_4)、航空客运量(y_5)、管道货运量(y_6)、公路旅客周转量(z_1)、公路货物周转量

(z_2)、铁路旅客周转量(z_3)、铁路货物周转量(z_4)、航空旅客周转量(z_5)、管道货物周转量(z_6)(运输需求量指标可根据实际确定,有的区域无某种运输方式,该种运输方式可以暂不考虑)等,还有诸如流向、运距、运输需求结构等。把有关的历史及现状资料、数据尽可能收集齐全,并进行初步分析,整理为各种数据样本。部分数据整理结果见表12-15。

××省国民经济和公路客运量统计表 表 12-15

年 份	年末总人口(万人)	国内生产总值(万元,1990 年不变价)	公路客运量(万人次)
1986	376.09	352 805.2	663
1987	381.6	347 759.5	719
1988	392.79	388 794.9	780
1989	392.57	430 005.7	845
1990	401.61	488 487.5	916
1991	407.38	541 441	993
1992	421.12	585 296.3	1 344
1993	427.9	618 661.5	1 453
1994	434.2	666 298.1	1 521
1995	440.2	674 291.4	1589
1996	447.66	699 400	1 634
1997	454.43	732 174.8	1 703
1998	461.02	786 285	1 812
1999	466.7	861 842.3	1 906
2000	474	932 513.4	1943
2001	481.2	1 007 113	2 074
2002	488.3	1 093 723	2 500
2003	495.6	1 192 159	2 680
2004	502.8	1 299 454	2 889
2005	509.8	1 406 012	3 055

(三)制定预测方案、选择预测方法

根据已经收集到的运输需求历史数据及预测要求,制定预测方案,如采用第二种预测方案,即直接预测公路运输需求量;方法选择采用多种方法联合使用的作法,即采用回归分析法、灰色系统预测法、年平均增长率法 3 种方法。

(四)建立预测模型

1. 多元线性回归模型(仅以公路客运需求量为例)

影响公路客运量的因素较多。经过上述分析,可以从国民经济主要指标中选择出人口、非农业人口、国内生产总值、工农业总产值、工业总产值、农业总产值、居民人均可支配收入、农牧民人均纯收入 8 个指标，按照预定的预测方案，经运算，建立该省公路客运量预测多元线性回归模型为：

$$Y_1 = -191\ 6.17 + 5.335X_1 + 0.00\ 159X_3 \tag{12-37}$$

$$F = 666.6, R^2 = 0.99, t_1 = 2.57, t_2 = 5.80$$

2. 灰色系统模型

灰色系统模型为：

$$Y_1 = 107\ 35.3e^{0.073t} - 100\ 72.3 \tag{12-38}$$

$$P = 1.0(\text{一级}), C = 0.15(\text{一级})$$

3. 年平均增长率

年平均增长率为 8.40%。

多元线性回归模型的检验一般包括拟合度检验（相关系数即 R^2）；回归显著性检验（F—检验）和参数估计值的标准差检验（t—检验）等，按照 20 样本、置信度为 5%，查 F—检验和 t—检验表可知：$F = 3.49, t_1 = 2.08, t_2 = 2.08$，本次所建立的客运量预测模型各项检验均获得通过，符合预测要求。灰色系统模型中的检验包括小误差概率 P 和后验差比 C 两项，客运量灰色系统模型也通过 P 和 C 检验，也符合精度要求，可以用于预测。

建立组合模型：采用多元线性回归模型、灰色系统模型和增长率统计法 3 种模型，依据 3 种模型的标准差（$s_1 = 81.50$、$s_2 = 188.76$、$s_3 = 136.45$），按照

$$w_i = (S - S_i)/[S \times (n-1)]\ S = \Sigma S_i$$

式中：S_i——第 i 种预测模型的标准差；

n——预测方法数。确定三种模型的权重为 $w_1 = 0.40$、$w_2 = 0.27$、$w_3 = 0.33$。

最后确定综合预测模型为：

$$Y = \Sigma w_i \times Y_i$$

式中：Y——综合预测值，即经组合处理后的最终预测值；

Y_i——第 i 种预测方法获得的中间预测值；

w_i——第 i 种中间预测值被赋予的权重系数，$\Sigma w_i = 1$。

（五）影响因素未来值的确定

根据以上建立的预测模型，客运需求量的影响因素为：该省的总人口和国内生产总值，根据该省国民经济和社会发展长远规划，并结合考虑其他因素，可确定其未来值如表 12-16 所示。

××省社会经济主要指标预测结果　　表 12-16

项　目	计算单位	“十五”计划		“十一五”计划	
		2005	增长	2010	增长
国内生产总值	万元	2 251 822	8.0%	3 013 445	6.0%
总人口	万人	548.24	1.2%	579.07	1.1%

注：表中价值型指标均按不变价计算。

利用表 12-15 中有关指标未来值对该省公路客运需求量的未来值用多元线性回归模型、灰色系统模型和年平均增长率法 3 种模型进行预测计算，最后进行组合预测，确定公路

客运量预测推荐值见表 12-17。

××省客运需求预测推荐值表　　表 12-17

年　份	2000		2005		2010	
项目	绝对值	增长率	绝对值	增长率	绝对值	增长率
客运量	4 750	7.79	6 634	6.9	9 210	6.78

上述预测结果还可以与该省客运量的历史增长情况进行对比，以判断其与公路客运需求历史发展趋势的差异。计算该省客运需求量的历史增长率为 8.40%，预测未来增长率略低于其历史增长，并与其比较接近。

公路货运需求量、铁路客运需求量、水路货运需求量等其他内容的预测与上述方法类似，在此不再赘述。

五、交通量预测

交通量预测对于进行交通规划、交通管理、交通设施的规划、设计方案比较和经济分析以及交通安全，均具有重要意义。交通量反映了社会经济发展和人们的出行对道路网络的需求，交通量的大小是影响道路的等级、宽度等的重要因素。同时也是道路网新建和改造的基本依据。

（一）交通量的概念

交通量是指在单位时间段内，通过道路某一地点、某一断面或某一条车道的交通实体数。按交通类型分，有机动车交通量、非机动车交通量和行人交通量，一般不加说明则指机动车交通量，且指来往两个方向的车辆数。常用的平均交通量是：年平均日交通量（$AADT$）

$$AADT = \frac{1}{365}\sum_{i=1}^{365} Q_i \tag{12-39}$$

（二）交通量预测方法

交通量预测方案目前主要有以下两种，一是把某路段年平均日交通量视为预测对象，用类似于运输需求预测的做法，即用定性预测法、趋势外推法或相关因素预测法，由于这一作法在运输需求预测中已经作了详细叙述，这里不再重复。二是通过第三节已经得到的运输需求量，通过适当的转换，求得某路段或整个路网的交通量。交通运输规划与项目评价中的交通量预测通常采用“四步骤法”，限于篇幅，本书不做介绍（读者可参考有关规划书籍）。

（三）交通量预测所需资料

（1）预测年公路客货流 OD 分布预测值。

（2）区域历年汽车（分车种）保有量资料。

（3）区域历年交通运输部门车辆实载率。

（4）OD 调查中的客货车平均座（吨）位、平均实载率等。

（四）交通量预测的折算方法和步骤

（1）根据历年区域内客、货汽车车保有量资料，分析预测客、货车平均座（吨）位及其发展趋势。

（2）根据历年区域内客、货汽车车实载率的变化情况，分析预测客货汽车平均实载率的发展趋势。

（3）根据特征年客货车平均座（吨）位数及平均实载率，将运输量转为交通量（混合）。

（4）根据客、货车车型组成情况及趋势预测，将混合交通量转化为标准车型交通量，公式如下：

$$V_{ij}^{p}=\frac{P_{ij}}{K_{p}r_{p}}u_{p} \tag{12-40}$$

$$V_{ij}^{F}=\frac{F_{ij}}{K_{F}r_{F}}u_{F} \tag{12-41}$$

式中：V_{ij}^{p},V_{ij}^{F}——分别代表 $i \to j$ 区公路客货车交通量(标准车)；

P_{ij},F_{ij}——分别代表 $i \to j$ 区公路客流量和货流量；

K_P——客车平均座位数；

K_F——货车平均吨位数；

r_P,r_F——客、货车实载率；

u_P,u_F——客、货车混合交通量与标准车型交通量之间的换算系数。

1. 什么是预测、技术预测、技术经济预测?
2. 技术经济预测有哪些特点?
3. 技术经济预测程序有哪些?
4. 技术经济预测有哪些方法?
5. 在公路运输量(如公路货物周转量)需求预测时，影响其需求的最主要相关因素有哪些?
6. 已知某日用商品最近8个月在某地区的销售量如表12-18所示：

某日用商品销售量表(单位:万件)　　表12-18

月份(2005年)	4	5	6	7	8	9	10	11
时间序号	1	2	3	4	5	6	7	8
销售量	7.8	8.0	8.1	7.9	8.2	8.0	7.8	8.1

求：(1)用算术平均数预测下一个月($t=9$)的商品销售量；

(2)用一次移动平均法预测下一个月的商品销售量(取 $N=3$)；

(3)用一次指数平滑法预测下一个月的商品销售量，取平滑系数 $\alpha=0.3$，初始值：

$$S_0^{(1)}=(y_1+y_2+y_3)/3$$

7. 已知某商品最近10个月在某市的销售量如表12-19所示：

某商品销售量表　　表12-19

时期序号 t	1	2	3	4	5	6	7	8	9	10
销售量 yt	9.3	9.3	10.1	11.1	12.1	12.8	13.3	15.1	16.6	18.2

求：(1)用二次移动平均法建立线性预测模型。并预测 $t=11,t=12$ 周期时的商品销售量(取 $N=3$)；

(2)用二次指数平滑法建立线性预测模型。并预测 $t=11,t=12$ 周期时的商品销售量(取 $\alpha=0.7$)

$$S_0^{(1)} = (y_1 + y_2 + y_3)/3, S_0^{(2)} = (S_1 + S_2 + S_3)/3$$

8. 某省 1987 ~2005 年的公路旅客周转量与工业总产值,农业总产值的统计数据如表 12-20 所示:

旅客周转量、工业总产值和农业总产值表 表 12-20

年份	旅客周转量 (万人·km)	工业总产值 (亿元)	农业总产值 (亿元)
1987	516	31.8	49
1988	557	34.3	56
1989	601	40.5	63
1990	652	45.3	66
1991	736	43.5	77
1992	813	47.7	96
1993	851	47.1	99
1994	991	49.1	113
1995	1 155	58.5	162
1996	1 320	65.5	201
1997	1 401	71.2	225
1998	1 602	71.1	260
1999	1 796	80.6	295
2000	1 921	87.9	312
2001	2 153	98.8	365
2002	2 449	118.6	445
2003	2 377	124.2	520
2004	3 162	128.9	636
2005	3 595	130.3	746

求:(1)建立旅客周转量与工业总产值和农业总产值的二元线性回归方程;

(2)利用方差分析检验方程是否有效($\alpha = 0.05$)。

9. 某城市在制定发展规划时,需要对公路货运量进行预测,经分析确定了农业总产值、工业总产值是影响货运量的主要因素。有关预测机构收集了 1996 ~2005 年的统计数据,运用计算机求得以下二元线性回归预测模型:

$$\hat{Y} = 80.2 + 10.9X_1 + 24.7X_2$$

式中:$\hat{Y}$——货运量(万 t),

X_1——农业总产值(亿元);

X_2——工业总产值(亿元)。

已知计算得到:

$$F = 630.0, t_1 = 3.8, t_2 = 11.0, s = 22.0, n = 10$$

求:(1)对回归方程进行统计检验($\alpha = 0.05$);

(2)对回归系数进行统计检验($\alpha = 0.05$);

(3)预计 2010 年该城市的农业总产值为 40 亿元,工业总产值为 70 亿元,预测 2010 年的公路货运量。

附　　录

间断复利表

（3%）

附表 1

年份 n	一次支付终值系数 $(1+i)^n$ $(F/p,i,n)$	一次支付现值系数 $\frac{1}{(1+i)^n}$ $(p/F,i,n)$	偿债基金系数 $\frac{i}{(1+i)^n-1}$ $(A/F,i,n)$	资金回收系数 $\frac{i(1+i)^n}{(1+i)^n-1}$ $(A/p,i,n)$	等额系列终值系数 $\frac{(1+i)^n-1}{i}$ $(F/A,i,n)$	等额系列现值系数 $\frac{(1+i)^n-1}{i(1+i)^n}$ $(p/A,i,n)$	等差系列等额支付系数 $\frac{1}{i}-\frac{n}{(1+n)^n-1}$ $(A/G,i,n)$	等差系列现值系数 $\frac{1-(1+in)(1+i)^{-n}}{i^2}$ $(p/G,i,n)$
1	1.030	0.970 9	1.000 0	1.030 0	1.000	0.971	0	0
2	1.061	0.942 6	0.492 6	0.522 6	2.030	1.913	0.493	0.943
3	1.093	0.915 1	0.323 5	0.353 5	3.091	2.829	0.980	2.773
4	1.126	0.888 5	0.239 0	0.269 0	4.184	3.717	1.463	5.438
5	1.159	0.862 6	0.188 4	0.218 4	5.309	4.580	1.941	8.889
6	1.194	0.837 5	0.154 6	0.184 6	6.468	5.417	2.414	13.076
7	1.230	0.813 1	0.130 5	0.160 5	7.662	6.230	2.882	17.955
8	1.267	0.789 4	0.112 5	0.142 5	8.892	7.020	3.345	23.481
9	1.305	0.766 4	0.098 4	0.128 4	10.159	7.786	3.803	29.612
10	1.344	0.744 1	0.087 2	0.117 2	11.464	8.530	4.256	36.309
11	1.384	0.722 4	0.078 1	0.108 1	12.808	9.253	4.705	43.533
12	1.426	0.701 4	0.070 5	0.100 5	14.192	9.954	5.148	51.248
13	1.469	0.681 0	0.064 0	0.094 0	15.618	10.635	5.587	59.420
14	1.513	0.661 1	0.058 5	0.088 5	17.086	11.296	6.021	68.014
15	1.558	0.641 9	0.053 8	0.083 8	18.599	11.938	6.450	77.000
16	1.605	0.623 2	0.049 6	0.079 6	20.157	12.561	6.874	86.348
17	1.653	0.603 0	0.046 0	0.076 0	21.762	13.166	7.294	96.028
18	1.702	0.587 4	0.042 7	0.072 7	23.414	13.754	7.708	106.014
19	1.754	0.570 3	0.039 8	0.069 8	25.117	14.324	8.118	116.279
20	1.806	0.553 7	0.037 2	0.067 2	26.870	14.877	8.523	126.799
21	1.860	0.537 5	0.034 9	0.064 9	28.676	15.415	8.923	137.550
22	1.916	0.521 9	0.032 7	0.062 7	30.537	15.937	9.319	148.509
23	1.974	0.506 7	0.030 8	0.060 8	32.453	16.444	9.709	159.657
24	2.033	0.491 9	0.029 0	0.059 0	34.426	16.936	10.095	170.971
25	2.094	0.477 6	0.027 4	0.057 4	36.459	17.413	10.477	182.434
26	2.157	0.463 7	0.025 9	0.055 9	38.553	17.877	10.853	194.026
27	2.221	0.450 2	0.024 6	0.054 6	40.710	18.327	11.226	205.731
28	2.288	0.437 1	0.023 3	0.053 3	42.931	18.764	11.593	217.532
29	2.357	0.424 3	0.022 1	0.052 1	45.219	19.188	11.956	229.414
30	2.427	0.412 0	0.0210	0.051 0	47.575	19.600	12.314	241.361
31	2.500	0.400 0	0.020 0	0.050 0	50.003	20.000	12.668	253.361
32	2.575	0.388 3	0.0190	0.049 0	52.503	20.389	13.017	265.399
33	2.652	0.377 0	0.018 2	0.048 2	55.078	20.766	13.362	277.464
34	2.732	0.366 0	0.017 3	0.047 3	57.730	21.132	13.702	289.544
35	2.814	0.355 4	0.016 5	0.046 5	60.462	21.487	14.037	301.627
40	3.262	0.306 6	0.133	0.043 3	75.401	23.115	15.650	361.750
45	3.782	0.264 4	0.010 8	0.040 8	92.720	24.519	17.156	420.632
50	4.384	0.228 1	0.008 9	0.038 9	112.797	25.730	18.558	477.480
55	5.082	0.196 8	0.007 3	0.037 3	136.072	26.774	19.860	531.741
60	5.892	0.169 7	0.006 1	0.036 1	163.053	27.676	21.067	583.053
65	6.830	0.146 4	0.005 1	0.035 1	194.333	28.453	22.184	631.201
70	7.918	0.126 3	0.004 3	0.034 3	230.594	29.123	23.215	676.087
75	9.179	0.108 9	0.003 7	0.033 7	272.631	29.702	24.163	717.698
80	10.641	0.094 0	0.003 1	0.033 1	321.363	30.201	25.035	756.087
85	12.366	0.081 1	0.002 6	0.032 6	377.857	30.631	25.835	791.353
90	14.300	0.069 9	0.002 3	0.032 3	443.349	31.002	26.567	823.630
95	16.578	0.060 3	0.001 9	0.031 9	519.272	31.323	27.235	853.074
100	19.219	0.052 0	0.001 6	0.031 6	607.288	31.599	27.844	879.854

(4%)　　续上表

年份 n	一次支付终值系数 $(1+i)^n$ $(F/p,i,n)$	一次支付现值系数 $\frac{1}{(1+i)^n}$ $(p/F,i,n)$	偿债基金系数 $\frac{i}{(1+i)^n-1}$ $(A/F,i,n)$	资金回收系数 $\frac{i(1+i)^n}{(1+i)^n-1}$ $(A/p,i,n)$	等额系列终值系数 $\frac{(1+i)^n-1}{i}$ $(F/A,i,n)$	等额系列现值系数 $\frac{(1+i)^n-1}{i(1+i)^n}$ $(p/A,i,n)$	等差系列等额支付系数 $\frac{1}{i}-\frac{n}{(1+n)^n-1}$ $(A/G,i,n)$	等差系列现值系数 $\frac{1-(1+in)(1+i)^{-n}}{i^2}$ $(p/G,i,n)$
1	1.040	0.961 5	1.000 0	1.040 0	1.000	0.962	0	0
2	1.082	0.924 6	0.490 2	0.530 2	2.040	1.886	0.490	0.925
3	1.125	0.889 0	0.320 3	0.360 3	3.122	2.775	0.974	2.703
4	1.170	0.854 8	0.235 5	0.275 5	4.346	3.630	1.451	5.267
5	1.217	0.821 9	0.184 6	0.224 6	5.146	4.452	1.922	8.555
6	1.265	0.790 3	0.150 8	0.190 8	6.633	5.242	2.386	12.506
7	1.316	0.759 9	0.126 6	0.166 6	7.898	6.002	2.843	17.066
8	1.369	0.730 7	0.108 5	0.148 5	9.214	6.733	3.294	22.181
9	1.423	0.702 6	0.094 5	0.134 5	10.583	7.435	3.739	27.801
10	1.480	0.675 6	0.083 3	0.123 3	12.006	8.111	4.177	33.881
11	1.539	0.649 6	0.074 1	0.114 1	13.486	8.760	4.609	40.377
12	1.601	0.624 6	0.066 6	0.106 6	15.026	9.385	5.034	47.248
13	1.665	0.600 6	0.060 1	0.100 1	16.627	9.986	5.453	54.455
14	1.732	0.577 5	0.054 7	0.094 7	18.292	10.563	5.866	61.962
15	1.801	0.555 3	0.049 9	0.089 9	20.024	11.118	6.272	69.735
16	1.873	0.533 9	0.045 8	0.085 8	21.825	11.652	6.672	77.744
17	1.948	0.513 4	0.042 2	0.082 2	23.698	12.166	7.066	85.958
18	2.026	0.493 6	0.039 0	0.079 0	25.645	12.659	7.453	94.350
19	2.107	0.474 6	0.036 1	0.076 1	27.671	13.134	7.834	102.893
20	2.191	0.456 4	0.033 6	0.073 6	29.778	13.590	8.209	111.565
21	2.279	0.438 8	0.031 3	0.071 3	31.969	14.029	8.578	120.341
22	2.370	0.422 0	0.029 2	0.069 2	34.248	14.451	8.941	129.202
23	2.465	0.405 7	0.027 3	0.067 3	36.618	14.857	9.297	138.128
24	2.563	0.390 1	0.025 6	0.065 6	39.083	15.247	9.648	147.101
25	2.666	0.375 1	0.024 0	0.064 0	41.646	15.622	9.993	156.104
26	2.772	0.360 7	0.022 6	0.062 6	44.312	15.983	10.331	165.121
27	2.883	0.346 8	0.021 2	0.061 2	47.084	16.330	10.664	174.138
28	2.999	0.333 5	0.020 0	0.060 0	49.968	16.663	10.991	183.142
29	3.119	0.320 7	0.018 9	0.058 9	52.966	16.984	11.312	192.121
30	3.243	0.308 3	0.017 8	0.057 8	56.085	17.292	11.627	201.062
31	3.373	0.296 5	0.016 9	0.056 9	59.328	17.588	11.937	209.936
32	3.508	0.285 1	0.015 9	0.055 9	62.701	17.874	12.241	218.792
33	3.648	0.274 1	0.015 1	0.055 1	66.210	18.148	12.540	227.563
34	3.794	0.263 6	0.014 3	0.054 3	69.858	18.411	12.832	236.261
35	3.946	0.254 3	0.013 6	0.053 6	73.652	18.665	13.120	244.877
40	4.801	0.208 3	0.010 5	0.050 5	95.026	19.793	14.477	286.530
45	5.841	0.171 2	0.008 3	0.048 3	121.029	20.720	15.705	325.403
50	7.107	0.140 7	0.006 6	0.046 6	152.667	21.452	16.812	361.164
55	8.646	0.115 7	0.005 2	0.045 2	191.159	22.109	17.807	393.689
60	10.520	0.095 1	0.004 2	0.044 2	237.991	22.623	18.697	422.997
65	12.799	0.078 1	0.003 4	0.043 4	294.968	23.047	19.491	449.201
70	15.572	0.064 2	0.002 7	0.042 7	364.290	23.395	20.196	472.479
75	18.945	0.052 8	0.00 22	0.042 2	448.631	23.600	20.821	493.041
80	23.050	0.043 4	0.001 8	0.041 8	551.245	23.915	21.372	511.116
85	28.044	0.035 7	0.001 5	0.041 5	676.090	24.109	21.857	526.938
90	34.119	0.029 3	0.001 2	0.041 2	827.983	24.267	22.283	540.737
95	41.511	0.024 1	0.001 0	0.041 0	1 012.785	24.398	22.655	552.731
100	50.505	0.019 8	0.000 8	0.040 8	1 237.624	24.505	22.980	563.125

（5%）

续上表

年份 n	一次支付终值系数 $(1+i)^n$ $(F/p,i,n)$	一次支付现值系数 $\frac{1}{(1+i)^n}$ $(p/F,i,n)$	偿债基金系数 $\frac{i}{(1+i)^n-1}$ $(A/F,i,n)$	资金回收系数 $\frac{i(1+i)^n}{(1+i)^n-1}$ $(A/p,i,n)$	等额系列终值系数 $\frac{(1+i)^n-1}{i}$ $(F/A,i,n)$	等额系列现值系数 $\frac{(1+i)^n-1}{i(1+i)^n}$ $(p/A,i,n)$	等差系列等额支付系数 $\frac{1}{i}-\frac{n}{(1+n)^n-1}$ $(A/G,i,n)$	等差系列现值系数 $\frac{1-(1+in)(1+i)^{-n}}{i^2}$ $(p/G,i,n)$
1	1.050	0.952 4	1.000 0	1.050 0	1.000	0.952	0	0
2	1.102	0.907 0	0.487 8	0.537 8	2.050	1.859	0.488	0.907
3	1.158	0.863 8	0.317 2	0.367 2	3.152	2.723	0.967	2.635
4	1.216	0.822 7	0.232 0	0.282 0	4.310	3.546	1.439	5.103
5	1.276	0.783 5	0.181 0	0.231 0	5.526	4.329	1.903	8.237
6	1.340	0.746 2	0.147 0	0.197 0	6.802	5.076	2.358	11.968
7	1.407	0.710 7	0.122 8	0.172 8	8.142	5.786	2.805	16.232
8	1.477	0.676 8	0.104 7	0.154 7	9.549	6.463	3.245	20.970
9	1.551	0.644 6	0.090 7	0.140 7	11.027	7.108	3.676	26.127
10	1.629	0.613 9	0.079 5	0.129 5	12.578	7.722	4.099	31.652
11	1.710	0.584 7	0.070 4	0.120 4	14.207	8.306	4.514	37.499
12	1.796	0.556 8	0.062 8	0.112 8	15.917	8.863	4.922	43.624
13	1.886	0.530 3	0.056 5	0.106 5	17.713	9.394	5.322	49.988
14	1.980	0.505 1	0.051 0	0.101 0	19.599	9.899	5.713	56.554
15	2.079	0.481 0	0.046 3	0.096 3	21.579	10.380	6.097	63.288
16	2.183	0.458 1	0.042 3	0.092 3	23.657	10.838	6.474	70.160
17	2.292	0.436 3	0.038 7	0.088 7	25.840	11.274	6.842	77.140
18	2.407	0.415 5	0.035 5	0.085 5	28.132	11.690	7.203	84.204
19	2.527	0.395 7	0.032 7	0.082 7	30.539	12.085	7.557	91.328
20	2.653	0.376 9	0.030 2	0.080 2	33.066	12.462	7.903	98.488
21	2.786	0.358 9	0.028 0	0.078 0	35.719	12.821	8.242	105.667
22	2.925	0.341 8	0.026 0	0.076 0	38.505	13.163	8.573	112.846
23	3.072	0.325 6	0.024 1	0.074 1	41.430	13.489	8.897	120.009
24	3.225	0.310 1	0.022 5	0.072 5	44.502	13.799	9.214	127.140
25	3.386	0.295 3	0.021 0	0.071 0	47.727	14.094	9.524	134.228
26	3.556	0.281 2	0.019 6	0.069 6	51.113	14.375	9.827	141.259
27	3.733	0.267 8	0.018 3	0.068 3	54.669	14.643	10.122	148.223
28	3.920	0.255 1	0.017 1	0.067 1	58.403	14.898	10.411	155.110
29	4.116	0.242 9	0.016 0	0.066 0	62.323	15.141	10.694	161.913
30	4.322	0.231 4	0.015 1	0.065 1	66.439	15.372	10.969	168.623
31	4.538	0.220 4	0.014 1	0.064 1	70.761	15.593	11.238	175.233
32	4.765	0.209 9	0.013 3	0.063 3	75.299	15.803	11.501	181.739
33	5.003	0.199 9	0.012 5	0.062 5	80.064	16.003	11.757	188.135
34	5.253	0.190 4	0.011 8	0.061 8	85.067	16.193	12.006	194.417
35	5.516	0.181 3	0.011 1	0.061 1	90.320	16.374	12.250	200.581
40	7.040	0.142 0	0.008 3	0.058 3	120.800	17.159	13.377	229.545
45	8.985	0.111 3	0.006 3	0.056 3	159.700	17.774	14.364	255.315
50	11.467	0.087 2	0.004 8	0.054 8	209.348	18.256	15.223	277.915
55	14.636	0.068 3	0.003 7	0.053 7	272.713	18.635	15.966	297.510
60	18.679	0.053 5	0.002 8	0.052 8	353.584	18.929	16.606	314.343
65	23.840	0.041 9	0.002 2	0.052 2	456.798	19.161	17.154	329.691
70	30.426	0.032 9	0.001 7	0.051 7	588.529	19.343	17.621	340.841
75	38.833	0.025 8	0.001 3	0.051 3	756.654	19.485	18.018	351.072
80	49.561	0.020 2	0.001 0	0.051 0	971.229	19.596	18.353	359.646
85	63.254	0.015 8	0.000 8	0.050 8	1 245.087	19.684	18.635	366.801
90	80.730	0.012 4	0.000 6	0.050 6	1 594.607	19.752	18.871	372.749
95	103.035	0.009 7	0.000 5	0.050 5	2 040.694	19.806	19.069	377.677
100	131.501	0.007 6	0.000 4	0.050 4	2 610.025	19.848	19.234	381.749

(6%)　　续上表

年份 n	一次支付终值系数 $(1+i)^n$ $(F/p,i,n)$	一次支付现值系数 $\frac{1}{(1+i)^n}$ $(p/F,i,n)$	偿债基金系数 $\frac{i}{(1+i)^n-1}$ $(A/F,i,n)$	资金回收系数 $\frac{i(1+i)^n}{(1+i)^n-1}$ $(A/p,i,n)$	等额系列终值系数 $\frac{(1+i)^n-1}{i}$ $(F/A,i,n)$	等额系列现值系数 $\frac{(1+i)^n-1}{i(1+i)^n}$ $(p/A,i,n)$	等差系列等额支付系数 $\frac{1}{i}-\frac{n}{(1+n)^n-1}$ $(A/G,i,n)$	等差系列现值系数 $\frac{1-(1+in)(1+i)^{-n}}{i^2}$ $(p/G,i,n)$
1	1.060	0.943 4	1.000 0	1.060 0	1.000	0.943	0	0
2	1.124	0.890 0	0.485 4	0.545 4	2.060	1.833	0.485	0.890
3	1.191	0.839 6	0.314 1	0.374 1	3.184	2.673	0.961	2.569
4	1.262	0.792 1	0.228 6	0.288 6	4.375	3.465	1.427	4.946
5	1.338	0.747 3	0.177 4	0.237 4	5.637	4.212	1.884	7.935
6	1.419	0.705 0	0.143 4	0.203 4	6.975	4.917	2.330	11.459
7	1.504	0.665 1	0.119 1	0.179 1	8.394	5.582	2.768	15.450
8	1.594	0.627 4	0.101 0	0.161 0	9.897	6.210	3.195	19.842
9	1.689	0.591 9	0.087 0	0.147 0	11.491	6.802	3.613	24.577
10	1.791	0.558 4	0.075 9	0.135 9	13.181	7.360	4.022	29.602
11	1.898	0.526 8	0.066 8	0.126 8	14.972	7.887	4.421	34.870
12	2.012	0.497 0	0.059 3	0.119 3	16.870	8.384	4.811	40.337
13	2.133	0.468 8	0.053 0	0.113 0	18.882	8.853	5.192	45.963
14	2.261	0.442 3	0.047 6	0.107 6	21.015	9.295	5.564	51.713
15	2.397	0.417 3	0.043 0	0.103 0	23.276	9.712	5.926	57.555
16	2.540	0.393 6	0.039 0	0.099 0	25.673	10.106	6.279	63.459
17	2.693	0.371 4	0.035 4	0.095 4	28.213	10.477	6.624	69.401
18	2.854	0.350 3	0.032 4	0.092 4	30.906	10.828	6.960	75.357
19	3.026	0.330 5	0.029 6	0.089 6	33.760	11.158	7.287	81.306
20	3.207	0.311 8	0.027 2	0.087 2	36.786	11.470	7.605	87.230
21	3.400	0.294 2	0.025 0	0.085 0	39.993	11.764	7.915	93.114
22	3.604	0.277 5	0.023 0	0.083 0	43.392	12.042	8.217	98.941
23	3.820	0.261 8	0.021 3	0.081 3	46.996	12.303	8.510	104.701
24	4.049	0.247 0	0.019 7	0.079 7	50.816	12.550	8.795	110.381
25	4.292	0.233 0	0.018 2	0.078 2	54.865	12.783	9.072	115.973
26	4.549	0.219 8	0.016 9	0.076 9	59.156	13.003	9.341	121.468
27	4.822	0.207 4	0.015 7	0.075 7	63.706	13.211	9.603	126.860
28	5.112	0.195 6	0.014 6	0.074 6	68.528	13.406	9.857	132.142
29	5.418	0.184 6	0.013 6	0.073 6	73.640	13.591	10.103	137.310
30	5.743	0.174 1	0.012 6	0.072 6	79.058	13.765	10.342	142.359
31	6.088	0.164 3	0.011 8	0.071 8	84.802	13.929	10.547	147.286
32	6.453	0.155 0	0.011 0	0.071 0	90.890	14.084	10.799	152.090
33	6.841	0.146 2	0.010 3	0.070 3	97.343	14.230	11.017	156.768
34	7.251	0.137 9	0.009 6	0.069 6	104.184	14.368	11.228	161.319
35	7.686	0.130 1	0.009 0	0.069 0	111.435	14.498	11.432	165.743
40	10.286	0.097 2	0.006 5	0.066 5	154.762	15.046	12.359	185.957
45	13.765	0.072 7	0.004 7	0.064 7	212.744	15.456	13.141	203.110
50	18.420	0.054 3	0.003 4	0.063 4	290.336	15.762	13.796	217.457
55	24.650	0.040 6	0.002 5	0.062 5	392.172	15.991	14.341	229.322
60	32.988	0.0303	0.001 9	0.061 9	533.128	16.161	14.791	239.043
65	44.145	0.022 7	0.001 4	0.061 4	719.083	16.289	15.160	246.945
70	59.076	0.016 9	0.001 0	0.061 0	967.932	16.385	15.461	253.327
75	79.057	0.012 6	0.000 8	0.060 8	1 300.949	16.456	15.706	258.453
80	105.796	0.009 5	0.000 6	0.060 6	1 746.600	16.509	15.903	262.549
85	141.579	0.007 1	0.000 4	0.060 4	2 342.982	16.549	16.062	265.810
90	189.465	0.005 3	0.000 3	0.060 3	3 141.075	16.579	16.189	268.395
95	253.546	0.003 9	0.000 2	0.060 2	4 209.104	16.601	16.290	270.437
100	339.302	0.002 9	0.000 2	0.060 2	5 638.368	16.618	16.371	272.047

(7%)　　　　续上表

年份 n	一次支付终值系数 $(1+i)^n$ $(F/p,i,n)$	一次支付现值系数 $\frac{1}{(1+i)^n}$ $(p/F,i,n)$	偿债基金系数 $\frac{i}{(1+i)^n-1}$ $(A/F,i,n)$	资金回收系数 $\frac{i(1+i)^n}{(1+i)^n-1}$ $(A/p,i,n)$	等额系列终值系数 $\frac{(1+i)^n-1}{i}$ $(F/A,i,n)$	等额系列现值系数 $\frac{(1+i)^n-1}{i(1+i)^n}$ $(p/A,i,n)$	等差系列等额支付系数 $\frac{1}{i}-\frac{n}{(1+n)^n-1}$ $(A/G,i,n)$	等差系列现值系数 $\frac{1-(1+in)(1+i)^{-n}}{i^2}$ $(p/G,i,n)$
1	1.070	0.934 6	1.000 0	1.070 0	1.000	0.935	0	0
2	1.145	0.873 4	0.483 1	0.553 1	2.070	1.808	0.483	0.873
3	1.225	0.816 3	0.311 1	0.381 1	3.215	2.624	0.955	2.506
4	1.311	0.762 9	0.225 2	0.295 2	4.440	3.387	1.416	4.795
5	1.403	0.713 0	0.173 9	0.243 9	5.751	4.100	1.865	7.647
6	1.501	0.666 3	0.139 8	0.209 8	7.153	4.767	2.303	10.978
7	1.606	0.622 7	0.115 6	0.185 6	8.634	5.389	2.730	14.715
8	1.718	0.582 0	0.097 5	0.167 5	10.260	5.971	3.147	18.789
9	1.838	0.543 9	0.083 5	0.153 5	11.978	6.515	3.552	23.140
10	1.967	0.508 3	0.072 4	0.142 4	13.816	7.024	3.946	27.716
11	2.105	0.475 1	0.063 4	0.133 4	15.784	7.499	4.330	32.466
12	2.252	0.444 0	0.055 9	0.125 9	17.888	7.943	6.411	62.592
13	2.410	0.415 0	0.049 7	0.119 7	20.141	8.358	5.065	42.330
14	2.579	0.387 8	0.044 3	0.114 3	22.550	8.745	5.417	47.372
15	2.759	0.362 4	0.039 8	0.109 8	25.129	9.108	5.758	52.446
16	2.952	0.338 7	0.035 9	0.105 9	27.888	9.447	6.090	57.527
17	3.159	0.316 6	0.032 4	0.102 4	30.840	9.763	6.411	62.592
18	3.380	0.295 9	0.029 4	0.099 4	33.999	10.059	6.722	67.622
19	3.617	0.276 5	0.026 8	0.096 8	37.379	10.336	7.024	72.599
20	3.870	0.258 4	0.024 4	0.094 4	40.995	10.594	7.316	77.509
21	4.141	0.241 5	0.022 3	0.092 3	44.865	10.836	7.599	82.399
22	4.430	0.225 7	0.020 4	0.090 4	49.006	11.061	7.872	87.079
23	4.741	0.210 9	0.018 7	0.088 7	53.436	11.272	8.137	91.720
24	5.072	0.197 1	0.017 2	0.087 2	58.177	11.469	8.392	96.255
25	5.427	0.184 2	0.015 8	0.085 8	63.249	11.654	8.639	100.676
26	5.807	0.172 2	0.014 6	0.084 6	68.676	11.826	8.877	104.981
27	6.214	0.160 9	0.013 4	0.083 4	74.484	11.987	9.107	109.166
28	6.649	0.150 4	0.012 4	0.082 4	80.698	12.137	9.329	113.226
29	7.114	0.140 6	0.011 4	0.081 4	87.347	12.278	9.543	117.162
30	7.612	0.131 4	0.010 6	0.080 6	94.461	12.409	9.749	120.972
31	8.145	0.122 8	0.009 8	0.079 8	102.073	12.532	9.947	124.655
32	8.715	0.114 7	0.009 1	0.079 1	110.218	12.647	10.138	128.212
33	9.325	0.107 2	0.008 4	0.087 4	118.933	12.754	10.322	1313.643
34	9.978	0.100 2	0.007 8	0.077 8	128.259	12.854	10.499	134.951
35	10.677	0.093 7	0.007 2	0.077 2	138.237	12.948	10.669	138.135
40	14.974	0.066 8	0.005 0	0.075 0	199.635	13.332	11.423	152.293
45	21.002	0.047 6	0.003 5	0.073 5	285.749	12.605	12.036	163.756
50	29.457	0.033 9	0.002 5	0.072 5	406.529	13.801	12.529	172.905
55	41.315	0.024 2	0.001 7	0.071 7	575.929	13.940	12.921	180.124
60	57.946	0.017 3	0.001 2	0.071 2	813.520	14.039	13.232	185.768
65	81.273	0.012 3	0.000 9	0.070 9	1 146.755	14.110	13.476	190.145
70	113.989	0.008 8	0.000 6	0.070 6	1 164.134	14.160	13.666	193.519
75	159.876	0.006 3	0.000 4	0.070 4	2 269.657	14.196	13.814	196.104
80	224.234	0.004 5	0.000 3	0.070 3	3 189.063	14.222	13.927	198.075
85	314.500	0.003 2	0.000 2	0.070 2	4 478.576	14.240	14.015	199.572
90	441.103	0.002 3	0.000 2	0.070 2	6 287.185	14.253	14.081	200.704
95	618.670	0.001 6	0.000 1	0.070 1	8 823.854	14.263	14.132	201.558
100	867.716	0.001 2	0.000 1	0.070 1	12 381.662	14.269	14.170	202.200

(8%) 续上表

年份 n	一次支付终值系数 $(1+i)^n$ $(F/p,i,n)$	一次支付现值系数 $\frac{1}{(1+i)^n}$ $(p/F,i,n)$	偿债基金系数 $\frac{i}{(1+i)^n-1}$ $(A/F,i,n)$	资金回收系数 $\frac{i(1+i)^n}{(1+i)^n-1}$ $(A/p,i,n)$	等额系列终值系数 $\frac{(1+i)^n-1}{i}$ $(F/A,i,n)$	等额系列现值系数 $\frac{(1+i)^n-1}{i(1+i)^n}$ $(p/A,i,n)$	等差系列等额支付系数 $\frac{1}{i}-\frac{n}{(1+n)^n-1}$ $(A/G,i,n)$	等差系列现值系数 $\frac{1-(1+in)(1+i)^{-n}}{i^2}$ $(p/G,i,n)$
1	1.080	0.925 9	1.000 0	1.080 0	1.000	0.926	0	0
2	1.166	0.857 3	0.480 8	0.560 8	2.080	1.783	0.481	0.857
3	1.260	0.793 8	0.308 0	0.388 0	3.246	2.577	0.949	2.445
4	1.360	0.735 0	0.221 9	0.301 9	4.506	3.312	1.404	4.650
5	1.469	0.680 6	0.170 5	0.250 5	5.867	3.993	1.846	7.372
6	1.587	0.630 2	0.136 3	0.216 3	7.336	4.623	2.276	10.523
7	1.714	0.583 5	0.112 1	0.192 1	8.923	5.206	2.694	14.024
8	1.851	0.540 3	0.094 0	0.174 0	10.637	5.747	3.099	17.806
9	1.999	0.500 2	0.080 1	0.160 1	12.488	6.247	3.491	21.808
10	2.159	0.463 2	0.069 0	0.149 0	14.487	6.710	3.871	25.977
11	2.332	0.428 9	0.060 1	0.140 1	16.645	7.139	4.240	30.266
12	2.518	0.397 1	0.052 7	0.132 7	18.977	7.536	4.596	34.634
13	2.720	0.367 7	0.046 5	0.126 5	21.495	7.904	4.940	39.046
14	2.937	0.340 5	0.041 3	0.121 3	24.215	8.244	5.273	43.472
15	3.172	0.315 2	0.036 8	0.116 8	27.152	8.559	5.594	47.886
16	3.426	0.291 9	0.033 0	0.113 0	30.324	8.851	5.905	52.264
17	3.700	0.270 3	0.029 6	0.109 6	33.750	9.122	6.204	56.588
18	3.996	0.250 2	0.026 7	0.106 7	37.450	9.372	6.492	60.843
19	4.316	0.231 7	0.024 1	0.104 1	41.446	9.604	6.770	65.013
20	4.661	0.214 5	0.021 9	0.101 9	45.762	9.818	7.037	69.090
21	5.034	0.198 7	0.019 8	0.099 8	50.423	10.017	7.294	73.063
22	5.437	0.183 9	0.018 0	0.098 0	55.457	10.201	7.541	76.926
23	5.871	0.170 3	0.016 4	0.096 4	60.893	10.371	7.779	80.673
24	6.341	0.157 7	0.015 0	0.095 0	66.765	10.529	8.007	84.300
25	6.848	0.146 0	0.013 7	0.093 7	73.106	10.675	8.225	87.804
26	7.396	0.135 2	0.012 5	0.092 5	79.954	10.810	8.435	91.184
27	7.988	0.125 2	0.014 4	0.091 4	87.351	10.935	8.636	94.439
28	8.627	0.115 9	0.010 5	0.090 5	95.339	11.051	8.829	97.569
29	9.317	0.107 3	0.009 6	0.089 6	103.966	11.158	9.013	100.574
30	10.063	0.099 4	0.008 8	0.088 8	113.283	11.258	9.190	103.456
31	10.868	0.092 0	0.008 1	0.088 1	123.346	11.350	9.358	106.216
32	11.737	0.085 2	0.007 5	0.087 5	134.214	11.435	9.520	108.857
33	12.676	0.078 9	0.006 9	0.086 9	145.951	11.514	9.674	111.382
34	13.690	0.073 0	0.006 3	0.086 3	158.627	11.587	9.821	113.792
35	14.785	0.067 6	0.005 8	0.085 8	172.317	11.655	9.961	116.092
40	21.725	0.046 0	0.003 9	0.083 9	259.057	11.925	10.570	126.042
45	31.920	0.031 3	0.002 6	0.082 6	386.506	12.108	11.045	133.733
50	46.902	0.021 3	0.001 7	0.081 7	573.770	12.233	11.411	139.593
55	68.914	0.014 5	0.001 2	0.081 2	848.923	12.319	11.690	144.006
60	101.257	0.009 9	0.000 8	0.080 8	1 253.213	13.377	11.902	147.300
65	148.780	0.006 7	0.000 5	0.080 5	1 847.248	12.416	12.060	149.739
70	218.606	0.004 6	0.000 4	0.080 4	2 720.080	12.443	12.178	151.533
75	321.205	0.003 1	0.000 2	0.080 2	4 002.557	12.461	12.266	152.845
80	471.955	0.002 1	0.000 2	0.080 2	5 886.935	12.474	12.330	153.800
85	693.456	0.001 4	0.000 1	0.080 1	8 655.706	12.482	12.377	154.492
90	1 018.915	0.001 0	0.000 1	0.080 1	12 723.939	12.488	12.412	154.993
95	1 497.121	0.000 7	0.000 1	0.080 1	18 701.507	12.492	12.437	155.352
100	2 199.761	0.000 5		0.080 0	27 484.516	12.494	12.455	155.611

(10%) 续上表

年份 n	一次支付终值系数 $(1+i)^n$ $(F/p,i,n)$	一次支付现值系数 $\frac{1}{(1+i)^n}$ $(p/F,i,n)$	偿债基金系数 $\frac{i}{(1+i)^n-1}$ $(A/F,i,n)$	资金回收系数 $\frac{i(1+i)^n}{(1+i)^n-1}$ $(A/p,i,n)$	等额系列终值系数 $\frac{(1+i)^n-1}{i}$ $(F/A,i,n)$	等额系列现值系数 $\frac{(1+i)^n-1}{i(1+i)^n}$ $(p/A,i,n)$	等差系列等额支付系数 $\frac{1}{i}-\frac{n}{(1+n)^n-1}$ $(A/G,i,n)$	等差系列现值系数 $\frac{1-(1+in)(1+i)^{-n}}{i^2}$ $(p/G,i,n)$
1	1.100	0.909 1	1.000 0	1.100 0	1.000	0.909	0	0
2	1.210	0.826 4	0.476 2	0.576 2	2.100	1.736	0.476	0.826
3	1.331	0.751 3	0.302 1	0.402 1	3.310	2.487	0.937	2.329
4	1.464	0.683 0	0.215 5	0.315 5	4.641	3.170	1.381	4.378
5	1.611	0.620 9	0.163 8	0.263 8	6.105	3.791	1.810	6.862
6	1.772	0.564 5	0.129 6	0.229 6	7.716	4.355	2.224	9.684
7	1.949	0.513 2	0.105 4	0.205 4	9.487	4.868	2.622	12.763
8	2.144	0.466 5	0.087 4	0.187 4	11.436	5.335	3.004	16.029
9	2.358	0.424 1	0.073 6	0.173 6	13.579	5.759	3.372	19.421
10	2.594	0.385 5	0.062 7	0.162 7	15.937	6.145	3.725	22.891
11	2.853	0.350 5	0.054 0	0.154 0	18.531	6.495	4.064	26.396
12	3.138	0.318 6	0.046 8	0.146 8	21.384	6.814	4.388	29.901
13	3.452	0.289 7	0.040 8	0.140 8	24.523	7.103	4.699	33.377
14	3.797	0.363 3	0.035 7	0.135 7	27.975	7.367	4.996	36.800
15	4.177	0.239 4	0.031 5	0.131 5	31.772	7.606	5.279	40.152
16	4.595	0.217 6	0.027 8	0.127 8	35.950	7.824	5.549	43.416
17	5.054	0.197 8	0.024 7	0.124 7	40.545	8.022	5.807	46.582
18	5.560	0.179 9	0.021 9	0.121 9	45.599	8.201	6.053	49.640
19	6.116	0.163 5	0.019 5	0.119 5	51.159	8.365	6.286	52.583
20	6.727	0.148 6	0.017 5	0.117 5	57.275	8.514	6.508	55.407
21	7.400	0.135 1	0.015 6	0.115 6	64.002	8.649	6.719	58.110
22	8.140	0.122 8	0.014 0	0.114 0	71.403	8.772	6.919	60.689
23	8.954	0.111 7	0.012 6	0.112 6	79.543	8.883	7.108	63.146
24	9.850	0.101 5	0.011 3	0.111 3	88.497	8.985	7.288	65.481
25	10.855	0.092 3	0.010 2	0.110 2	98.347	9.077	7.458	67.696
26	11.918	0.083 9	0.009 2	0.109 2	109.182	9.161	7.619	69.794
27	13.110	0.076 3	0.008 3	0.108 3	121.100	9.237	7.770	71.777
28	14.421	0.069 3	0.007 5	0.107 5	134.210	9.307	7.914	73.650
29	15.863	0.063 0	0.007 6	0.106 7	148.631	9.370	8.049	75.415
30	17.449	0.057 3	0.006 1	0.106 1	164.494	9.427	8.176	77.077
31	19.194	0.052 1	0.005 5	0.105 5	181.943	9.479	8.296	78.640
32	12.114	0.047 4	0.005 0	0.105 0	201.138	9.526	8.409	80.108
33	23.225	0.043 1	0.004 5	0.104 5	222.252	9.569	8.515	81.486
34	25.548	0.039 1	0.004 1	0.104 1	245.477	9.609	8.615	82.777
35	28.102	0.035 6	0.003 7	0.103 7	271.024	9.644	8.709	83.987
40	45.259	0.022 1	0.002 3	0.102 3	442.593	9.779	9.096	88.953
45	72.890	0.013 7	0.001 4	0.101 4	718.905	9.863	9.374	92.454
50	117.391	0.008 5	0.000 9	0.100 9	1 163.909	9.915	9.570	94.889
55	189.059	0.005 3	0.000 5	0.100 5	1 880.591	9.947	9.708	96.562
60	304.482	0.003 3	0.000 3	0.100 3	3 034.816	9.967	9.802	97.701
65	490.371	0.002 0	0.000 2	0.100 2	4 893.707	9.980	9.867	98.471
70	789.747	0.001 3	0.000 1	0.100 1	7 887.470	9.987	9.911	98.987
75	1 271.895	0.000 8	0.000 1	0.100 1	12 708.954	9.992	9.941	99.332
80	2 048.400	0.000 5		0.100 0	20 474.002	9.995	9.961	99.561
85	3 298.969	0.000 3		0.100 0	32 979.690	9.997	9.974	99.712
90	5 313.023	0.000 2		0.100 0	53 120.226	9.998	9.983	99.812
95	8 556.676	0.000 1		0.100 0	85 556.761	9.999	9.989	99.877
100	13 780.612	0.000 1		0.100 0	137 796.123	9.999	9.993	99.920

(12%)　　　　续上表

年份 n	一次支付终值系数 $(1+i)^n$ $(F/p,i,n)$	一次支付现值系数 $\frac{1}{(1+i)^n}$ $(p/F,i,n)$	偿债基金系　数 $\frac{i}{(1+i)^n-1}$ $(A/F,i,n)$	资金回收系　数 $\frac{i(1+i)^n}{(1+i)^n-1}$ $(A/p,i,n)$	等额系列终值系数 $\frac{(1+i)^n-1}{i}$ $(F/A,i,n)$	等额系列现值系数 $\frac{(1+i)^n-1}{i(1+i)^n}$ $(p/A,i,n)$	等差系列等额支付系数 $\frac{1}{i}-\frac{n}{(1+n)^n-1}$ $(A/G,i,n)$	等差系列现值系数 $\frac{1-(1+in)(1+i)^{-n}}{i^2}$ $(p/G,i,n)$
1	1.120	0.892 9	1.000 0	1.120 0	1.000	0.893	0	0
2	1.254	0.797 2	0.471 7	0.591 7	2.120	1.690	0.472	0.797
3	1.405	0.711 8	0.296 3	0.416 3	3.374	2.402	0.925	2.221
4	1.574	0.635 5	0.209 2	0.329 2	4.779	3.037	1.359	4.127
5	1.762	0.567 4	0.157 4	0.277 4	6.353	3.605	1.775	6.397
6	1.974	0.506 6	0.123 2	0.243 2	8.115	4.111	2.172	8.930
7	2.211	0.452 3	0.099 1	0.219 1	10.089	4.564	2.551	11.644
8	2.476	0.403 9	0.081 3	0.201 3	12.300	4.968	2.913	14.471
9	2.773	0.360 6	0.067 7	0.187 7	14.776	5.328	3.257	17.356
10	3.106	0.322 0	0.057 0	0.177 0	17.549	5.650	3.585	20.254
11	3.479	0.287 5	0.048 4	0.168 4	20.655	5.938	3.895	23.129
12	3.896	0.256 7	0.041 4	0.161 4	24.133	6.194	4.190	25.952
13	4.363	0.229 2	0.035 7	0.155 7	28.029	6.424	4.468	28.702
14	4.887	0.204 6	0.030 9	0.150 9	32.393	6.628	4.732	31.362
15	5.474	0.182 7	0.026 8	0.146 8	37.280	6.811	4.980	33.920
16	6.130	0.163 1	0.023 4	0.143 4	42.753	6.974	5.215	36.367
17	6.866	0.145 6	0.020 5	0.140 5	48.884	7.120	5.435	38.697
18	7.690	0.130 0	0.017 9	0.137 9	55.750	7.250	5.643	40.908
19	8.613	0.116 1	0.015 8	0.135 8	63.440	7.366	5.838	42.998
20	9.646	0.103 7	0.013 9	0.133 9	72.052	7.469	6.020	44.968
21	10.804	0.092 6	0.012 2	0.132 2	81.699	7.562	6.191	46.819
22	12.100	0.082 6	0.010 8	0.130 8	92.503	7.645	6.351	48.554
23	13.552	0.073 8	0.009 6	0.129 6	104.603	7.718	6.501	50.178
24	15.179	0.065 9	0.008 5	0.128 5	118.155	7.784	6.641	51.693
25	17.000	0.058 8	0.007 5	0.127 5	133.334	7.843	6.771	53.105
26	19.040	0.052 5	0.006 7	0.126 7	150.334	7.896	6.892	54.418
27	21.325	0.046 9	0.005 9	0.125 9	169.374	7.943	7.005	55.637
28	23.884	0.041 9	0.005 2	0.125 2	190.699	7.984	7.110	56.767
29	26.750	0.037 4	0.004 7	0.124 7	214.583	8.022	7.027	57.814
30	29.960	0.033 4	0.004 1	0.124 1	241.333	8.055	7.297	58.782
31	33.555	0.029 8	0.003 7	0.123 7	271.293	8.085	7.381	59.676
32	37.582	0.026 6	0.003 3	0.123 3	304.848	8.112	7.459	60.501
33	42.092	0.023 8	0.002 9	0.122 9	342.429	8.135	7.530	61.261
34	47.143	0.021 2	0.002 6	0.122 6	384.521	8.157	7.596	61.961
35	52.800	0.018 9	0.002 3	0.122 3	431.663	8.176	7.658	62.605
40	93.051	0.010 7	0.001 3	0.121 3	767.091	8.244	7.899	65.116
45	163.988	0.006 1	0.000 7	0.120 7	1 358.230	8.283	8.057	66.734
50	289.002	0.003 5	0.000 4	0.120 4	2 400.018	8.304	8.160	67.762
55	509.321	0.002 0	0.000 2	0.120 2	4 236.005	8.317	8.225	68.408
60	897.597	0.001 1	0.000 1	0.120 1	7 471.641	8.324	8.266	68.810
65	1 581.872	0.000 6	0.000 1	0.120 1	13 173.937	8.328	8.292	69.058
70	2 787.800	0.000 4		0.120 0	23 223.332	8.330	8.308	69.210
75	4 913.056	0.000 2		0.120 0	40 933.799	8.332	8.138	69.303
80	8 658.483	0.000 1		0.120 0	72 145.692	8.332	8.324	69.359
85	15 259.206	0.000 1		0.120 0	127 151.714	8.333	8.328	69.393
90	26 891.934			0.120 0	224 091.118	8.333	8.330	69.414
95	47 392.777			0.120 0	394 931.471	8.333	8.331	69.426
100	83 522.266			0.120 0	696 010.547	8.333	8.332	69.434

(15%)　　续上表

年份 n	一次支付终值系数 $(1+i)^n$ $(F/p,i,n)$	一次支付现值系数 $\frac{1}{(1+i)^n}$ $(p/F,i,n)$	偿债基金系数 $\frac{i}{(1+i)^n-1}$ $(A/F,i,n)$	资金回收系数 $\frac{i(1+i)^n}{(1+i)^n-1}$ $(A/p,i,n)$	等额系列终值系数 $\frac{(1+i)^n-1}{i}$ $(F/A,i,n)$	等额系列现值系数 $\frac{(1+i)^n-1}{i(1+i)^n}$ $(p/A,i,n)$	等差系列等额支付系数 $\frac{1}{i}-\frac{n}{(1+n)^n-1}$ $(A/G,i,n)$	等差系列现值系数 $\frac{1-(1+in)(1+i)^{-n}}{i^2}$ $(p/G,i,n)$
1	1.150	0.869 6	1.000 0	1.50 0	1.000	0.870	0	0
2	1.323	0.756 1	0.465 1	0.615 1	2.150	1.626	0.465	0.756
3	1.521	0.657 5	0.288 0	0.438 0	3.472	2.283	0.907	2.071
4	1.749	0.571 8	0.200 3	0.350 3	4.993	2.855	1.326	3.786
5	2.011	0.497 2	0.148 3	0.298 3	6.742	3.352	1.723	5.775
6	2.313	0.432 3	0.114 2	0.264 2	8.754	3.784	2.097	7.937
7	2.660	0.375 9	0.090 4	0.240 4	11.067	4.160	2.450	10.192
8	3.059	0.326 9	0.072 9	0.222 9	13.727	4.487	2.781	12.481
9	3.518	0.284 3	0.059 6	0.209 6	16.786	4.772	3.092	14.755
10	4.046	0.247 2	0.049 3	0.199 3	20.304	5.019	3.383	16.979
11	4.652	0.214 9	0.041 1	0.191 1	24.349	5.234	3.655	19.129
12	5.350	0.186 9	0.034 5	0.184 5	29.002	5.421	3.908	21.185
13	6.153	0.162 5	0.029 1	0.179 1	34.352	5.583	4.144	23.135
14	7.076	0.141 3	0.024 7	0.174 7	40.505	5.724	4.362	24.972
15	8.137	0.122 9	0.021 0	0.171 0	47.580	5.847	4.565	26.693
16	9.358	0.106 9	0.017 9	0.167 9	55.717	5.945	4.752	28.296
17	10.761	0.092 9	0.015 4	0.165 4	65.075	6.047	4.925	29.783
18	12.375	0.080 8	0.013 2	0.163 2	75.836	6.128	5.084	31.156
19	14.232	0.070 3	0.011 3	0.161 3	88.212	6.198	5.231	32.421
20	16.367	0.061 1	0.009 8	0.159 8	102.444	6.259	5.365	33.582
21	18.822	0.053 1	0.008 4	0.158 4	118.810	6.312	5.488	34.645
22	21.645	0.046 2	0.007 3	0.157 3	137.632	6.359	5.601	35.615
23	24.891	0.040 2	0.006 3	0.156 3	159.276	6.399	5.704	36.499
24	28.625	0.034 9	0.005 4	0.155 4	184.168	6.434	5.798	37.302
25	32.919	0.030 4	0.004 7	0.154 7	212.793	6.464	5.883	38.031
26	37.857	0.026 4	0.004 1	0.154 1	245.712	6.491	5.961	38.692
27	43.535	0.023 0	0.003 5	0.153 5	283.569	6.514	6.032	39.289
28	50.066	0.020 0	0.003 1	0.153 1	327.104	6.534	6.096	39.828
29	57.575	0.0 174	0.002 7	0.152 7	377.170	6.551	6.154	40.315
30	66.212	0.015 1	0.002 3	0.152 3	434.745	6.566	6.207	40.753
31	76.144	0.013 1	0.002 0	0.152 0	500.957	6.579	6.254	41.147
32	87.565	0.011 4	0.001 7	0.151 7	577.100	6.591	6.297	41.501
33	100.700	0.009 9	0.001 5	0.151 5	664.666	6.600	6.336	41.818
34	115.805	0.008 6	0.001 3	0.151 3	765.365	6.609	6.371	42.103
35	133.176	0.007 5	0.001 1	0.151 1	881.170	6.617	6.402	42.359
40	267.864	0.003 7	0.000 6	0.150 6	1 779.090	6.642	6.517	43.283
45	538.769	0.001 9	0.000 3	0.150 3	3 583.128	6.654	6.583	43.805
50	1 083.657	0.000 9	0.000 1	0.150 1	7 217.716	6.661	6.620	44.096
55	2 179.622	0.000 5	0.000 1	0.150 1	14 524.148	6.664	6.641	44.256
60	4 383.999	0.000 2		0.150 0	29 219.992	6.665	6.653	44.343
65	8 817.787	0.000 1		0.150 0	58 778.583	6.666	6.659	44.390
70	17 735.720	0.000 1		0.150 0	118 231.467	6.666	6.663	44.416
75	35 672.868			0.150 0	237 812.453	6.666	6.665	44.429
80	71 750.879			0.150 0	478 332.529	6.667	6.666	44.436
85	144 316.647			0.150 0	962 104.313	6.667	6.666	44.440
90	290 272.325			0.150 0	1 585 142.168	6.667	6.666	44.442
95	583 841.328			0.150 0	3 892 268.851	6.667	6.667	44.443
100	1 174 313.451			0.150 0	7 828 749.671	6.667	6.667	44.444

（20%）　　续上表

年份 n	一次支付终值系数 $(1+i)^n$ $(F/p,i,n)$	一次支付现值系数 $\frac{1}{(1+i)^n}$ $(p/F,i,n)$	偿债基金系数 $\frac{i}{(1+i)^n-1}$ $(A/F,i,n)$	资金回收系数 $\frac{i(1+i)^n}{(1+i)^n-1}$ $(A/p,i,n)$	等额系列终值系数 $\frac{(1+i)^n-1}{i}$ $(F/A,i,n)$	等额系列现值系数 $\frac{(1+i)^n-1}{i(1+i)^n}$ $(p/A,i,n)$	等差系列等额支付系数 $\frac{1}{i}-\frac{n}{(1+n)^n-1}$ $(A/G,i,n)$	等差系列现值系数 $\frac{1-(1+in)(1+i)^{-n}}{i^2}$ $(p/G,i,n)$
1	1.200	0.833 3	1.000 0	1.200 0	1.000 0	0.833	0	0
2	1.440	0.694 4	0.454 5	0.654 5	2.200	1.528	0.455	0.694
3	1.728	0.578 7	0.274 7	0.474 7	3.640	2.106	0.879	1.852
4	2.074	0.482 3	0.186 3	0.386 3	5.368	2.589	1.274	3.299
5	2.488	0.401 9	0.134 4	0.334 4	7.442	2.991	1.641	4.906
6	2.986	0.334 9	0.100 7	0.300 7	9.930	3.326	1.979	6.581
7	3.583	0.279 1	0.077 4	0.277 4	12.916	3.605	2.290	8.255
8	4.300	0.232 6	0.060 6	0.260 6	16.499	3.837	2.576	9.883
9	5.160	0.193 8	0.048 1	0.248 1	20.799	4.031	2.836	11.434
10	6.192	0.161 5	0.038 5	0.238 5	25.959	4.192	3.074	12.887
11	7.430	0.134 6	0.031 1	0.231 1	32.150	4.327	3.289	14.233
12	8.916	0.112 2	0.025 3	0.225 3	39.581	4.439	3.484	15.467
13	10.699	0.093 5	0.020 6	0.220 6	48.497	4.533	3.660	16.588
14	12.839	0.077 9	0.016 9	0.216 9	59.196	4.611	3.817	17.601
15	15.407	0.064 9	0.013 9	0.213 9	72.035	4.675	3.959	18.509
16	18.488	0.054 1	0.014 4	0.211 4	87.442	4.730	4.085	19.321
17	22.186	0.045 1	0.009 4	0.209 4	105.931	4.775	4.198	20.042
18	26.623	0.037 6	0.007 8	0.207 8	128.117	4.812	4.298	20.680
19	31.948	0.031 3	0.006 5	0.206 5	154.740	4.843	4.386	21.244
20	38.338	0.026 1	0.005 4	0.20 54	186.688	4.870	4.464	21.739
21	46.005	0.021 7	0.004 4	0.204 4	225.026	4.891	4.533	22.174
22	55.206	0.018 1	0.003 7	0.203 7	271.031	4.909	4.594	22.555
23	66.247	0.015 1	0.003 1	0.203 1	326.237	4.925	4.647	22.887
24	79.497	0.012 6	0.002 5	0.202 5	392.484	4.937	4.694	23.176
25	95.396	0.010 5	0.002 1	0.202 1	471.981	4.948	4.735	23.428
26	114.475	0.008 7	0.001 3	0.201 8	567.377	4.956	4.771	23.646
27	137.371	0.007 3	0.001 5	0.201 5	681.853	4.964	4.802	23.835
28	164.845	0.006 1	0.001 2	0.201 2	819.223	4.970	4.829	23.999
29	197.814	0.005 1	0.001 0	0.201 0	984.068	4.975	4.853	24.141
30	237.376	0.004 2	0.008 8	0.200 8	1 181.882	4.979	4.873	24.263
31	284.852	0.003 5	0.000 7	0.200 7	1 419.258	4.982	4.891	24.368
32	341.822	0.002 9	0.000 6	0.200 3	1 704.109	4.985	4.906	24.459
33	410.186	0.002 4	0.000 5	0.200 5	2 045.931	4.988	4.919	24.537
34	492.224	0.002 0	0.000 4	0.200 4	2 456.118	4.990	4.931	24.604
35	590.668	0.001 7	0.000 6	0.200 3	2 948.341	4.992	4.941	24.661
40	1 469.772	0.000 7	0.000 1	0.200 1	7 343.858	4.997	4.973	24.847
45	3 657.262	0.000 3	0.000 1	0.200 1	18 281.310	4.999	4.988	24.932
50	9 100.438	0.000 1		0.200 0	45 497.191	4.999	4.995	24.970
55	22 644.802			0.200 0	113 219.011	5.000	4.998	24.987
60	56 347.514			0.200 0	281 732.572	5.000	4.999	24.994
65	140 210.647			0.200 0	701 048.235	5.000	5.000	24.998
70	348 888.957			0.200 0	174 4439.785	5.000	5.000	24.999
75	868 147.369			0.200 0	4 340 731.847	5.000	5.000	25.000

（25%）

续上表

年份 n	一次支付终值系数 $(1+i)^n$ $(F/p,i,n)$	一次支付现值系数 $\frac{1}{(1+i)^n}$ $(p/F,i,n)$	偿债基金系数 $\frac{i}{(1+i)^n-1}$ $(A/F,i,n)$	资金回收系数 $\frac{i(1+i)^n}{(1+i)^n-1}$ $(A/p,i,n)$	等额系列终值系数 $\frac{(1+i)^n-1}{i}$ $(F/A,i,n)$	等额系列现值系数 $\frac{(1+i)^n-1}{i(1+i)^n}$ $(p/A,i,n)$	等差系列等额支付系数 $\frac{1}{i}-\frac{n}{(1+n)^n-1}$ $(A/G,i,n)$	等差系列现值系数 $\frac{1-(1+in)(1+i)^{-n}}{i^2}$ $(p/G,i,n)$
1	1.250	0.800 0	10.000 0	1.250 0	1.000	0.800	0	0
2	1.563	0.640 0	0.444 4	0.694 4	20.250	1.440	0.444	0.640
3	1.953	0.512 0	0.262 3	0.512 3	30.813	1.952	0.852	1.664
4	2.441	0.409 6	0.173 4	0.423 4	50.766	2.362	1.225	2.893
5	3.052	0.327 7	0.121 8	0.371 8	80.207	2.689	1.563	4.204
6	3.815	0.262 1	0.088 8	0.338 8	11.259	2.951	1.868	5.514
7	4.768	0.209 7	0.066 3	0.316 3	15.073	3.161	2.142	6.773
8	5.960	0.167 8	0.050 4	0.300 4	19.842	3.329	2.387	7.947
9	7.451	0.134 2	0.038 8	0.288 8	25.802	3.463	2.605	9.021
10	9.313	0.107 4	0.030 1	0.280 1	33.253	3.571	2.797	9.987
11	11.642	0.085 9	0.023 5	0.273 5	42.566	3.656	2.966	10.864
12	14.552	0.068 7	0.018 4	0.268 4	54.208	3.725	3.115	11.602
13	18.190	0.055 0	0.014 5	0.264 5	68.760	3.780	3.244	12.262
14	22.737	0.044 0	0.011 5	0.261 5	86.949	3.824	3.356	12.833
15	28.442	0.035 2	0.009 1	0.259 1	109.687	3.859	3.453	13.326
16	35.527	0.028 1	0.007 2	0.257 2	138.109	3.887	3.537	13.748
17	44.409	0.022 5	0.005 8	0.255 8	173.636	3.910	3.608	14.108
18	55.511	0.018 0	0.004 6	0.254 6	218.045	3.928	3.670	14.415
19	69.389	0.014 4	0.003 7	0.253 7	273.556	3.942	3.722	14.674
20	86.736	0.011 5	0.002 9	0.252 9	342.945	3.954	3.767	14.893
21	108.420	0.009 2	0.002 3	0.252 3	429.681	3.963	3.805	15.078
22	135.525	0.007 4	0.001 9	0.251 9	538.101	3.970	3.836	15.233
23	169.407	0.005 9	0.001 5	0.251 5	673.626	3.976	3.863	15.362
24	211.758	0.004 7	0.001 2	0.251 2	843.033	3.981	3.886	15.471
25	264.698	0.003 8	0.000 9	0.250 9	1 054.791	3.985	3.905	15.562
26	330.872	0.003 0	0.000 8	0.250 8	1 319.489	3.988	3.921	15.637
27	413.590	0.002 4	0.000 6	0.250 6	1 650.361	3.990	3.935	15.700
28	516.988	0.001 9	0.000 5	0.250 5	2 063.952	3.992	3.946	15.752
29	646.235	0.001 5	0.000 4	0.250 4	2 580.939	3.994	3.959	15.796
30	807.974	0.001 2	0.000 3	0.250 3	3 227.174	3.995	3.963	15.832
31	1 009.742	0.001 0	0.000 2	0.250 2	4 034.968	3.996	3.969	15.861
32	1 262.177	0.000 8	0.000 2	0.250 2	5 044.710	3.997	3.975	15.886
33	1 577.722	0.000 6	0.000 2	0.250 2	6 306.887	3.997	3.979	15.906
34	1 972.152	0.000 5	0.000 1	0.250 1	7 884.609	3.998	3.983	15.923
35	2 465.190	0.000 4	0.000 1	0.250 1	9 856.761	3.998	3.986	15.937
40	7 523.164	0.000 1		0.250 0	30 088.655	3.999	3.995	15.977
45	22 958.874			0.250 0	91 831.496	4.000	3.998	15.991
50	70 064.923			0.250 0	288 255.693	4.000	3.999	15.997
55	213 821.177			0.250 0	855 280.707	4.000	4.000	15.999
60	652 530.447			0.250 0	2 610 117.787	4.000	4.000	16.000

(30%)　　续上表

年份 n	一次支付终值系数 $(1+i)^n$ $(F/p,i,n)$	一次支付现值系数 $\frac{1}{(1+i)^n}$ $(p/F,i,n)$	偿债基金系数 $\frac{i}{(1+i)^n-1}$ $(A/F,i,n)$	资金回收系数 $\frac{i(1+i)^n}{(1+i)^n-1}$ $(A/p,i,n)$	等额系列终值系数 $\frac{(1+i)^n-1}{i}$ $(F/A,i,n)$	等额系列现值系数 $\frac{(1+i)^n-1}{i(1+i)^n}$ $(p/A,i,n)$	等差系列等额支付系数 $\frac{1}{i}-\frac{n}{(1+n)^n-1}$ $(A/G,i,n)$	等差系列现值系数 $\frac{1-(1+in)(1+i)^{-n}}{i^2}$ $(p/G,i,n)$
1	1.300	0.769 2	1.000 0	1.300 0	1.000	0.769	0	0
2	1.690	0.591 7	0.434 8	0.734 8	2.300	1.361	0.435	0.592
3	2.197	0.455 2	0.250 6	0.550 6	3.990	1.816	0.827	1.502
4	2.856	0.350 1	0.161 6	0.461 6	6.187	2.166	1.178	2.552
5	3.713	0.269 3	0.110 6	0.410 6	9.043	2.436	1.490	3.630
6	4.827	0.207 2	0.078 4	0.378 4	12.756	2.643	1.765	4.666
7	6.275	0.159 4	0.056 9	0.356 9	17.583	2.802	2.006	5.622
8	8.157	0.122 6	0.041 9	0.341 9	23.858	2.925	2.216	6.480
9	10.604	0.094 3	0.031 2	0.331 2	32.015	3.019	2.396	7.234
10	13.786	0.072 5	0.023 5	0.323 5	42.619	3.092	2.551	7.887
11	17.922	0.055 8	0.017 7	0.317 7	56.405	3.147	2.683	8.445
12	23.298	0.042 9	0.013 5	0.313 5	74.327	3.190	2.795	8.917
13	30.288	0.033 0	0.010 2	0.310 2	97.625	3.223	2.889	9.314
14	39.374	0.025 4	0.007 8	0.307 8	127.913	3.249	2.969	9.644
15	51.186	0.019 5	0.006 0	0.306 0	167.286	3.268	3.034	9.917
16	66.542	0.015 0	0.004 6	0.304 6	218.472	3.283	3.089	10.143
17	86.504	0.011 6	0.003 5	0.303 5	285.014	3.295	3.135	10.328
18	112.455	0.008 9	0.002 7	0.302 7	371.518	3.304	3.172	10.479
19	146.192	0.006 8	0.002 1	0.302 1	483.973	3.311	3.202	10.602
20	190.050	0.005 3	0.001 6	0.301 6	630.165	3.316	3.228	10.702
21	247.065	0.004 0	0.001 2	0.301 2	820.215	3.320	3.248	10.783
22	321.184	0.003 1	0.000 9	0.300 9	1 067.280	3.323	3.265	10.848
23	417.539	0.002 4	0.000 7	0.300 7	1 388.464	3.325	3.278	10.901
24	542.801	0.001 8	0.000 6	0.300 6	1 806.003	3.327	3.289	10.943
25	705.641	0.001 4	0.000 4	0.300 4	2 348.803	3.329	3.298	10.977
26	917.333	0.001 1	0.000 3	0.300 3	3 054.444	3.330	3.305	11.005
27	1192.533	0.000 8	0.000 3	0.300 3	3 971.778	3.331	3.311	11.026
28	1 550.293	0.000 6	0.000 2	0.300 2	5 164.311	3.331	3.315	11.044
29	2 015.381	0.000 5	0.000 1	0.300 1	6 714.604	3.332	3.319	11.058
30	2 619.996	0.000 4	0.000 1	0.300 1	8 729.985	3.332	3.322	11.069
31	3 405.994	0.000 3	0.000 1	0.300 1	11 349.981	3.332	3.324	11.078
32	4 427.793	0.000 2	0.000 1	0.300 1	14 755.975	3.333	3.326	11.085
33	5 756.130	0.000 2	0.000 1	0.300 1	19 183.768	3.333	3.328	11.090
34	7 482.970	0.000 1		0.300 0	24 939.899	3.333	3.329	11.094
35	9 727.860	0.000 1		0.300 0	32 422.868	3.333	3.330	11.098
40	36 118.865			0.300 0	120 392.883	3.333	3.332	11.107
45	134 106.817			0.300 0	447 019.389	3.333	3.333	11.110
50	497 929.223			0.300 0	1 659 760.745	3.333	3.333	11.111
55	1 848 776.352			0.300 0	6 162 584.505	3.333	3.333	11.111
60	6 864 377.179			0.300 0	22 881 253.930	3.333	3.333	11.111

（40%）　　　　续上表

年份 n	一次支付终值系数 $(1+i)^n$ $(F/p,i,n)$	一次支付现值系数 $\frac{1}{(1+i)^n}$ $(p/F,i,n)$	偿债基金系数 $\frac{i}{(1+i)^n-1}$ $(A/F,i,n)$	资金回收系数 $\frac{i(1+i)^n}{(1+i)^n-1}$ $(A/p,i,n)$	等额系列终值系数 $\frac{(1+i)^n-1}{i}$ $(F/A,i,n)$	等额系列现值系数 $\frac{(1+i)^n-1}{i(1+i)^n}$ $(p/A,i,n)$	等差系列等额支付系数 $\frac{1}{i}-\frac{n}{(1+n)^n-1}$ $(A/G,i,n)$	等差系列现值系数 $\frac{1-(1+in)(1+i)^{-n}}{i^2}$ $(p/G,i,n)$
1	1.400	0.714 3	10.000 0	1.400 0	1.000	0.714	0	0
2	1.960	0.510 2	0.416 7	0.816 7	2.400	1.224	0.417	0.510
3	2.744	0.364 4	0.229 4	0.629 4	4.360	1.589	0.780	1.239
4	3.842	0.260 3	0.140 8	0.540 8	7.104	1.849	1.092	2.020
5	5.378	0.185 9	0.091 4	0.491 4	10.946	2.035	1.358	2.764
6	7.530	0.132 8	0.061 3	0.461 3	16.324	2.168	1.581	3.428
7	10.541	0.094 9	0.041 9	0.441 9	23.853	2.263	1.766	3.997
8	14.758	0.067 8	0.029 1	0.429 1	34.395	2.331	1.919	4.471
9	20.661	0.048 4	0.020 3	0.420 3	49.153	2.379	2.042	4.858
10	28.925	0.034 6	0.014 3	0.414 3	69.814	2.414	2.142	5.170
11	40.496	0.024 7	0.010 1	0.410 1	98.739	2.438	2.221	5.417
12	56.694	0.017 6	0.007 2	0.407 2	139.235	2.456	2.285	5.611
13	79.371	0.012 6	0.005 1	0.405 1	195.929	2.469	2.334	5.762
14	111.120	0.009 0	0.003 6	0.403 6	275.300	2.478	2.373	5.879
15	155.568	0.006 4	0.002 6	0.402 6	386.420	2.484	2.403	5.969
16	217.795	0.004 6	0.001 8	0.401 8	541.988	2.489	2.426	6.038
17	304.913	0.003 3	0.001 3	0.401 3	759.784	2.492	2.444	6.090
18	426.879	0.002 3	0.000 9	0.400 9	1 064.697	2.494	2.458	6.130
19	597.630	0.001 7	0.000 7	0.400 7	1 491.576	2.496	2.468	6.160
20	836.683	0.001 2	0.000 5	0.400 5	2 089.206	2.497	2.476	6.183
21	1 171.356	0.000 9	0.000 3	0.400 3	2 925.889	2.498	2.482	6.200
22	1 639.898	0.000 6	0.000 2	0.400 2	4 097.245	2.498	2.487	6.213
23	2 295.857	0.000 4	0.000 2	0.400 2	5 737.142	2.499	2.490	6.222
24	3 214.200	0.000 3	0.000 1	0.400 1	8 032.999	2.499	2.493	6.229
25	4 499.880	0.000 2	0.000 1	0.400 1	11 247.199	2.499	2.494	6.235
26	6 299.831	0.000 2	0.000 1	0.400 1	15 747.079	2.500	2.496	6.239
27	8 819.764	0.000 1		0.400 0	22 046.910	2.500	2.497	6.242
28	12 347.670	0.000 1		0.400 0	30 866.674	2.500	2.498	6.244
29	17 286.737	0.000 1		0.400 0	43 214.344	2.500	2.498	6.245
30	24 201.432			0.400 0	60 501.081	2.500	2.499	6.247
31	33 882.005			0.400 0	84 702.513	2.500	2.499	6.248
32	47 434.807			0.400 0	118 584.519	2.500	2.499	6.248
33	66 408.730			0.400 0	166 019.326	2.500	2.500	6.249
34	92 972.223			0.400 0	232 428.057	2.500	2.500	6.249
35	130 161.112			0.400 0	325 400.279	2.500	2.500	6.249
40	700 037.697			0.400 0	1 750 091.743	2.500	2.500	6.250
45	3 764 970.745			0.400 0	9 412 424.362	2.500	2.500	6.250
50	20 248 916.262			0.400 0	50 622 288.153	2.500	2.500	6.250

（50%） 续上表

年份 n	一次支付终值系数 $(1+i)^n$ $(F/p,i,n)$	一次支付现值系数 $\frac{1}{(1+i)^n}$ $(p/F,i,n)$	偿债基金系数 $\frac{i}{(1+i)^n-1}$ $(A/F,i,n)$	资金回收系数 $\frac{i(1+i)^n}{(1+i)^n-1}$ $(A/p,i,n)$	等额系列终值系数 $\frac{(1+i)^n-1}{i}$ $(F/A,i,n)$	等额系列现值系数 $\frac{(1+i)^n-1}{i(1+i)^n}$ $(p/A,i,n)$	等差系列等额支付系数 $\frac{1}{i}-\frac{n}{(1+n)^n-1}$ $(A/G,i,n)$	等差系列现值系数 $\frac{1-(1+in)(1+i)^{-n}}{i^2}$ $(p/G,i,n)$
1	1.500	0.666 7	1.000 0	1.500 0	1.000	0.667	0	0
2	2.250	0.444 4	0.400 0	0.900 0	2.500	1.111	0.400	0.444
3	3.375	0.296 3	0.210 5	0.710 5	4.750	1.407	0.737	1.037
4	5.063	0.197 5	0.123 1	0.623 1	8.125	1.605	1.015	1.630
5	7.594	0.131 7	0.075 8	0.575 8	13.188	1.737	1.242	2.156
6	11.391	0.087 8	0.048 1	0.548 1	20.781	1.824	1.423	2.595
7	17.086	0.058 5	0.031 1	0.531 1	32.172	1.883	1.565	2.947
8	25.629	0.039 0	0.020 3	0.520 3	49.258	1.922	1.675	3.220
9	38.443	0.026 0	0.013 4	0.513 4	74.887	1.948	1.760	3.428
10	57.665	0.017 3	0.008 8	0.508 8	113.330	1.965	1.824	3.584
11	86.498	0.011 6	0.005 8	0.505 8	170.995	1.977	1.871	3.699
12	129.746	0.007 7	0.003 9	0.503 9	257.493	1.985	1.907	3.784
13	194.620	0.005 1	0.002 6	0.502 6	387.239	1.990	1.933	3.846
14	291.929	0.003 4	0.001 7	0.501 7	581.859	1.993	1.952	3.890
15	437.894	0.002 3	0.001 1	0.501 1	873.788	1.995	1.966	3.922
16	656.841	0.001 5	0.000 8	0.500 8	1 311.682	1.997	1.976	3.945
17	985.261	0.001 0	0.000 5	0.500 5	1 968.523	1.998	1.983	3.961
18	1 477.892	0.000 7	0.000 3	0.500 3	2 953.784	1.999	1.988	3.973
19	2 216.838	0.000 5	0.000 2	0.500 2	4 431.676	1.999	1.991	3.981
20	3 325.257	0.000 3	0.000 2	0.500 2	6 648.513	1.999	1.994	3.987
21	4 987.885	0.000 2	0.000 1	0.500 1	9 973.770	2.000	1.996	3.991
22	7 481.828	0.000 1	0.000 1	0.500 1	14 961.655	2.000	1.997	3.994
23	11 222.741	0.000 1		0.500 0	22 443.483	2.000	1.998	3.996
24	16 834.112	0.000 1		0.500 0	33 666.224	2.000	1.999	3.997
25	25 251.168			0.500 0	50 500.337	2.000	1.999	3.998
26	37 876.752			0.500 0	75 751.505	2.000	1.999	3.999
27	56 815.129			0.500 0	113 628.257	2.000	2.000	3.999
28	85 222.693			0.500 0	170 443.386	2.000	2.000	3.999
29	127 834.039			0.500 0	255 666.079	2.000	2.000	4.000
30	191 751.059			0.500 0	383 500.118	2.000	2.000	4.000
31	287 626.589			0.500 0	575 251.178	2.000	2.000	4.000
32	431 439.883			0.500 0	862 877.767	2.000	2.000	4.000
33	647 159.825			0.500 0	129 4317.650	2.000	2.000	4.000
34	970 739.737			0.500 0	1 941 477.475	2.000	2.000	4.000
35	1 456 109.606			0.500 0	2 912 217.212	2.000	2.000	4.000

参考文献

[1] 隽志才.运输技术经济学.2版.北京:人民交通出版社,2003.

[2] 傅家骥,仝允桓.工业技术经济学.3版.北京:清华大学出版社,1996.

[3] 吴添祖.技术经济学概论.北京:高等教育出版社,1998.

[4] 杜葵.工程经济学.重庆:重庆大学出版社,2001.

[5] 张金锁.技术经济学原理与方法.北京:机械工业出版社,2001.

[6] 国家发展改革委、建设部.建设项目经济评价方法与参数.3版.北京:中国计划出版社,2006.

[7] 隽志才.公路运输技术经济学(修订版).北京:人民交通出版社,1998.

[8] 郑大本.公路运输技术经济学.北京:人民交通出版社,1989.

[9] 陶树人等.技术经济评价.北京:高等教育出版社,1991.

[10] 沈其明.建筑技术经济学.成都:成都科技大学出版社,1995.

[11] 朱林兴等.运输项目经济评估.北京:中国财政经济出版社,1985.

[12] 林骏等.交通运输项目经济分析.北京:人民交通出版社,1993.

[13] 黄擎明等.技术经济分析.北京:科学技术出版社,1992.

[14] 万海川.技术经济应用题集与题解.北京:高等教育出版社,1993.

[15] 黄渝祥,邢爱芳.工程经济学.3版.上海:同济大学出版社,2005.

[16] [美]唐纳德G.纽南,张德旺译.工程经济分析.北京:水利电力出版社,1987.

[17] Chan S. Park. Fundament of Engineering Economics(工程经济学原理).北京:中国人民大学出版社,2004年(影印版).

[18] William G. Sullivan, Elin M. Wicks, James T. Luxhoj. Engineering Economics (工程经济学,第12版).北京:清华大学出版社,2004年(影印版).